◎ 柳士镇 著

魏晋南北朝历史语法

修订本

商务印书馆
The Commercial Press
2019年·北京

图书在版编目(CIP)数据

魏晋南北朝历史语法/柳士镇著.—修订本.—北京：
商务印书馆,2019
ISBN 978-7-100-17239-4

Ⅰ.①魏…　Ⅱ.①柳…　Ⅲ.①汉语—语法—魏晋
南北朝时代　Ⅳ.①H141

中国版本图书馆 CIP 数据核字(2019)第 058520 号

魏晋南北朝历史语法

（修订本）

柳士镇　著

商 务 印 书 馆 出 版
（北京王府井大街 36 号　邮政编码 100710）
商 务 印 书 馆 发 行
北京艺辉伊航图文有限公司印刷
ISBN 978-7-100-17239-4

2019 年 6 月第 1 版　　　　开本 710×1000　1/16
2019 年 6 月北京第 1 次印刷　　印张 33¼
定价:89.00 元

序

徐　复

　　今年春节期间,南京大学柳君士镇来看我,说他写了一部专讲魏晋南北朝语法发展的书,誊清后即送来给我看,希望我能抽空写一篇序。不久以后,他果然拿来一沓书稿,就是这本《魏晋南北朝历史语法》。这是一部详细阐述断代语法发展的书,它理清了魏晋南北朝汉语语法的源流变化,具有较高的学术价值。以我个人之见,目前还没有这类研究断代语法发展的专书,因而它的出版,又有填补空白的性质。

　　我国对于汉语语法的研究具有悠久的历史。早在两千多年前《公羊传》《穀梁传》解说《春秋》经文时已经有了语法研究的萌芽。其后历代注家的笺疏以及文人的笔记短书,也常常涉及许多语法问题。不过这种研究长期处于零星的、非系统的状态之中,它们只限于对少数虚词与个别语法现象做出疏通文意的解释。

　　元代卢以纬的《助语辞》是我国历史上第一部研究文言虚词的专著,它首次把虚词作为语言结构中的要素集中起来进行讨论,开创了对于语法现象的自觉研究。这种研究到了清代而大为盛行,流风所及,出现了一大批研究虚词的著作。其中刘淇的《助字辨略》、袁仁林的《虚字说》与王引之的《经传释词》最享盛名;而尤以王氏所著材料丰赡,论证详审,对后世的影响为最大。不过,这类著作还只是说明了各别虚词的意义与功用,未能从语法的角度来阐释虚词的性质、用法以及给虚词分类,同时又极少涉及句法结构,因此也还很难说是真正的语法著作。

　　全面系统地进行语法研究,并建立起我国第一个语法体系的,是一八九八年问世的《马氏文通》。它为汉语语法学的创立与发展奠定了基础,标志着我国的语法研究从此进入了崭新的阶段。这以后,汉语语法的研究不断深入,语法著作大量涌现,到二十世纪四十年代之前,正式出版的已有数十部之多。这些著作在继承前人虚词研究成果的基础上,又逐渐形成词法与句法的全面研究体系,大大促进了对于古汉语语法现象与语法规律的认识。

不过,这类著作的特点是综贯全古代的泛时的语法研究,由于讨论的对象在时代上涵盖过宽,自西周到唐宋甚至明清几乎有三千年的历史,虽然反映了古代语法的概貌与各个时期的共同规律,但却不易对于具有某些时代特色的语法现象进行深入细致的探讨。事实上,由于语法发展的渐变性质,不同的时代必然会产生许多差异。因此,缩小研究对象的时间跨度,对不同时代的语法差异进行各别的研究,以揭示它们的时代特色,就成了深化语法研究的一项重要任务,而完成这一任务的有效方法就是对语法现象进行断代的研究。全面进行断代语法的研究,不仅可以开拓汉语语法研究的深度与广度,而且还可以为科学的汉语语法史的建立创造必要的条件。

我国系统的断代语法研究肇始于五十年代初期管燮初的《殷虚甲骨刻辞的语法研究》,近些年来他与易孟醇又分别写出了《西周金文语法研究》与《先秦语法》。这三部专著以特定时代的语料为描写对象,既反映了古代语法的许多共同规律,又突出了以上三个各别时代的语法特色。

魏晋南北朝是一个纷乱的历史时期,国家频繁分合,人民播迁不定,民族交汇融合,却也对于文化的传播与交流起到了促进作用,对汉语的发展产生了巨大影响。同先秦两汉相比,这一时期在语音、词汇乃至语法方面都出现了一些较为显著的变化。纵观汉语语法发展的历史,魏晋南北朝堪称上承秦汉、下启唐宋的关键时期。因此对于这一时期做断代语法的研究,其意义绝不逊于其他任何时期。

《魏晋南北朝历史语法》正是适应了上述古汉语语法研究向纵深发展的需要,而撰写的一部断代语法专书。这本书的特点,归纳起来,大致有如下四个方面。

首先是写法精要。作者在考虑如何撰写本书时,看来颇费了一番思量。如果采用全面描写的方法,势必要用大量的篇幅来阐述古汉语语法众多的共同规律,此期的语法特色反而显得晦而不明。现在采用的这种写法,用极经济的笔墨概述魏晋南北朝语法的总体面貌之后,把重点放在语法现象的发展变化上,既做到了简明精练,又突出了全书的重点。这是一种将断代语法同语法发展结合起来的写法,所以确切地说,这本书是一部断代语法发展史,作者称之为"魏晋南北朝历史语法",正是名实相符的。基于这种认识,作者紧紧抓住三种类型的语法现象作为阐述的重点:一是某些此期之前尚未出现,只是此期萌生、此期发展,此期之后即行消亡的语法现象,反映了该时期的典型特色;二是某些此期之前萌生、此期发展的语法现象,体现了由量到质的变化,形成了该时期语法发展的一般规律;三是某些此期萌生、此期之后发展的语法现象,体现了质的新生,形成了该时期语法发展的特殊规律。这三个方面的内容,无一不同魏晋南北朝这一特定时期的语法发展有着密切的联系。

其次是取材审慎。鉴别语料的时代性对于研究语法发展至关重要。本书作者采取了审慎的态度,选择用例时严格按照著作者成书时代来确定语料的时代;同时又根据自己以往的研究,排除了将后世成书时记述前人的言论作为前代语料的做法;从而保证了选例在时代性上的准确可靠。此外,作者还摒弃了托名于此期成书的伪作中的一些用例,如《齐民要术》卷前《杂说》中有不少酷似新生的语法现象,但由于这篇《杂说》是后人的伪作,因此作者坚决弃而不用。不过作者对于后世成书的反映此期史实的著作,以及后人从类书中纂辑而成的此期的语料,又采取了灵活的态度加以利用。作者的做法是,只从其中采取此期载籍中已有用例者作为佐证,而舍去那些在时代上有可疑之处的用例,绝不将它们作为主要证据。我觉得,这种种做法都是审慎而又积极的。

再次是创获甚多。本书对于魏晋南北朝语法发展的论述大致有两类情况。一类是前人已有确论者,采用前人说法,加以归纳并补充例证;另一类是前人尚未论及或作者不同意前人成说者,则阐释自己的观点。这后一类做法中即包含了作者的许多创获。举要说来有这样几点。第一,突出了语用的观念。例如本书专列"虚词的发展与结构扩充化、表达严密化的关系"一章,详尽论述了"之"字与"也"字运用的减少促进了结构扩充化,以及虚词分工的细密与关联词语的发展增强了表达严密化。尽管作者认为其中有些说法尚须进一步研究与探讨，但是这种把虚词与语用密切联系起来进行观察的方法无疑是一种有益的尝试。此外，全书还多处提及语法发展同汉语语词双音化趋势的关系，如同义虚词的架叠使用，词缀的发展与运用，"为……所……"式、"为……之所……"式、"为……所见……"式被动句在与单音节或双音节被动动词搭配时的选用，也都充分考虑到了语用因素。第二，进行了一些新的论证。例如此期人称代词"其"字用作主宾语的问题，作者从此期之前"其"字的特殊用法入手，论述了"其"字新兴用法的内在根据；证据充分，很有说服力，同时也理清了"其"字发展变化的线索。再如分为三个阶段来说明副词"都"字由对谓语涉及范围的总括转而发展为对主语范围的总括，也阐明了现代汉语范围副词"都"字的来源与发展过程。第三，归纳了一些新的语法规律。例如对动词过去时态与现在时态表示法的描写与归纳，对于梳理时态助词"了"与"着"的逐步演变以至最终形成提供了大量的语料证明。再如否定句代词宾语与疑问代词宾语后置词序的发展进程，作者认为二者之间存在着不平衡的现象，也是根据此期实际用例而得出的结论。第四，发现了一些新的语法现象。例如"要"字的助动词用法，"就中"的指示代词用法，"因、由"的连词用法，用"未是"来否定判断宾语的新形式，以及多种语法结构形式中的一些新见用例。这些发现对于进一步认清魏晋南北朝语法发展的规律具有重要的作用。以上四点之外，本书尚有不少新见解、新材料，这里就不一一赘述了。

最后是例证丰富。作者涉猎面广，阅读了此期的大量载籍，占有许多第一手资料。据我的粗略估计，全书引用书籍约可百余种，这就大大增加了结论的客观性与可靠性。

柳君士镇大学本科时曾受业于语坛耆宿张世禄教授，硕士研究生阶段又师从余友洪诚教授，深得二位先生的教益；近些年来撰有《从语言角度看〈齐民要术〉卷前〈杂说〉非贾氏所作》《〈世说新语〉〈晋书〉异文语言比较研究》《〈百喻经〉中的被动句式》《〈世说新语〉句法特点初探》等十几篇论文，致力于魏晋南北朝语法发展的研究，本书就是在这些论文的基础上写成的。由于他常虚心问学,得切磋之益,我有感于他的敏而勤奋,又为他能写出这样全面而系统的断代语法发展史而感到由衷高兴,所以不顾年老事冗,为他写了这篇序。

一九九二年六月于南京师范大学,

时年八十有一

目　　录

下编　魏晋南北朝句法的发展

绪　　言

仔细观察魏晋南北朝时期的书面语言,我们往往会发现它在构成形式上同先秦两汉时期有一定的区别。二者的区别除去词汇的运用有许多不同之处外,还表现在语法构造也存在某些差异。这种差异为我们专门进行魏晋南北朝时期的语法研究提供了必要性与可能性。

汉语是世界上历史最为悠久的语言之一,我国对于汉语的研究也源远而流长。这些研究涉及语言学中的许多领域,当然也包括语法研究。两千多年前的西汉初期,在《公羊传》《穀梁传》对于鲁国编年史《春秋》的解说中,就已经具有了初步的语法研究意识。例如:

《春秋·僖公元年》:"夏六月,邢迁于夷仪。"

《春秋·庄公十年》:"宋人迁宿。"

《公羊传·僖公元年》解释说:"迁者何? 其意也。迁之者何? 非其意也。"

这几句话的含意是,"邢迁",是出自邢人意愿的,所以说"其意也";"宋人迁宿",则是宿人被宋人强迫迁移,并非出自宿人的意愿,所以说"非其意也"。对于这类语义上的分析,陈望道认为:"就可以算是文法上自动和他动的辨别的提示。……像这样个别说述语文条理的例子,我们在古代的文书里可以找出不少,假使将就一点,那也未尝不可算是现在所谓文法的研究。"①

但是,这种萌芽形式的语法研究在一个相当长的时期内并没有得到充分发展,直至十四世纪初叶元代卢以纬《助语辞》问世之前,它始终处于零星的、

---

① 参看《"一提议"和"炒冷饭"读后感》,载《中国文法革新论丛》,商务印书馆,1987 年 12 月新 1 版。

1

非系统的状态中,只不过是文人在读通古籍经典的需求下附带地涉及一些语法现象。

《助语辞》收集虚词(包括词组)一百二十余个,阐释意义,分析用法,在历史上首次把虚词作为语言结构中的要素集中起来进行论述,尽管这种论述还远远不够全面,不够系统,但它无疑开创了对于语法现象的自觉研究。到了清代,这种虚词研究进入全盛时期,著述繁多,其中最为著名的有刘淇的《助字辨略》、袁仁林的《虚字说》与王引之的《经传释词》。这几部书籍内容丰富,考证缜密,对作为语法单位的虚词从用法上进行了深入的研究。但是,这类书籍也还不能算作真正的语法著作,因为它们只是论及各别虚词的意义与作用,并没有从语法的角度来阐述虚词的性质、用法与分类,同时又完全放弃了对于句法的哪怕是极为粗浅的研究。

特别值得称道的是,在前人对于语法现象研究的基础上,在中西文化接触、交流、融会的作用下,1898 年马建忠写出我国第一部汉语语法著作《马氏文通》,从而建立起第一个比较全面系统的汉语语法体系,这标志着我国的语法研究从此走上了科学的道路。此后,我国的语法著作便如雨后春笋一般不断涌现。仅在五四运动之前,主要研究古汉语语法的著作就有十多种,例如来裕恂的《汉文典》、章士钊的《中等国文典》、胡以鲁的《国语学草创》、俞明谦的《国文典讲义》;五四运动之后又有陈承泽的《国文法草创》、杨树达的《高等国文法》、刘复的《中国文法通论》、金兆梓的《国文法之研究》。这些著作各具特色,有的以材料取胜,有的以理论见长,有的更新观点,有的变革体系,极大地增进了人们对于古代汉语语法规律的认识。

不过,这类著作具有一个共同点,即论述的语法现象在时代上跨度过大,涵盖自西周到唐宋甚至明清长达几乎三千年的历史,故而不可能对于反映某些时代特色的语法现象进行深入细致的研究。当然,这类综贯全古代的泛时的语法研究有其顺乎自然的原因。一是我国古代的书面语言是以先秦口语为基础而形成的,历代承袭下来的仿古文章与之并无什么太大的差别,这就为上述泛时研究的语法著作提供了出现的条件。二是在语法研究的初期,这种状况是同研究工作的学术水平与发展进程相适应的,同时读者也需要通过这样的著作来了解古代语法的概貌与共同规律,而事实上也的确解决了人们阅读古书时的最主要、最典型的问题。但是,我们也应看到,古代的书面语言并不是一成不变的,除去词汇方面的发展之外,后代的人也不可能完全按照前代人的方式去遣词造句,在他们的笔下常常会自觉或不自觉地流露出自己所处时代新兴的语法规律。再者,随着语法研究的发展,也有必要加强对于各个不同时期的各别语法现象的研究。这就要求我们在研究对象的历史跨度上缩小范围,对各个时期的语法现象进行断代的研究。这种研究不仅相对容易深入下去,而且也可以为汉语语法史的科学化、精细化准备必要的坚实基础。

魏晋南北朝在我国历史上是一个纷乱的时期。东汉末年,政局变乱不安,人民播迁不定,虽然西晋得到短暂的统一,但紧接着北方受到外族的不断侵扰,整个中国又处于南北分治的境地。北方汉人士族、大批流民不断南迁,有的近移江淮,有的远徙闽广;未南下的士族、流民,有的取道幽冀北往辽东,有的经由关洛西至秦陇。汉族往边远地带转移,外族向中原地区推进,却也加强了各民族之间的融合。这一国家分并、人民迁徙、民族交融的现象,特别是其中各地方言不断加强接触与融合的因素,大大促进了文化的传播与交流,对汉语的发展也产生了巨大影响。魏晋南北朝时期,无论在语音、词汇乃至语法方面,较之于先秦两汉,都有较为显著的变化。

与先秦两汉时期相比,此期语法的总体特征是新旧形式的交替。在旧有语法形式继续沿用的同时,又出现了一些新的语法形式。新形式具有较为鲜明的时代特色:这种特色有的是魏晋南北朝时期开始发生的语法现象,直接表现为质的新生;有的则是萌芽于先秦两汉,发展成熟于魏晋南北朝,体现了由量到质的变化。这又同时反映在词法与句法两个方面。词法的发展比句法活跃,故而变化更为显著,内容也更加丰富。其主要方面有:名词词缀的新生,动词时态表示法的发展,形容词后缀的变化,名量词的全面成熟,动量词的初步成熟,新兴的人称代词、指示代词、疑问代词、副词、介词、连词形式,以及先秦两汉固有的这些类词的语法功能的演变,等等。句法的发展变化主要有:构词法中的词根连接词缀的合成法与外来词的对译法,数量词组位置的演变,词序的变迁,"是"字式判断句的普遍运用,选择问句的新形式与反复问句形式的变化,结果、趋向、数量诸补语的发展,"被"字式被动句完整形态的演成,以及虚词运用的发展促进了句法结构扩充化与表达方式严密化,等等。

既然魏晋南北朝语法具有上述众多而又突出的时代特色,故而它在汉语语法史上无疑具有重要的地位,那么对它进行断代的研究也自然是一件很有意义的事情。

我国进行断代语法研究的历史并不很长,但已取得重要成果。1953 年与1981 年管燮初先后发表了《殷虚甲骨刻辞的语法研究》与《西周金文语法研究》,1989 年易孟醇又写出了《先秦语法》。① 这三部专著以全面描写的方式对于甲骨文、金文、先秦文献典籍中的语法现象进行了广泛的探讨与描述。此外,日本学者太田辰夫的《中国语历史文法》与《汉语史通考》,以及志村良治的《中国中世语法史研究》,主要涉及近代汉语与中古汉语两大时期的语法内容,也应当归入断代语法研究的范畴。② 至于以断代语法为内容进行专题研究的专著,或者对断代语法各别现象进行探讨的论文,更是议题深入广泛,不断取得丰硕成果。这林林总总的论著,方方面面的成就,大大促进了汉语断代语法的研究进一步往纵深方向发展。

断代语法可以有两种写作方式。一种是全面的静态描写,将某一时期出现的语法形式穷尽地排列出来进行系统研究,这能够反映该时期语法规律的全貌。另一种则属于动态的描写,着重从发展与新生的角度来论述某一时期的语法现象,这能够突出该时期语法规律的特点。前一种写法适用于对各个不同时期的语法描写,后一种写法则适用于作为基础的早期语法(例如先秦语法、两汉语法)之外的后续时期语法。因为后续时期语法既以早期语法作为基础,那么它的发展以及对于这种发展特点的研究也必须以早期语法作为参照。而对于促进汉语语法发展史的研究,这后一种写法的作用或许更为直接一些。

---

① 管燮初《殷虚甲骨刻辞的语法研究》,中国科学院语言研究所语言学专刊,中国科学院出版,1953 年 10 月初版;《西周金文语法研究》,商务印书馆,1981 年 10 月第 1 版。易孟醇《先秦语法》,湖南教育出版社,1989 年 7 月第 1 版。

② 〔日〕太田辰夫《中国语历史文法》(修订译本),蒋绍愚、徐昌华译,北京大学出版社,2003 年 11 月第 2 版;《汉语史通考》,江蓝生、白维国译,重庆出版社,1991 年 5 月第 1 版。〔日〕志村良治《中国中世语法史研究》,江蓝生、白维国译,中华书局,1995 年 9 月第 1 版。

本书主要采用后一种写法,笔墨大多用于从动态的角度来反映魏晋南北朝时期对于先秦两汉语法的发展,故而名之为"历史语法"。全书分为三编,上编为"魏晋南北朝语法概述",简要交代所采用的语法体系,勾勒与描述此期的语法框架与语法面貌,内容既有对于先秦两汉语法的继承沿袭,同时也兼及由之而来的发展变化。中、下两编则是本书的主体,分别为魏晋南北朝词法与魏晋南北朝句法的发展,详论此期语法在这两个方面的演变特点,为进一步理清汉语语法发展的线索以及确定这些发展变化在语法史上的地位准备必要的基础。

上编　魏晋南北朝语法概述

第一章　书面语与口语

　　语言是人类与其他动物相区别的标志之一,是人类赖以文明进步的发明创造。从我们中华民族先民的起源来看,如果根据 1964 年在陕西蓝田发现的,后来命名为"蓝田人"的古人类头骨进行研究测算,距今也有约百万年。对于这漫长的百万年的历史,即便我们略去至今仍是晦而不明的演化进程,极大幅度地拉近时间上的距离,以中华民族始祖炎帝、黄帝而论,根据文献学与考古学的推断,迄今也有长约五千年的文明史。① 而语言作为人类最重要的交际工具,也同样具有极为悠久的历史。对于人类及其语言的起源,有学者概括国内外有关研究成果说:"原始人至少有几百万年的历史,现代意义上的人类大约出现在 13 万～15 万年前,而人类的语言出现在 6 万～8 万年以前,至于记载语言的书面语则迄今不超过 7000 年。"据此可以认为,在相当漫长的一段时期内,这种语言还仅仅停留在口头上,并没有形成书面的文字。同样道理,汉字的产生也要远远落后于汉语的形成,尽管三千多年前的殷商甲骨文已经能够承担起记录语言的任务,具有相当成熟的性质,不过与汉语实际的口头语言史相比,这种书面语言史仍然要迟晚不知多少年。

　　我们现在所能直接用来研究的古代汉语,是前人用文字记录下来的语言,也即古代汉民族自有甲骨文以来的书面语言。这种书面语言可以分为两个系统。一个是以先秦口语为基础进行加工的书面语言,即通常所说的文言文。文言文的范围很广,先秦两汉的文献典籍,例如《左传》《论语》《史记》《汉书》是正统的文言文,唐宋之后模仿先秦两汉书面语言而使用的古文,例如韩愈、

---

　　① 中华民族先民的起源问题,参看贾兰坡《中国大陆上的远古居民》,天津人民出版社,1978年 9 月第 1 版。下文关于人类及其语言起源的概述,参看徐时仪《汉语白话史研究刍议》,载《华夏文化论坛》第十五辑。

柳宗元等古文家的作品,包括直至清代蒲松龄的《聊斋志异》等,也都算是文言文。另一个系统是魏晋南北朝之后以北方话口语为基础进行加工的书面语言,即通常所说的古白话。例如唐代的变文、宋代的平话、元代的散曲、元明的杂剧以及明清小说《三国演义》《水浒传》《西游记》《儒林外史》《红楼梦》等。这两个系统分别反映了上述诸多作品各自完成时期的书面语言与口头语言。

考察汉语历史上书面语与口语之间的关系,由于汉字形体繁难以及书写工具落后等诸多原因,或许自古以来就有一定的距离。例如《礼记·檀弓》的语言比《论语》《孟子》显得粗疏古朴,后者的加工痕迹就较为明显。班固的《汉书》反比司马迁的《史记》艰深难懂,它与口语之间的距离看来也比《史记》与口语的距离要大。只是由于文献不够充分,目前对于先秦两汉时期的这种差异还很难进行全面的推断。直到魏晋南北朝时期,书面语与口语的距离才逐渐明显起来。吕叔湘曾经总结说:"一方面,除古典散文继承先秦传统外,骈体文字越来越得势,离开口语越来越远。另一方面,短书杂记大量产生,佛经译本也不避俗语,那里面常常可以遇到当时的口语词和口语词义。"①同时,承着这后一方面而言,一些能够反映当时口语的语法形式也在书面语中陆续出现。

造成书面语与口语差异的原因主要有以下几点。一是其时许多文人学士将秦汉文献奉为经典,循古以自重,因而笔下常常模仿古人为文的方式,甚至在某些文学样式中还有追求形式上的绮靡华丽以弥补内容上空虚贫乏的趋势。二是短书杂记、农医著述、佛经译本的出现,目的是要讲究实用,以争取更多的受众,自然不能纯粹采用脱离口语的文言。此外,由于汉字以表意为主,由它构成的书面语言并不像拼音文字那样随时反映语音的变化,进而与口语保持密切的联系;它可以不理会语音的变化而仍然采用旧有的书写形式,并长期得以沿袭运用。这一特点无疑也增强了汉语书面语言的保守性。以上种种原因的交相作用,使得承袭秦汉正统的书面语言与具有口语色彩的书面语言,二者之间的距离逐渐加大,尽管前者也难免不自觉地受到口语的影响,而口语

---

① 参看江蓝生《魏晋南北朝小说词语汇释》"吕叔湘序",语文出版社,1988 年 5 月第 1 版。

本身也有一种力图进入书面语言的倾向,但最终仍然发展成为文言文与古白话的两大分野。

在魏晋南北朝时期的文献典籍中,上述二者之间的差异是多方面的。这里主要从词汇与语法两个方面做以下考察。

从词汇的角度来看,一方面是承袭秦汉正统的书面语言全面沿用了各种文言词语,为反映社会生活发展而出现的一些新生词语也往往具有典型的文言色彩;另一方面在其他部分作品中又夹杂了口语色彩较强的词语。后者这种口语色彩的表现主要有两种情况。

一是出现了一些新兴的口语词语。例如:

　　馀有数十斛竹片,咸长数寸。(《捷悟》)

　　瑠璃盌盛澡豆,因倒著水中而饮之,谓是干饭。(《纰漏》)

　　邓艾口喫,语称“艾艾”。晋文王戏之。(《言语》)

　　坐者未之信,密遣问之,实用故车脚。(《术解》)

　　望卿摆拨常务,应对玄言。(《政事》)

　　拍浮酒池中,便足了一生。(《任诞》)

　　家中大惊,其由来清,而忽有此物。(同上)

　　夷甫都无言,盥洗毕……在车中照镜。(《雅量》)

　　正值李梳头,发委藉地,肤色玉曜。(《贤媛》)

　　刘尹语末后亦小异,回复其言,亦乃无过。(《赏誉》)

　　(以上见《世说新语》)

　　入食堂时,威仪齐肃,次第而坐。

　　佛即成道,与诸弟子遊行。

　　国王敬重顶骨,虑人抄夺。

　　山北阴中遇寒风暴起,人皆噤战。

　　说无常、苦,说身如泡沫等。

　　告诸弟子:“是吾最后所行处。”

　　法显先安慰之,徐问:“汝是何人?”

　　尸摩赊那者,汉言弃死人墓田。

诸方国王遣工画师模写,莫能及。

影西百步许,佛在时剃发剪爪。

(以上见《法显传》)

二是先秦两汉时期固有的词语产生了新的口语词义。例如:

假使生乎今世,养马不暇,岂办见知?(《宋书·杜骥传》)

"办"在此前表示"办理"义,此期又可用如"能够"义。

脚跡在首阳山下,至今犹存。(《搜神记》卷十三)

"脚"在此前表示"小腿"义,此期又可用如"足、脚"义。

荀走叛不敢还,妇密令觅荀。(《古小说钩沉·妒记》)

"叛"在此前表示"反叛"义,此期又可用如"逃跑"义。

文规有数岁孙,念之,抱来。(《古小说钩沉·甄异传》)

"念"在此前表示"思念"义,此期又可用如"爱怜"义。

武烈太子偏能写真,坐上宾客,随宜点染。(《颜氏家训·杂艺》)

"偏"在此前表示"偏颇"义,此期又可用如"最、甚"义。

奴客缇骑依倚形势,侵陵小人,强夺财货。(《后汉书·窦宪传》)

"形势"在此前表示"阵势"义,此期又可用如"权势"义。

须有消息,不必期於颠沛而走也。(《颜氏家训·风操》)

"消息"在此前表示"消长"义,此期又可用如"斟酌"义。

汝阿见子敬,便沐浴为论兄辈。(《世说新语·赏誉》刘孝标注引《语林》)

"沐浴"在此前表示"洗发、洗身"义,此期又可用如"服膺"义。

交疏造次,一座百犯,闻者辛苦。(《颜氏家训·风操》)

"辛苦"在此前表示"穷困"义,此期又可用如"悲痛"义。

铃下……逡巡走出,范因突入,叩头流血。(《三国志·吴志·吴范传》)

"逡巡"在此前表示"徘徊"义,此期又可用如"匆遽"义。

以上是对词语差异的考察。从语法差异的角度来看,又可以分为两个类别三种情况。

第一类以承袭秦汉正统的书面语言为代表。这类文字中,全面沿用了先秦两汉时期的语法形式,在反映并不明显的变化方面,除去偶尔见到一些新兴句式外,主要表现在代词与虚词体系的趋于规范上。

第二类以具有口语色彩的书面语言为代表。这类文字中,一种情况是旧有的某些语法形式渐趋衰落,另一种情况是新兴的某些语法形式日渐增多。正是在这种此消彼长的演变过程中,呈现出与先秦两汉时期具有种种不同的语法面貌。

首先,先秦两汉时期习用的部分语法形式有减少甚至消失的趋势。例如错综复杂的代词体系逐渐规范,人称代词、指示代词与疑问代词的数量均比先秦两汉时期有所减少;虚词的使用渐趋集中,先秦两汉时期否定副词、范围副词均有十多个,句首、句中、句末语气助词共计多达数十乃至上百个,①而此期沿袭下来的只是一小部分,其中句首、句中语气助词则近乎绝迹;由于结果补语的发展,使动用法大为减缩;主谓相续的判断句、意念被动表示法以及代词宾语置于动词之前等现象也不同程度地有所消减。

其次,萌发或者成熟了一些新的语法形式。举例说来,名词采用"阿、子、头"作为词缀,增强了形态上的标志;序数词前缀"第"字广泛流行,使得序数的性质更加确定;量词范畴的形成,也使得对于数量的表述更为准确清晰。再如肯定判断句普遍采用判断词"是"字,否定判断句萌发了"非是、未是、不是"等新兴表达方式;具有结构特征的被动句除沿用"为……所……"式并有所发展之外,"被"字式的完整形态已经逐步形成,也都反映了语法结构趋于明确与严密。这些语法现象比较典型、比较集中地出现在较为接近口语的载籍中,实际上也是此期口语与书面语面貌不同的一个重要表现。

最后还应指出的是,与先秦两汉时期名词、动词、形容词极少有形态上的区分标志相比,魏晋南北朝除去产生一系列的词缀之外,这几类词的词性转化也常常会带来读音(通常为调类)这一语音形式上的变化。就构词的方式而言,声调的变化实际上也成了区别词性的一种标志,只不过这种标志在以表意为主的汉字书写形式上未着痕迹,而仅仅停留在口头上而已。

---

① 参看杨树达《高等国文法》第九章"助词",商务印书馆,1984 年 3 月新 1 版。

这种前人称之为"读破"的改变读音(通常为调类)以区别词性的方式大约产生于东汉,而在魏晋南北朝时期得到普遍运用。我们从刘熙《释名》以及东汉诸注家对于先秦典籍的注释中可以看得很清楚,这也正是"读破"现象赖以流传至后世的主要途径。由于它的作用在于将同形的词从词义与词性两个方面区别开来,故而不仅具有词汇意义,同时也具有语法意义。

下面根据陆德明《经典释文》记载的材料,将常见的"声调别义"现象分为三个主要类别举例说明。这些材料虽然选自上古典籍,但这种声调别义的方式却是魏晋南北朝时期广泛流行使用的。

第一类,本为平声的名词,用如动词后变为去声。

妻——《论语·季氏》:"邦君之妻,君称之曰夫人。"

此为名词,读平声。《诗·郑风·有女同车序》:"齐侯请妻之。"《经典释文》卷五:"请妻,七计反,以女适人曰妻。"此为动词,改读去声。

衣——《诗·豳风·七月》:"无衣无褐,何以卒岁?"

此为名词,读平声。《论语·子罕》:"衣敝缊袍。"皇侃义疏:"衣,犹著也。"《经典释文》卷二十四:"衣弊,於既反。"此为动词,改读去声。

冠——《楚辞·渔父》:"新沐者必弹冠,新浴者必振衣。"

此为名词,读平声。《论语·先进》:"冠者五六人。"《经典释文》卷二十四:"冠者,古乱反。"此为动词,改读去声。

王——《论语·学而》:"先王之道,斯为美,小大由之。"

此为名词,读平声。《左传·成公二年》:"四王之王也,树德而济同欲焉。"《经典释文》卷十七:"之王,于况反。"此为动词,改读去声。

丧——《公羊传·桓公十八年》:"公之丧至自齐。"

此为名词,读平声。《诗·邶风·击鼓》:"爰居爰处,爰丧其马。"《经典释文》卷五:"爰丧,息浪反。"此为动词,改读去声。

第二类,本为平声的动词,用如名词后变为去声。

行——《论语·子路》:"其身正,不令而行。"

此为动词,读平声。《易·大畜》:"君子以多识前言往行,以畜其德。"《经典释文》卷二:"往行,下孟反。"此为名词,改读去声。

闻——《论语·学而》:"夫子至於是邦也,必闻其政。"

此为动词,读平声。《诗·大雅·卷阿》:"令闻令望。"《经典释文》卷七:"令闻,音问,本亦作问。"此为名词,改读去声。

乘——《墨子·亲士》:"良马难乘,然可以任重致远。"

此为动词,读平声。《左传·隐公元年》:"缮甲兵,具卒乘。"《经典释文》卷十五:"乘,绳证反。"此为名词,改读去声。

思——《荀子·劝学》:"吾尝终日而思矣,不如须臾之所学也。"

此为动词,读平声。《左传·襄公二十九年》:"思深哉。"杜预注:"忧深思远。"《经典释文》卷十八:"思深,息嗣反。"此为名词,改读去声。

藏——《荀子·王制》:"春耕,夏耘,秋收,冬藏。"

此为动词,读平声。《周礼·春官·天府》:"掌祖庙之守藏。"《经典释文》卷八:"守藏,手又反,下才浪反。"此为名词,改读去声。

第三类,本为平声或上声的形容词,用如动词后变为去声。

劳——《庄子·天运》:"是犹推舟於陆也,劳而无功。"

此为形容词,读平声。《周礼·夏官·大司马》:"王吊劳士庶子。"《经典释文》卷九:"吊劳,老报反。"此为动词,改读去声。

空——《管子·五辅》:"仓廪实而囹圄空。"

此为形容词,读平声。《诗·小雅·节南山》:"不宜空我师。"《经典释文》卷六:"空我,苦贡反。"此为动词,改读去声。

好——《战国策·赵策三》:"鬼侯有子而好。"

此为形容词,读上声。《礼记·大学》:"如好好色。"《经典释文》卷十四:"好好,上呼报反。"此为动词,改读去声。

远——《论语·学而》:"有朋自远方来,不亦乐乎?"

此为形容词,读上声。《论语·雍也》:"敬鬼神而远之。"《经典释文》卷二十四:"而远,于万反。"此为动词,改读去声。

广——《诗·周南·汉广》:"汉之广矣,不可泳思。"

此为形容词,读上声。《礼记·檀弓上》:"绸练设旐。"郑玄注:"旐之旒,缁布广充幅。"《经典释文》卷十一:"布广,光浪反。凡度广狭曰广,他皆放此。"此为动词,改读去声。

上文我们依据魏晋南北朝时期具有口语色彩的书面语言材料,扼要叙述了它们在词汇与语法两个方面的变化。将这些变化了的语言现象抽选出来加以集中归纳,可以看出它们相对于先秦两汉时期,发展是显著的。但是,如果我们依据这个时期承袭秦汉正统的书面语言材料,那么前述发展变化的语言现象却有许多并未出现或者反映甚少。这两类情况的不同,来源于书面语与口语的差别,这也正可说明自魏晋南北朝时期开始,书面语与口语异趋的现象正在逐渐明显起来。

仔细观察魏晋南北朝时期这两类面貌有别的书面语言,可以从它们的总体轮廓上粗略地做如下描述。前者的仿古倾向十分鲜明,它全面地采用先秦两汉习用的词语与语法结构,虽然由于它出现在汉语经历着大发展大变化的魏晋南北朝时期,不可避免地要流露出语言的某些变化,故而与先秦两汉的正统书面语言相比,也自然会有一定的差别,但它依然是一种与其时口语有着显著区别的文学语言。所以从根本上说,它应当属于文言文的范畴。而后者在大量采用先秦两汉习用的词语与语法结构的同时,也注意吸收其时口语中新兴的语言现象,用上一些新兴的口语词语与口语词义,在语法结构上出现某些新的口语形式,故而具有一定的口语色彩,它应当是一种融会了对于先秦两汉书面语言的大量继承与部分发展的新书面语言。这种新书面语言的基础仍然是文言文,但是由它透露出来的口语消息,正是演变为古白话的源头。而当这种口语材料发展成为某种语言形式的基础,只是在这一基础上或多或少地夹杂一些文言成分,也即文言与口语的比例与上述魏晋南北朝时期的新书面语言调上一个过儿,那么这种形式的语言,如晚唐五代的禅宗语录与敦煌俗文学作品,就是比较成熟的古白话了。

第二章　词的构成

　　词是由语素按照构词规律构成的,它具有一定的声音与意义,是语言中最小的在造句时能够独立运用的语法单位。所谓一定的声音,是指词在口头上必须具备某种语音形式。所谓一定的意义,是指词必须表示或者具体或者抽象,或者属于词汇范畴或者属于语法范畴的某种意义。而语法单位,是指词能够充任句子成分,或者表示句子成分之间的关系,或者表示句子的语气。最小的、能够独立运用的,则是词作为语法单位必须同时具备的必要条件。最小,是指它本身不能扩展,其间不能插入别的成分;独立运用,是指它在造句时处处都能够作为一个单位运用。之所以要特别强调这两点,因为语素是最小的语法单位,却不能独立运用;而词组能独立运用,却又不是最小的语法单位。

　　这个定义是语言学中对于词的基本性能的概括,先秦两汉时期汉语是如此,魏晋南北朝时期汉语也是如此。例如:

　　　　从室入云,自下升高之象也。(《拾遗记》卷八)

　　　　常绸缪於结课,每纷纶於折狱。(孔稚珪《北山移文》)

　　　　不知是洛水之神也。(《洛阳伽蓝记》卷三)

　　以上几句话中属于词的是"从、室、入、云、自、下、升、高、之、象、也、常、绸缪、於、结课、每、纷纶、於、折狱、不、知、是、洛水、之、神、也",它们都符合前述对于词的性质的界定。

　　词由语素构成,语素是语言中音义结合的最小单位。汉语中,根据语素在构词中的不同作用可以把它分为词根与词缀两类。词根是词的核心部分,词的意义主要由它体现出来。词缀只能附加在词根上构成新词,它本身不能独立成词。就汉语而言,一般一个汉字就是一个语素,例如上文的"高、知、神";也有两个字表示一个语素的,例如"纷纶",因为其中"纷"与"纶"单独出现都没有意义。我们可以根据语素的构成对词进行分类,只含有一个语素的是单纯词,含有两个或两个以上语素的是合成词。

词又是由音节构成的,音节是语音中最自然的结构单位。汉语中一般一个音节就是一个词,例如上文的"室、常、是";也有两个音节表示一个词的,例如"结课、折狱"。我们又可以根据音节的构成对词进行分类,只含有一个音节的是单音词,含有两个或两个以上音节的是复音词。

由于标准不同,这两种分类方式的结果呈交叉现象。具体情况如下表:

按语素 构成分类		词例	按音节 构成分类
单 纯 词	单音词	家、酒、停、辞、广、狭	单音词
	音译词	佛、魔、檀越、沙门、婆罗密	复 音 词
	联绵词	参差、潇洒、婆娑、徬徨、趿屩	
	叠音词	唧唧、咋咋、甸甸、区区、斤斤	
合 成 词	叠根词	昭昭、杳杳、懔懔、去去、行行	
	复合词	滋味、夫人、倾心、朝廷、缓急	
	派生词	阿堵、刀子、滕头、兀然、如馨	

只含有一个语素的单纯词有如下四种。第一种单纯词是单音词,它在先秦两汉的书面语言中占绝大多数,即便在汉语中复音词得到较大发展的魏晋南北朝时期,又是在口语色彩较浓的文章作品中,它仍然要占大多数。下面是《世说新语·言语》中的一段话,加上着重号的是复音词。

元帝始过江,谓顾骠骑曰:"寄人国土,心常怀惭。"荣跪对曰:"臣闻王者以天下为家,是以耿、亳无定处,九鼎迁洛邑,愿陛下勿以迁都为念!"

这段话中共有 43 个词,其中复音词只有 8 个,单音词却有 35 个。

第二种单纯词是音译外来词,此期又以来自梵文的佛学词语居多。例如:

彼国人传云,千佛尽当於此留影。(《法显传》)

有小沙弥在坐末,曰:"世尊默然,则为许可。"(《世说新语·言语》)

昔有一聚落,去王城五由旬。(求那毗地译《百喻经·送美水喻》)

著彼戏衣罗刹之服向火而坐。(《百喻经·伎儿著戏罗刹服共相惊怖喻》)

音译外来词在音节构成上兼跨两类,既有单音节,又有复音节。复音节的音译词也只由一个语素构成,属于单纯词;而意译外来词,通常采用词根融合的方式构成,属于合成词。

第三种单纯词是联绵词,这是指由两个音节联缀成义而不能分割的一种词。联绵词中的两个字仅仅代表单纯复音词中的两个音节,一般不可拆开来分别解释。例如:

櫂容与而讵前? 马寒鸣而不息。(江淹《别赋》)

融为九列,不遵朝仪,秃巾微行,唐突官掖。(《后汉书·孔融传》)

始踯躅於燥吻,终流离於濡翰。(陆机《文赋》)

纷吾既迈此全节,又继之以盘桓。(潘岳《西征赋》)

凌厉越万里,逶迤过千城。(陶潜《咏荆轲》)

西北有织妇,绮缟何缤纷! (曹植《杂诗》)

闻其儿为吏,放纵狼藉。取是曹子一人,足以惊百。(《后汉书·张酺传》)

寥廓惚恍,化一气而甄三才。(潘岳《西征赋》)

尝朝羣臣,目冀曰:"此跋扈将军也。"(《后汉书·梁冀传》)

以上九例中加着重号的是联绵词。根据联绵词中两个音节之间语音上的联系,又可以分为三组。第一组"容与、唐突、踯躅"三词,声母全都相同,具有双声的特点;第二组"盘桓、逶迤、缤纷"三词,韵母全都相同,具有叠韵的特点;第三组"狼藉、寥廓、跋扈"三词则各词内部声母、韵母均不相同,既非双声又非叠韵。这些特点也是一般联绵词中两个音节在语音上的三种关系。值得注意的是,有些联绵词,例如"容与、逶迤",本来分别构成双声或叠韵,只是由于语音的发展变化,如果按照现代汉语普通话来读,它们却是既非双声又非叠韵了。

第四种单纯词是叠音词。这里所说的叠音词与通常所说的叠音词在概念的外延上略有不同。后者主要包含两方面的内容:一是描写容状的叠音词,二是模拟声响的叠音词。我们认为,描写容状的叠音词从结构上应当再细分为两类:不重叠不能用的是一类,这类词重叠以后的意义与原来单音节词的意义不同,例如区区、斤斤;不重叠也能用的是一类,这类词重叠以后的意义与原来单音节词的意义基本相同,例如久久、去去。不重叠也能用的一类,实际上是由形音义完全相同的词根语素构成,它用意义上的叠用来进行重复渲染或者表示行为动作的持续,因此,我们把它称为叠根词,划归合成词的范畴。而不重叠不能用的一类以及模拟声响的叠音词,只是以一个双音节的词根语素来描写容状或模仿声音,它们应当属于单纯词的范畴。例如:

虽有区区之意,亦已疏矣。(嵇康《与山巨源绝交书》)

披轩临前庭,嗷嗷晨鴈翔。(左思《杂诗》)

及在朝廷,斤斤谨质,形於体貌。(《后汉书·吴汉传》)

唯闻哑哑城上乌,玉栏金井牵辘轳。(费昶《行路难》)

上林晚叶飒飒鸣,鴈门早鸿离离度。(沈约《登台望秋月》)

泉水激石,泠泠作响;好鸟相鸣,嘤嘤成韻。(吴均《与朱元思书》)

含有两个或两个以上语素的合成词又可以再细分为三种。第一种合成词是前文提及的从通常所谓的叠音词中划分出来的叠根词。例如:

去去遗情累,安处抚清琴。(陆机《拟行行重行行》)

昭昭朝时日,皎皎晨明月。(傅玄《怨歌行》)

行行日已远,转觉心弥甚。(鲍令晖《代葛沙门妻郭小玉诗》)

时时为安慰,久久莫相忘。(《乐府诗集·焦仲卿妻》)

天苍苍,野茫茫,风吹草低见牛羊。(《乐府诗集·敕勒歌》)

第二种合成词是复合词,它由两个或两个以上的词根语素构成,各个语素都具有一定的意义。例如:

伏惟陛下少垂神听,臣则幸矣。(曹植《求自试表》)

其新雨后及晨暮前,跋涉必著人。(《抱朴子·登涉》)

村中闻有此人,咸来问讯。(陶潜《桃花源记》)

天地鬼神之道,皆恶满盈。谦虚冲损,可以免害。(《颜氏家训·止足》)

寿即棄官,上书乞骸骨归葬。(《搜神记》卷十六)

宫人争以鸟吐之金用饰钗珮。(《拾遗记》卷七)

但是,也有少数用并列方式构成的双音复合词,其中只有一个语素表示意

义,另一个语素则只起形式与语音上的陪衬作用,并不表示意义,这就是古汉语中常见的复词偏义现象。例如:

> 越陌度阡,枉用相存。契阔谈讌,心念旧恩。(曹操《短歌行》)

> 官中府中,俱为一体;陟罚臧否,不宜异同。(诸葛亮《出师表》)

"契阔"中"契"字意思是投合,"阔"字意思是疏远,构成复合词后表示聚集,只有语素"契"表示意义,"阔"字不表示意义。"异同"中也只有语素"异"表示意义,"同"字不表示意义。这种现象从先秦时期就已经出现,说明汉语中单词双音节化的趋势是由来已久的。

第三种合成词是派生词,它由词根语素与词缀语素构成。词缀在此期有了较大的发展,因而派生词的形式与数量也要显得复杂一些。例如:

> 阿舒已二八,懒惰故无匹。阿宣行志学,而不爱文术。(陶潜《责子》)

> 却与小姑别,泪落连珠子。(《乐府诗集·焦仲卿妻》)

> 鬵头似虎掌爪,常没水中。(《水经注》卷二十八)

> 将刀来,破我腹,那得生如馨儿!(《魏书·刘子业传》)

> 愿因行云超重峦,终然莫致增永欷。(张载《拟四愁诗》)

以上各例派生词,只有词根语素表示该词的意义,而词缀只能作为构词语素构成新词,表示该词的词性以及某些附加意义。

总起来看,魏晋南北朝时期词的构成,与先秦两汉大略相同,变化方面较为显著的只是派生词在形式与数量上有所发展与增多而已。

第三章　词的分类(上)

词的分类是指词在语法上的类别划分,不同的语言在词类的划分上往往有不尽相同的标准。汉语中的词由于缺少严格意义上的形态变化,故而通常采用以语法功能为主,同时辅以词汇意义的原则来划分词类。这种分类标准可以适用于现代汉语的词类划分,也可以适用于古代汉语各个断代时期的词类划分。

所谓语法功能,首先是指某一类词能不能单独充任句中成分,其次也指它们与其他类词的结合关系。例如"功德、将军、国家、土地",它们在句中经常单独充任主语、宾语、定语,同时又可以受形容词、数量词组的修饰,可以用在介词后面组成介宾结构,却不能受副词的修饰,这些就是它们的语法功能。而所谓词汇意义,则是指某一类词在意义上共同属于某种高度概括了的语义类别,如上述四个词,表示人或事物的名称,其语义类别为名物范畴,这些就是它们的词汇意义。根据这一类词的语法功能与词汇意义,我们把它叫作名词。

某些词不能单独充任句中成分,本身又没有实在的词汇意义,不过它们同句子的语法结构密切相关,例如"纵、况、因而、所以",它们用在句中可以表示词与词、词组与词组、分句与分句之间的连接关系,这就是它们的语法功能。根据这一类词的语法功能,我们把它叫作连词。

按照以语法功能为主,同时辅以词汇意义的词类划分原则,魏晋南北朝时期汉语中的词可以分为名词、动词、形容词、代词、数词、量词、副词、介词、连词、助词、叹词十一类。

名词、动词、形容词、代词、数词、量词、副词能够单独充任句中成分,又多具有较为实在的词汇意义,属于实词。

一 名词

名词是表示人或事物名称的词。名词的主要用途是充任句中的主语、宾语、定语以及判断句的判断宾语。例如:

> 天子若来,居士若为相对?(《南齐书·明僧绍传》)
> 女乃呼婢云:"唤江郎觉!"江於是跃来就之。(《世说新语·假谲》)
> 奏环天之和乐,列以重霄之宝器。(《拾遗记》卷三)
> 夜行逢鬼,问之,鬼言:"我是鬼。"(《搜神记》卷十六)

以上例句中,名词"天子、婢、重霄、鬼"分别充任句中的主语、宾语、定语以及判断句的判断宾语。

名词有普通名词、专有名词、抽象名词的分别。普通名词表示一般的具体事物,如"山、水、天、地、车、手";专有名词表示特定事物的名称,如"曹操、豫章、蜀、匈奴、《史记》";抽象名词表示事物的抽象概念,如"文、礼、乐、孝、玄、气"。

名词中比较特殊的小类是方位名词与时间名词。它们的性质与一般名词相近,但主要用途是充任句中的状语。例如:

> 外无暮功强近之亲,内无应门五尺之僮。(李密《陈情表》)
> 昔闻投簪逸海岸,今见解兰缚尘缨。(孔稚珪《北山移文》)

此期的名词词缀主要有前缀"阿"与后缀"子、头、儿",可以构成派生式合成词。例如:

> 陆士衡诗云:"营道无烈心。"其何意苦阿父如此?(《宋书·长沙景王道怜传》)
> 世祖在便殿,用金柄刀子治瓜。(《南齐书·袁彖传》)
> 其歌曰:滩头白勃坚相持,倏忽沦没别无期。(《水经注》卷三十四)

二 动词

动词是表示人或事物的动作、行为与发展、变化的词。动词的主要用途是充任句中的谓语。

动词有及物动词与不及物动词之分。及物动词可以带有宾语,而不及物动词不可以带有宾语。例如:

> 单乘马,将其麾下突小城门出。(《三国志·魏志·诸葛诞传》)
>
> 徐笑而谓之曰:"人言鬼可憎,果然如是!"鬼赧而退。(《殷芸小说》卷五)

以上例句中,"乘、将、突"为及物动词,可以带有宾语;"赧、退"为不及物动词,不可以带有宾语。

动词中比较特殊的小类是助动词与判断词。助动词的主要用途是充任句中的状语,又有表示可能、应当、意愿与被动的分别。[①] 主要有表示可能的"可、能、得、足、克、堪、容、办、可以";表示应当的"应、当、宜、合、须";表示意愿的"欲、敢、肯、愿";表示被动的"见";以及一批组合使用的双音节助动词。例如:

> 袁淑谓觊之曰:"卿南人怯懦,岂办作贼?"(《宋书·顾觊之传》)
>
> 前有大梅林,饶子,甘酸可以解渴。(《世说新语·假谲》)
>
> 张祖希若欲相识,自应见诣。(《世说新语·方正》)
>
> 母欲呼之,常自酓其手,畅即觉手痛而至。(《搜神记》卷十一)
>
> 始冲之见私宠也,兄子韶恒有忧色。(《魏书·李冲传》)

判断词的主要用途是充任句中的谓语,在句中对主宾语之间的关系做出是非判断,主要有"为、是"。例如:

> 不徒东南之美,实为海内之秀。(《世说新语·言语》)
>
> 问今是何世,乃不知有汉,无论魏晋。(陶潜《桃花源记》)

三　形容词

形容词是表示人或事物的性质、状态以及模拟自然声音的词。形容词的

---

① 段业辉对中古汉语助动词做了细致的论述分析,参看《中古汉语助动词研究》,南京师范大学出版社,2002 年 4 月第 1 版。

主要用途是充任句中的定语、状语、谓语与补语。例如:

> 绿草蔓如丝,杂树红英发。(谢朓《王孙游》)
>
> 我朝官司皆五帝之臣,主上亲揽,盖远轶轩、唐。(《魏书·李彪传》)
>
> 土地平旷,屋舍俨然,有良田美池桑竹之属。(陶潜《桃花源记》)
>
> 雞鸣,更擣令均,於席上摊而曝干。(《齐民要术》卷五)

以上例句中,"绿、红、远、平旷、干"依次充任句中的定语、定语、状语、谓语与补语。

形容词有性状形容词与象声形容词的分别。性状形容词表示性质与状态,如"广、狭、老、少、拙、巧、缤纷、扶疏";象声形容词常用重叠音节的形式来模仿声音,如"萧萧、霍霍、隐隐、甸甸、唧唧、嘤嘤"。

四 代词

代词是代替别的词或词组等表示人或事物、行为、状态、数量的词。代词的主要用途与它所代替的词或词组等的用途相同。又可以分为人称代词、指示代词与疑问代词三类。

(一) 人称代词

人称代词是代替人或事物名称的代词。有第一人称、第二人称、第三人称与反身称的分别。

1. 第一人称代词,主要有"吾、我、余、予、朕、身、侬"。其中,"朕"字为帝王专用,"侬"字具有南方方言色彩。例如:

> 众鸟欣有托,吾亦爱吾庐。(陶潜《读山海经》)
>
> 我以此当两部鼓吹,何必期效仲举?(《南齐书·孔稚珪传》)
>
> 余乃窜身荒谷,公私涂炭。(庾信《哀江南赋序》)
>
> 或问予云:"神灭,何以知其灭也?"(范缜《神灭论》)

每尽皇华之旨，俾若朕亲览焉。(《宋书·明帝纪》)

身不萧洒，君道身最得，身正自调畅。(《世说新语·赏誉》)

未敢便相许，夜闻侬家论，不持侬与汝。(《乐府诗集·华山畿》)

2.第二人称代词，主要有"汝、尔"。例如：

大将军语右军："汝是我佳子弟。"(《世说新语·赏誉》)

大人驰往观之，儿曰："舍尔去乎!"(《搜神记》卷八)

3.第三人称代词，主要有"之、其、伊、渠"。其中，"之"字一般充任宾语，"其"字一般充任定语。例如：

凡开荒山、泽田，皆七月芟艾之。(《齐民要术》卷一)

达乃进其妹，权使写九州方嶽之势。(《拾遗记》卷八)

王僧恩轻林公，蓝田曰："勿学汝兄，汝兄自不如伊。"(《世说新语·品藻》)

无奈人心复有忆，今暝将渠俱不眠。(庾信《秋夜望单飞雁》)

4.反身称代词，主要有"自、己、自己"。其中，"自"字一般充任主语。例如：

自云先世避秦时乱，率妻子邑人来此绝境。(陶潜《桃花源记》)

今郡太守内省责己，自曝中庭。(《搜神记》卷十一)

祭服供自己身，故云美也。(《论语·泰伯》皇侃义疏)

（二）指示代词

指示代词是用来区别人或事物的代词。又有近指、远指、他指、括指、任指、虚指、无定指的分别。

1.近指代词，主要有"此、兹、斯、然、尔、是、许、阿堵、尔馨、如馨、宁馨"。其中，"是、此"一般充任主语、宾语、定语，"然"一般充任谓语，"许"一般充任定语、宾语、状语，"阿堵"一般充任定语，"尔、尔馨、如馨、宁馨"一般充任定语、谓语。例如：

从此东行四由延，到五河合口。(《法显传》)

兹物苟难停，吾寿安得延?(陆机《长歌行》)

斯乃为教之正体,古今之明义也。(嵇康《管蔡论》)

同是被逼迫,君尔妾亦然。(《乐府诗集·焦仲卿妻》)

迎佗使视,佗曰:"是易治之。"(《搜神记》卷三)

是日解严,大赦天下,文武赐位一等。(《宋书·后废帝纪》)

两耳及孔鼻中,皆有黄金,如枣许大。(《搜神记》卷十五)

见钱阆行,呼婢曰:"举却阿堵物!"(《世说新语·规箴》)

尔时例不给布飖,顾苦求之,乃得。(《世说新语·排调》)

每览镜自照,曰:"王文开那生如馨儿!"(《世说新语·容止》刘孝标注引《语林》)

与何次道语,唯举手指地曰:"正自尔馨!"(《世说新语·品藻》)

2. 远指代词,主要有"彼、其、渠"。"彼"字一般充任主语、宾语、定语,"其"字一般充任定语。例如:

通上二塔,彼方人亦名为四大塔也。(《法显传》)

其后赵后自微贱登至尊,与卫后同类。(《搜神记》卷六)

渠怀之其几何?庶无愧兮庄子。(潘岳《哀永逝文》)

3. 他指代词,主要有"他"字,一般充任定语、宾语。例如:

即割其鼻,寻以他鼻著妇面上。(《百喻经·为妇贸鼻喻》)

4. 括指代词,主要有"一切",一般充任主语、宾语、定语。例如:

莫若幽隐一切,免於如此之臭鼠矣。(《抱朴子·明本》)

凡栽一切树木,欲记其阴阳,不令转易。(《齐民要术》卷四)

5. 任指代词,主要有"是"字,在句中一般充任定语。例如:

喜自得军号以来,多置吏佐,是人加板,无复限极。(《宋书·吴喜传》)

6. 虚指代词,主要有"某"字,在句中一般充任定语。例如:

道林讲,比汝至,当在某品中。(《世说新语·文学》)

7. 无定指示代词,主要有"或、莫",一般充任主语。例如:

或云尚在,余闻之於人,可信而目不可见也。(《博物志》卷七)

诸儿莫之识也,皆问曰:"尔谁家小儿,今日忽来?"(《搜神记》卷八)

此外,还有处于萌芽状态的三个指示代词"能、个、就中"。

（三）疑问代词

疑问代词是用来询问人或事物的代词。根据用法的不同,可以分为两组。两组既有相对分工,又略有重复交叉。

1. 谁、孰、何、底、阿谁、何者、何等、何物、何人

这一组疑问代词常用来询问人或物。其中,"谁、孰、阿谁、何者、何人"一般充任主语、宾语,"何、底、何等、何物"一般充任定语、宾语。例如:

> 孔子曰:"儿来! 汝姓为谁?"(《搜神记》卷八)
>
> 百姓孰敢不箪食壶浆以迎将军者乎?(《三国志·蜀志·诸葛亮传》)
>
> 徘徊将何见? 忧思独伤心。(阮籍《咏怀》)
>
> 单身如萤火,持底报郎恩?(《乐府诗集·欢闻歌》)
>
> 树木稀,屋里无人看阿谁?(《乐府诗集·东平刘生歌》)
>
> 王大将军下,庾公问:"闻卿有四友,何者是?"(《世说新语·品藻》)
>
> 帝欲不谛,是何等语,而常侍欲原之邪?(《后汉书·李云传》)
>
> 卢志於众坐问陆士衡:"陆逊、陆抗是君何物?"(《世说新语·方正》)
>
> 臣夜人定后,为何人所贼伤,中臣要害。(《后汉书·来歙传》)

2. 安、恶、乌、焉、胡、奚、曷、所、何、底、那、若为、何如、云何、何似、何当、何意、那……何

这一组疑问代词常用来询问处所、方式、时间、状况、原因。其中,"安、恶、乌、焉、胡、奚、曷、所"一般充任状语、宾语、定语,"何、底、那、若为、何当、何意"一般充任状语,"何如、云何、何似、那……何"一般充任谓语。例如:

> 一行作吏,此事便废,安能舍其所乐而从其所惧哉!(嵇康《与山巨源绝交书》)
>
> 不知地之为舆,天之为盖,……乌足以言乎?(刘孝标《答刘之遴借类苑书》)
>
> 凡不求而自得,求而不得者,焉可胜算乎!(《颜氏家训·省事》)
>
> 自非拜国君之命,……胡尝扶杖出门乎?(《后汉书·郑玄传》)

既自以心为形役,奚惆怅而独悲?(陶潜《归去来辞》)

人生诚未易,曷云开此衿?(陆机《猛虎行》)

进德智所拙,退耕力不任。(谢灵运《登池上楼》)

阿母常仁恻,今何更不慈?(蔡琰《悲愤诗》)

日冥当户倚,惆怅底不忆?(《乐府诗集·子夜歌》)

阮问:"君那得来?"鬼云:"……今暂生鬼道,权寄君家,后四五年当去。"(《古小说钩沉·幽明录》)

僧远问僧绍曰:"天子若来,居士若为相对?"(《南齐书·明僧绍传》)

一去数千里,何当还故处?(《乐府诗集·紫骝马歌辞》)

曰:"至尊已有,我何意无?"不知分齐,率皆如此。(《颜氏家训·教子》)

或问忱曰:"范泰何如谢邈?"(《宋书·范泰传》)

又问:"荀文若、赵稚长云何?"(《后汉书·祢衡传》)

人问小令曰:"东亭作郡,风政何似?"(《世说新语·政事》)

牢之怒曰:"……但平玄之后,令我那骠骑何?"(《宋书·刘敬宣传》)

此外,还有特殊条件下形成的两个疑问代词"等"与"若"。

五 数词

数词是表示数目的词。又有基数、概数、问数、虚数、分数、序数的分别。数词的主要用途是充任句中的定语、状语。数词常常可以直接放在名词或动词前面对它们进行修饰。例如:

不知管、蔡之恶,乃所目令三圣为不明也。(嵇康《管蔡论》)

密涂亘万里,宁岁犹七奔。(鲍照《代东武吟》)

基数表示基本数目的多少,如"一、二、五、百、千、万"。例如:

三间瓦屋,士龙住东头,士衡住西头。(《世说新语·赏誉》)

概数表示约略而不精确的数目,如"二十许、可十八、垂百、五十馀"。例如:

闻追豫州,轻骑一日一夜行三百馀里。(《三国志·蜀志·诸葛亮传》)

问数表示询问数目的多少,如"几、几何、几多、几所、几许、多少"。例如:

一人修道,济度几许苍生?(《颜氏家训·归心》)

虚数表示与实际数目无关或关系不大的数,如"三、九、十二、三十六、七十二"。例如:

同行十二年,不知木兰是女郎。(《乐府诗集·木兰诗》)

分数表示子母之间的差分,如"半、什一、八分度之五、三分之一"。例如:

积三百六十五度四分度一而周天一币,名曰岁。(《后汉书·律历志中》)

序数表示数目的次序,既可以用基数的形式兼表序数,又可以连用专表序数的前缀如"第一、第二"表示。例如:

太祖以第五子绍字休胤为嗣。(《宋书·庐陵孝献王义真传》)

六 量词

量词是表示人或事物以及动作、行为单位的词。又可以分为名量词与动量词两类。

名量词表示人或事物的单位,如"斤、两、丈、匹(疋)、粒、株、条、枚、头、个"。名量词的主要用途是与数词一道构成数量词组充任句中的定语、补语、谓语。例如:

此中国有九十六种外道。(《法显传》)

行三十里,魏武乃曰:"吾已得。"(《世说新语·捷悟》)

楼船万艘,掩江盖汜,铁马千羣,充原塞隰。(《宋书·袁豹传》)

动量词表示动作、行为的单位,如"次、回、下、番、遍(徧)、通、度、反"。动量的主要用途是与数词一道构成数量词组充任句中的状语、补语。例如:

有一母四过生,生辄双二子。(《论语·微子》皇侃义疏)

即鞭十下,如是五人各打十下。(《百喻经·五人买婢共使作喻》)

七　副词

副词是修饰、限制动词、形容词或其他副词的词。副词的主要用途是充任句中的状语。根据意义与用法的不同,可以分为程度副词、范围副词、时间副词、情态副词、语气副词、否定副词、表敬副词七类。

(一) 程度副词

程度副词表示行为、性质的程度,又有表示极至、转甚、轻微的分别。

1.表示极至的主要有"最、甚、极、殊、雅、至、太、尤、特、良、颇、偏、痛、过、奇、酷、差、熟、绝"。例如:

> 潘、陆特秀,律异班、贾,体变曹、王。(《宋书·谢灵运传论》)
>
> 沛国刘显,博览经籍,偏精班《汉》。(《颜氏家训·书证》)
>
> 以匙痛搅令散,泻著熟乳中。(《齐民要术》卷六)
>
> 臣松之以为习凿齿书,虽最后出,然述此事差有次第。(《三国志·魏志·高贵乡公髦纪》裴松之注)
>
> 何无忌,刘牢之甥,酷似其舅。(《宋书·武帝纪上》)

2.表示转甚的主要有"愈、益、弥、兹、加、更、转"。例如:

> 乐民者,其乐弥长;乐身者,不乐而亡。(《三国志·吴志·陆凯传》)
>
> 曹公豺虎也,……今日拒之,事更不顺。(《三国志·吴志·周瑜传》)
>
> 但虑採山事绝,器用日耗,铜既转少,器亦弥贵。(《宋书·颜竣传》)

3.表示轻微的主要有"少、略、颇、微、差"。例如:

> 伏惟陛下少垂神听,臣则幸矣。(曹植《求自试表》)
>
> 夜中照视,唯有身无头,其体微冷,气息裁属。(《搜神记》卷十二)
>
> 有三千许家,差有田地,耕田犹不足食。(《三国志·魏志·东夷传》)

(二) 范围副词

范围副词表示行为、性质或有关事物的范围,又有表示总括、齐同、各别、仅独的分别。

1.表示总括的主要有"悉、皆、咸、举、遍(徧)、率、并(並、竝)、俱、凡、总、备、要、全、略、差、粗、顿、都、了、初、凡是"。例如：

> 终能总御皇机,克成洪业者,惟其明略最优也。(《三国志·魏志·武帝纪评》)
>
> 使人读《史》《汉》诸纪传,听之,备知其大义。(《三国志·蜀志·王平传》)
>
> 花迷差未著,疏勒复经年。(陈暄《雨雪曲》)
>
> 姜维粗有文武,志立功名。(《三国志·蜀志·姜维传》)
>
> 高祖曰:"先贤后哲,顿在一门。"(《魏书·郭祚传》)
>
> 既不具足,何用持为? 一切都破,无一在者。(《百喻经·杀群牛喻》)
>
> 志气犹不多损,谈说旧事,了无所遗。(《魏书·高允传》)
>
> 善鬼神常扫洒,初不须人工。(《法显传》)
>
> 凡是益国利民之事,必以奏闻。(《魏书·高恭之传》)

2.表示齐同的主要有"共、并(並、竝)、通、齐、同"。例如：

> 与谏议大夫马日磾……等並在东观。(《后汉书·卢植传》)
>
> 於是诏诸尚书通议。晖奏据林言不可施行,事遂寝。(《后汉书·朱晖传》)
>
> 益州刺史毛璩万里齐契,扫定荆楚。(《宋书·武帝纪上》)

3.表示各别的主要有"各、别"。例如：

> 诸鸟各飞去,一鸟独不得去。(《搜神记》卷十四)
>
> 成树之后,树别下子一石。(《齐民要术》卷五)

4.表示仅独的主要有"唯、但、独、特、仅、徒、直、止、才、第、啻、乃、正、政、劣、只、空"。例如：

> 我州但有断头将军,无有降将军也。(《三国志·蜀志·张飞传》)
>
> 初极狭,才通人,复行数十步,豁然开朗。(陶潜《桃花源记》)
>
> 乃自吴寻二陆,平原不在,正见清河。(《世说新语·自新》)
>
> 凡所选举,悉是其意,政令太尉知耳。(《宋书·庾炳之传》)

以刀头穿岸,劣容脚指,於是径上,随之者稍多。(《宋书·胡藩传》)

齐净洗,空著白盐,令小倚咸,内器中。(《齐民要术》卷八)

(三) 时间副词

时间副词表示行为发生的时间,又有表示过去、曾经、正在、将要、立即、随即、重复、终竟、才始、频数、每常、往近的分别。

1. 表示过去的主要有"已、既、业"。例如:

前军已发,而索儿自睢陵渡淮。(《南齐书·高帝纪上》)

南中郎二十年少,业能建如此大事,岂复可量?(《宋书·元凶劭传》)

2. 表示曾经的主要有"尝、曾、经"。例如:

喜为军中经为贼者,就渊求官。《宋书·吴喜传》)

3. 表示正在的主要有"方、适、正、鼎"。例如:

邯郸方盛,力不能独拒,如何?(《后汉书·寇恂传》)

4. 表示将要的主要有"将、且、欲、行"。例如:

吾尝患齿,摇动欲落,饮食热冷,皆苦疼痛。(《颜氏家训·养生》)

5. 表示立即的主要有"立、即、亟、顿、登、便"。例如:

请託不行,意气不满,立能陷人於不测之祸。(《后汉书·仲长统传》)

今镕铸获利,不见有顿得一二亿之理。(《宋书·颜竣传》)

自晨至午,紫云杳起,甘雨登降。(《水经注》卷十五)

而蜀本谓敌不便至,不作城守调度。(《三国志·蜀志·谯周传》)

6. 表示随即的主要有"随、辄、便、仍、寻、应、旋"。例如:

三祖基业,一朝坠地,汝辈便应沦於异族之手。(《宋书·永嘉王子仁传》)

雞子於地圆转未止,仍下地以展齿蹑之。(《世说新语·忿狷》)

又送休四子於吴小城,寻复追杀大者二人。(《三国志·吴志·孙皓传》)

桓督领诸将,周旋赴讨,应皆平定。(《三国志·吴志·朱桓传》)

彭幸蒙司徒公所见全济,未有报德,旋被祸难,永恨於心。(《后汉书·岑彭传》)

7. 表示重复的主要有"重、又、更、复、还"。例如:

后还到扬州更募,亦复不过三千人。(曹操《让县自明本志令》)

唧唧复唧唧,木兰当户织。(《乐府诗集·木兰诗》)

涕零心断绝,将去复还诀。(鲍照《代东门行》)

8. 表示终竟的主要有"终、竟、卒、迄"。例如:

吾终不留,吾要当立效以报曹公乃去。(《三国志·蜀志·关羽传》)

融负其高气,志在靖难,而才疏意广,迄无成功。(《后汉书·孔融传》)

9. 表示才始的主要有"才、始、适、甫、乃"。例如:

木欣欣以向荣,泉涓涓而始流。(陶潜《归去来辞》)

适得府君书,明日来迎汝。(《乐府诗集·焦仲卿妻》)

10. 表示频数的主要有"数、亟、比、复、骤、荐、仍、频、累"。例如:

魏以为蕲春太守,数犯边境。(《三国志·吴志·吴主传》)

及操子丕,桀逆遗丑,荐作姦回,偷取天位。(同上)

吾仍见上,上甚聪明,但拥蔽於左右耳。(《后汉书·盖勋传》)

是时,地数震裂,众灾频降。(《后汉书·李云传》)

11. 表示每常的主要有"常、素、恒、宿、每、经、动"。例如:

权既宿服仰备,又覩亮奇雅,甚敬重之。(《三国志·蜀志·诸葛亮传》)

然经怪此意尚未熟悉於足下。(嵇康《与山巨源绝交书》)

简文为相,事动经年,然后得过。(《世说新语·政事》)

12. 表示往近的主要有"畴、昔、向、比、近、当、先、昨"。例如:

比阴阳错谬,日月薄食。百姓有过,在予一人。(《后汉书·光武帝纪下》)

羣臣往省之,周曰:"近知当不死,罪不足至此。"(《世说新语·方正》)

济先略无子姪之敬,既闻其言,不觉懔然,心形俱肃。(《世说新语·赏誉》)

实迷途其未远,觉今是而昨非。(陶潜《归去来辞》)

(四) 情态副词

情态副词表示行为的情势与状态,又有表示确实、本然、故意、相反、渐变、急促、猝然、徒然、恰适、偶然、几近、持续、且暂、类同、相关的分别。

1. 表示确实的主要有"诚、实、信、允、良、果"。例如:

今天下三分,益州疲弊,此诚危急存亡之秋也。(诸葛亮《出师表》)

古人思炳烛夜遊,良有旨也。(曹丕《与吴质书》)

2. 表示本然的主要有"固、本"。例如:

官本是臭腐,所以将得而梦棺屍。(《世说新语·文学》)

3. 表示故意的主要有"故、特、直"。例如。

诏书特下,拜臣郎中,寻蒙国恩,除臣洗马。(李密《陈情表》)

4. 表示相反的主要有"顾、反"。例如:

昔安石在东山,……况今自乡选,反违之邪?(《世说新语·赏誉》)

5. 表示渐变的主要有"稍、浸、渐"。例如:

迄乎延平,委用渐大,而其员稍增。(《后汉书·宦者传序》)

6. 表示急促的主要有"骤、遽"。例如:

诸将遽相谓曰:"更请刘将军计之。"(《后汉书·光武帝纪上》)

7. 表示猝然的主要有"顿、暂、卒、猝、忽、猥、奄"。例如:

陶一见便改观,谈宴竟日,爱重顿至。(《世说新语·容止》)

得带劍侍侧,卒有变,足以相当。(《后汉书·寇恂传》)

时风雨忽至,祥抱树而泣。(《世说新语·德行》)

庾尝一往奄至,周不及去,相对终日。(《世说新语·尤悔》)

8. 表示徒然的主要有"坐、徒、空"。例如:

无为坐守空城,而令庞公深入。(《宋书·柳元景传》)

空谤齐景非,徒称夷叔贤。(鲍照《拟古》)

9. 表示恰适的主要有"正、适、幸"。例如:

先主斜趋汉津,适与羽船会。(《三国志·蜀志·先主传》)

有一人欲依附，歆辄难之。朗曰："幸尚宽，何为不可？"（《世说新语·德行》）

10. 表示偶然的主要有"傥、偶"。例如：

有时疲倦，则傥为之，犹胜饱食昏睡，兀然端坐耳。（《颜氏家训·杂艺》）

吾直性狭中，多所不堪，偶与足下相知耳。（嵇康《与山巨源绝交书》）

11. 表示几近的主要有"几、垂、仅"。例如：

吾意不及此。微子之言，几败国事。（《后汉书·虞诩传》）

太守闻蜀军垂至，而诸县响应。（《三国志·蜀志·姜维传》）

12. 表示持续的主要有"犹、尚、方、仍、故、还"。例如：

南来息耗，壅塞不达，虽至穷迫，仍不肯降。（《魏书·尉元传》）

周大说饮酒，及出，诸王故在门。（《世说新语·尤悔》）

冷者自然在内，暖者自然居外。还作尖堆，勿令婆陀。（《齐民要术》卷八）

13. 表示且暂的主要有"姑、暂、且"。例如：

卿但暂还家，吾今且报府。（《乐府诗集·焦仲卿妻》）

14. 表示类同的主要有"亦、也"。例如：

那知不梦作，眠觉也恆飞。（徐防《赋得蝶依草应令》）

15. 表示相关的主要有"相、更、交、互"。例如：

横柯上蔽，在昼犹昏；疏条交映，有时见日。（吴均《与朱元思书》）

观夫仁孝之辩，纷然异端，互引典文，代取事据。（《后汉书·延笃传》）

（五）语气副词

语气副词表示某种语气，又有表示肯定、确认语气，不定、测度语气，或然语气，追问、反问语气，意外、逆反语气，使令语气，容忍、无奈语气的分别。

1. 表示肯定、确认语气的主要有"必、固、定、故、正、端"。例如：

齐王固让司空，庚辰，以为骠骑大将军、开府仪同三司。（《宋书·顺

帝纪》)

家兄在郡定佳,庐江人士咸称之。(《世说新语·方正》)

王子敬语谢公:"公故萧洒。"(《世说新语·赏誉》)

设令袁令命汝言《易》,……端可复言未尝看邪?(《南齐书·王僧虔传》)

2. 表示不定、测度语气的主要有"殆、盖、宁、颇、岂、将、将无、将不、将非、得无、得不、得非"。例如:

原夫礼律之兴,盖本之自然,求之情理。(《宋书·傅隆传》)

慰祖卖宅四十五万,买者云:"宁有减不?"(《南齐书·崔慰祖传》)

鼓琴,作数曲竟,抚琴曰:"顾彦先颇复赏此不?"(《世说新语·伤逝》)

逮去,侃追送之。逮曰:"岂欲仕乎?"侃曰:"有仕郡意。"(《世说新语·贤媛》刘孝标注引《晋阳秋》)

无缘有此,黄门将有恨於汝邪?(《三国志·吴志·孙亮传》裴松之注引《江表传》)

诸人皆喧动不坐,公徐云:"如此,将无归?"(《世说新语·雅量》)

将非江表王气,终於三百年乎?(庾信《哀江南赋序》)

闻因败为成,臂上金疮,得非金印之征也?(《宋书·王玄谟传》)

表示概数的副词"几、且、垂、向、减(减)、约",语气上不很确定,也附列于此。例如:

或年几八十,而犹伏隶;或年始七岁,而已从役。(《宋书·自序》)

自去长史,优游无事垂三十年,乃更潜心典籍,孜孜不倦。(《三国志·蜀志·向朗传》)

作是誓已,树便即根上而生,以至於今。今高减十丈。(《法显传》)

疾者前入坐,见佗北壁县此虵辈约以十数。(《三国志·魏志·华佗传》)

3. 表示或然语气的主要有"倘、傥、脱、或"。例如:

今使太守丞以中牢具祠,魂而有灵,傥其歆享。(《后汉书·杨震传》)

不如诣阙自归。事既未然,脱可免祸。(《后汉书·李通传》)

刃之与利，或如来说；形之与神，其义不然。（范缜《神灭论》）

4. 表示追问、反问语气的主要有"定、岂、讵、宁、庸、其、独、更、可、端"。例如：

语及时事，晏抵掌曰："公常言晏怯，今定何如？"（《南齐书·王晏传》）

天下非复汉有，府君宁有意为吾属师乎？（《后汉书·傅燮传》）

如卿意，更当以虏遗子孙邪？（《三国志·魏志·辛毗传》）

犹如伯叔、兄弟，酷类先人，可得终身肠断，与之绝耶？（《颜氏家训·风操》）

容华坐销歇，端为谁苦辛？（鲍照《行药至城东桥》）

5. 表示意外、逆反语气的主要有"竟、乃、曾、反、翻、正、更、却（卻）"。例如：

问今是何世，乃不知有汉，无论魏晋。（陶潜《桃花源记》）

日之夜蚀，验於夜星之亡，昼蚀既尽，昼星何故反不见？（《南齐书·天文志上》）

向之所以贵身，翻成害己。故通人立训，为之而不恃也。（《南齐书·刘祥传》史臣曰）

自然无心於禀受，何以正善人少，恶人多？（《世说新语·文学》）

焉有通人大才而更不能为此邪？诚顾道理而弗为耳。（《三国志·魏志·杜恕传》）

骂辱妇之父母，卻成教妇不孝己身，不顾他恨。（《颜氏家训·归心》）

6. 表示使令语气的主要有"仰"。例如：

仰本军印记其上，然后印缝，各上所司。（《魏书·卢同传》）

7. 表示容忍、无奈语气的主要有"便"。例如：

飞怒，令左右牵去斫头，颜色不变，曰："斫头便斫头，何为怒邪！"（《三国志·蜀志·张飞传》）

（六）否定副词

否定副词表示对行为、性质的否定，又有表示叙述性否定、祈使性否定、疑问性否定的分别。

1. 表示叙述性否定的主要有"不、弗、未、非、莫"。例如：

田畴义士，君弗能礼，而又囚之，恐失众心。（《三国志·魏志·田畴传》）

非能自走，直宋无忌之妖，将其入灶也。（《搜神记》卷三）

种谷者寡，食谷者众，旧谷既没，新谷莫继。（《三国志·魏志·王肃传》）

2. 表示祈使性否定的主要有"勿、无、莫"。例如：

慎勿为妇死，贵贱情何薄？（《乐府诗集·焦仲卿妻》）

前后所问，一焚灭之，莫令人见也。（《三国志·吴志·陆逊传》）

3. 表示疑问性否定的主要有"不、否、未、非"。例如：

佗来！汝得我所寄李娥书不耶？（《搜神记》卷十五）

子敬，孤持鞍下马相迎，足以显卿未？（《三国志·吴志·鲁肃传》）

遥光府佐司马端为掌书记，曹虎谓之曰："君是贼非？"（《南齐书·始安贞王道生传》）

（七） 表敬副词

表敬副词表示对别人的尊敬或自己的谦卑。

1. 表示对别人尊敬的主要有"谨、请、敬、幸、垂、蒙、辱、惠"。例如：

臣不胜犬马怖惧之情，谨拜表以闻。（李密《陈情表》）

请自贬三等，以督厥咎。（《三国志·蜀志·诸葛亮传》）

愿明使君少垂详察，忖度其言。（《三国志·吴志·周鲂传》）

往岁收合得少杂材，并蒙赐故板。（《南齐书·豫章文献王嶷传》）

2. 表示自己谦卑的主要有"窃、伏、愚、猥、忝"。例如：

伏惟陛下少垂神听，臣则幸矣。（曹植《求自试表》）

而小人猥承君后，任重虑浅，宜有以诲之。（《后汉书·班超传》）

臣忝当大任，义在安国，惧虽身死，罪责弥重。（《三国志·魏志·高

贵乡公髦纪》)

除上述七类副词以外,魏晋南北朝时期还盛行指代性副词"相"字与"见"字,它们用于及物动词或介词之前充任状语,同时又具有指代其后宾语的作用;用上了"相"字或"见"字,宾语通常就不再出现。从指代内容上区分,"相"字指代的宾语可以是第一、二、三人称,而"见"字则主要指代第一人称。例如:

时时为安慰,久久莫相忘。(《乐府诗集·焦仲卿妻》)

卿可去矣,至洛阳,当相为美谈。(《世说新语·贤媛》)

先公勋业如是,君作《东征赋》,云何相忽略?(《世说新语·文学》)

彼有,自当见还;彼无,吾何言哉!(《南齐书·崔慰祖传》)

帝不许,然由是重之,数诏引见,每有大议,辄见访问。(《后汉书·范升传》)

以上主要叙述的是单音节副词,此期还有大量的双音节副词形式,就成因看,有的属于同义复合使用,有的属于词组的凝定,有的属于派生式复合词,还有的是新兴的联绵词(如以下第四、五两例),或者固有联绵词产生的副词新义(如以下末二例)。依次举例如下:

一日朝会,见诸侍中并皆年少。(《后汉书·李固传》)

君以此试,顷来始乃有称之者。(《世说新语·赏誉》)

我年老,非复有乳汁之时,今忽如此,儿必殁矣。(《魏书·朱脩之传》)

杀人取钱,当时狼狈,应有所遗,此贼竟遗何物?(《魏书·司马楚之传》)

倏忽市朝变,苍茫人事非。(庾信《拟咏怀》)

先主醉,怒曰:"……宜速起出!"於是统逡巡引退。(《三国志·蜀志·庞统传》)

少雍性清正,不惮强御,积年久讼,造次决之,请託路绝,时称贤明。(《魏书·辛少雍传》)

第四章　词的分类(下)

实词能够单独充任句中成分,又多具有较为实在的词汇意义。而介词、连词、助词、叹词不能单独充任句中成分,又很少甚至没有词汇意义,属于虚词。

一　介词

介词是用在名词、代词或名词性词组前面,把它们介绍给动词、形容词以表示时间、处所、方式、原因、目的、对象等关系的词。介词的主要用途是与它介绍的词或词组形成介宾结构后充任句中的状语或补语。根据意义与用法的不同,可以分为时地介词、原因目的介词、方式介词、人事介词四类。

(一)　时地介词

时地介词介绍行为动作的时间与处所,又有表示处在、由从、往至、沿循、向对等义的分别。

1.表示处在义的主要有"于、於、以、在、著"。例如:

闰月,孙权破刘备于夷陵。(《三国志·魏志·文帝纪》)

兵士进,杀二侍者於帝侧,伤帝指。(《宋书·少帝纪》)

更冠帻皁衣而出曰:"周南,尔以日中死。"(《古小说钩沉·幽明录》)

虎初取,便负著背上,临至而后下之。(《搜神记》卷五)

2.表示由从义的主要有"自、由、从、自从"。例如:

自此东行五由延,到毗舍离国。(《法显传》)

乃探怀中黄纸诏裂掷之，由此皇储始定。(《世说新语·方正》)

我闻曾潭乐，故从檐潭来。(《古小说钩沉·幽明录》)

自从始初以至於终，实不藏情，有所不尽。(《三国志·蜀志·法正传》)

3. 表示往至义的主要有"於、乎、至、洎、及、到、逮、投、著、比"。例如：

凡桓玄馀党，至是皆诛夷。(《宋书·武帝纪上》)

洎於齐末，祕书缮写，贤於往日多矣。(《颜氏家训·杂艺》)

放纵情性，及其终极，至於大耻也。(《搜神记》卷七)

式便服朋友之服，投其葬日，驰往赴之。(《后汉书·范式传》)

以匙痛搅令散，泻著熟乳中。(《齐民要术》卷六)

但今卒无，方须求索。比得药顷，王要莫看。(《百喻经·医与王女药令卒长大喻》)

4. 表示沿循义的主要有"扶、缘、循、傍"。例如：

政可致衣仗数日粮，军人扶淮步下也。(《南齐书·周盘龙传》)

晋太元中，武陵人捕鱼为业。缘溪行，忘路之远近。(陶潜《桃花源记》)

双兔傍地走，安能辨我是雄雌？(《乐府诗集·木兰诗》)

5. 表示向对义的主要有"向、当、对、就"。例如：

晨及贼，击破之。馀虏走向落川，复相屯结。(《后汉书·段颍传》)

当窗理云鬓，对镜帖花黄。(《乐府诗集·木兰诗》)

欲引师进就坚城，而众人多畏贼追，惮为后拒。(《后汉书·张宗传》)

(二) 原因目的介词

原因目的介词介绍行为动作的原因与目的，又有表示因为，为、为了等义的分别。

1. 表示因为义的主要有"为、以(目)、於、用、因、坐、缘、由於"。例如：

粟罄於惰遊，货殚於泥木。(范缜《神灭论》)

班进拜，流涕问："大人何因及此？"(《搜神记》卷四)

　　侯遂密云,赧然而出,坐此被责。(《颜氏家训·风操》)

　　昔缘何福,同生皇家;今有何罪,便成胡越?(《魏书·刘骏传》)

　　纵恣既作,则侮夫之心生矣。此由於不知止足者也。(《后汉书·曹世叔妻传》)

　2.表示为、为了义的主要有"为"。例如:

　　昔诗人什篇,为情而造文;辞人赋颂,为文而造情。(《文心雕龙·情采》)

(三) 方式介词

　　方式介词介绍行为动作的方式,又有表示把,用、拿,依据,凭借等义的分别。

　1.表示把义的主要有"以(目)"。例如:

　　入华堂,室宇器物不凡。以一珠袍与之,曰:"可以自给。"(《古小说钩沉·列异传》)

　2.表示用、拿义的主要有"以(目)、用"。例如:

　　侍者乃却扇,以手摸,方知有屏风。(《拾遗记》卷五)

　　世祖在便殿,用金柄刀子治瓜。(《南齐书·袁彖传》)

　3.表示依据义的主要有"以(目)、依、缘、据、随、按、案"。例如:

　　若欲多酿,依法别瓮中作。(《齐民要术》卷七)

　　吾与汝以道德相亲,缘此而言,无惭前烈。(《魏书·彭城王勰传》)

　　龚调据法律明之,以为男、吉犯罪,皇太子不当坐。(《后汉书·来历传》)

　　虽干吏卑末,皆课令习读,程试殿最,随能升授。(《后汉书·栾巴传》)

　　交通财贿,共为姦利。请案律治罪。(《魏书·安同传》)

　4.表示凭借义的主要有"以(目)、乘"。例如:

　　刘备以左将军领荆州牧,治公安。(《三国志·吴志·周瑜传》)

　　寻、邑陈乱,乘锐崩之,遂杀王寻。(《后汉书·光武帝纪上》)

（四）人事介词

人事介词介绍行为动作或性质状态涉及的对象,又有表示给、替,给与,比较,向对,偕同、连同,被动等义的分别。

1. 表示给、替义的主要有"为、与"。例如:

> 但受我请,当为汝於城里作山。(《法显传》)

2. 表示给与义的主要有"与、於"。例如:

> 谢镇西书与殷扬州,为真长求会稽。(《世说新语·轻诋》)
>
> 主荒政缪,国命委於阉寺。(《后汉书·党锢传序》)

3. 表示比较义的主要有"於、乎"。例如:

> 郡县逼迫,催臣上道。州司临门,急於星火。(李密《陈情表》)

4. 表示向对义的主要有"於、为、向、对、从、就"。例如:

> 辞去,此中人语云:"不足为外人道也。"(陶潜《桃花源记》)
>
> 入门望爱子,妻妾向人悲。(孔融《杂诗》)
>
> 诣王丞相,丞相小极,对之疲睡。(《世说新语·言语》)
>
> 答曰:"……从公乞一弟,以养老母。"(《世说新语·德行》)
>
> 就成皋屈伯彦学,三年业毕,博通坟籍。(《后汉书·郭太传》)

5. 表示偕同、连同义的主要有"与、共、将、合、并(並、竝)"。例如:

> 我共前人同买於汝,云何独尔?(《百喻经·五人买婢共使作喻》)
>
> 无奈人心复有忆,今暝将渠俱不眠。(庾信《秋夜望单飞雁》)
>
> 熟时,合肉全埋粪地中;至春既生,移栽实地。(《齐民要术》卷四)
>
> 并诸郡兵步骑合十馀万,屯美阳,以卫园陵。(《后汉书·董卓传》)

6. 表示被动义的主要有"於、为、被"。例如:

> 并授以禁兵,委任不易,故众为之用,莫不尽力。(《宋书·明帝纪》)
>
> 病笃,大见牛来,举体如被刀刺,叫呼而终。(《颜氏家训·归心》)

二　连词

连词是连接词与词、词组与词组、分句与分句以表示它们之间各种关系的词。连词只起连接作用,不起修饰作用,也不能充任句中成分。根据连词所表示的关系不同,可分为并列、进层、选择、承接、转折、因果、条件、让步八类。

(一)并列连词

并列连词表示并列、等立关系,主要有"与、及、而、以(目)、共、将"。例如:

食土者无心而不息,食气者神明而长寿。(《搜神记》卷十二)

体要与微辞偕通,正言共精义并用。(《文心雕龙·征圣》)

独有刘将阮,忘情寄羽杯。(张正见《对酒》)

(二)进层连词

进层连词表示递进、进逼关系。

1.表示递进的主要有"而、且、并(並、竝)、加、加以、加之、非徒、非独、非直、非特、非但、不但"。例如:

遣人招备,并请灵等与共飨饮。(《后汉书·吕布传》)

今北土既未平安,加马超、韩遂尚在关西,为操后患。(《三国志·吴志·周瑜传》)

彼益我损,加以劳困,此乃雄夫智士所以深忧。(《三国志·吴志·华歆传》)

虽年向六十,加之风疾,而自强人事,孜孜无息。(《魏书·张彝传》)

此非徒得入也,方且复得出。(《三国志·魏志·贾逵传》裴松之注引《魏略列传》)

不但自失其利,复使馀人失其道业。(《百喻经·为恶贼所劫失

甗喻》)

2. 表示进逼的主要有"况（况）、而况（而况）、何况（何况）、矧"。例如：

先儒尚得改文从意，何况书写流传耶？（《颜氏家训·书证》）

惰者釜之，勤者钟之。矧夫不为，而尚乎食也哉？（《齐民要术·序》）

（三）选择连词

选择连词表示选择、取舍关系。

1. 表示选择的主要有"如、若、抑、且、将、或、为、为是、为当、为复"。例如：

江南俗亦呼为猪蓴，或呼为荇菜。（《颜氏家训·书证》）

未知邢史失其数耶？将年代久远，注记者传而有谬也？（《搜神记》卷八）

宏曰："卿为欲朕和亲？为欲不和？"（《南齐书·始安贞王道生传》）

世俗心中所得空解，为是真解？为是俗解？（萧统《令旨解二谛义》）

2. 表示取舍的主要有"与、与其、如其"。例如：

又应官酌其才，爵畴其望，与失不赏，宁失不刑。（《宋书·王僧达传》）

如其为羌所乘，宁使魏取。（《魏书·张济传》）

（四）承接连词

承接连词表示时间、事理上的先后相续关系，主要有"而、以（目）、则、因、於是、然后"。例如：

羽伪降，立幡旗为象人於城上，因遁走。（《三国志·吴志·吴主传》）

使者卒至，忱深惧豫祸，不暇被马，於是帖骑而避。（《世说新语·方正》）

必待卷束整齐，然后得起，故无损败。（《颜氏家训·治家》）

（五）转折连词

转折连词表示转折关系，又有表示重转、轻转、旁转的分别。

1. 表示重转的主要有"然、而、抑、还、但、然而"。例如:

尽忠竭节,还被患祸。《小弁》之作,《离骚》之兴,皆由此也。(《三国志·魏志·公孙渊传》裴松之注引《魏书》)

今兵虽无马,但将帅所乘,足得二百骑。(《魏书·安颉传》)

凡损於物,皆无与焉。然而穷鸟入怀,仁人所悯;况死士归我,当棄之乎?(《颜氏家训·省事》)

2. 表示轻转的主要有"顾、但"。例如:

方今天下一统,九州晏如,顾西尚有违命之蜀,东有不臣之吴。(曹植《求自试表》)

初不中风,但失爱於叔父,故见罔耳。(《三国志·魏志·武帝纪》裴松之注引《曹瞒传》)

3. 表示旁转的主要有"至、若、至於、至如、至若"。例如:

凡代人为文,皆作彼语,理宜然矣。至於哀伤凶祸之辞,不可辄代。(《颜氏家训·文章》)

以此得罪,甘心瞑目。至如郭解之代人报雠,……非君子之所为也。(《颜氏家训·省事》)

(六) 因果连词

因果连词表示原因、结果关系。

1. 表示原因的主要有"以(目)、为、由、因、缘、由於"。例如:

当由圣德渊重,厚地所以不能载。(《世说新语·言语》)

孝伯曰:"此事应相与共知。"思答:"缘共知,所以有劳。"(《宋书·张畅传》)

使彼肆酷恣欲,屠割天下,由於为君,故得纵意也。(《抱朴子·诘鲍》)

2. 表示结果的主要有"以(目)、故、是以、因此、因而、所以"。例如:

每一捷,郡将辄赏钱五千,因此得市马。(《宋书·宗越传》)

澄之等盖见北桥铭,因而以桥为太康初造也。(《洛阳伽蓝记》卷二)

臣亡父先臣崇之为洛阳令,常得入奏是非,所以朝贵敛手,无敢干政。(《魏书·高谦之传》)

(七) 条件连词

条件连词表示条件与结果关系,又有表示假设条件、特定条件与"无条件"的条件的分别。

1.表示假设条件的主要有"若、如、苟、使、令、或、忽、脱、傥、倘、自、假使、假令、设令、如若、万一"。例如:

若不信其说,则冥冥不知一点一画,有何意焉。(《颜氏家训·书证》)

其在外篓者,脱遇天寒,则全不作茧。(《齐民要术》卷五)

傥可原察,追脩前好,则何福如之!(《后汉书·赵壹传》)

倘卒遇荒年,不及合作药物,则符水为上矣。(《抱朴子·杂应》)

邕自非寒暑节变,未尝解襟带。(《后汉书·蔡邕传》)

假使吾不知书,可不至今日邪?(《颜氏家训·杂艺》)

设令列船津要,坚城据险,横行之计,其殆难捷。(《三国志·魏志·傅嘏传》)

今深入征之,刘备必说刘表以袭许。万一为变,事不可悔。(《三国志·魏志·武帝纪》)

2.表示特定条件的主要有"但、但使、但令"。例如:

但自言是飞龙,则坐享富贵;若不从,即日便斩头。(《宋书·刘道济传》)

但使共知如此,不忧致大变也。(《宋书·何尚之传》)

谓其子师曰:"但令吾儿及我,亦足胜人,不须苦教之。"(《魏书·穆寿传》)

3.表示"无条件"的条件的主要有"不问"。例如:

南康国吏二百许人,不问有罪无罪,递互与鞭。(《宋书·刘穆之传》)

(八) 让步连词

让步连词表示让步关系,主要有"虽、纵、即、就、正、便、自、纵使、正使、假使"。例如:

> 往日卿於石头举事,虽不克捷,亦丈夫也。(《魏书·萧宝夤传》)
>
> 吴兵就得亡还,适可以示中国之弘耳。(《三国志·魏志·诸葛诞传》)
>
> 非但能言人不可得,正索解人亦不可得。(《世说新语·文学》)
>
> 求乞小弟一命,便死不朽也。(《魏书·杨昱传》)
>
> 若由此业,自致卿相,亦不愿汝曹为之。(《颜氏家训·教子》)
>
> 考之内教,纵使得仙,终当有死,不能出世。(《颜氏家训·养生》)
>
> 胱歔曰:"假使班、马复生,无以过此。"(《南齐书·崔慰祖传》)

以上叙述的多数是单音节连词,此期也有大量的双音节连词形式,就构成上看,有的属于同义复合使用,有的属于词组的凝定,有的属于派生式复合词。依次各举一例:

> 若其不克,成雠弃好,不如因而厚之。(《三国志·吴志·张纮传》)
>
> 但昉既博物,动辄用事,所以诗不得奇。(《诗品》卷中)
>
> 今镕铸获利,不见有顿得一二亿之理,纵复得此,必待弥年。(《宋书·颜竣传》)

此期连词后缀"复"字,主要用于假设连词与让步连词中,构成派生式合成词。例如:

> 若复二三日无消息,便是不复来邪?(《宋书·谢晦传》)
>
> 正复杀君等数百,何损於时!(《世说新语·规箴》刘孝标注引《晋阳秋》)

三　助词

助词是附着在词、词组或句子上起辅助作用的词。助词只能表示语法意

49

义,通常不能充任句中成分。根据助词所起作用的不同,可以分为结构助词、衬音助词与语气助词三类。

(一) 结构助词

结构助词表示结构关系,又有构成名词性词组、偏正词组、偏正化主谓词组、述宾词组的分别。

1. 构成名词性词组的主要有"者、所"。例如:

故四民有业,各以得志为乐,唯达者为能通之。(嵇康《与山巨源绝交书》)

少顷,复起,犬又衔衣,恪令从者逐之。(《搜神记》卷九)

料诸小将兵少而用薄者,欲并合之。(《三国志·吴志·吕蒙传》)

失此二者,不足齿之伧耳。(《世说新语·简傲》)

有怪,无故闻拍手相呼,伺无所见。(《搜神记》卷十八)

猥以微贱,当侍东宫,非臣陨首所能上报。(李密《陈情表》)

然臣愚心所以事国,志在忠益,毕命而已。(《三国志·吴志·张昭传》)

是《萨婆多众律》,即此秦地众僧所行者也。(《法显传》)

2. 构成偏正词组的主要有"之"。例如:

七世祖广国,孝文皇后之弟。(《后汉书·窦融传》)

3. 构成偏正化主谓词组的主要有"之"。例如:

昔文、武之用管、蔡以实,周公之诛管、蔡以权。(嵇康《管蔡论》)

当与益德并驱争先,犹未及髯之绝伦逸羣也。(《三国志·蜀志·关羽传》)

元凶之为逆也,秀在京师。(《宋书·鲁爽传》)

4. 构成述宾词组的主要有"是、之"。例如:

今政荒民弊,覆亡是惧,臣何敢言盛!(《世说新语·规箴》)

殿下当开端门,何黄阁之有!(《魏书·刘子业传》)

(二)衬音助词

衬音助词补足词句中的音节,主要有"之"。例如:

顷之,领南济阴太守,进爵为侯。(《宋书·宗越传》)

从此观之,万物之生死也,与其变化也,非通神之思。(《搜神记》卷十二)

悬驼上楼,就石磨刀,深为众人之所嗤笑。(《百喻经·就楼磨刀喻》)

(三)语气助词

语气助词表示句子语气,又有句首、句中、句末语气助词的分别。

1.句首语气助词主要有"夫、惟、唯、维、盖"。例如:

夫养生者先须虑祸,全身保性,有此生然后养之。(《颜氏家训·养生》)

惟大明六年,夏四月壬子,宣贵妃薨。(谢庄《宋孝武宣贵妃诔》)

盖神农为耒耜,以利天下;尧命四子,敬授民时。(《齐民要术·序》)

2.句中语气助词主要有"也、者"。例如:

吾闻之也,义不背亲,忠不违君。(《三国志·魏志·臧洪传》)

张敞者,吴人,不甚稽古,随宜记注,逐乡俗讹谬,造作书字耳。(《颜氏家训·书证》)

3.句末语气助词,又有表示陈述语气,疑问、反问语气,测度语气,祈使语气,感叹语气的分别。

表示陈述语气的主要有"也、矣、焉、耳、尔"。例如:

先主笑曰:"孤之本意,亦已在卿矣。"(《三国志·蜀志·李恢传》)

遂享分土之封,超登宫卿之位。於是中官始盛焉。(《后汉书·宦者传序》)

人生贵得适意尔,何能羁宦数千里以要名爵?(《世说新语·识鉴》)

表示疑问、反问语气的主要有"乎、邪、耶、也、与、欤、哉、为、那"。例如：

使问之仲尼，曰："吾穿井而获狗，何耶？"（《搜神记》卷十二）

又曰："卿谓吾欲反也？"元兴不敢言，因劝之。（《魏书·冯元兴传》）

嚚尔守门，正为财物。财物既失，用於门为？（《百喻经·奴守门喻》）

女子怒曰："公是韩伯休那？乃不二价乎？"（《后汉书·韩康传》）

表示测度语气的主要有"乎、与、欤、邪、耶、夫"。例如：

将非江表王气，终於三百年乎？（庾信《哀江南赋序》）

得无当得蒋济为治中邪？（《三国志·魏志·温恢传》）

表示祈使语气的主要有"也、矣、乎、来"。例如：

治此计权救饥尔，无为遂负如来也！（《世说新语·假谲》）

语将车人言："与我物来。"答言："无物。"（《百喻经·索无物喻》）

表示感叹语气的主要有"哉、乎、夫"。例如：

衍才行将略，不遂其终，惜哉！（《魏书·裴衍传》史臣曰）

守道持盈，而自竞慎，是可谓知几其神乎！（《拾遗记》卷六）

尚有几个处于演变过程中的助词，主要有表示尝试态的"看"字、表示过去时态的"却、来、了"与现在时态的"著"字、结构助词"得"、语气助词"将、在、不"、表示概数的"许"字。依次各举一例：

婆罗门不信是粪，以手探看，遂作一孔。（《洛阳伽蓝记》卷五）

锋以手击却数人，皆应时倒地。（《南齐书·江夏王锋传》）

峦乃晚至，琛谓峦曰："卿何处放蛆来，今晚始顾？"（《魏书·甄琛传》）

净洗了，捣杏人和猪脂涂。四五上，即当愈。（《齐民要术》卷六）

我诗有生气，须人捉著，不尔便飞去。（《诗品》卷下）

平子饶力，争得脱，踰窗而走。（《世说新语·规箴》）

若生女者，辄持将去，母随号泣，使人不忍闻也。（《颜氏家训·治家》）

太子曰："理既有在，不容以人废言。"（《南齐书·文惠太子传》）

辄嗔云："君得哀家梨，当复不烝食不？"（《世说新语·轻诋》）

如是十遍许，汁清无复黑，乃止。（《齐民要术》卷九）

四 叹词

叹词是表示感叹与应答的词。叹词在句中的位置比较灵活,通常不与其他实词发生特定的关系,也不充任一般的句中成分,但是它们能够独立成句,所以是一种特殊的词类。根据功能的不同,可分为感叹词与应答词两类。

(一) 感叹词

感叹词表示各种情感,又有表示感叹赞美、惋惜悲痛、惊讶疑怪的分别。

1. 表示感叹赞美的主要有"嗟呼、嗟夫、呜呼、噫"。例如:

嗟夫! 六艺以宣圣教,九流以判贤徒。(《宋书·谢灵运传》)

问:"何如刘尹?"谢曰:"噫! 刘尹秀。"(《世说新语·品藻》)

2. 表示惋惜悲痛的主要有"呜呼、嗟夫、唷"。例如:

呜呼! 尚生不存,仲氏既往,山阿寂寥,千载谁赏! (孔稚珪《北山移文》)

便闻呻吟之声曰:"唷,唷,宜死。"(《搜神记》卷十四)

3. 表示惊讶疑怪的主要有"噫、嘻、憘、咄咄"。例如:

妻亦应声惊曰:"噫! 人射汝。"(《搜神记》卷十七)

芝曰:"嘻! 吾违物之性,其将死矣。"俄而卒。(《宋书·五行志五》)

邕至门试潜听之,曰:"憘! 以乐召我而有杀心,何也?"(《后汉书·蔡邕传》)

(二) 应答词

应答词表示呼唤应答。

1. 表示呼唤的主要有"咄、吁"。例如:

鸟亦知人不见,便鸣唤曰:"咄,咄,上去。"(《搜神记》卷十二)

2. 表示应答的主要有"诺、唯、尔"。例如：

皓独言："若尔，当以奴谢百姓。"众因曰："唯!"(《三国志·吴志·孙皓传》裴松之注引干宝《晋纪》)

问得："欲归不?"得曰："尔。"府君曰："今当送卿归，欲便遣卿案行地狱。"(《古小说钩沉·幽明录》)

第五章　词的组合

词的组合是指两个或两个以上的词按照一定的语法规则构成一个新的语言单位。这种语言单位比词要大,比句子要小,可以充任句中的各种成分。

词的组合有的是实词与实词的组合,也有的是实词与虚词各为一方的组合。前者通常称为词组,后者则称为结构。

词的组合可长可短,用以组合的词也可多可少,但分析地进行观察,它们都是由一些最基本的组合类型或者单独或者套叠形成的。根据这些基本类型内部构成的不同,结合魏晋南北朝时期语法结构的实际,这里将词的组合分为偏正词组、述宾词组、述补词组、主谓词组、联合词组、复指词组、连动词组、兼语词组、数量词组、方位词组以及介宾结构、者字结构、所字结构共计十三类。

一　偏正词组

偏正词组由前后两个部分组成,两部分之间的关系有主有次。前一部分是定语或状语,后一部分是中心语。按照充任中心语的词类的不同,又可以分为以名词为主体的定中词组与以动词或形容词为主体的状中词组两种。

1. 定中词组,又有定语由单个的词来充任与由词组来充任的分别。

(1)充任定语的词类主要有名词、形容词、数词、代词、动词,定语与中心语之间常常可参以结构助词"之"字。例如:

因民之性,不可卒除,就为之节,使不淫滥尔。(《颜氏家训·归心》)

乃令人买大筍送与之,盗者惭不取。(《宋书·沈道虔传》)

乃使高览、张郃等攻操营,不下。二将闻琼等败,遂奔操。(《后汉书·

袁绍传》)

　　若是汝之祖父已来所有衣者，应当解著。(《百喻经·山羌偷官库衣喻》)

　　置兵死地，人有斷心，华州之围，可不战而解。(《魏书·杨侃传》)

　　(2)充任定语的词组主要有偏正词组、主谓词组、联合词组、数量词组、方位词组、述宾词组、复指词组以及所字结构。定语与中心语之间也常常可参以结构助词"之"字。例如：

　　为畜生有非常之情，故厚加刍养。(《搜神记》卷十四)

　　从佛生处东行五由延，有国名蓝莫。(《法显传》)

　　魏文帝深好融文辞，每欢曰："杨、班俦也。"(《后汉书·孔融传》)

　　遥见千幅帆，知是逐风流。(《乐府诗集·三洲歌》)

　　光明照耀，俨然如新，海上之民咸皆见之。(《洛阳伽蓝记》卷一)

　　既获益众之实，且有倍气之势。(《三国志·魏志·苏则传》)

　　苟金龙妻刘氏，平原人也，廷尉少卿刘叔宗之姊。(《魏书·苟金龙妻刘氏传》)

　　以所斩首使军士曳之，遶城三匝。(《魏书·刘义隆传》)

　　定中词组以名词为主体，因而整个词组也具有名词性，在句中的用途与名词基本相同，可以充任主语、宾语、定语、谓语。例如：

　　其俗多妖忌，凡二月、五月产子及与父母同月生者，悉杀之。(《后汉书·张奂传》)

　　已失一牛，俱不全足，用是牛为？(《百喻经·杀群牛喻》)

　　隗虽小才，而逢大遇，竟能发明主之至心。(孔融《与曹操论盛孝章书》)

　　曹洪字子廉，太祖从弟也。(《三国志·魏志·曹洪传》)

　　2.状中词组，又有状语由单个的词来充任与由词组来充任的分别。

　　(1)充任状语的词类主要有形容词、副词、代词、数词、动词、名词，状语与中心语之间有时可参以连词"而"字。例如：

　　废帝为弘农王而立献帝，京都大乱。(《三国志·魏志·武帝纪》)

屋忽然而坏,压死者三十馀人。(《搜神记》卷十一)

在下那得复有此才,而令朕不知也?(《魏书·高聪传》)

至於成帝,假借外家,哀、平短祚,国嗣三绝。(《后汉书·班彪传》)

布将宋宪、魏续等执陈宫,举城降,生禽布、宫,皆杀之。(《三国志·魏志·武帝纪》)

时天下日敝,民多悲苦,论者举章有干国才,朝廷不能复用。(《后汉书·苏章传》)

(2)充任状语的词组主要有偏正词组、数量词组、联合词组、方位词组、述宾词组以及介宾结构。状语与中心语之间有时也可参以连词"而"字。例如:

骋还家,牛又人立而行,百姓聚观。(《搜神记》卷七)

碍被,不得安,两三度堕地。(《搜神记》卷十二)

即深细耕,寻垄以杷耧取。(《齐民要术》卷五)

太丘舍去,去后乃至。元方时年七岁,门外戏。(《世说新语·方正》)

则汉室之隆,可计日而待也。(诸葛亮《出师表》)

樊英隐於壶山,尝有暴风从西南起。(《搜神记》卷二)

状中词组以动词或形容词为主体,故而整个词组也具有动词性或形容词性,在句中的用途与动词或形容词基本相同,可以充任谓语、定语、状语、补语。例如:

京兆长安有张氏,独处一室。有鸠自外入,止於牀。(《搜神记》卷九)

为生老病死之所侵恼,欲求长生不死之处。(《百喻经·治秃喻》)

江州刺史每相招请,续之不尚节峻,颇从之游。(《宋书·周续之传》)

已与萧斌同载,呼淑甚急,淑眠终不起。(《宋书·袁淑传》)

二　述宾词组

述宾词组由前后两个部分组成,两部分之间有支配与被支配等关系。前一部分是述语,表示某种动作或行为;后一部分是宾语,表示受动作、行为影响的事物。这里分为述语的构成、宾语的构成与双宾语三个方面进行说明。

1. 充任述语的词类与词组主要有动词、偏正词组、联合词组、连动词组、述补词组。例如：

杀生血食，器用七宝。诸国奉献，甚饶珍异。（《洛阳伽蓝记》卷五）

太祖失马，贼追甚急，洪下，以马授太祖。（《三国志·魏志·曹洪传》）

与靖共谋议，进退天下之士，沙汰秽浊。（《三国志·蜀志·许靖传》）

禹以枸邑不足守，欲引师进就坚城。（《后汉书·张宗传》）

谦遣别将救诸县，仁以骑击破之。（《三国志·魏志·曹仁传》）

2. 充任宾语的词类与词组主要有名词、代词、偏正词组、主谓词组、联合词组、复指词组以及者字结构、所字结构。例如：

儒家说天，自有数义：或浑或盖，乍宣乍安。（《颜氏家训·归心》）

临川王映临州，独重易，上表荐之。（《南齐书·庾易传》）

合有三百二十四章，专说天地阴阳之本。（《魏书·殷绍传》）

鬼答言：“惟不喜人唾。”於是共行。（《搜神记》卷十六）

灵太后临朝，为左中郎将、中给事中。（《魏书·孟鸾传》）

秋七月，诏祀故大司马曹真。（《三国志·魏志·齐王芳纪》）

平原人有善治伛者，自云：“不善，人百一人耳。”（《殷芸小说》卷五）

视所居，骨骼盈宇之间。於是毁府舍，更立之。（《搜神记》卷十九）

3. 双宾语是指充任述语的某些动词能够带有直接宾语与间接宾语两个宾语。例如：

魏尚书仆射陈羣与丞相诸葛亮书。（《三国志·蜀志·刘巴传》）

有相识小人贻其餐，肴案甚盛，真长辞焉。（《世说新语·方正》）

述宾词组以述语为核心，充任述语的又主要是动词与动词性词组，故而整个词组也具有动词性，在句中的用途与动词基本相同，可以充任谓语、定语、状语、补语。例如：

故慈父不能爱无益之子，仁君不能畜无用之臣。（曹植《求自试表》）

牧羊之人，闻之欢喜，便大与羊及诸财物。（《百喻经·牧羊人喻》）

福视妇人,乃是一大鼍,枕臂而卧。(《搜神记》卷十九)

先主曰:"孤负黄权,权不负孤也。"待之如初。(《三国志·蜀志·黄权传》)

三　述补词组

述补词组由前后两个部分组成,两部分之间有补充说明与被补充说明的关系。前一部分是述语,是被补充说明的动词或形容词;后一部分是补语,补充说明前一部分的内容。这里分为述语的构成、补语的构成与补语的性质三个方面进行说明。

1. 充任述语的词类与词组主要有动词、形容词、偏正词组、述宾词组。例如:

鲁宗之屡讨不能克,庆之剪定之。(《宋书·沈庆之传》)

前后居丧,哀毁踰制,亦足以高於人矣。(《颜氏家训·名实》)

复行数十步,豁然开朗。土地平旷,屋舍俨然。(陶潜《桃花源记》)

已与萧斌同载,呼淑甚急,淑眠终不起。(《宋书·袁淑传》)

2. 充任补语的词类与词组主要有形容词、动词、偏正词组、述宾词组、数量词组、方位词组以及介宾结构。例如:

合《尚书》章句,考《礼记》失得,庶裁定圣典,刊正碑文。(《后汉书·卢植传》)

宫门昼夜长闭,内外断绝。(《魏书·刘腾传》)

家见汉直,谓其鬼也,怅惘良久。(《搜神记》卷十七)

因负还家,将养数日,平复如初。(《搜神记》卷十五)

劭悉欲诛之,尚之诱说百端,并得免。(《宋书·何尚之传》)

收谦诘掠,死狱中,嵩又因刑其屍,以报昔怨。(《后汉书·苏不韦传》)

亮卒於敌庭,周在家闻问,即便奔赴。(《三国志·蜀志·谯周传》)

3. 补语的性质根据它与述语的关系来确定,可以分为结果补语、程度补语、情态补语、趋向补语、数量补语、时地补语、人事补语。例如：

　　於其后时，果干减少，唯半巢在。(《百喻经·二鸽喻》)

　　欲置新人以树私计，根据槃互，纵恣日甚。(《三国志·魏志·曹爽传》)

　　南海之外，有鲛人，水居如鱼，不废织绩。(《搜神记》卷十二)

　　二人自是名论渐衰，宾徒稍省，旬日之间，惷歝逃去。(《后汉书·符融传》)

　　而吾贵览读一遍，便即别构户牖。(《魏书·张吾贵传》)

　　怡乃致其母丧，葬於宛城之南，赵氏旧墟。(《魏书·赵邕传》)

　　今主上势弱於刘、项，将军权重於淮阴。(《后汉书·皇甫嵩传》)

　　述补词组以述语为核心，充任述语的又主要是动词或形容词，因而整个词组也具有动词性或形容词性，在句中的用途与动词或形容词基本相同，主要充任谓语。例如：

　　断其弩弦，天祚击破之，即走还城。(《宋书·竟陵王诞传》)

　　初囚高之时，见高怀有一青丸，大如雀卵。(《拾遗记》卷四)

四　主谓词组

　　主谓词组由前后两个部分组成，两部分之间有陈述与被陈述的关系。前一部分是主语，表示被陈述的对象；后一部分是谓语，陈述前一部分的内容。主谓词组既可以独立成句，也可以只是句中的一个部分。这里分为主语的构成、谓语的构成与偏正化主谓词组三个方面进行说明。

　　1.充任主语的词类与词组主要有名词、代词、偏正词组、联合词组、复指词组以及者字结构、所字结构。例如：

　　以尚书右仆射王观为司空，冬十月，观薨。(《三国志·魏志·陈留王奂纪》)

　　彼有，自当见还；彼无，吾何言哉？(《南齐书·崔慰祖传》)

有狗忽作人言云："天下人俱饿死。"(《搜神记》卷七)

逆风迅激,旌旗、服章、仪饰一皆倾偃。(《魏书·岛夷桓玄传》)

性至孝,早丧亲,继母朱氏不慈,数谮之。(《搜神记》卷十一)

再拜慷慨而起,时见者莫不歔欷。(《三国志·魏志·公孙瓒传》)

供给行路人及出家人、来去客,但所期异耳。(《法显传》)

2.由于谓语有名词性谓语、动词性谓语、形容词性谓语的分别,因此充任谓语的词类与词组也有所不同。

(1)充任名词性谓语的词类与词组主要有名词、代词、偏正词组、数量词组以及者字结构、所字结构。例如:

鬼问:"汝复谁?"定伯诳之,言:"我亦鬼。"(《搜神记》卷十六)

时守池者而作是问:"池中者谁?"(《百喻经·贫人作鸳鸯鸣喻》)

田豫,字国让,渔阳雍奴人也。(《三国志·魏志·田豫传》)

军书十二卷,卷卷有爷名。(《乐府诗集·木兰诗》)

而有关羽、张飞熊虎之将,必非久屈为人用者。(《三国志·吴志·周瑜传》)

徙王国三卿为执戟者,近代所无也。(《洛阳伽蓝记》卷四)

(2)充任动词性谓语的词类与词组主要有动词、偏正词组、述宾词组、联合词组、述补词组、连动词组、兼语词组。例如:

故奔北、败军之将用,而秦、鲁以成其功。(曹植《求自试表》)

大怒,唤饶入交问:"汝欲死邪,诉台求解?"(《宋书·竟陵王诞传》)

衍幼有奇才,年九岁,能诵《诗》。(《后汉书·冯衍传》)

遇夫妻迎送谒伏,侍立执臣妾之礼。(《魏书·王遇传》)

太祖攻围数月,屠之,斩超及其家。(《三国志·魏志·张邈传》)

夫亡不重嫁,逼之,欲赴水自杀,乃止。(《南齐书·韩灵敏传》)

诸葛亮围陈仓,曹真遣将军费曜等拒之。(《三国志·魏志·明帝纪》)

(3)充任形容词性谓语的词类与词组主要有形容词、数词、偏正词组、述补词组。例如:

骥士少好学，家贫，织帘诵书，口手不息。(《南齐书·沈骥士传》)

箱帘六七十，绿碧青丝绳。(《乐府诗集·焦仲卿妻》)

而西邻失火，风势甚猛，殷夫妇叩殡号哭，火遂灭。(《搜神记》卷十一)

山中人不信有鱼大如木，海上人不信有木大如鱼。(《颜氏家训·归心》)

由于主谓词组既可以独立成句，又可以只是句中的成分，故而它的主要用途除充任单句外，又可以充任分句、宾语、主语、谓语、定语。例如：

徐纥，字武伯，乐安博昌人也，家世寒微。(《魏书·徐纥传》)

欣泰初闻事发，驰马入宫。(《南齐书·张欣泰传》)

而操皆冒行之，将军禽操，宜在今日。(《三国志·吴志·周瑜传》)

父道骥，安西参军。易志性恬隐，不交外物。(《南齐书·庾易传》)

即往郭许，共围棋，良久，谢云："卿知吾来意否？"(《搜神记》卷十)

3.偏正化主谓词组是指在主谓词组中的主语与谓语之间加上结构助词"之"字这种结构形式，它具有侧重谓语的作用。其主要用途除少量充任单句外，又可以充任分句、主语、宾语。例如：

刁玄亮之察察，戴若思之巖巖，卞望之之峯距。(《世说新语·赏誉》)

废帝之殒也，攸之欲起兵。(《宋书·沈攸之传》)

夫匈奴之不诛有日，皇居之亡辱旧矣。(《宋书·周朗传》)

不知管、蔡之恶，乃所以令三圣为不明也。(嵇康《管蔡论》)

五　联合词组

联合词组由两个或两个以上部分组成，各部分之间是平等联合的关系，无主从、先后之分。根据组成部分性质的不同，又可以分为名词性联合词组、动词性联合词组、形容词性联合词组三种。

1.构成名词性联合词组的词类与词组主要有名词、代词、偏正词组。各部

分之间可以用连词"与、及"连接,也可以不用连词连接。例如:

> 秦、汉、魏、晋,下逮齐、梁,未有用兵以取达者。(《颜氏家训·诫兵》)
>
> 我与汝立誓天地,保其终身。(《搜神记》卷十五)
>
> 慧景、慧达、道整先向那竭国,供养佛影、佛齿及顶骨。(《法显传》)

2. 构成动词性联合词组的词类与词组主要有动词、述宾词组。各部分之间可以用连词"而、以"连接,也可以不用连词连接。例如:

> 文章之美,江左莫逮,从叔混特知爱之。(《宋书·谢灵运传》)
>
> 怀瑾瑜而握兰桂者,悉耻为之。(《颜氏家训·省事》)

3. 构成形容词性联合词组的词类主要是形容词。各部分之间可以用连词"而、且、而且"连接,也可以不用连词连接。例如:

> 於盆中浸之,然后擘食。皮如玉色,滑而且美。(《齐民要术》卷八)
>
> 融姿性刚险,立身浮竞,动跡惊羣,抗言异类。(《南齐书·王融传》)

以上三种联合词组各自的组成部分互不相同,三种词组分别具有名词性、动词性、形容词性,在句中的用途也分别与名词、动词、形容词基本相同,可以相应充任主语、谓语、宾语、定语、状语、补语。例如:

> 诸国王、长者、居士为众僧起精舍供养。(《法显传》)
>
> 便要还家,设酒杀鸡作食。(陶潜《桃花源记》)
>
> 此山榛木茂盛,又多师子、虎、狼。(《法显传》)
>
> 超有信、布之勇,甚得羌、胡心。(《三国志·蜀志·马超传》)
>
> 直深细锄地一遍,劳令平。(《齐民要术》卷三)
>
> 龙骧将军、安西中兵参军、松滋令萧叡明,爱敬淳深,色养尽礼。(《南齐书·萧叡明传》)

六 复指词组

复指词组由两个或两个以上部分组成,各个部分叠用,表明相同的人或事物,在句中共同充任一个成分。根据表达方式的不同,又可以分为重叠式复指、称代式复指与总分式复指三种。

1. 重叠式复指，这是为了强调词组内部各个构成部分之间的同一性。例如：

擢山阴令傅琰为益州刺史。（《南齐书·良政传序》）

惠连幼有才悟，而轻薄不为父方明所知。（《宋书·谢灵运传》）

2. 称代式复指，这是为了突出某一内容而将它置于句外，在句内另用代词来称代它。被突出的成分常常置于句子之前，也可以放在句子之后。例如：

亲贤臣，远小人，此先汉所以兴隆也。（诸葛亮《出师表》）

且又闻之：生而知之者上，学而知之者次。（《颜氏家训·勉学》）

3. 总分式复指，这是对同一类人或同一类事物，既总体概括又分项解说。又有先总括后分说与先分说后总括的分别。例如：

所得三卷方：一卷脉经，一卷汤方，一卷丸方。（《搜神记》卷四）

徐兖及淮西诸郡、青齐二州相寻归附。（《魏书·刘彧传》）

复指词组主要由名词、代词组成，因而整个词组具有名词性，在句中的用途与名词基本相同，可以充任主语、宾语、定语。例如：

沈文秀，字仲远，吴兴武康人。伯父庆之，刘骏司空公。（《魏书·沈文秀传》）

临海太守奚熙与会稽太守郭诞书，非论国政。（《三国志·吴志·孙晧传》）

以行河南王世子休留成为秦、河二州刺史。（《南齐书·武帝纪》）

七　连动词组

连动词组由两个或两个以上动词连用，连用的动词之间没有主谓、联合、述宾、偏正、述补等关系，但在时间上有先后的顺序，是同一个主语连续发生的一系列动作行为。在这些动作行为之间，一般有承接或者目的、因果的关系，既可以用连词"而、以"连接，也可以不用连词连接。

　　充任连动词组中连用词语的词类与词组主要有动词、偏正词组、述宾词组、述补词组。例如：

　　　　公因便还到过任边,云:"君出,临海便无复人。"(《世说新语·政事》)

　　　　即语尊者大目连:"汝可往问讯世尊。"(《法显传》)

　　　　每在疆埸,扰动边民,曾至谈堤,大败而走。(《魏书·岛夷萧道成传》)

　　　　鲜之大喜,徒跣遶牀大叫,声声相续。(《宋书·郑鲜之传》)

　　　　诸葛亮出斜谷,屯渭南,司马宣王率诸军拒之。(《三国志·魏志·明帝纪》)

　　　　建武初,延上书愿乞骸骨,归拜王庭。(《后汉书·任延传》)

　　　　欲进与安都济河攻杜道生於蒲阪。(《宋书·柳元景传》)

　　　　不见佛久,咸皆渴仰,云集此国以待世尊。(《法显传》)

　　连动词组主要由动词与动词性词组组成,因而整个词组也具有动词性,在句中的用途与动词基本相同,主要充任谓语。例如:

　　　　候官长闭城不受,翻往说之,然后见纳。(《三国志·吴志·虞翻传》)

　　　　至是文季收杀攸之弟新安太守登之,诛其宗族。(《南齐书·沈文季传》)

八　兼语词组

　　兼语词组由一个述宾词组与一个主谓词组套叠在一起,述宾词组的宾语兼作主谓词组的主语。兼语词组中的第一个谓语大多具有某些比较固定的词义,由此可以区分兼语词组的几种类别;兼语后面的内容是兼语词组的陈述部分。这里分为兼语词组的类别与陈述部分的构成两个方面进行说明。

　　1. 兼语词组的类别主要有使令式、拜为式、称谓式、有字式四种。

　　(1)使令式的第一谓语主要用动词"使、令、遣"。例如:

　　　　汝是人,当使汝入泥死;是鬼,使汝入水。(《搜神记》卷五)

　　　　令家人惊怪,大小毕出,一人不出,啼哭勿休。(《搜神记》卷三)

八月辛巳,行东巡,遣使者以特牛祠中嶽。(《三国志·魏志·明帝纪》)

(2)拜为式的第一谓语主要用动词"拜、立、封",第二谓语一般用动词"为"。例如:

遣使者持节就长安拜张温为太尉。(《后汉书·董卓传》)

二月丁巳,立皇子弘为皇太子,大赦天下。(《魏书·高宗纪》)

己卯,进晋公爵为王,……丁亥,封刘禅为安乐公。(《三国志·魏志·陈留王奂纪》)

(3)称谓式的第一谓语主要用动词"谓、名",第二谓语一般用动词"曰、为、作"。例如:

……或彼不能如此矣。所以鲁人谓孔子为东家丘。(《颜氏家训·慕贤》)

哀其孤寒,作粥糜食之,问:"当名汝儿作何?"(《搜神记》卷十)

(4)有字式的第一谓语主要用动词"有"字。例如:

蜀山南高山上,有物如猕猴,长七尺。(《博物志》卷三)

初,越王入吴国,有丹乌夹王而飞。(《拾遗记》卷三)

2.充任兼语词组中陈述部分的词类与词组主要有动词、形容词、偏正词组、述宾词组、述补词组、连动词组。例如:

裕以其偿钱之惠,固请免之,乃遣丹杨尹孟昶迎焉。(《魏书·岛夷刘裕传》)

旱种者,重楼構地,使垄深阔。(《齐民要术》卷三)

又诣廷尉受罪,上诏狱官勿得受。(《宋书·徐湛之传》)

中路夜宿,忽然不见,遣人寻之,还来本处。(《洛阳伽蓝记》卷五)

令人笑不得止,治之,饮土浆即愈。(《博物志》卷三)

燕遣人至京都乞降,拜燕平难中郎将。(《三国志·魏志·张燕传》)

兼语词组的第一谓语主要是动词,因而整个词组也具有动词性,在句中的用途与动词基本相同,主要充任谓语。例如:

高丽、契丹、库莫奚国各遣使朝献。(《魏书·高祖纪上》)

先主因令达并领其众,留屯江陵。(《三国志·蜀志·刘封传》)

九　数量词组

　　数量词组由前后两个部分组成,前一部分是数词,表示人与事物或者动作行为的数量;后一部分是量词,表示人与事物或者动作行为的单位。又可以根据量词性质的不同分为表名量的数量词组与表动量的数量词组两种。

　　1.表名量的数量词组由数词与名量词组成,在与名词配合时,既可以放在名词之前,又可以放在名词之后。例如:

　　　　季龙取十三种物,著大篋中,使辂射。(《三国志·魏志·管辂传》)

　　　　见三重楼,高广严丽,轩敞疏朗。(《百喻经·三重楼喻》)

　　　　棺中云母厚尺许,以白玉璧三十枚藉尸。(《搜神记》卷十五)

　　　　府内后堂砌下忽生草三株,茎黄叶绿。(《拾遗记》卷九)

　　2.表动量的数量词组由数词与动量词组成,在与动词配合时,既可以放在动词之前,又可以放在动词之后。例如:

　　　　七日间,一日一度搅之;七日以外,十日一搅。(《齐民要术》卷八)

　　　　即鞭十下,如是五人各打十下。(《百喻经·五人买婢共使作喻》)

　　表名量的数量词组在句中的主要用途是充任定语、补语、谓语,表动量的数量词组在句中的主要用途是充任状语、补语。例如:

　　　　谢炅、夏侯该,并读数千卷书,皆疑是谯周。(《颜氏家训·书证》)

　　　　夜忽梦乘桓舆行十六里,见一白雞而止。(《古小说钩沉·幽明录》)

　　　　研为候,长二寸,广一寸,厚四分许。(《齐民要术》卷八)

　　　　必须三四遍熟锄,勿令有草生。(《齐民要术》卷二)

　　　　农呼妻相出於庭,叩头三下,屋忽然而坏。(《搜神记》卷十一)

十　方位词组

　　方位词组由前后两个部分组成,后一部分是方位词,前一部分是其他的词或词组，两部分之间有时可以加上结构助词"之"字或连词"以"字。方位词组主要表示时间、处所与范围。能够与方位词配合以组成方位词组的词类与词组主要有名词、代词、偏正词组、述宾词组、述补词组、主谓词组、联合词组、数量词组。例如：

> 晋陵太守，吴时分吴郡无锡以西为毗陵典农校尉。（《宋书·州郡志一》）
>
> 今此间治军，宁复欲以御蜀邪？（《三国志·吴志·吴主传》）
>
> 先闻石室中有声，须臾，问来人何欲。（《搜神记》卷四）
>
> 废海西后，宜自申叙，乃豫撰数百语，陈废立之意。（《世说新语·尤悔》）
>
> 国子博士李郁於议罢之后，书难普惠。（《魏书·张普惠传》）
>
> 及登卒后，为侍中，拜羽林都督。（《三国志·吴志·张休传》）
>
> 今日为班，宜在蕃王、仪同三司之间。（《魏书·常景传》）
>
> 遣使者板假老人官，百岁已下各有差。（《魏书·孝静帝纪》）

方位词组以方位词为主体，因而整个词组具有名词性，在句中的主要用途与名词基本相同，可以充任主语、宾语、状语、定语、补语。例如：

> 久久，方闻屋里有人言："宾堂下有人，不可进。"（《搜神记》卷十九）
>
> 高祖於台上造清凉殿，世宗在海内作蓬莱山。（《洛阳伽蓝记》卷一）
>
> 十年之后，既笄者必盈巷。（《三国志·魏志·王朗传》）
>
> 凡宫中女隶，必择不复字者。（《宋书·周朗传》）
>
> 悬缯幡盖，像立车中，二菩萨侍。（《法显传》）

十一　介宾结构

介宾结构由介词及其宾语组成，表示与动作行为有关的时间、处所、原因、方式、人事。充任介词宾语的词类与词组主要有名词、代词、偏正词组、联合词组、方位词组。例如：

孟冬水涸,中有黄烟从地出,起数丈。(《拾遗记》卷十)

其兄病,有乌衣人令杀之,向其请乞,终不下手。(《搜神记》卷十五)

行者或每遇其旁,皆以长绳相引,然故不免。(《博物志》卷三)

乃复遣纯持节,行赦令於幽、冀。(《后汉书·耿纯传》)

或从狗窦,或从天窗中出入,以耳为翼。(《搜神记》卷十二)

介宾结构在句中的主要用途是充任状语、补语。例如:

建安二十五年正月,魏武在洛阳起建始殿。(《搜神记》卷六)

以太原公今上为尚书令,领中书监,馀如故,询以政事。(《魏书·孝静帝纪》)

十二　者字结构

者字结构由前后两个部分组成,后一部分是结构助词“者”字,前一部分是其他的词或词组。结构助词“者”字同时也具有指代作用,可以指代一定的人或事物。能够与“者”字组成者字结构的词类与词组主要有形容词、动词、数词、偏正词组、述宾词组、述补词组、主谓词组、连动词组、兼语词组。例如:

夫杖起弱者,药治人病,八月一日,贼必除灭。(《三国志·魏志·周宣传》)

冀瀛之境,往经寇暴,死者既多,白骨横道。(《魏书·肃宗纪》)

江陵陷没,此音被於关中,不知二者何所承案。(《颜氏家训·音辞》)

北坐者曰:“文书已定。”南坐者曰:“借文书看之。”(《搜神记》卷三)

食则面麦,不立屠煞。食肉者以自死肉。(《洛阳伽蓝记》卷五)

诸如此比,黜而戮之。善於政者,褒而赏之。(《魏书·高宗纪》)

蛮夷前后叛戾不受化者,并皆顺服,悉出缘沔为居。(《宋书·刘道产传》)

长安中士女卖其珠玉衣装市酒肉相庆者,填满街肆。(《后汉书·董卓传》)

有说操宜复置九州者,以为冀部所统既广,则天下易服。(《后汉书·荀彧传》)

者字结构具有名词性,在句中的作用与名词基本相同,可以充任主语、宾语、谓语。例如:

持弓箭者主射胸腹,故心中悬痛,不得饮食也。(《搜神记》卷三)

超捕斩反者,击破尉头,杀六百馀人,疏勒复安。(《后汉书·班超传》)

卓问司徒王允曰:"欲得快司隶校尉,谁可作者?"(《后汉书·盖勋传》)

十三　所字结构

所字结构由前后两个部分组成,前一部分是结构助词"所"字,后一部分是其他的词或词组。结构助词"所"字同时也具有指代作用,可以指代一定的人或事物。能够与"所"字组成所字结构的词类与词组主要有动词、偏正词组。例如:

验之以事,合契若神。自书典所记,未之有也。(《后汉书·张衡传》)

齐路中大夫以死成命,方之整、像,所不能加。(《三国志·魏志·齐王芳纪》)

"所"字又可以与介词配合后再与动词或动词性词组构成"所+介词+动词"的格式,表示动作行为及与之有关的处所、方式、原因、人事。例如:

亲小人,远贤臣,此后汉所以倾颓也。(诸葛亮《出师表》)

此外,所字结构还可以与结构助词"者"字构成"所+动词+者"的格式,其意义与"所+动词"相同。例如:

古制侵官之法,非恶其勤事也,诚以所益者小,所堕者大也。(《三国志·魏志·卫臻传》)

所字结构具有名词性,"所+介词+动词"与"所+动词+者"的结构也具有名词性,在句中的用途与名词相同,可以充任主语、宾语、定语、谓语、状语。例如:

田庐取其荒顿者,曰:"吾少时所理,意所恋也。"(《后汉书·薛包传》)

见渔人,乃大惊,问所从来,具答之。(陶潜《桃花源记》)

民有饷其新米一斛者,怀慰出所食麦饭示之。(《南齐书·刘怀慰传》)

如此往还,至於终日,斯乃豫之所以为未定也,故称犹豫。(《颜氏家训·书证》)

所在燔烧官府,劫略聚邑,州郡失据,长吏多逃亡。(《后汉书·皇甫嵩传》)

第六章 句子的类型(上)

句子是语言的基本运用单位,它可以表达一个完整的意思。一个句子不仅应当具有一定的结构成分与结构方式,同时为了适应交际的需要,它还必须具有一定的语调以表达某种语气。句子与句子之间通常有较大的停顿,用来表示前面一个句子的结束,后面开始的是另外一个句子。在书面语言中,句子的语调与句间的停顿通常用句号、问号、感叹号来表示。

句子是由词与词组构成的,但句子却不同于词与词组,尽管词与词组也可能成为句子。在通常情况下,词与词组只能表示一个或者简单或者复杂的概念,句子才能够表达一个完整的意思。只有在特定的条件下,词与词组在人们交流思想的过程中表达一个完整的意思时,它们成为句子的可能才得以成为现实。因此,句子的特点在于它是人们用语言来交流思想的基本运用单位。

一 句子类型的划分

句子可以分为若干个不同的类型。采用不同的标准进行划分,其结果也有所不同。按照句子所表达的不同语气,可以分为陈述句、疑问句、祈使句、感叹句,一般称之为句类。按照句子的不同结构,可以分为单句与复句,主谓句与非主谓句,并且各自还可再划分为若干下位类型,一般称之为句型。

根据以上两种不同划分标准,魏晋南北朝时期汉语中句子的基本类型如下表:

句　　　子				
句类 (按语气分类)	句型 (按结构分类)			
	单句		复句	
	主谓句	非主谓句	联合复句	偏正复句
陈述句 疑问句 祈使句 感叹句	名词性 谓语句 动词性 谓语句 形容词性 谓语句 主谓谓语句	名词性 非主谓句 动词性 非主谓句 形容词性 非主谓句 叹词句	并列复句 顺承复句 总分复句 递进复句 选择复句	因果复句 转折复句 条件复句 让步复句

句类与句型是两个不同的概念,是按照不同标准对句子划分类型的结果,因此二者之间存在着交叉关系,即同一句型可以属于不同的句类,同一句类也可以属于不同的句型。例如《后汉书·窦武传》中"父奉,定襄太守"与"贵人立为皇后"这两个句子,从句类上看都属于陈述句,但从句型上看却分别属于名词性谓语句与动词性谓语句。再如《搜神记》卷十六中"句章民杨度至馀姚"与"夫人从何所来?"这两个句子,从句型上看都属于动词性谓语句,但从句类上看却分别属于陈述句与疑问句。

二　单句的结构分类

单句由词与词组构成,两个或两个以上的单句又可以构成复句。单句进入复句之后,称为分句。分句不同于单句之处主要在语调与句间停顿的变化上,而在结构上它仍然具有相对的独立性与完整性,因此我们在论述单句构成的过程中,有时也可以兼及构成复句的各个分句。

单句分为主谓句与非主谓句两类。

（一）主谓句

主谓句是指同时具备主语与谓语两个部分的句子。这里的主语与谓语是就句子的直接构成成分而言的，即主语以外的部分是谓语，谓语以外的部分是主语，而不管它们是词还是词组。主谓句可以根据谓语的结构再分为名词性谓语句、动词性谓语句、形容词性谓语句、主谓谓语句四种下位类型。

1. 名词性谓语句

名词性谓语句指谓语是名词或名词性词组的句子。能够充任名词性谓语句谓语的词类与词组主要有名词、代词、偏正词组、联合词组、数量词组以及者字结构、所字结构。例如：

今奉车所不足者，岂鱼乎？（《三国志·魏志·文德郭皇后传》）

鬼问："汝复谁？"定伯诳之，言："我亦鬼。"（《搜神记》卷十六）

佗之绝技，凡此类也。然本作士人，以医见业，意常自悔。（《三国志·魏志·华佗传》）

宗之兄鸾旗，中书侍郎、东宫中庶子。（《魏书·张宗之传》）

研为候，长二寸，广一寸，厚四分许。（《齐民要术》卷八）

陶公《詠贫》之制，惠连《擣衣》之作，斯皆五言之警策者也。（《诗品·序》）

欲离事自全，以保馀年，此真所乏耳。（嵇康《与山巨源绝交书》）

2. 动词性谓语句

动词性谓语句指谓语是动词或动词性词组的句子。能够充任动词性谓语句谓语的词类与词组主要有动词、偏正词组、述宾词组、述补词组、联合词组、连动词组、兼语词组。例如：

癸未，大赦。秋八月辛卯，相国晋王薨。（《三国志·魏志·陈留王奂纪》）

遣舍人问曰："朕知卿等至，不获相见，卿何为而来？"（《魏书·王肃传》）

即往郭许，共围棋，良久，谢云："卿知吾来意否？"（《搜神记》卷十）

以愿儒史学涉,兼蓄国旧恩,意遇甚厚。(《南齐书·虞愿传》)

秋九月,……冬十月,大风发屋折树。(《三国志·魏志·齐王芳纪》)

帝始亲事,恢门生何融等上书陈恢忠节。(《后汉书·乐恢传》)

冬十二月,倭国女王俾弥呼遣使奉献。(《三国志·魏志·齐王芳纪》)

此外,动词性谓语句中还有两种特殊的句式:用判断动词的判断句与具有结构特征的被动句。

判断句的特殊性在于断定主语所指与宾语所指是否同属一物,或主语所指的人或事物是否属于某一性质或种类。例如:

帝问使人:“惜所亲爱为谁?”对曰:“护军黄防。”(《后汉书·邓禹传》)

今日国王、臣民皆当奉迎佛,我是女人,何由得先见佛?(《法显传》)

我以欲得彼之钱财,认之为兄,实非是兄。(《百喻经·认人为兄喻》)

彼常愿欲共我一过交战,我亦不癡,复不是苻坚。(《宋书·索虏传》)

被动句的特殊性在于它的主语是谓语动词的受事者而不是施事者。例如:

君性亮直,必不容於寇雠。(《世说新语·方正》)

所乘马连耸踢不肯前,遂为贼兵及,见杀。(《宋书·王道隆传》)

父子一时为奴所害,断首投马槽下。(《魏书·郑连山传》)

有大名德,而为世人之所恭敬。(《百喻经·为妇贸鼻喻》)

谐之不从,进屯江津,尹略等见杀。(《南齐书·张欣泰传》)

简与礼相背,嬾与慢相成,而为侪类见宽,不攻其过。(嵇康《与山巨源绝交书》)

公曰:“吾被皇太后征,未知所为!”(《三国志·魏志·高贵乡公髦纪》)

尤妙丹青,常被元帝所使,每怀羞恨。(《颜氏家训·杂艺》)

所债甚少,所失极多,果被众人之所怪笑。(《百喻经·债半钱喻》)

3.形容词性谓语句

形容词性谓语句指谓语是形容词或形容词性词组的句子。能够充任形容词性谓语句谓语的词类与词组主要有形容词、数词、偏正词组、述补词组、联合词组。例如:

天苍苍,野茫茫,风吹草低见牛羊。(《乐府诗集·敕勒歌》)

年始十八九,便言多令才。(《乐府诗集·焦仲卿妻》)

家素富,而那兄局善接待宾客。(《宋书·蔡那传》)

臣闻至尊至贵,莫崇於帝王。(《魏书·公孙叡传》)

房氏婉顺高明,幼有烈操。(《魏书·魏溥妻房氏传》)

4. 主谓谓语句

主谓谓语句指谓语是主谓词组的句子。例如:

精舍处方四十步,虽复天震地裂,此处不动。(《法显传》)

刚质性方直,常慕史鰌、汲黯之为人。(《后汉书·申屠刚传》)

昔诸生韩重来求玉,大王不许。玉名毁义绝,自致身亡。(《搜神记》卷十六)

徐公志高行絜,才博气猛。其施之也,高而不狷。(《三国志·魏志·徐邈传》)

(二) 非主谓句

非主谓句是指单句中不能分析出主语与谓语的句子,同时也无法补出主语或谓语。根据非主谓句的构成,可以分为名词性非主谓句、动词性非主谓句、形容词性非主谓句、叹词句四种下位类型。

1. 名词性非主谓句

名词性非主谓句指由名词或名词性词组构成的句子,可以表示呼唤与描述。例如:

太祖为之怆然曰:"仲业,卿真忠臣也。"(《三国志·魏志·文聘传》)

掷地云:"子敬,子敬,人琴俱亡!"(《世说新语·伤逝》)

皎皎云间月,灼灼叶中华。(陶潜《拟古》)

刘尹云:"清风朗月,辄思玄度。"(《世说新语·言语》)

2. 动词性非主谓句

动词性非主谓句指由动词或动词性词组构成的句子,可以表示自然现象、存在或消失以及泛论事理。例如:

二年春二月甲寅,大雨,震电。(《三国志·吴志·孙亮传》)

八月,并、肆、汾、建四州陨霜。(《魏书·孝静帝纪》)

郡民徐宪,在丧致哀,有白鸠巢户侧。(《搜神记》卷十一)

至袁安门,无有行路,谓安已死,令人除雪入户。(《古小说钩沉·录异传》)

未闻刃没而利存,岂容形亡而神在?(范缜《神灭论》)

脱误有功,富贵可致,且不探虎穴,安得虎子?(《三国志·吴志·吕蒙传》)

3. 形容词性非主谓句

形容词性非主谓句指由形容词或形容词性词组构成的句子,可以表示感受与评价。例如:

嚣大惊曰:"何其神也!"乃悉兵数万人围略阳。(《后汉书·来歙传》)

儿曰:"幸甚!"即自刭,两手捧头及剑奉之,立僵。(《搜神记》卷十一)

太祖曰:"善。"即遣使诣奉,徙大驾至许。(《三国志·魏志·董昭传》)

势存则威无不加,势亡则不保一身。哀哉!(《后汉书·袁绍传》)

4. 叹词句

叹词句指由叹词构成的句子,可以表示感叹与应答。例如:

帝曰:"吁!博物之士,至於此乎!"(《搜神记》卷十一)

脩之悲不得言,直视良久,乃长歎曰:"呜呼!"(《宋书·毛脩之传》)

曰:"使汝为吴范死,子以属我。"铃下曰:"诺。"(《三国志·吴志·吴范传》)

问得:"欲归不?"得曰:"尔。"府君曰:"今当送卿归,欲便遣卿案行地狱。"(《古小说钩沉·幽明录》)

三 句子的语气分类

句子的语气是言语交际中的一种重要手段。因为有了语气,才能使句子所叙述的内容与客观现实产生特定的联系。语气的表达主要依靠语调,其次也依靠语气助词。对于历史上流传下来的书面语言,我们无从直接了解其中句子语调的具体情况,故而语气助词的作用也相对显得重要起来;不过语调可以帮助表达句子内容则是确定无疑的。根据句子表达的不同语气,可以分为陈述句、疑问句、祈使句、感叹句四类。

(一) 陈述句

陈述句是使用陈述语气叙述或说明一件事情的句子。从表达的意思上看,又可以分为肯定性陈述句与否定性陈述句两种。

1. 肯定性陈述句对事物做出肯定判断。例如:

酒泉黄华、张掖张进等各执太守以叛。(《三国志·魏志·文帝纪》)

显祖献文皇帝,讳弘,高宗文成皇帝之长子也。(《魏书·显祖纪》)

汉下邳周式,尝至东海,道逢一吏,持一卷书,求寄载。(《搜神记》卷五)

上士忘名,中士立名,下士窃名。(《颜氏家训·名实》)

有时在句子中用上两个否定词,采用双重否定的方式来表示肯定判断,语气比一般的肯定判断强烈。例如:

松树子非不楚楚可怜,但永无栋梁用耳!(《世说新语·言语》)

饷馈肇之,莫非珍新,家产既尽,卖宅以充之。(《宋书·许昭先传》)

2. 否定性陈述句对事物做出否定判断。例如:

男女七八千人相枕而死,莫有离叛。(《三国志·魏志·臧洪传》)

永明之世,十许年中,百姓无雞鸣犬吠之警。(《南齐书·良政传序》)

兴造大业,可以利百姓者,会连有军事,事竟不行。(《南齐书·祖冲之传》)

废帝未亲万机,凡诏勑施为,悉决法兴之手。(《宋书·戴法兴传》)

(二) 疑问句

疑问句是使用疑问语气提出问题的句子。从表达的意思上看,疑问句包括有疑而问的提问句与无疑而问的反问句两种。但从句子结构的特点上看，疑问句又可以分为是非问句、特指问句、选择问句三种。

提问句是有疑而问，希望答话者做出回答，采用是非问句、特指问句、选择问句的形式。

1. 是非问句

是非问句是答话者一方可以用"然、否"之类的词语来回答的一种疑问句。例如：

或问扬雄曰："吾子少而好赋？"雄曰："然。"（《颜氏家训·文章》）

魏王曰："然则射可至於此乎？"赢曰："可。"（《搜神记》卷十一）

温复问曰："天有头乎？"宓曰："有之。"（《三国志·蜀志·秦宓传》）

悝曰："汝欲反邪？"乂曰："元乂不反，正欲缚反人。"（《魏书·京兆王黎传》）

2. 特指问句

特指问句是用疑问代词指明要求回答的内容的一种疑问句。例如：

先主谓曰："向者之论，阿谁为失？"统对曰："君臣俱失。"（《三国志·蜀志·庞统传》）

烈曰："何为然也？"钧曰："论者嫌其铜臭。"（《后汉书·崔烈传》）

鬼问："欲至何所？"答曰："欲至宛市。"（《搜神记》卷十六）

王问言："汝作何等？"答言："作佛塔。"（《法显传》）

3. 选择问句

选择问句是同时提出几项内容，要求答话者选择一项作为回答的一种疑问句。例如：

不知卿家君法孤？孤法卿父？（《世说新语·政事》）

未知邪史失其数耶？将年代久远，注记者传而有谬也？（《搜神记》卷八）

宏曰："卿为欲朕和亲？为欲不和？"（《南齐书·始安贞王道生传》）

卿罹此谴，为朕与卿？为宰事与卿？为卿自取？（《魏书·李彪传》）

如果选择问句中同时提出的两项内容，恰好属于正反两个方面，那么这种选择问句又叫作反复问句。例如：

　　陛下检校，为称职与不？若不称职，臣受其罪。（《世说新语·贤媛》）

　　言出子口，入於吾耳，可以言未？（《三国志·蜀志·诸葛亮传》）

　　遥光府佐司马端为掌书记，曹虎谓之曰：“君是贼非？”（《南齐书·始安贞王道生传》）

　　谓黄门侍郎徐纥曰：“上古以来，颇有此事否？”（《洛阳伽蓝记》卷三）

反问句是无疑而问，并不需要对方做出回答。反问句也采用是非问句、特指问句、选择问句的形式。例如：

　　君不见申生在内而危，重耳在外而安乎？（《三国志·蜀志·诸葛亮传》）

　　财谷虽多，变故万端，宁能坚守者也？（《后汉书·邓禹传》）

　　为我致意愍度，无义那可立？（《世说新语·假谲》）

　　非至亲之笃好，胡肯为此辞哉？（《后汉书·桥玄传》）

　　然不伐贼，王业亦亡；惟坐待亡，孰与伐之？（诸葛亮《后出师表》）

　　盗杀财主，何如骨肉相残？（《世说新语·政事》）

（三）祈使句

祈使句是使用祈使语气对听话人提出希望与要求的句子。从表达的意思上看，又可以分为请求句、命令句、劝止句三种。

1. 请求句

请求句是用请求的语气希望听话人做什么事或不要做什么事的一种祈使句。例如：

　　食粮乏尽若为活？救我来，救我来！（《乐府诗集·隔谷歌》）

　　伏愿陛下矜臣西夕，愍臣一至，特回圣恩，赐反其所。（《宋书·王敬弘传》）

　　一人修道，济度几许苍生？免脱几身罪累？幸熟思之！（《颜氏家训·归心》）

奈何乘危,不以为惧? 事将危矣,惟陛下察之!(《三国志·魏志·董昭传》)

2.命令句

命令句是使用命令语气要求听话人做什么事或不要做什么事的一种祈使句。例如:

杀君贼姚苌,出来! 吾与尔决。何为枉害无辜!(《魏书·苻登传》)

勋仰骂曰:"死反虏,汝何知? 促来杀我!"(《后汉书·盖勋传》)

夜避雨,遂误入此中,急出我!(《搜神记》卷十二)

先主醉,怒曰:"……卿言不当,宜速起出!"(《三国志·蜀志·庞统传》)

3.劝止句

劝止句是使用劝止语气来劝说听话人做什么事或不要做什么事的一种祈使句。例如:

光武止之曰:"卿勿妄言。"(《后汉书·冯异传》)

愿早定大计,莫用众人之议也。(《三国志·吴志·鲁肃传》)

六者成败之几,利害所从,公其深计之。(《后汉书·张纲传》)

朗谓翻曰:"卿有老母,可以还矣。"(《三国志·吴志·虞翻传》)

(四) 感叹句

感叹句是使用感叹语气抒发比较强烈感情的句子。从表达的意思上看,可以分为表示感叹赞美、表示惋惜悲痛、表示愤怒斥责、表示惊讶疑怪四种。

1.表示感叹赞美。例如:

古今愚谬,岂唯一人哉!(《三国志·魏志·华佗传》裴松之注引《典论》)

归周、孔而背释宗,何其迷也!(《颜氏家训·归心》)

帝叹曰:"壮哉王言! 朕所望也。"(《魏书·阳平王新成传》)

翼佐之功,超世无畴,何其休哉!(《三国志·魏志·董昭传》)

2. 表示惋惜悲痛。例如：

何惜数年勤学，长受一生愧辱哉！（《颜氏家训·勉学》）

若使忧能伤人，此子不得永年矣。（孔融《与曹操论盛孝章书》）

先主闻飞都督之有表也，曰："噫！飞死矣！"（《三国志·蜀志·张飞传》）

公瑾有王佐之资，今忽短命，孤何赖哉！（《三国志·吴志·周瑜传》裴松之注引《江表传》）

3. 表示愤怒斥责。例如：

种不南走越、北走胡，不置汝也！（《三国志·魏志·武帝纪》）

此是汝妇，奈何杀之，天不祐汝！（《魏书·泾州贞女兒先氏传》）

公亡，身尚未寒，汝辈何敢乃尔！（《三国志·蜀志·魏延传》）

素贵骄，慭於宾客，诟邕曰："徒敢轻我！"（《后汉书·蔡邕传》）

4. 表示惊讶疑怪。例如：

生曰："嘻，汝非圣人，焉知吾食枣？"（《魏书·苻生传》）

吾聊应言然，何意二郡良为吾来！（《后汉书·景丹传》）

述大惊，以杖击地曰："是何神也！"（《后汉书·岑彭传》）

足下不欲破袁氏邪，何言之不实也！（《三国志·魏志·武帝纪》裴松之注引《曹瞒传》）

第七章 句子的类型(下)

复句与单句一样,是句子按照结构划分出来的直接类型。上一章中我们叙述了魏晋南北朝时期单句的句型、句类以及它们各自的下位类型,这一章介绍此期复句的分类及其下位类型。

一 复句的特点及分类

复句是由两个或两个以上的意思有一定联系、结构互不包容的分句组成的句子。它是大于单句的一种语言单位,可以表达比单句丰富复杂的内容。复句中的各个分句在进入复句之前,其实就是一个个的单句,可以具有作为独立句子时在语调、句间停顿等方面的特征。当它们成为复句的组成部分之后,由于受到整个复句的中心意义以及各个分句之间相互关系的制约,就不再是一个个独立的单句,而只是与其他分句相互依附地存在于复句之中。

复句的特点主要表现在内部结构与语音形式两个方面。

从内部结构来看,一是复句中的各个分句都有自己的语法构成方式,分句与分句之间在结构上具有相对的独立性与完整性,相互之间不可包容,都不作为其他分句的结构成分。二是各个分句之间围绕着整个复句的中心意义而产生的某种意念上的联系,可以采用语序(即分句的排列次序)与关联词语这两种语法手段来表示;关联词语通常采用连词与起关联作用的副词。三是构成复句中各个分句的可以是主谓句,也可以是非主谓句。

从语音形式来看,复句中分句与分句之间各有一个较小的停顿,兼起间隔与联系作用,在书面语言中用逗号、分号或冒号表示;全句的末尾有一个较大的停顿,表示复句的结束,在书面语言中用句号或问号、感叹号来表示。此外,一个复句只有一个统一的语调,贯串整个复句。

复句中的分句与分句之间,围绕着整个复句的中心意义,总是具有若干不同的关系。按照这些关系,可以把复句分为联合复句与偏正复句两大类型,这两大类型内部各自又可以再划分为若干下位类型。具体分类情况如下表:

复		句
类　　别		分句之间的关系
联合复句	并列复句	等立 对立
	顺承复句	时间相承 事理相因
	总分复句	先总后分 先分后总
	进层复句	递进 逼进
	选择复句	未定取舍 已定取舍
偏正复句	因果复句	先因后果 先果后因
	转折复句	反转 他转
	条件复句	假设条件 特定条件 无条件
	让步复句	让步与转论

二　联合复句及其下位类型

联合复句是一种由两个或两个以上的分句平等连接起来的复句。分句之间的关系是平列的,没有主次之分。根据联合复句中分句之间的不同关系,可以分为并列复句、顺承复句、总分复句、进层复句、选择复句五种。

联合复句中,如果包含的分句不止两个,那么分句与分句之间就可能有两种或两种以上的关系。为了便于说明问题,对于这类情况,我们只涉及其中一种联合关系,其他关系放在相应的部分另做分析。

(一) 并列复句

并列复句中的几个分句分别说明或描写几件事情、几种情况或同一事物的几个方面。分句之间多数不用关联词语连接,又有表示等立关系与对立关系的分别。

1. 等立关系

各个分句说明或描写的事物在意义上是相近或相类的。例如:

於是南岳献嘲,北垄腾笑,列壑争讥,攒峯竦诮。(孔稚珪《北山移文》)

融姿性刚险,立身浮竞,动跡惊羣,抗言异类。(《南齐书·王融传》)

腰若流纨素,耳著明月珰,指如削葱根,口如含朱丹。(《乐府诗集·焦仲卿妻》)

上士忘名,中士立名,下士窃名。(《颜氏家训·名实》)

既窈窕以寻壑,亦崎岖而经丘。木欣欣以向荣,泉涓涓而始流。(陶潜《归去来辞》)

陆平原多为死人自歎之言,诗格既无此例,又乖制作本意。(《颜氏家训·文章》)

2. 对立关系

各个分句说明或描写的事物在意义上是相反或相对的。例如:

夫有行之士未必能进取,进取之士未必能有行也。(《三国志·魏志·武帝纪》)

礼让者以义为先,自厚者以利为上。(《宋书·蒋恭传》)

贵人不可卿,而贱者可卿。(《南齐书·陆慧晓传》)

巢父、许由,让於天下;市道小人,争一钱之利。(《颜氏家训·慕贤》)

此乃承平之翔步,非乱世之急务也。(《三国志·蜀志·秦宓传》)

晋魏通和,乃在往昔,非唯今日。(《魏书·张济传》)

（二）顺承复句

顺承复句中的几个分句一个接一个地叙述连续的动作或连续的事件。复句中的顺承关系常常依靠分句的排列次序来表示，有时后面的分句也用关联词语与前面的分句连接，又有表示时间上先后相承与事理上先后相因的分别。

1. 时间相承关系

各个分句叙述的动作或事件，按照发生时间的顺序来排列。例如：

度恒水，南行三由延，到一村，名呵梨。（《法显传》）

太祖征吕布，仁别攻句阳，拔之，生获布将刘何。（《三国志·魏志·曹仁传》）

明帝即位，为领军长史，迁谘议参军。（《南齐书·张欣泰传》）

温於卧中起肃宗，与保母扶抱肃宗，入践帝位。（《魏书·王温传》）

正光中，袭爵东郡公，寻除散骑侍郎，拜山阳太守。（《魏书·陆子彰传》）

庚子，车驾自中山行幸常山之真定，次赵郡之高邑，遂幸于邺。（《魏书·太祖纪》）

2. 事理相因关系

各个分句叙述的动作或事件，按照事理上的逻辑顺序来排列。例如：

后腾入为卫尉，子超领其部曲。（《三国志·魏志·董卓传》）

我性恶人无礼，不容不以礼处人。（《南齐书·陆慧晓传》）

宅边有五柳树，因以为号焉。（陶潜《五柳先生传》）

清晨，八人俱到，各视其印，然后开户。（《法显传》）

而赤眉卒至，宗与战，卻之，乃得归营，於是诸将服其勇。（《后汉书·张宗传》）

孙、王诸人色并遽，便唱使还。（《世说新语·雅量》）

（三）总分复句

总分复句用两个或两个以上的分句罗列同类事物，用总起或总结的分句加以概括,句中常用数词标记数目。分句之间通常不用关联词语连接,又有先总后分与先分后总的分别,但采用先总后分的形式居多。

1.先总后分

先用分句总起,然后用分句逐一分说。例如:

门户两厢有二石柱,左柱上作轮形,右柱上作牛形。(《法显传》)

上陈五事:举贤才,审授用,黜佞倖,省苑囿,息役赋。(《后汉书·桓鸾传》)

故《诗》有三义焉:一曰兴,二曰比,三曰赋。(《诗品·序》)

外间云宫中有两天子,官是一人,戴法兴是一人。(《宋书·戴法兴传》)

凡人惟有两途:知机获福,背机受祸。(《魏书·房伯玉传》)

文章当从三易:易见事,一也;易识字,二也;易读诵,三也。(《颜氏家训·文章》)

2.先分后总

先用分句逐一分说,然后用分句总结。例如:

或一月、二月,或三月,多在春时。(《法显传》)

中营四门,门封神四,外营四门,门封神四,合三十二神。(《后汉书·祭祀志上》)

(四) 进层复句

进层复句后面的分句比前面的分句在范围、数量、程度、时间等方面更进一层。分句之间常用关联词语连接,又有表示递进关系与逼进关系的分别。

1.递进关系

后面的分句用陈述语气来表示意思比前面的分句进了一层,全句的意思由浅入深。例如:

今北土既未平安,加马超、韩遂尚在关西,为操后患。(《三国志·吴志·周瑜传》)

布屯沛城外,遣人招备,并请灵等与共缮饮。(《后汉书·吕布传》)

不但涉远不极,乃更令人行疾。(《抱朴子·杂应》)

非但我言卿不可,李阳亦谓卿不可。(《世说新语·规箴》)

非直休宾父子荷荣,城内贤豪,亦随人补授。(《魏书·刘休宾传》)

非唯音韵舛错,亦使其儿孙避讳纷纭矣。(《颜氏家训·音辞》)

2. 逼进关系

后面的分句用反问语气来表示意思比前面的分句进了一层,全句的意思以深证浅。例如:

以圣人之德,犹尚如此,况庸庸之徒而轻毁誉哉?(《三国志·魏志·王昶传》)

以秦王之疆,犹为征南所围,岂况吾邪?(《后汉书·岑彭传》)

区区之赵,尚有此义,吾安可以忘之乎?(《后汉书·寇恂传》)

惰者釜之,勤者钟之,矧夫不为,而尚乎食也哉?(《齐民要术·序》)

贤子越骑酷没,天下为公痛心,况慈父之情哉!(《魏书·司马衍传》)

先儒尚得改文从意,何况书写流传耶?(《颜氏家训·书证》)

(五) 选择复句

选择复句用两个或两个以上的分句分别叙述几件事情,表示要从中选择一件。分句之间常用关联词语连接,又有未定取舍与已定取舍的分别。

1. 未定取舍

说话者在分句所列的几件事情中尚未确定取舍。例如:

无怀氏之民欤?葛天氏之民欤?(陶潜《五柳先生传》)

卿言早生走也?守也?何时可以平之?(《魏书·邢峦传》)

未知即是《通俗文》?为当有异?或更有服虔乎?(《颜氏家训·书证》)

汝何以都不复进,为是尘务经心?天分有限?(《世说新语·贤媛》)

不知桓公德衰?为复后生可畏?(《世说新语·排调》)

公万年后,为在此安厝?为归长安?(《魏书·胡国珍传》)

2.已定取舍

说话者在分句所列的几件事情中已经确定取舍。例如：

> 宁为兰摧玉折,不作萧敷艾荣。(《世说新语·言语》)
>
> 殷云:"我与我周旋久,宁作我。"(《世说新语·品藻》)
>
> 又应官酬其才,爵畴其望,与失不赏,宁失不刑。(《宋书·王僧达传》)
>
> 思忌曰:"宁为南鬼,不为北臣。"(《南齐书·魏虏传》)
>
> 然不伐贼,王业亦亡;惟坐待亡,孰与伐之?（诸葛亮《后出师表》)
>
> 盗杀财主,何如骨肉相残?(《世说新语·政事》)

三　偏正复句及其下位类型

偏正复句是一种由偏句与正句构成的复句。分句之间的关系有主有从,正句是整个复句的正意所在,偏句说明、限制正句;一般的顺序都是偏句在前,正句在后。根据偏正复句中偏句与正句之间的不同关系,可以分为因果复句、转折复句、条件复句、让步复句四种。

偏正复句中,如果包含的分句不止两个,那么在偏正关系之下还可能有一些其他的下位关系。为了叙述上的方便,对于这类情况我们只分析到偏句与正句两个组成部分,而不涉及其他的下位关系。

(一) 因果复句

因果复句说明事物发生原因与发展结果之间的关系。分句之间常用关联词语连接,又有先因后果与先果后因的分别。

1.先因后果

前面的分句提出原因,后面的分句说明在这一原因下所产生的结果。例如：

> 先主至荆州,以未有继嗣,养封为子。(《三国志·蜀志·刘封传》)

三年,因其子杀人,并诛之。(《宋书·氐胡传》)

吾已六十馀,故心坦然,不以残年为念。(《颜氏家训·终制》)

天子以六合为家,孰非王庭,是以敢请入国,然后受谒。(《魏书·公孙轨传》)

卿父被围孤城,已是己物,所以不赏。(《魏书·刘文晔传》)

澄之等盖见北桥铭,因而以桥为太康初造也。(《洛阳伽蓝记》卷二)

2. 先果后因

前面的分句提出结果,后面的分句说明产生这一结果的原因。例如:

吾所以修攻具者,欲诱致邑耳。(《后汉书·耿弇传》)

良民所以从猛雀者,非乐乱而为,皆逼凶威,强服之耳。(《魏书·张蒲传》)

间欲先赴郏者,以其不意故耳。(《后汉书·盖延传》)

古者至化之世,猛兽不扰,皆由恩信宽泽,仁及飞走。(《后汉书·法雄传》)

人之质所以异木质者,以其有知耳。(范缜《神灭论》)

然屈平所以能洞监《风》《骚》之情者,抑亦江山之助乎!(《文心雕龙·物色》)

(二) 转折复句

转折复句前面的分句表达一方面的意思,后面的分句则转到另一方面表达相反、部分相反或相异的意思。分句之间常用关联词语连接,又有反转与他转的分别。

1. 反转

前面的分句说到一个意思,后面的分句则说到与前面相反或部分相反的意思上去。例如:

志意何时复类昔日?已成老翁,但未白头耳!(曹丕《与吴质书》)

足下虽有自然之理,然未见大数。(《三国志·吴志·诸葛恪传》)

丁奉虽不能吏书,而计略过人,能断大事。(《三国志·吴志·丁奉传》)

非不悦子之言,顾吾不能行,如何!(《后汉书·张玄传》)

本谓少游作师耳,高允老公乃言其人士。(《魏书·蒋少游传》)

其字虽异,其音与义颇同。(《颜氏家训·书证》)

2. 他转

前面的分句说到一个意思,后面的分句则说到与前面相异的意思上去。例如:

譬诸音乐,曲度虽均,节奏同检,至於引气不齐,巧拙有素,虽在父兄,不能以移子弟。(曹丕《典论·论文》)

生言周、汉之势可也;至於但见愚人习识刘氏姓号之故,而谓汉家复兴,疏矣。(《后汉书·班彪传》)

凡代人为文,皆作彼语,理宜然矣。至於哀伤凶祸之辞,不可辄代。(《颜氏家训·文章》)

唯嵇志清峻,阮旨遥深,故能标焉。若乃应璩《百一》,……亦魏之遗直也。(《文心雕龙·明诗》)

凡斯切象,皆"比"义也。至如"麻衣如雪"、"两骖如舞",若斯之类,皆"比"类者也。(《文心雕龙·比兴》)

前代之所贵,而吾之所行也,以此得罪,甘心瞑目。至如郭解之代人报仇,……非君子之所为也。(《颜氏家训·省事》)

(三) 条件复句

条件复句说明事物发生条件与发展结果之间的关系。分句之间常用关联词语连接,又有假设条件、特定条件与"无条件"的条件的分别。

1. 假设条件

前面的分句提出一个或几个假设的条件,后面的分句说明在以上条件实现后将要产生的结果。例如:

设令列船津要,坚城据险,横行之计,其殆难捷。(《三国志·魏志·

傅嘏传》)

今设以西域归匈奴,而使其恩德大汉,不为钞盗则可矣。(《后汉书·班超传》)

自非才略有素,声实相任,岂可闻而弗惊,履而无惧?(《宋书·王僧达传》)

若尔,便是士无远涉之劳,战有兼人之力。(《魏书·李冲传》)

吾将大启祐孙氏,宜为我立祠。不尔,将使虫入人耳为灾。(《搜神记》卷五)

若得鲤鱼食之,其病即差,可以延寿。不然,不久死矣。(《搜神记》卷十一)

2. 特定条件

前面的分句提出一个或几个条件,后面的分句说明在具备以上条件后所产生的结果。例如:

夫居敬而行简,可以临民;爱人多容,可以得众。(《三国志·吴志·孙皎传》)

名士不必须奇才,但使常得无事,痛饮酒,熟读《离骚》,便可称名士。(《世说新语·任诞》)

颜、闵之徒,何可世得!但优於我,便足贵之。(《颜氏家训·慕贤》)

但使不失体裁,辞意可观,便称才士。(《颜氏家训·文章》)

但当皆晓指趣,能守一职,便无媿耳。(《颜氏家训·涉务》)

作香粉法:唯多著丁香於粉合中,自然芬馥。(《齐民要术》卷五)

3. "无条件"的条件

前面的分句排斥一切条件,后面的分句说明在任何情况下都会产生这样的结果。例如:

山无大小,皆有鬼神,其鬼神不以芝与人。(《抱朴子·仙药》)

政事无巨细,咸决於亮。(《三国志·蜀志·诸葛亮传》)

年无盈闰,月无大小,用十二月为一岁。(《洛阳伽蓝记》卷五)

凡耕高下田,不问春秋,必须燥湿得所为佳。(《齐民要术》卷一)

世人不问愚智,皆欲识人之多,见事之广,而不肯读书。(《颜氏家训·勉学》)

凡甕,无问大小,皆须涂治。(《齐民要术》卷七)

(四) 让步复句

让步复句前面的分句先退让一步承认一种假设的事实,后面的分句则转而论述与这一假设实现后的结果相反的情形。分句之间常用关联词语连接,又有陈说转论与反诘转论的分别。

1.陈说转论

前面的分句先退让一步承认一种假设的事实,后面的分句用陈说语气转而论述正意。例如:

虽复守辱不已,犹当绝之。(嵇康《家诫》)

己身姓名,或多乖舛;纵得不误,亦未知所由。(《颜氏家训·勉学》)

考之内教,纵使得仙,终当有死,不能出世。(《颜氏家训·养生》)

就有人问者,犹当辞以不解。(嵇康《家诫》)

必人自为守,无降心,就能破之,尚不可有也。(《三国志·魏志·荀彧传》)

法孝直若在,则能制主上,令不东行;就复东行,必不倾危矣。(《三国志·蜀志·法正传》)

2.反诘转论

前面的分句先退让一步承认一种假设的事实,后面的分句用反诘语气转而论述正意。例如:

久与事接,疵衅日兴,虽欲无患,其可得乎!(嵇康《与山巨源绝交书》)

纵有因缘如报善恶,安能辛苦今日之甲,利益后世之乙乎?(《颜氏家训·归心》)

何面目复相见也?正使祸至,共死何苦!(《三国志·魏志·武宣卞皇后传》)

就孙綝不欲,主上及其亲戚岂肯听乎?(《三国志·魏志·诸葛诞传》裴松之注引《汉晋春秋》)

就有所疑,当求其便安,岂有触冒死祸,以解细微?(《后汉书·霍谞传》)

时司空王敬则问射声校尉萧坦之曰:"便如此,不当忽忽邪?"(《魏书·萧昭业传》)

四　多重复句与紧缩复句

(一)　多重复句

一个复句的分句部分如果又有两个或两个以上的分句,那么这个复句就可以划分为两个或两个以上的层次。这种复句里面又套着复句,也即具有不止一个结构层次的复句就是多重复句。多重复句可以表达比一般复句更为丰富复杂的内容。此期的多重复句有二重复句、三重复句,甚至四重复句。例如:

渔阳既离王莽之乱,‖重以彭宠之败,|民多猾恶,‖寇贼充斥。(《后汉书·郭伋传》)

江东无我,‖卿当独秀;|我若无卿,‖亦一时之傑也。(《宋书·谢庄传》)

向使董卓闻山东兵起,‖倚王室之重,‖据二周之险,‖东向以临天下;|虽以无道行之,‖犹足为患。(《三国志·魏志·武帝纪》)

诚以刘备不足御曹公乎,‖则虽保楚之地,‖‖不足以自存也;|诚以刘备足御曹公乎,‖则备不为将军下也。(《三国志·魏志·刘表传》)

浩以其中国旧门,‖虽学不博洽,‖‖而犹涉猎书传,|每推重之,‖与共论说。(《魏书·毛脩之传》)

将军向宠,性行淑均,‖晓畅军事,‖‖试用於昔日,|先帝称之曰能,|是

以众议举宠为督。(诸葛亮《出师表》)

君家高世之节,‖有识归重,‖豫染豪翰,‖所应载述;|况仆託慕末风,‖窃以敍德为事,‖但恨短笔不足书美。(《宋书·王弘之传》)

如以行善而偶钟祸报,‖为恶而傥值福征,‖便生怨尤,‖即为欺诡;|则亦尧、舜之云虚,‖周、孔之不实也,‖又欲安所依信而立身乎?(《颜氏家训·归心》)

(二) 紧缩复句

紧缩复句是复句中形式紧缩了的一种特殊类型,它是以类似单句的形式来表达通常应由复句表达的内容。从结构上看,紧缩复句的内部成分密切结合,省略部分词语,取消分句之间的停顿,书面语言中不用标点符号隔开,这同通常情况的复句有所不同,倒更像是一个单句。从内容上看,紧缩复句都可以分为两个部分,分别说到两件事,这两件事情之间的关系与一般连动词组、兼语词组充任的动词性谓语各部分的关系又不相同,而是复句中各个分句之间的关系。

紧缩复句主要由偏正复句紧缩而成,表示假设、让步、条件、转折等关系,在表达上具有精练、紧凑、明快的特点。例如:

或问:“渔师得鱼卖不?”弘之曰:“亦自不得,得亦不卖。”(《宋书·王弘之传》)

故春锄不用触湿,六月以后,虽湿亦无嫌。(《齐民要术》卷一)

求乞小弟一命,便死不朽也。(《魏书·杨昱传》)

及当攻屯,统曰:“非死无以谢罪。”(《三国志·吴志·凌统传》)

寇恂文武备足,有牧人御众之才,非此子莫可使也。(《后汉书·寇恂传》)

汉文升平,庶几可及。及之则臣主俱荣,不及则损削侵辱。(《三国志·吴志·孙休传》)

权尝欺曰:“顾君不言,言必有中。”(《三国志·吴志·顾雍传》)

公卿百辟,人无异议,泰平之隆,非旦则夕。(《宋书·殷孝祖传》)

此期还有一种前一单句宾语套叠用为后一单句主语的特殊紧缩复句,若分拆开来,就是两个具有完整意义的单句,其性质有别于兼语式。例如:

庾法畅造庾太尉,握麈尾至佳。(《世说新语·言语》)

昔先公辟君不就,今孤召君,何以来?(同上)

中编　魏晋南北朝词法的发展

我们在上编中用静态描写的方法，按照本书采用的语法体系，极为简要地概述了魏晋南北朝时期的语法框架，采例时既考虑到引用较为接近口语的文字，也兼及正统的书面语言，力求反映出该时期语法现象的总体面貌。与此期之前的先秦两汉语法相比，从中可以看出两个方面的表现。一方面，此期的语法系统在整体构成上直接继承了先秦两汉语法，并没有演变出什么大的差异，这反映了语法发展的稳固性。另一方面，具体各别的语法现象，在大量继承先秦两汉语法的同时，也有一些重要变化，萌生了一些新兴语法要素，消亡了一些旧有语法要素，某些此期之前萌生的新兴语法要素在此期得到进一步发展，极少数语法要素则完成了自新兴至消亡的全过程，这些又反映了语法发展的可变性。

　　从这一编开始，我们将转入对于魏晋南北朝时期断代语法特点的论述，也即探讨与先秦两汉相较，此期语法在词法与句法两个方面到底有了哪些较为重要的发展变化。

　　语法发展由于它的渐变性，而与各个特定的历史时期产生了密切的联系。这种联系，大致有三种类型。一是某些语法要素此期之前尚未出现，只是此期萌生、此期发展，此期之后即行消亡，反映了该时期的时代特色。二是某些语法要素此期之前萌生，此期发展，体现了由量到质的变化，形成该时期语法发展的一般规律。三是某些语法要素此期萌生，此期之后发展，体现了质的新生，形成该时期语法发展的特殊规律。这三种类型的变化都是我们从发展的角度来研究断代语法的重要内容。

　　对于魏晋南北朝这个具体历史时期来说，尽管它正处于汉语语法大发展大变革的重要阶段，较为典型地反映了新旧语法形式的交替，但它毕竟只有短短的三四百年时间,因而反映上述第一类变化,完成某种语法要素的萌生、发展、消亡全过程的情况只能是极少数。而变化之中大量的则是第二、三两类,即反映语法要素在该时期的发展或萌生。所以我们在中、下两编中论述的对象更多的正是这两方面的内容。

从发展的角度研究断代语法的另一个重要问题则是如何鉴定语料的时代性。这个问题无论对于断代语法发展的研究,还是对于语法通史的研究,都是至关重要的。

长期以来,对于汉语史语料时代性的判别存在两种不同的看法。一种认为应以著作者的时代作为语料的时代,例如《世说新语》应当断为南朝,《晋书》应当断为唐代。另一种则认为应将语料分为记言与记事两个部分,记事部分可以断为成书时代,记言部分则应断为说话人所处的时代,例如《晋书》中的记事部分应当断为唐代,记言部分则应断为晋代。对此,笔者曾就《世说新语》与《晋书》中的异文语言进行过详细比较,①发觉这后一种观点并不可靠,原因是前代人的说话被采编入后代人的书文中往往会有不小的更动。这种更动无论是仿古的,或者是掺入编纂者所处时代的语言,均与说话人的实际语言存在某种距离,难以客观反映前代人说话的原本面貌。不过,我们也不应当绝对排斥这类后人编纂的反映前人言行的语料对于研究前代汉语发展的价值,例如唐人编纂的《晋书》《梁书》《陈书》《北齐书》《周书》《南史》《北史》,对于研究两晋南北朝时期汉语发展的价值,而应当审慎地加以利用。我们的观点是,如果需要从这类载籍中采例时,应当舍弃后代萌生而前代尚未出现的用例,但却可以选用前代已经萌生或发展的用例,以作为时代性确切无疑用例的辅助证据。我们觉得这种做法是较为积极而又稳妥的。

此外,还有一些后人从类书中纂辑而成的语料,虽然标名为魏晋南北朝人所作,我们却很难断定它们是否完全保存了古本原貌。例如《搜神记》《搜神后记》《幽明录》等,虽然标名为晋宋人所作,但据考证其中也有一些文字更动与他书阑入之处。例如《搜神记》卷十八"遮莫千试万虑"中的"遮莫",本书初版

---

① 参看拙文《〈世说新语〉〈晋书〉异文语言比较研究》,载《中州学刊》1988 年第 6 期。

就已指出不太可能是晋代萌生的语法现象。无独有偶,志村良治也举出唐代张鷟《游仙窟》"径须刚捉著,遮莫造精神"这一用例,随后论述说:"'遮莫'训作'既然如此,只好如此',是纵予表现的代表词汇,在唐代很流行。这个词的最早用例一般认为是《搜神记》(卷18)张茂先条:'我天生才智,反以为妖,以犬试我,遮莫千试万虑,其能为患乎?'但是现在的二十卷本《搜神记》,反映的只是唐代通行本的面貌,并不是通行于六朝的原本,作为资料有不太可靠之憾。这个词即使是从六朝开始使用的口语,但作为资料只能说它最早见于《游仙窟》。"随后他又列举了杜甫、李白诗中的三个用例,最终又在文末注中进一步解释说:"这个'遮莫'后来写作'折莫'、'折末'、'折么'、'折模'、'者莫'、'者么'、'者磨'等,在宋元经常使用。"①毋庸置疑,对于这一类的语料,我们认为也应参照上文所述的办法,在需要采例时,只是从中采用此期其他载籍中已有确切用例者作为辅助证据,而舍弃那些在时代性上疑而不明的用例。

语料时代性的鉴定之外,还有语料的利用问题。我们在上编第一章中曾就书面语与口语做过简要的描绘与论述,这里再就如何具体区别利用口语与书面语以及中土文献与汉译佛经的问题谈些看法。

对于本书的写作来说,第一章所述具有口语色彩的书面语言材料当然是必须高度重视的主要研究对象。因为本书既名之为"历史语法",探寻的重点必然是语法的发展,而口语材料对语法的变化最为敏感,也最能反映语法演变的方向。有鉴于此,本书在中、下两编中就将主要依据这类材料,对魏晋南北朝时期汉语词法与句法的发展变化分别进行论述探讨。具体表现在哪些方面,本书上编已有概述,此不赘列。

不过,第一章所述承袭秦汉正统的书面语言材料对本书"历史语法"的研究也有一定的价值。这是出于两个方面的考虑。一是这类材料中也必然会包含着少量反映此期语法发展变化的要素,我们完全可以从中剥离出反映语法演变方向的材料,并以此来进行历史语法的研究。二是我们或许需要更加重视这类口语化程度并不很高的材料反映出来的总体面貌,重视它们对于语法

---

① 　参看《中国中世语法史研究》第二部分"说连词'从渠'——唐代的纵予表现"。

发展变化的参照作用,这类材料既可以展现此期汉语语法的基本状况,又可以在对比观察时反衬口语中的语法发展。本书除去在中、下两编中适度选用从这类材料中分剥出来的用例外,此前已在上编中较多地使用这类材料,目的正在于用以反映此期语法的总体面貌,反衬新生语法现象的发展变化。①

此外,如何合理使用此期的汉译佛经语料也是研究魏晋南北朝历史语法的应有之义,是不可回避也无法回避的事情,对笔者来说却更是多年以来虽有些许想法而由于种种原因蓄疑未发的问题,本书的初版也曾因为使用汉译佛经语料较少而得到善意的关切与提醒。客观地说,此期的汉译佛经为了争取受众、便于传播而较多地吸取接近口语的成分,无疑是研究此期汉语发展的宝贵资料。同时在事实上,自二十世纪七八十年代开始,学术界逐渐形成利用这类语料进行研究的热潮,语音、词汇、语法等多方面的重要研究成果不断涌现,充分展现了汉译佛经对于此期汉语研究的价值。但是,随着研究的深入,鉴于佛经原典语言与汉语之间的较大反差,以及译师汉语程度与翻译水平的限制,不少学者对汉译佛经语言性质的纯粹性提出种种质疑。朱庆之经过仔细考察,分析了汉译佛经语言与汉语的异同,指出二者之间存在显著差别,认为汉译佛经应当是"汉语历史文献语言的一个非自然的独特变体",并仿照"佛教混合梵语"将它称为"佛教混合汉语"。② 在具体研究工作中,我们固然不能以任何一种母语的研究均不应以翻译作品作为语料的通例,来否定汉译佛经的语料价值,因为它毕竟具有极强的特殊性与可利用性,但只有实事求是地对它进行客观分析后再做恰当利用,才能充分发掘其独特的语料价值并进而使之成为汉语史研究中不可或缺的补充。

汉译佛经确实超前地"首见"了一些中土文献后来才发展成熟的语言现象,这在汉语史多个分支学科中均有例证,已经反映在汉译佛经语言研究的各

---

① 参看拙文《萧统〈令旨解二谛义〉中的选择问句》,载《古汉语研究》2002 年第 4 期。另,萧红对《洛阳伽蓝记》中的句法进行专题研究,除剥离出若干新兴的语法现象外,又以之反衬出"《洛》的语言比较保守,口语化程度不如南北朝时期的《世说新语》《百喻经》等文献高"的特点。参看《〈洛阳伽蓝记〉句法研究》第十一章"结语",中国社会科学出版社,2008 年 7 月第 1 版。

② 参看《佛教混合汉语初论》,载北京大学中文系《语言学论丛》第二十四辑。

类成果中。不过,从"史"的角度来看,发现更早的"首见"固然重要,能够进一步激发科学研究工作中探本寻源的求实精神,而且凡是具有生命力的语言现象,有了"首见"才会有发展有成熟,否则就将无本源可寻,难以理清历史演变的脉络;但是,发展成熟与之同等重要,甚至更为重要,因为发展成熟后才能运用,而语言最主要的功能就是人类用以进行交际,对它进行的科学研究仅仅是在此基础上进行的活动之一。

这里之所以强调具有生命力,当然是指日后在汉译佛经乃至中土文献中得以发展成熟的语言现象,而不是违背规律生造或中土文献中罕见的语言现象。这些"出格"的语言现象在汉译佛经中不时可以见到。例如康僧会译《六度集经》卷八:"王必杀其。"句中"其"字充任用于句末的宾语。《六度集经》卷二:"吾贫,缘获给使乎?"句中"缘"字表示"缘何"的含义。求那毗地译《百喻经·水火喻》:"事须火用,及以冷水。"句中并列连词"及以"同义复用。竺佛念译《出曜经》卷四:"我所被缚,非王者所解也。"句中"所"字置于"被"字之前。《百喻经·摩尼水窦喻》:"为於无常之所杀害。"达摩笈多译《起世因本经》卷四:"被於天使之所诃。"二句中表示被动的介词"为於、被於"架叠使用。竺法护译《大哀经》卷七:"戒闻施香所见被熏。"句中表示被动的"所、见、被"三者架叠使用。① 对于此类现象,志村良治曾指出:"六朝时期,汉译佛经盛行,……从语法上看,其中也出现了许多不符合汉语传统的不规则的说法。""破格的语法和文体任意地、无拘束地发展起来。"朱庆之也认为,佛教混合汉语在语法方面也有"一些比较明显的独特之处"。②

与"首见"相应的是,汉译佛经中发展成熟了一些语言现象,这已反映在汉译佛经语言的各类研究成果中。不过,若从是否已经进入全民通用语这一更为宏观的空间来观察问题,这类译经中发展成熟的语言现象固然重要,能给作为全民通用语书面形式的中土文献以多种启发与促进,否则后者的发展进程

---

① 分别参看本编第十一章"人称代词"中"其"字、第十三章"疑问代词"第 235 页注释④、第十八章"连词"中"双音节连词",以及下编第二十五章"被动式"第 476 页注释①。
② 分别参看《中国中世语法史研究》第一部分中"新的变化"、"动词",以及第 102 页注释②所引朱文。

势必会因此有所延缓;但是,这些语言现象在中土文献中的发展成熟与之同等重要,甚至更为重要,因为通用语是全民共同使用的语言,是全民交际运用的工具,担负着中华民族传统文化整体传承的重任,而不只是限于与佛学传播相关的局部领域。从这个意义上说,对于某些语言现象,我们完全可以根据汉译佛经语言研究推测说它在其时口语的某些范围内已有较多使用,判断说它在汉译佛经语料中已经发展成熟,但只有在作为全民通用语书面形式的中土文献中发展成熟,并广泛以之进行交际运用才是最终成熟。故而汉语发展史的研究中征引能够真正代表时间节点的例证也应落在中土文献上,这或许是更为科学而稳妥的做法吧。王力《汉语史稿(中册)》《汉语语法史》对新兴语法现象的判定之所以被认为较为迟晚,除去受所用语料限制外,或许也与作者据以为断的是语法现象的成熟,特别是在全民通用语中的最终成熟有一定关系吧。

至于何以会形成此期汉译佛经某些语法现象"首见"或"早见",中土文献"后见"、"晚见"甚至"不见"的这种差别,或许是中土文献通常采用正统语言写成,且又长期以来形成一种使用上的惯性,及时、深入、全面地反映汉译佛经语言的机会自然也就较为难得。再说汉译佛经的语言现象在被吸纳入中土文献的过程中,词汇的吸纳相对较易,语法却相对较难;语法之中句法的融入又要比词法更显困难。由于词法与句法均属确定汉语发展的重要因素,故而相对于汉译佛经来说,中土文献语法发展的迟晚也就使得汉语语法史向前推进随之稍显缓慢。顺便说及,不仅汉译佛经语言进入中土文献有一定的难度,即便其时汉语口语进入书面文献也有一定的难度。我们一再强调采用的某些语料较为接近口语或反映口语,其实这种"较为"只是在某种程度上反映口语,这种"接近"正体现了二者之间尚有距离,它们与实际口语之间到底有多大差异,一时还不易研究清楚,而真正的口语只能是当时口头通用、如今已难以再现的那种历史语言。

不过,需要特别强调的是,尽管我们提出应当将能够代表汉语发展变化时间节点的例证落实在中土文献上,但也丝毫不会低估汉译佛经"首见"或"早见"的语言现象的价值。这种价值除去译经的某些语言表述出于争取受众的需要,能够敏锐捕捉并尽力反映口语之外,又很大程度地反映在这些语言表述对于中土文献语言的启发与预示作用上。例如汉魏译经中已经出现反身代词"自己",那么此后出现在中土文献中的相同例证,如南朝梁武帝萧衍口授敕文中的"自己营之,自己食之",就很有可能受其启发并被预示为是可行的;汉魏译经中已经出现语气副词"将无",那么此后出现在中土文献中的相同例证,如晋陶潜的《晋故征西大将军长史孟府君传》:"遂指君谓亮曰:'将无是耶?'"就很有可能受其启发并被预示为是可行的;东汉译经中已经出现"不是"这种表示否定判断的新形式,那么中土文献中的相同例证,如南朝梁沈约《宋书·索虏传》中的"我亦不癫,复不是苻坚"虽然较为滞后,但也很有可能受其启发并被预示为是可行的;东汉译经中已经出现用"为"字表示选择问的新形式,那么此后开始出现在中土文献中的相同例证,如三国魏人鱼豢《典略》中的"如是为欲使孙策帐下儿读之邪?将使张子布见乎?"同样很有可能受其启发并被预示为是可行的。以上三种情况,分别参看本书本编第十一章"人称代词"、第十六章"副词",下编第二十二章"判断句"、第二十三章"疑问句"。根据相同的道理,既然东晋译经中出现了表示必然性的情态动词"要"字,姚秦译经中出现了时态助词"来"字,北魏译经中出现了第三人称代词"他"字,那么此后一段时间中土文献中新兴了表示必然的助动词"要"字、时态助词"来"字、第三人称代词"他"字,既可以推论说是受到前者的启发,又可以预示为后者的出现是可行的。① 而从另一角度来看,这些新兴的词法、句法现象一旦陆续融入中土文献,无疑可以进一步丰富中古汉语乃至整个汉语史的语法体系。当然,由于译经过于看重形式,这些"首见"或"早见"的语言现象无法融入或无法最终融入中土文献的情况,也时时可以见到,有些语法现象受到中土文献扬弃也属正常(详上文)。以上我们之所以将话说得尽量谨慎稳妥,同时又仔细挑选那些在译经与中土文献中二者出现时间差距较大的同类语法现象进行对比,目的显

---

① "要"字、"来"字、"他"字,分别参看朱冠明《〈摩诃僧祇律〉情态动词研究》(中国戏剧出版社,2008年5月第1版)、龙国富《姚秦译经助词研究》(湖南师范大学出版社,2004年9月第1版)以及遇笑容《〈贤愚经〉中的代词"他"》(载《中古汉语语法史研究》,巴蜀书社,2006年11月第1版)。

然是希望加大前者对后者产生启发的可能性。不过,确实也有一些很难说是译经对中土文献产生了启发的语法现象,这当然需要实事求是地客观对待。例如"被"字式被动句,由于早期译经中较多使用"为"字式被动句及其变式,因而"被"字式被动句及其变式出现得相对较晚,据现有材料看,虽然三国康僧会译《六度集经》已有例证,如该经卷五:"王乃放箭,正破龙胸。龙被射死,猴众称善。"但直到西晋竺法护译《生经》中才开始较多使用出现施事者的"被"字式被动句。如该经卷一:"所有财业,不久殚尽。其财物被婬女人悉夺取之。"卷四:"被火焚烧,焚炙其背。"同卷:"吾被火焚,故舍入水。"又竺法护译《修行道地经》卷三:"被杖伤身,破坏躯体。"此后的译经继续有所沿用。而中土文献中学术界未见异议的较早出现施事者的例证则是《三国志·魏志·高贵乡公髦纪》:"吾被皇太后征,未知所为!"细绎此句与《生经》卷一"其财物被婬女人悉夺取之"之间的关系,竺法护与陈寿生活时代大致相同,竺的生卒年为公元 231 至 308 年,陈的生卒年为公元 233 至 297 年;竺译讫《生经》为公元 285 年,陈撰著《三国志》为公元 280 至 290 年之间。考虑到其时著作的刊布流传情况,陈寿是不大可能见过汉译《生经》从而有所借鉴的,故而《生经》卷一中的"被"字句,也不大可能对《三国志》"吾被皇太后征"的出现产生启发,但以之预示后者句式的可行还是没有问题的。再如"被……所……"式被动句,译经中出现较早的是姚秦佛陀耶舍共竺佛念译《四分律》卷十六:"或被强力所执系。"随后又有刘宋佛陀什共竺道生等译《五分律》卷二十六:"复有比丘被蛇所螫。"而中土文献中学术界未见异议的较早用例则是南朝梁萧子显《南齐书·卞彬传》:"建武末,为诸暨令,被王敬则所杀。"译经二例"被……所……"式被动句均出现于公元 5 世纪初期,中土文献一例则出现于公元 6 世纪初期,若单纯从时间与著作的刊布流传来看,前者是有可能对后者产生启发的,但是,一则中土文献中的"被……所……"式被动句系受"为……所……"式被动句类化而来,这在学术界已大体形成共识;二则中土文献中已先于译经而出现了"被"与"所"共现的句式,例如《吕氏春秋·至忠》高诱注:"故被不肖主之所诛也。"如此看来,中土文献这一句式显然是循着汉语语法固有规律发展而来的,甚至还应当认为,译经中的"被……(之)所……"式也是受到中土

106

文献"为……(之)所……"式的类化作用演变而来的,因为译经中此前使用的"为……(之)所……"式被动句只是中土文献中"为……(之)所……"式被动句原封不动的袭用而已。以上所述均可参看下编第二十五章"被动式"。

此外,与使用汉译佛经语料相关联的是,魏晋南北朝时期中土人士在弘法过程中的佛学撰述,对于研究此期历史语法也有重要价值。中土人士在进行佛学撰述时,常常更多地吸收汉译佛经中的新兴语言现象,同时又凭借个人自幼习得的深厚汉语修养,将它们自然、合理地用于自己的著作,撰写出合乎其时用语规范的文字,从而可以在较高程度上避免汉译佛经中的误会、失真、生硬等用语不纯粹现象,语料的可信度也因此大大提高。从内容上看,中土人士的佛学撰述包含章疏、论著、语录、纂集、史传、音义、目录、杂撰等多个方面,尽管这些撰述大部分出现在隋唐之后,正当魏晋南北朝时期的为数不多,但充分利用这些已有的撰述,并注意在使用汉译佛经时更多地配合利用这些撰述,对于汉语史的研究特别是此期汉语的研究,必定会有更大的帮助。①

目前,利用魏晋南北朝时期汉译佛经作为语料,来对此期历史语法进行研究的,主要有三种模式。第一种是传统的研究模式,以中土文献为主,结合汉译佛经,以专书、专题或专书中的专题为研究内容,梳理各类语法现象的历史演变,力求兼顾语法现象的起源发展与最终成熟运用。第二种是新兴的研究模式,以汉译佛经为研究对象,以综合性的研究以及专书、专题或专书中的专题为研究内容,描写汉译佛经语法现象的面貌,总结它们的规律,探寻它们的演变,考察它们对中土文献的影响。主要研究成果有:综合性的研究如蒋绍愚、胡敕瑞主编《汉译佛典语法研究论集》中论及中古内容的文章,商务印书馆,2013 年 1 月第 1 版;专书的研究如遇笑容《〈撰集百缘经〉语法研究》,商务印书馆,2010 年 9 月第 1 版;专书中的专题研究如龙国富《姚秦译经助词研究》,湖南师范大学出版社,2004 年 9 月第 1 版,以及朱冠明《〈摩诃僧祇律〉情态动词研究》,中国戏剧出版社,2008 年 5 月第 1 版。专题研究则涉及汉译佛经中的代词、处置式、后置词、判断句等多个方面,参看孙锡信主编、杨永龙副

---

① 参看第 102 页注释①所引拙文。

主编《中古近代汉语语法研究述要》第三章第五节"中古佛经语法研究",复旦大学出版社,2014 年 3 月第 1 版。第三种是正在兴起的模式,应当也是研究深入后将会得到进一步发展的模式,即以此期的汉译佛经与中土文献进行语法现象的比较研究,考察二者之间的异同,厘清二者之间的关系,并进而以语言接触理论与梵汉对勘来研究汉译佛经语法。该模式的研究成果目前正在逐渐显现,论文集主要有蒋绍愚、胡敕瑞主编《汉译佛典语法研究论集》中论及的基于语言接触与梵汉对勘的中古译经语法研究;著作主要有姜南《基于梵汉对勘的〈法华经〉语法研究》(商务印书馆,2011 年 11 月第 1 版)、陈秀兰《魏晋南北朝文与汉文佛典语言比较研究》第二章"总括副词"(韩国首尔新星出版社,2004 年 4 月第 1 版);论文主要有朱庆之《汉译佛典中的"所 V"式被动句及其来源》(载《古汉语研究》1995 年第 1 期)、陈秀兰《魏晋南北朝文与汉文佛典的被动式研究》(载《绵阳师范学院学报》第 25 卷第 6 期,2006 年 12 月)、张家合《从程度副词看中土文献与汉译佛经的差异》(载《泰山学院学报》第 34 卷第 1 期,2012 年 1 月)。此外,还有一些研究生的博士学位、硕士学位论文以此为选题进行的语法专题研究。三种模式的研究目的与研究功用不尽相同,但对此期历史语法研究的推进都有重要作用。当然,如果要进一步寻求对汉译佛经研究成果的突破,不只是语言学方面,而且包括其中蕴含的文化与文化交流等多个学科方面,那就必须在研究方法上求得突破,形成一个跨学科的研究体系,不过这也只能寄期望于在不是很长的时间内,复合型高端人才的培养利用以及他们之间的团队合作,①同时也就超出单纯语言研究的范畴了。

---

① 参看第 102 页注释②所引朱文。

第八章 名词

魏晋南北朝时期名词的发展表现在形态与功能两个方面。就形态而言，萌生发展了一些前缀与后缀；就功能而言，名词与其他类词的结合关系有了新的变化。这两个方面的发展，使得汉语中名词的特点更加突出，名词的性质更加稳定。

一 前缀与后缀

前缀有"阿"字，后缀有"子、头、儿"。

1."阿"字用作前缀是从"昵近"义虚化而来的，因而常常带有表示亲昵的意味。汉末时已经有了一些用例，主要加于人名或疑问代词"谁"字之前；此期开始流行，用法也得到扩展，大体分为如下三类。

（1）缀于姓氏、人名、表字、小字小名之前

用于姓氏之前，限于女子。例如：

> 盘龙爱妾杜氏，上……手敕曰"饷周公阿杜"。（《南齐书·周盘龙传》）
> 英闻梁氏嫁，……呼曰："阿梁，卿忘我也？"（《洛阳伽蓝记》卷四）
> 送妓女阿薛、阿郭、阿马三人与桓宣武。（《古小说钩沉·幽明录》）

对于这种"阿"字只用于姓氏而不用于名字的起因，《世说新语·赏誉》云："内讳不出於外。"刘孝标注引《礼记》曰："妇人之讳不出门。"这表明当时依然有妇人之名不外传的习俗。南宋赵彦卫《云麓漫钞》卷十则认为："妇人无名，以姓加'阿'字。今之官府妇人供状，皆云'阿王'、'阿张'，盖是承袭之旧云。"针对这一说法，钱钟书驳正说："实乃六朝以来久然，且未必由于'无名'，

亦不限于官文书。"同时还指出:"古书中男女名皆可冠以'阿',而姓则惟女为尔,不施于男也。"①

用于人名之前。例如:

宿留阿寄,终为足下门户致祸矣。(《三国志·吴志·陆逊传》;阿寄即全寄,名寄。)

阿坚连牵三十年,后若欲败时,当在江湖边。(《宋书·五行志二》;阿坚即符坚,名坚。)

阿连才悟如此,而尊作常儿遇之。(《宋书·谢灵运传》;阿连即谢惠连,名惠连。)

吾家黑面阿秀,遂居刘安众处,朝廷不为多士。(《宋书·刘瑀传》;阿秀即刘秀之,名秀之。)

用于表字之前。例如:

不意永嘉之中,复闻正始之音。阿平若在,当复绝倒。(《世说新语·赏誉》;阿平即王澄,字平子。)

阿源有德有言,向使作令仆,足以仪刑百揆。(同上;阿源即殷浩,字渊源。)

谢曰:"阿敬近撮王、刘之标。"(《世说新语·品藻》;阿敬即王献之,字子敬。)

高祖谓王诞曰:"阿寿故为不负我也。"(《宋书·刘敬宣传》;阿寿即刘敬宣,字万寿。)

用于小字小名之前。例如:

叔父景文诫之曰:"阿答,汝灭我门户!"(《南齐书·高帝纪上》;阿答即王蕴,同纪:"答,蕴小字也。"《宋书·王景文传》作"阿益":"阿益者,蕴小字也。")

相王好事,不可使阿讷在坐头。(《世说新语·轻诋》;阿讷即许询,刘孝标注云:"讷,询小字。")

---

① 参看《管锥编》卷二百八十三"古人男女名氏系'阿'",中华书局,1986 年 6 月第 2 版。

未至船,逆呼太傅。安曰:"阿螭不作尔。"(《世说新语·简傲》;阿螭即王恬,刘孝标注云:"王恬,小字螭虎。")

阿多标独解,弱冠纂华胤,质胜诚无文,其尚又能峻。(《宋书·谢弘微传》;阿多即谢曜,同传:"曜,弘微兄,多,其小字也。")

阿远刚躁负气,阿客博而无检。(同上;阿客即谢灵运,同传:"灵运小名客儿。")

母孔氏甚严明,谓亲戚曰:"阿称便是今世曾子。"(《南齐书·刘瓛传》;同传:"阿称,瓛小名也。")

此期载籍中,常可见到小字、小名之前缀以"阿"字或其后加上"儿"字,又可见到不少直接指明小字、小名为"阿×"或"×儿"的现象,如曹操小字阿瞒(见《三国志·魏志·武帝纪》裴松之注)、王敦小字阿黑(见《世说新语·豪爽》刘孝标注)、刘瓛小名阿称(见上举《南齐书·刘瓛传》),以及谢灵运小名客儿(见上举《宋书·谢弘微传》)、梁武帝萧衍小字练儿(见下文《梁书·武帝纪上》)等。有人认为这种外加"阿"、"儿"的情况,与上述内含"阿"、"儿"的情况并不相同,其实二者是相通的。因为"阿"字、"儿"字的作用一则表示亲昵,二则还可以与单音节的小字结合为双音节以便于称谓。古人行文时未见得会对这几种情况细密区分,交代某人小字为"阿×"或"×儿"时,×也即是其小字或小名。曹阿瞒又可称为曹瞒,《三国志》裴松之注、《世说新语》刘孝标注就曾多次征引吴人所著《曹瞒传》;《宋书·谢弘微传》在称谢灵运小名为客儿的同时,又称他为"阿客";《颜氏家训·风操》将梁武帝萧衍小字练儿又称为"阿练",这些便都是明证。而那些特意指明小字为单个的"×"字,例如《宋书·范晔传》载:范晔字蔚宗,"母如厕产之,额为砖所伤,故以'砖'为小字"。经检索相关载籍,尚未见及此类单音节称呼独立用于言语交际中。甚至有些双音节的小字,也往往抽出其中一字配以"阿"字或"儿"字构成双音节,以增添亲昵意味(见上举《世说新语·简傲》中的"阿螭")。由此看来,"阿"字与"儿"字用于小字时的附加意义与作用委实不可小觑。顺便说及,小字为单个的"×"字或从双音节的小字中抽出一字,置于姓氏后,也是其时的一种称谓方式。前者如《世说新语·品藻》:"弘治肤清,卫虎弈弈神令。"同条刘孝标注云:"虎,卫

111

玠小字。"后者如《宋书·范晔传》："综云：'不知。'晔曰：'乃是徐童。'"同传以插语方式自注云："童，徐湛之小名仙童也。"至于上述"阿"字与"儿"字在使用中的比较，据我们对此期诸多用例的观察分析，除位置上有前后之别外，"阿"字已经逐渐虚化成为前缀，而"儿"字尚有较为实在的词义，主要不同者唯此而已。

这里说到的小字，起先称为小名，其实即为今之所谓乳名。关于它的起源与发展历来众说纷纭，有人认为我国起小名的习俗已有春秋时期的史料可以为据，如郑庄公小名寤生，晋文公小名重耳，但要说这些就是小名，或许只是后人的一种粗略说法。我国古代遵循"幼名冠字"的礼制来命名起字，但"名"与"字"常常被今人大致地比附为小名与大名，其实这两组称呼各自之间的关系还是有差别的；而且这些"可以为据"的古人通常终其一生也仅仅是以"名"为名，未见另有他"名"，例如《春秋·桓公十一年》"郑伯寤生卒"、同书《僖公三十二年》"晋侯重耳卒"。既无原本意义上的大名，又何来与之相对的小名？尽管许多古人之名看来甚为怪异、不重雅驯，但也只是反映他们起名时不避恶名、不避粗俗的观念而已。关于小名的较早而又较为可靠的例证是，西汉司马相如小名犬子，据《史记》本传记载："司马相如者，蜀郡成都人也，字长卿。少时好读书，学击剑，故其亲名之曰犬子。相如既学，慕蔺相如之为人，更名相如。"宋人王楙《野客丛书》卷三十"小名犬子"条对此阐释说："所谓犬子者，即小名耳。然当时小名、小字之说未闻，自东汉方著。相如小名，父母欲其易于生养，故以狗名之。"也就是说改名为相如后，为易于生养而起的原名犬子可以算作小名。不过，这也只是"慕古易名"，与《史记·高祖本纪》司马贞索隐引项岱云"高祖小字季，即位易名邦"的"即位易名"，均应属于改名的范畴。真正有名有字而又有小字的情况大约始见于《后汉书·傅燮传》："燮慨然而歔，呼干小字曰：'别成，汝知吾必死邪？'"别成是傅燮之子，名干，本传李贤注引《干集》曰："干字彦林。"此为同类用法中的较早例证。可见，《野客丛书》关于小名、小字之说"自东汉方著"的判断是可信的。今人游国恩也认为："小名兴于两汉，盛于六朝，前此则未之闻，所谓无征不信者也。"（见《离骚纂义》）小名此后发展至魏晋南北朝时期而趋于大盛，又可称为小字，而以后者更为常见。

用于帝王身份时偶或还可称为小讳,例如《南齐书·武帝纪》载世祖武皇帝"小讳龙儿",同书《明帝纪》载高宗明皇帝"小讳玄度"。小字、小名均指乳名,即幼时所起的非正式的名字,二者之间并无用法与适用范围上的差异。例如《宋书·武帝纪上》称高祖武皇帝"小名寄奴",同书《文帝纪》称太祖文皇帝"小字车儿",同书《明帝纪》称太宗明皇帝"小字荣期"。再如《梁书·武帝纪上》《南史·梁本纪上》均载梁武帝萧衍"字叔达,小字练儿",而《颜氏家训·风操》却称为"梁武小名阿练";宋代周密《齐东野语》卷四"避讳"也称"梁武帝小名阿练"。又如《宋书·鲁爽传》载:"鲁爽小名女生,扶风郿人也。"而《南史·鲁爽传》则称:"鲁爽小字女生,扶风郿人也。"这些材料完全能够说明,无论称为"小字"还是称为"小名",二者的使用在此期是可以并行不悖的。

（2）缀于亲属称谓之前

用于尊辈称谓之前。例如:

凭时年数岁,敛手曰:"阿翁！讵宜以子戏父！"（《世说新语·排调》;张凭称祖父张苍梧为"阿翁"。）

良年小,常呼文帝为阿翁,帝谓良曰:"我,汝兄耳。"（《三国志·魏志·赵王干传》裴松之注引《魏略》;良是曹丕之弟,误称丕为"阿翁","阿翁"指父亲。）

昭业谓豫章王妃庾氏曰:"阿婆,佛法言,有福德生帝王家。"（《南齐书·郁林王纪》;昭业即后来的郁林王,为南郡王时称其叔祖豫章王妃庾氏为"阿婆"。）

陆士衡诗云:"营道无烈心。"其何意苦阿父如此?（《宋书·长沙景王道怜传》）

阿父年六十为员外仆射,欲求自免,岂可得乎?（《南齐书·沈文季传》）

阿爷无大儿,木兰无长兄。（《乐府诗集·木兰诗》）

伏惟启阿母,今若遣此妇,终老不复取！（《乐府诗集·焦仲卿妻》）

不审阿姨所患得差否? 极令悬恻。（王献之《东阳帖》;王献之称呼姨母为"阿姨"。）

至有谚云:"落索阿姑餐。"此其相报也。（《颜氏家训·治家》;阿姑,指婆母。)

"阿姑"更常写作"阿家",意思相同,读音也同"阿姑"。例如:

> 仍以手击晔颈及颊,晔颜色不怍,妻云:"罪人,阿家莫念。"(《宋书·范晔传》)

先秦时"舅姑"并称分指已婚女子的公婆,但此期并无与"阿姑"相对的、媳妇称呼公公的"阿舅",唯见一例出于后人辑录的《殷芸小说》卷一中称呼舅氏的"阿舅":"阿舅何为云人作贼,辄杀之? 人忽言阿舅作贼,当复云何?"此或是"阿舅"之称已先专用于舅氏,子妇不宜再称公爹为"阿舅";而且后世的"阿舅"也只是专指舅氏,例如《旧唐书·长孙无忌传》:"今阿舅复作恶心,近亲如此,使我惭见万姓。"即是外甥唐高宗李治称其舅父长孙无忌为"阿舅"。不过,"舅姑"后来又称为"翁姑",故而到唐代时,公婆又可分称为阿翁、阿家,例如赵璘《因话录·宫》:"上召而慰之曰:'谚云:不痴不聋,不作阿家阿翁。'"

此期稍后,唐初成书的《南史·颜延之传》又有以"阿公"称呼祖父的用例:"尝与何偃同从上南郊,偃于路中遥呼延之曰:'颜公!'延之以其轻脱,怪之,答曰:'身非三公之公,又非田舍之公,又非君家阿公,何以见呼为公?'偃羞而退。"赵翼《陔馀丛考·公》认为"祖之称公,其来最古",并指此例"阿公"是"古人以祖为公之故实也"。

"阿公"此期又可用作对亲属之外地位较高的男子的尊称,附列于此。例如:

> 魏明帝景初中,童谣曰:"阿公阿公驾马车,不意阿公东渡河。阿公东还当奈何?"(《宋书·五行志二》;童谣称晋宣王司马懿为"阿公"。)

> 王恭在京口,民间忽云:"黄头小人欲作贼,阿公在城下,指缚得。"(同上;民间似称后来取代王恭的刘牢之为"阿公"。)

用于平辈称谓之前。例如:

> 谏曰:"阿兄,老翁可念,何可作此!"(《世说新语·德行》)

> 阿兄误人事,乃与癫人共作贼,今年败矣。(《宋书·南郡王义宣传》)

> 阿姊闻妹来,当户理红妆。(《乐府诗集·木兰诗》)

> 举言谓阿妹:作计何不量!(《乐府诗集·焦仲卿妻》)

用于晚辈称谓之前。例如：

无几而穆帝崩，太后哭曰："阿子汝闻不？"（《宋书·五行志二》）

阿子复阿子，念汝好颜容。（《乐府诗集·阿子歌》）

阿女衔泪答，兰芝初还时，府吏见丁咛。（《乐府诗集·焦仲卿妻》）

王云路认为，有时亲属称谓前加"阿"字，还可用于自称或泛称。所举自称例是《全晋文》卷二十二王羲之《杂帖》："比服寒食酒，如侣为佳。力因王会稽。不一一。阿耶告知。"指出这是作者给自家晚辈的信，"'阿耶'即阿爷，为王羲之自称"。泛称例是《后汉书·天文志中》"兵起宫中，是其应"，梁刘昭注补引《李氏家书》："王者权柄及爵禄，人天所重慎，诚非阿妾所宜干豫，天故挺变，明以示人。"认为"此'阿妾'，泛指妻妾"。①

（3）缀于代词之前

用于人称代词之前，主要有"阿侬"。例如：

何世天子无要人，但阿侬货主恶耳。（《南齐书·东昏侯纪》）

小作冠帽，短制衣裳，自呼阿侬，语则阿傍。（《洛阳伽蓝记》卷二）

笑语儁曰："阿侬已复得壶矣。"言终而隐。（《古小说钩沉·幽明录》）

用于指示代词之前，主要有"阿堵"。例如：

殷中军见佛经，云："理亦应阿堵上。"（《世说新语·文学》）

见钱阂行，呼婢曰："举却阿堵物！"（《世说新语·规箴》）

安闻诸侯有道，守在四邻，明公何有壁间著阿堵辈？（《世说新语·雅量》刘孝标注引宋明帝《文章志》）

用于疑问代词之前，主要有"阿谁"。例如：

先主谓曰："向者之论，阿谁为失？"（《三国志·蜀志·庞统传》）

室中是阿谁？歔欷声正悲。（贾充《与妻李夫人连句》）

相怜中道罢，定是阿谁非？（《乐府诗集·团扇郎》）

天子是阿谁？非猪如是狗。（《张敬儿自为歌谣》）

---

① 参看《汉魏六朝诗歌语言论稿》第五章"名词词缀"，陕西人民教育出版社，1997 年 11 月第 1 版。

远徙种人留鲜卑,一旦缓急语阿谁!(赵整《琴歌》)

上述"阿谁"之外,此期之前成诗的《汉乐府》中也已有用例:

道逢乡里人,家中有阿谁?(《十五从军征》)

羹饭一时熟,不知贻阿谁?(同上)

以上三类用法之外,此期前缀"阿"字又可加于"大"字之前,表示行第为长,或加于数词之前表示排行为第×,但这类用法并不广泛。例如《世说新语·贤媛》:"一门叔父,则有阿大、中郎。"此例为谢道韫语,但据《陈国阳夏谢氏谱》,道韫父辈共七人,无名、字为"大"者,其中有小字者二人,也均不为"大"。阿大似指谢安伯父谢鲲之子谢尚,字仁祖,小字坚石,在同辈中排行为长。不过,长期以来学者们对于文中"阿大"所指何人的看法并不一致,余嘉锡《世说新语笺疏》引近人程炎震云:"阿大不知何指,当即谓安。"又加案语说:"道韫不应面呼安为阿大,疑是谢尚耳。尚父鲲,只生尚一人,故称阿大。"今人杨勇《阿大为谢安考》阐发程炎震说,从"叔父"的角度进行推论,认为:"道韫叔父之中,除谢据属'中郎'外,其余谢安、谢万、谢石、谢铁四人皆是,而名位最著者为谢安。故最能当此语中'阿大'之称者,非谢安莫属。"这里录以备考。① 以上"阿大"是指谢尚抑或谢安虽然尚无定说,但"大"字指据某项标准排列而居于首位的人包括指排行为长的人,则是没有疑义的,此可证以《世说新语·俭啬》:"王丞相俭节,帐下甘果,盈溢不散。涉春烂败,都督白之,公令舍去,曰:'慎不可令大郎知。'"刘孝标注云:"王悦也。"王悦即丞相王导之长子。不过,此期"阿"字缀于"大"字或数词之前直接表示排行的用法甚为罕见,如《南齐书·武陵昭王晔传》:"阿五常日不尔,今可谓仰藉天威。"隋唐开始,这种用法才逐渐多见起来,例如唐初成书的《南史·南丰伯赤斧传》:"汝是我家阿五,沈公宿望,何意轻脱?"同书《临川靖惠王宏传》:"阿六,汝生活大可。"魏征编撰的《隋书》中也有"阿三、阿五"等不少用例。

2."子"字用作后缀是从小称虚化而来的。它的起源很早,秦汉时期已经

---

① 余嘉锡、程炎震说,参看《世说新语笺疏》,上海古籍出版社,1993年12月第1版。杨勇说,参看《阿大为谢安考》,载《〈世说新语校笺〉论文集》,台北正文书局有限公司,2003年1月第1版。

有了虚化的趋势。此期完成虚化过程,用法有所扩展,使用也十分普遍。以"子"字作为后缀的名词大体可以分为如下五类。

(1)表示人物。例如:

艇子打两桨,催送莫愁来。(《乐府诗集·莫愁乐》)

淑女总角时,唤作小姑子。(《乐府诗集·欢好曲》)

既至省,杨太妃骤遣监子去来参察。(《宋书·始安王休仁传》)

华行迟,永呵骂云:"奴子怠懈,行不及我!"(《宋书·王华传》)

小儿奴子,本非嫌也。吾有所闻,岂容不敕汝知,令物致议耶?(《南齐书·豫章文献王嶷传》)

兴祖家饷糜,中下药,食两口便觉,回乞狱子。(《南齐书·王奂传》)

开国当我儿袭之,汝等婢子,勿有所望!(《魏书·杨大眼传》)

阿周陀窟及门子供养盲父母处,皆有塔记。(《洛阳伽蓝记》卷五)

(2)表示动物。例如:

鹞子经天飞,羣雀两向波。(《乐府诗集·企喻歌》)

秋去春还双燕子,愿衔杨花入窠里。(《乐府诗集·杨白花》)

妻尝妒,乃骂秀为貉子。秀大不平,遂不复入。(《世说新语·惑溺》)

城东马子莫咙哅,比至三月缠汝鬃。(《宋书·五行志二》)

建武二年,有大鸟集建安,形如水犊子。(《南齐书·五行志》)

凡驴马牛羊收犊子、驹、羔法:……辄买取。(《齐民要术》卷六)

瘦死牛羊及羔犊弥精。小羔子,全浸之。(《齐民要术》卷八)

见人卖一白龟子,长四五寸,洁白可爱。(《搜神后记》卷十)

(3)表示器具。例如:

送郎乘艇子,不作遭风虑。(《乐府诗集·杨叛儿》)

承天素好弈棊,颇用废事。太祖赐以局子。(《宋书·何承天传》)

於狱以物画漆栟子中出密报家,道无罪。(《南齐书·王奂传》)

世祖在便殿,用金柄刀子治瓜。(《南齐书·袁彖传》)

今日百姓造瓮子,人皆棄去住者恥。(《洛阳伽蓝记》卷五)

杷子不须复达甕底,酥已浮出故也。(《齐民要术》卷六)

以张生绢袋子,滤熟乳,著瓦瓶子中卧之。(《齐民要术》卷六)

作胡叶汤令沸,笼子中盛麴五六饼许。(《齐民要术》卷七)

取车辙中干土末,绵筛,以两重帛作袋子盛之。(《齐民要术》卷八)

若有麤毛,镊子拔却,柔毛则剔之。(同上)

净洗遍体,须长切,方如筹子,长三寸许。(《齐民要术》卷九)

预前多买新瓦盆子容受二斗者,抒粥著盆子中。(同上)

大铛中煮汤,以小杓子挹粉著铜钵内。(同上)

即命取床后盒子开之,取金枕一枚。(《搜神记》卷十六)

(4)表示植物。例如:

树小如栀子,冬生,叶可煮作羹饮。(《尔雅·释木》郭璞注)

刘子,生山中。实如梨,甜酢,核坚。出交趾。(同上;《尔雅义疏》:"'榴'即'刘'也。")

松树子非不楚楚可怜,但永无栋梁用耳!(《世说新语·言语》)

前所给扬、南徐二州百姓田粮种子……应督入者,悉除半。(《宋书·文帝纪》)

凡五谷地畔近道者,多为六畜所犯,宜种胡麻、麻子以遮之。(《齐民要术》卷二)

冬瓜、越瓜、瓠子,十月区种,如区种瓜法。(同上)

茄子九月熟时摘取,擘破,水淘子,取沈者。(同上)

香酱清、擘葱白与茄子俱下,焦令熟。(《齐民要术》卷九)

(5)表示其他物体。例如:

却与小姑别,泪落连珠子。(《乐府诗集·焦仲卿妻》)

走马上前阪,石子弹马蹄。(《乐府诗集·明下童曲》)

受二石以下甕子,以石子二三升蔽甕底。(《齐民要术》卷七)

但明点童子,飞白拂其上,使如轻云之蔽日。(《世说新语·巧艺》)

目中缕贯瞳子者,五百里;下上彻者,千里。(《齐民要术》卷六)

如今之剪凿者,谓之耒子。(《宋书·颜竣传》)

检家赤贫,唯有质钱帖子数百。(《南齐书·萧坦之传》)

刮取车轴头脂作饼子,著疮上,还以净布急裹之。(《齐民要术》卷六)

摊令冷,细擘麴破,勿令有块子,一顿下酿。(《齐民要术》卷八)

抟作丸,大如李,或饼子,任在人意也。(同上)

唐代之后,"子"字得到进一步发展,使用更为广泛,构词能力也进一步增强。

3."头"字本指头部,后来引申出"顶端"的含义,如《世说新语·容止》:"使崔季珪代,帝自捉刀立牀头。"这类"头"字仍然具有一定实义,尚未发展为后缀,不过后缀"头"字正是从"顶端"义进一步虚化而来的。此期"头"字的后缀用法已经成熟,只是使用尚不够广泛,又可以分为三类。

(1)缀于方位名词之后。例如:

前头看后头,齐著铁钰鍱。(《乐府诗集·企喻歌》)

三间瓦屋,士龙住东头,士衡住西头。(《世说新语·赏誉》)

闻有东方骑,遥见上头人。(王融《少年子》)

从十月尽至三月,皆食瓒蕈。瓒蕈者,根上头、丝莼下茇也。(《齐民要术》卷八)

君北堂西头,有两死男子,一男持矛,一男持弓箭。(《三国志·魏志·管辂传》)

八月己巳,太白犯房北头第二星。占曰:"王失德。"(《宋书·天文志四》)

有云色黑,广五尺,东头指丑,西头指酉,竝至地。(《南齐书·天文志下》)

南头第一门曰"西明门",汉曰"广阳门"。(《洛阳伽蓝记·序》)

(2)缀于表示事物的名词之后。例如:

核音纥。京师人谓麤屑为纥头。(《汉书·陈平传》颜师古注引晋灼《汉书集注》)

刮取车轴头脂作饼子,著疮上,还以净布急裹之。(《齐民要术》卷六)

相王好事,不可使阿讷在坐头。(《世说新语·轻诋》)

每以樵箬置道头,辄为行人所取。(《宋书·朱百年传》)

时穆之闻京城有叫譟之声,晨起出陌头,属与信会。(《宋书·刘穆之传》)

巫觋云:"后湖水头经过宫内,致帝有疾。"(《南齐书·明帝纪》)

其歌曰:滩头白勃坚相持,倏忽沦没别无期。(《水经注》卷三十四)

但驾车地头,每旦当有小儿僮女十百为羣,自来分摘。(《齐民要术》卷五)

(3)缀于表示人体部位的名词之后,只是用例并不多见。例如:

生下田,苗似龙须而细,根如指头,黑色,可食。(《尔雅·释草》郭璞注)

时人言玄谟眉头未曾伸,故帝以此戏之。(《宋书·王玄谟传》)

郯头似虎掌爪,常没水中,……欲取弄戏,便杀人。(《水经注》卷二十八)

后缀"头"字在唐宋时期得到普遍使用,既可以表示具体意义,如锄头、钵头、骨头,又可以表示抽象意义,如心头、念头、话头。

4."儿"字本指小儿,常用来表示幼小之称,如《宋书·文帝纪》:"太祖文皇帝讳义隆,小字车儿。"这类"儿"字具有相当实在的意义,尚未发展为后缀,不过后缀"儿"字正是从"幼小"义逐渐虚化而来的。此期"儿"字的虚化尚未彻底完成,见到的用例较少,主要集中在表示人或动物的名词之后,有时还很难说它们完全摆脱了词义。① 例如:

其曲中有"草生可揽结,女儿可揽抱"之言。(《宋书·五行志二》)

阿婆不嫁女,那得孙儿抱?(《乐府诗集·折杨柳枝》)

复大叫云:"偷儿在此!"绍遑迫自掷出,遂以俱免。(《世说新语·假谲》)

文季便下席大唱曰:"沈文季不能作伎儿。"(《南齐书·沈文季传》)

黄牛细犊儿,杨柳映松柏。(《乐府诗集·杨叛儿》)

---

① 董志翘对后缀"儿"字的发展演变有细致的讨论,参看《"儿"后缀的形成及其判定——兼与竺家宁先生商榷》,载《中古近代汉语探微》,中华书局,2007年12月第1版。

嘉兴人养鸭儿。鸭儿既死，因有此歌。（《乐府诗集·阿子歌》引《乐苑》）

除去缀于表示人或动物的名词之后，虚化程度较深者甚为少见。例如：

童谣曰："屠苏鄣日覆两耳，当见瞎儿作天子。"及赵王纂位，其目实眇焉。（《宋书·五行志二》）

妇人不知其暹也，答曰："百姓何罪，得如此癞儿刺史！"（《魏书·崔暹传》）

周、孔重儒教，老、庄贵无为。二途虽如异，一是买声儿。（《魏书·李谧传》）

需要说明的是，上引《世说新语》例中"偷儿"的"儿"字仍是缀于名词之后。"偷"字在此期用如名词甚为普遍，义为窃贼、小偷，如《南齐书·王敬则传》："又录得一偷，召其亲属於前鞭之，令偷身长扫街路，久之乃令偷举旧偷自代，诸偷恐为其所识，皆逃去，境内以清。"

到唐代时，"儿"字完成词义上的虚化过程，经常用于表示动物的名词之后，例如雁儿、鱼儿、鸳鸯儿、仙鹤儿；并又较多地用以表示无生命的物体，例如船儿、衫儿、窗儿、眉儿、唇儿，更显示出成熟的后缀性质。"儿"字虽然起源较晚，但成熟之后发展很快，使用范围广泛，具有较强的构词能力，最终还演变出表示爱称的附加意义。

以上"阿、子、头、儿"四个词缀之外，此期的"老"字也开始了向前缀演变的虚化过程。"老"字本是形容词。《说文解字》云："老，考也，七十曰老。"但"老"又不一定非指七十岁的年纪不可，因此凡以"老"称呼年长者均有实义而不是前缀。而当"老"字用如同年老、年长没有直接关系的词义时，它开始虚化，如《世说新语·忿狷》："汝讵复足与老兄计！"《宋书·殷琰传》："何故苟困士民，自求齑脍，身膏斧镬，妻息并尽，老兄垂白，东市受刑邪?"这类用法在此期还能找出一些用例，主要用于对人的某些称谓之前。不过，"老"字虚化成熟的标志应当是缀于无所谓用老少来衡量的名物之前，例如老鸦、老虎、老元、老坡、老三、老六等，这时它才是一个近乎纯粹的前缀，不过这主要是唐宋时期的语法现象了。

　　自汉代至此期也有一些似是而非的用例。如扬雄《方言》卷八："蝙蝠，自关而东谓之服翼，或谓之飞鼠，或谓之老鼠，或谓之仙鼠。"这里已经出现"老鼠"。但据汉代人的观念，"老，朽也，老而不死曰仙"（见《释名·释长幼》），可见"老鼠"在这里是指鼠之老而不死者，是老而成仙之鼠，"老"字仍有实义。"老鼠"这一名称虽然魏晋南北朝时期常有沿用，但也大多与老而成仙、老而成精怪有关，如单纯指老鼠则称"鼠、大鼠"而不称"老鼠"，例如《三国志·魏志·邓哀王冲传》："冲於是以刀穿单衣，如鼠齧者。"《宋书·五行志二》："洛中大鼠长尺二，若不蚤去大狗至。"而"老鼠"的用例如陆机失题诗："老蚕晚绩缩，老女晚嫁辱。曾不如老鼠，翻飞成蝙蝠。"诗中"老蚕、老女、老鼠"三个"老"字并用，又有"翻飞成蝙蝠"之语，可见"老"字仍然没有虚化为前缀。此外，《论衡·订鬼》："物之老者，其精为人。"《抱朴子·登涉》："又万物之老者，其精悉能假託人形，以眩惑人目而常试人。"二书均说到物老以后，其精能为人形。具体见诸文字的事例如《太平广记》卷四四二引刘义庆《幽明录·董仲舒》："汉董仲舒尝下帷独詠，忽有客来，风姿音气，殊为不凡，与论《五经》，究其微奥。仲舒素不闻有此人，乃谓之曰：'巢居却风，穴处知雨。卿非狐狸，即是老鼠。'"再如《后汉书·费长房传》："汝南岁岁常有魅，伪作太守章服，诣府门椎鼓者，郡中患之。时魅适来，而逢长房谒府君，惶惧不得退，便前解衣冠，叩头乞活。长房呵之云：'便於中庭正汝故形！'即成老鼈，大如车轮，颈长一丈。"两处均是妖魅化为人形的记载。前者《幽明录》中以同仙怪有关的"狐狸"与"老鼠"对举，后者《费长房传》中出现了"老鼈"，但鼈而为魅，大如车轮，颈长一丈，显然并非通常之鼈，而是老而成为妖魅，"老"字仍应具有实义。再有一例《魏书·西域传》："风之所至，唯老驼豫知之，即鸣而聚立，埋其口鼻於沙中，人每以为候，亦即将毡拥蔽鼻口。"句中"老"字置于"驼"字之前，也易误解为前缀。但仔细体会文意，能够预知大风的也只有历事已久的老驼，幼驼是无法具备此等能力的。

　　不过，由于语言发展的渐变性，前缀"老"字成熟之前若有个别用例从开始虚化的"老"字中脱颖而出也属正常现象，如《宋书·王玄谟传》："柳元景、垣护之並北人，而玄谟独受'老伧'之目。"句中"伧"字当因"吴人谓中州人曰'伧'"（见《晋书·周玘传》）而来，是当时南人对北人或南渡北人及其后人的蔑称。① 如果说前举已经开始虚化的《世说新语·忿狷》中王胡之用于自称的"老兄"尚与年纪有些关系（该条下刘孝标注云"按《王氏谱》，胡之是恬从祖兄"，"老兄"之"兄"是称呼同辈年长男子的称谓词），《宋书·殷琰传》中休祐称呼殷琰也与后者年老相关（"垂白"指白发下垂），《宋书·王玄谟传》记载"刘秀之俭吝，呼为老悭"的"老悭"也难说与悭吝程度之深没有联系（"老悭"之"老"是表示吝啬程度的形容词）的话，那么这里缀于专指某个群体性类别的"伧"字前的"老"字已无实义可言，应当是已经稍显成熟的前缀。除此之外，"老兄"这一称谓所施对象年岁的变化也可显现出"老"字进一步虚化的趋向，例如《宋书·刘敬宣传》："敬宣惧祸及，以告高祖。高祖笑曰：'但令老兄平安，必无过虑。'"句中高祖指刘裕，与刘敬宣同为汉高祖弟楚元王刘交的后人，二人纪传中并未叙出辈分上的高低，由于年龄相近而又同姓，彼此之间称兄道弟自是寻常的事。此时刘裕年近四十，刘敬宣甫逾三十，刘裕这里称呼小于自己将近十岁的敬宣为"老兄"，颇具礼敬意味与笼络目的，"老"字年老的含义已几近于无。只是上述两类用例此期甚为罕见。而此期过后不久，唐初成书的《北史·石曜传》："曜手持一绢谓武都曰：此是老石机杼，聊以奉赠。"寒山《诗三百三首》："失却斑猫儿，老鼠围饭瓮。"顾况《乌夜啼》："此是天上老鸦鸣，人间老鸦无此声。"前一例"老"字用于姓氏前，后二例"老"字用于无须以老少衡量的动物前，显然已经成为前缀，而且类似用法一直沿用到后世。据此看来，"老"字用作前缀，当是此期萌生、此期之后逐渐成熟的语法现象。

除去上述"阿、子、头、儿"等几个词缀，此期还有一个"来"字，性质接近后缀，其特点则是只用于时间名词后面，例如"向来、今来、昨来、朝来"，意思就是"向、今、昨、朝"，与"自×以来"的"×来"含义有所不同。参看本编第十六章"副词"中"词组的凝定"部分。

---

① "伧"字在南人口中不仅仅是对北人或南渡北人，同时还包括对他们后人的一种蔑称。例如《世说新语·简傲》："而王游历既毕，指麾好恶，傍若无人。顾勃然不堪曰：'傲主人，非礼也；以贵骄人，非道也。失此二者，不足齿之伧耳。'"句中"顾"指顾辟疆，世代吴郡（治所在今江苏苏州姑苏区）人；"王"指王羲之第七子王献之，祖籍琅玡临沂（今属山东），其祖父王旷倡议元帝南渡，献之出生于会稽（治所在今浙江绍兴越城区）。王献之仅是南渡北人的后人，顾辟疆也蔑称他为"伧"。另，"伧"字还可用作定语修饰北籍的各类人，《世说新语》中就有"伧父、伧奴、伧鬼、伧人、伧道人"之类说法。

二 与其他类词的组合关系

在名词与其他类词或词组的组合关系上,此期较之先秦两汉有了新的发展。主要表现是,名词与数量词组的组合愈加稳定,名词与方位词的组合更为普遍。

(一) 数量名词组

先秦两汉时期,汉语中的名词在需要表示数的概念时一般采用数词与名词直接组合的方式,有时为了强调事物的单位,又可以在数词之后加上量词。所采用的量词,先秦时期以表示度量衡单位的量词为主体,两汉时期又续增了一些表示天然单位的个体量词。由于量词的运用尚不普遍,此期之前的数量名词组,尤其是由个体量词组成的数量名词组并不多见。此期开始,表示天然单位的个体量词不断涌现,量词已经发展成为一个独立的语法范畴,数词与名词在组合时通常也以量词作为中介,因此数量名词组的运用普遍增多,相互之间的组合也愈加稳定。在这种情况下,由数词与名量词组成的数量词组也就成了区别名词与其他类词的一个语法标志。

此期名词与数量词组组合的形式可以分为如下三类。

1. 数词+量词+名词

这种数量词组前附于名词的形式是两汉时期才开始增多起来的,此期已成为较为常见的一种类型。例如:

> 此中国有九十六种外道,皆知今世后世。(《法显传》)
>
> 此处有百枚小塔,人终日数之,不能得知。(同上)
>
> 殷洪乔作豫章郡,临去,都下人因附百许函书。(《世说新语·任诞》)
>
> 三处田,勤作,自足供衣食。(《南齐书·萧景先传》)
>
> 令伧父髡身坐石,启以百瓶水,从头自灌。(《南齐书·徐嗣传》)
>
> 因歎曰:"未知一生当著几量屐!"(《世说新语·雅量》)

我今不用下二重屋，必可为我作最上者。（《百喻经·三重楼喻》）

可作数团饭出道头，呼伤死人姓名。（《古小说钩沉·述异记》）

2. 名词+数词+量词

这种数量词组后附于名词的形式是先秦时期固有的，两汉时期已经逐渐减少，此期继续少用；除去对所计数的人或事物自身、品类有强调要求的文字外，采用此种形式的用例，特别是较为接近口语的用例，又往往有其需要后附的理由。例如：

献蒙山铜一片，又铜石一片，平州铁刀一口。（《南齐书·刘悛传》）

以瓜子、大豆各十枚，遍布坑中。（《齐民要术》卷二）

一亩得葵三载，合收米九十车。车准二十斛，为米一千八百石。（《齐民要术》卷三）

有诗赋铭诔书表启疏二十卷。（《颜氏家训·文章》）

因下玉镜台一枚，姑大喜。（《世说新语·假谲》）

悉取珊瑚树，有三尺、四尺，条干绝世，光彩溢目者六七枚。（《世说新语·汰侈》）

以上六例中数量词组后附于名词，均各有其所以后附的缘由。第一例因一一列举所献物件而后附；第二例因分指瓜子、大豆每种均为十枚而后附；第三例因强调折合后的数量而后附；第四例因总括前述八种体裁的文章共为二十卷而后附；第五例为了突出玉镜台的贵重而让数量词组后附；末例则因前面的修饰语过于复杂，数量词组无法安插而后附。这类将强调的名词置于数量词组之前的方式，此后历代均有沿用，甚至一直延续到现代汉语中。例如下列情况，剧团筹建招聘生、旦、净、丑角色演员各若干名，医生治病开列相关药物各若干剂量，学校办公采购文具器材各若干件，家庭生活买进日杂用品各若干单位，等等，其中表示人或事物的名词通常都置于数量词组之前。

不过，上述数量词组后附的条件并不是截然无变的，由于受到前附趋势的影响，也时时会出现相反的情况。例如《齐民要术·序》："龚遂为渤海，劝民务农桑，令口种一株榆，百本薤，五十本葱，一畦韭，家二母彘，五鸡。"文中虽然是列举四种作物，但数量词组全都置于名词之前。

3.量词+名词

这也是此期有所发展的一种类型,也即量词前面表示的数目是"一"时,"一"字可以省略不用。先秦两汉时期,度量量词有过此类用法,而在此期,个体量词(如下举前三例),甚至临时量词(如下举后一例)也可以这样运用。不过由于这一类型明显受到一定条件的限制,用例并不多见。例如:

　　达因取盘中只箸,再三从横之。(《三国志·吴志·赵达传》)

　　一人匹马,不可得见,虽获空地,守之无益。(《三国志·吴志·薛综传》)

　　见地有片金,管挥锄与瓦石不异,华捉而掷去之。(《世说新语·德行》)

　　陶公少时作鱼梁吏,尝以坩鲊饷母。(《世说新语·贤媛》)

(二) 方位词组

　　名词与方位词组成的方位词组在先秦时期已经产生,不过运用较少,两汉时期虽有所增多,但仍然不算广泛。此期运用甚为普遍,已经成为一种习见的语法形式,主要用来表示处所、时间与范围等。

　　1.表示处所。以下前四例采自《洛阳伽蓝记》,后四例采自《百喻经》:

　　在青阳门外三里御道南,所谓景宁里也。(卷二)

　　籍田南有司农寺。御道北有空地,拟作东宫。(卷一)

　　在塔西北一百步,掘地埋之。上种树,树名菩提。(卷五)

　　城东北角有魏文帝百尺楼,年虽久远,形制如初。(卷一)

　　又问:"尔村中有池,在此池边共食牛不?"(《偷牦牛喻》)

　　譬如野干,在於树下,风吹枝折,堕其脊上。(《野干为折树枝所打喻》)

　　道中得一金鼠狼,心生喜踊,持置怀中。(《得金鼠狼喻》)

　　譬如伎儿,王前作乐,王许千钱,后从王索。(《伎儿作乐喻》)

　　2.表示时间。以下前四例采自《世说新语》,后四例采自《搜神记》:

　　帝时为太子,好养武士,一夕中作池,比晓便成。(《豪爽》)

王从其语。数日中,果震柏粉碎,子弟皆称庆。(《术解》)

太保居在正始中,不在能言之流。及与之言,理中清远。(《德行》)

咸和中,丞相王公教曰:"卫洗马当改葬。"(《伤逝》)

时祐得安眠,夜中忽觉,乃呼左右,令开被。(卷五)

是夜三更中,梦二人乘船持箱,上泰床头,发箱。(卷十)

至熹平中,省内冠狗带绶,以为笑乐。(卷六)

太康中,有鲤鱼二枚,现武库屋上。(卷七)

3. 表示范围。以下六例全都采自《法显传》:

僧中有一大德沙门,名达摩瞿谛。

复於此众中得《杂阿毗昙心》,①可六千偈。

其山峯秀端严,是五山中最高。

凡国中贫穷、孤独、残跛、一切病人,皆诣此舍。

令国内丰熟,雨泽以时,无诸灾害,使众僧得安。

国内大德沙门、诸大乘比丘,皆宗仰焉。

方位词组除表示处所、时间、范围之外,还可与由"是"字充任谓语动词的存在句配合使用,表示存在。参看下编第二十二章"判断句"中"判断词'是'字的引申用法"部分。

以上讨论的是名词在魏晋南北朝时期的发展变化。名词词缀的产生与运用,一方面可以增加名词与其他类词相互区别的标志,因为这些名词词缀不仅可以缀于名词前后,而且发展下来还可以同动词、形容词等其他类词结合,从而整体取得名词的性质,并在形式上具备名词的特征;与此相联系的另一方面是,这些名词词缀都具有不同程度的构词能力,它们与名词、动词、形容词、数词等类词结合后构成新的派生词,这又是丰富汉语中名词的有效手段。

此外,名词同以名量词为中心的数量词组的组合,以及名词与方位词的组合,此二者的广泛运用,除去可起表达严密的作用之外,还可以从语法功能上显现出名词与动词、形容词等其他类词的区别。

---

① "众中"之"众",指《萨婆多众律》。

第九章　动词

魏晋南北朝时期动词的发展,从形态方面看,主要表现为新的时态表示法的萌生与发展;从功能方面看,主要表现为与计量动作的数量词组的组合以及动词补语式的广泛运用。另外,此期助动词在数量上也比此期之前增添了不少新形式。

一　时态表示法

新兴的动词时态表示法反映在过去时态与现在时态两个方面,将来时态表示法则主要是增添了表示将然的时间副词"欲"字。

(一) 过去时态表示法

此期除继续沿用此期之前表达方式,将"已、既"等副词放在谓语动词之前充任状语以表示动作完成之外,又萌生发展了以下两种表达方式。

1.将部分虚化了的具有"完结"义的动词"毕、竟、讫、已、罢、了"等放在谓语动词或其宾语之后充任补语,表示动作的过去时态。

可以直接放在谓语动词之后。例如:

> 天下尚未安定,未得遵古也。葬毕,皆除服。(《三国志·魏志·武帝纪》)

> 唯见玉堂严丽,旨酒甘肴盈衍其中,共饮毕而出。(《后汉书·费长房传》)

吴戍将邓喜,杀猪祠神,治毕悬之。(《搜神记》卷九)

丁母忧,葬竟,起为领军将军,固辞。(《宋书·殷景仁传》)

吾病始差,未堪劳役,使卿等看选牒,署竟,请敕施行。(《宋书·王景文传》)

嗣还麦升馀汤送令服之,姥服竟,痛愈甚。(《南齐书·徐嗣传》)

恺以示崇,崇视讫,以铁如意击之,应手而碎。(《世说新语·汰侈》)

以布袋绞去汁,⋯⋯绞讫,著瓮器中。(《齐民要术》卷五)

今秋取讫,至来年更不须种,自旅生也。(同上)

语讫便入,召家人隣里辞别。(《魏书·王早传》)

王闻已,则诣精舍,以华香供养。(《法显传》)

问讯已,佛语目连:"吾却后七日,当下阎浮提。"(同上)

小儿得已,贪其美味,不顾身物。(《百喻经·小儿得欢喜丸喻》)

从今一梳罢,无复更萦时。(刘孝威《和定襄侯八绝初笄》)

国子博士李郁於议罢之后,书难普惠。(《魏书·张普惠传》)

虽讫亦不得洗手,洗手则脍湿,要待食罢,然后洗也。(《齐民要术》卷八)

御史检了,移付司直覆问,事讫与御史俱还。(《魏书·高道穆传》)

净洗了,擣杏人和豬脂涂。四五上,即当愈。(《齐民要术》卷六)

或如飞鸟,腾空来坐,食了飞去,人每不觉。①(《神仙传》卷十)

也可以放在谓语动词及其宾语之后。例如:

出射之,射之毕,径入门。明晨复如此。(《三国志·吴志·太史慈传》)

更使酌与王,王饮酒毕,因得自解去。(《世说新语·方正》)

---

① 此例采自潘维桂、杨天戈《宋元时期"了"字的用法,兼谈"了"字的虚化过程》,载中国人民大学中文系编《语言论集》第二辑。潘、杨文中另引《神仙传》卷八"珍又每见根书符子,有所呼召"一例,由于葛洪《神仙传》原书已佚,现存只是后人辑本,此期语料中又无其他同类例证,这里只能录以备考。另,《齐民要术》卷前《杂说》中也有数例用作补语的"了"字,但这篇《杂说》乃是后人托名贾思勰所作,这里没有引用。参看拙文《从语言角度看〈齐民要术〉卷前〈杂说〉非贾氏所作》,载《中国语文》1989年第2期。

作赋毕,斋以示庄,庄赋亦竟。(《宋书·谢庄传》)

俄而谢玄淮上信至,看书竟,默然无言。(《世说新语·雅量》)

鼓琴,作数曲竟,抚琴曰:"顾彦先颇复赏此不?"(《世说新语·伤逝》)

取药涂毒竟,树叶还弃之。(《百喻经·卷末偈语》)

遂遣之。广敛母讫,果还入狱。(《后汉书·钟离意传》)

今日祠之讫,地则有两虎跡。(《搜神记》卷一)

凡栽树讫,皆不用手捉,及六畜觚突。(《齐民要术》卷四)

度岭已,到北天竺。始入其境,有一小国名陀历。(《法显传》)

得此人已,将来与王,王密勑之。(同上)

佛本在此嚼杨枝已,刺土中,即生长七尺。(同上)

因其饥故,食七枚煎饼。食六枚半已,便得饱满。(《百喻经·欲食半饼喻》)

著蜡罢,以药傅骨上,……各作三道急裹之。(《齐民要术》卷六)

2. 并用此期之前习用的传统表达方式与此期新兴的后起表达方式,即在谓语动词之前用"已、既"等副词充任状语的同时,又将"竟、讫、已"等放在谓语动词或其宾语之后充任补语,以此来表示动作的完成。①

可以直接放在谓语动词之后。例如:

商得崇祖启事,已行竟,近无云云,殊称前代旧意。(《南齐书·柳世隆传》)

至尊已朝讫,嫔御在南,何劳留宿?(《魏书·奚康生传》)

即便举手,语木筒言:"我已饮竟,水莫复来。"(《百喻经·饮木筒水喻》)

夫富贵者,求时甚苦,既获得已,守护亦苦。(《百喻经·欲食半饼喻》)

也可以放在谓语动词及其宾语之后。例如:

---

① 此类用法西汉时也已偶有运用,如《史记·孙子吴起列传》:"既驰三辈毕。"但尚未形成规范,用例也不如此期普遍。

　　　　既伏此国已,月氏王等笃信佛法,欲持钵去。(《法显传》)

　　　　既行刑已,其血青黄,缘旛竹而上标。(《搜神记》卷十一)

　　　　即时共捉,既捉之已,老母即便舍熊而走。(《百喻经·老母捉熊喻》)

　　　　即共求觅,得一导师。既得之已,相将发引。(《百喻经·杀商主祀天喻》)

　　　　既作要已,为一饼故,各不敢语。(《百喻经·夫妇食饼共为要喻》)

　　由以上两个方面的用例来看,显然,"毕、竟、讫、已、罢、了"在句中的作用只是以补语的身份说明谓语动词动作的完成(指第一种方式),或辅助说明谓语动词动作的完成(指第二种方式),它们仍然具有较为实在的表示"完结"的词义。其实,它们的作用也仅此而已,由于未能在词义上进一步虚化,它们与谓语动词之间在位置上也还没有达到密不可分的地步,有时还可以加用一些起修饰作用的副词,例如《南齐书·何点传》:"我作《齐书》已竟。"《魏书·崔光传》:"先朝之日,草构悉了。"故而它们也当然未能发展成为时态助词。但是,汉语语法史上这种表示动作时态的成分由谓语动词之前移往谓语动词之后,由用副词充任状语从时间上对动作进行修饰,变为用部分虚化了的动词充任补语从结果上对动作进行补充说明,却是一次极为重要的转变。现代汉语中表示过去时态的助词"了"字,正是从上举"了"字的用法发展而来的;而且与"毕、竟、讫"等相比,它发生的时代略为迟晚,发展的进程也较为缓慢,直到初唐时才较多地用为谓语动词或其宾语后的补语,例如慧能《六祖坛经》:"秀书偈了,便却归房。"试比较上举《世说新语·雅量》:"看书竟,默然无言。"然而"了"字的发展却未止步,它终于越过谓语动词的宾语而附着在谓语动词之后,迈出了关键的一步;同时,又在词义上进一步虚化,以至于逐渐摆脱词义,最终成为专表动作完成的时态助词。这也正是"了"字能够后来居上的根本原因。①

　　还应指出的是,这类"完结"义动词部分虚化后充任补语以表示过去时态,

---

　　① 杨永龙梳理了动态助词"了"字从开始虚化到最终成熟的渐变过程,并对完全虚化的标准提出自己的看法。参看《〈朱子语类〉完成体研究》第四章"《朱子语类》的'了'",河南大学出版社,2001年8月第1版。

此期已经形成规范,以至当它们用于一些名词之后,这些名词就可以活用为动词充任谓语。例如《宋书·谢灵运传》:"每文竟,手自写之。"《魏书·刁雍传》:"至十年三月,城讫。"《三国志·蜀志·彭羕传》:"须客罢当与卿善谈。"三句中"每文竟"之"文"、"城讫"之"城"、"客罢"之"客",意思分别为"著文"、"筑城"、"待客",均活用为动词充任谓语。

(二) 现在时态表示法

此期除继续沿用此期之前表达方式,将"方、正"等副词放在谓语动词之前充任状语,表示动作持续与进行之外,又萌生了新的表达方式,将逐渐虚化了的动词"箸(著、着)"字放在谓语动词之后,表示动词的现在时态。动词"箸、著、着"此期可以交错使用,无意义与用法上的区别。"著、着"本作"箸",《说文解字》只有"箸"字:"箸,饭攲也。"段玉裁注:"假借为箸落,为箸明,古无去入之别,字亦不从艸也。""箸落"的"箸"为"附着"义,表示动作现在时态的"箸"字,正是从"附着"义的动词虚化而来。

此期"箸(著、着)"字除去单独用作谓语动词之外,尚有如下三类用法。

1.用于动词及其宾语之后,表示处置意义,其后另有表示处置地点的处所补语。例如:

公於是独往食,辄含饭著两颊边。(《世说新语·德行》)

以大瓮盛半瓮水,内豆著瓮中。(《齐民要术》卷八)

买新瓦盆子容受二斗者,抒粥著盆子中,仰头勿盖。(《齐民要术》卷九)

序受剑,衔须著口中,歎曰:"无令须污土。"(《搜神记》卷十六)

食竟,乃藏其钗钏著山石间。(《古小说钩沉·齐谐记》)

有囚言:"但取两三蚁著掌中祝之。"(同上)

2.部分虚化用于谓语动词之后充任补语,在表示处置意义的同时兼表依附状态,其后另有表示依附对象的处所补语。例如:

蓝田爱念文度,虽长大,犹抱著膝上。(《世说新语·方正》)

至淳处止,倾著帛练角袋子中悬之。(《齐民要术》卷五)

著杅中,以匙痛搅令散,泻著熟乳中。(《齐民要术》卷六)

胶盆向满,舁著空静处屋中,仰头令凝。(《齐民要术》卷九)

虎初取,便负著背上,临至而后下之。(《搜神记》卷五)

府君曰:"录来。"牛首人复以铁叉叉著熬边。(《古小说钩沉·幽明录》)

3.进一步虚化附于谓语动词之后,表示动作的持续状态,其后无须另有表示依附对象的处所补语。例如:

答曰:"曲阿湖。"谢曰:"故当渊注渟著,纳而不流。"(《世说新语·言语》)

常语徐太尉云:"我诗有生气,须人捉著,不尔便飞去。"(《诗品》卷下)

合和之,更刬令调。裹著充竹弗上。① (《齐民要术》卷九)

如值宝箧,为身见镜之所惑乱,妄见有我,即便封著。(《百喻经·宝箧镜喻》)

由以上三类用例来看,第一类的"著"字仍然具有实实在在的词汇意义,虚化的过程尚未开始,只是与其前述宾词组中的动词一道,共同充任全句的连动谓语。不过,由于"著"字本身固有的表示"附着、放置"的词汇意义,加之其后另有表示地点的处所补语,因而它又含有从处所角度对其前动词动作的处置结果加以补充说明的意味。这一特定的条件也是它后来能够发展为谓语动词补语的根据。第二类的"著"字,虽然已经部分虚化后充任谓语动词的补语,但是它也还具有相当实在的词汇意义,其后仍须出现表示动作依附对象的处所补语,因此它在词性词义上相当于介词"在"字或"到"字。这种位于谓语动词之后的"著"字,一身而二任焉,既可领有其后表示动作依附对象的处所名词,

---

① 引文据缪启愉《齐民要术校释》卷九,中国农业出版社,1998 年 8 月第 1 版。缪校云:"'裹',金抄(即日本金泽文库旧抄卷子本——引者注)作'裹',他本作'聚'。下文有'裹作弗',参照金抄改作'裹'。'充',解作充满竹弗,勉强,《今释》(即石声汉《齐民要术今释》——引者注)疑'长'之误。"又云:"'裹作弗',肉裹在外面成弗,'弗'因串贯而成为名词、量词,如所谓'羊肉串'、一串糖葫芦。"

又可表示其前谓语动词动作的依附状态。"著"字开始虚化是一步重要的发展,因为它的第三类用法,以至于最终发展为成熟的时态助词,正是从这里开始的。第三类的"著"字,在词义上进一步虚化,它单独用于谓语动词之后,已经完全弃置了领有处所名词的职能,而表示动作持续的现在时态,并且还使得它很容易发展为表示动作进行的现在时态。但是,"著"字的第三类用法在此期尚属少见,[①]它还只是处于萌芽阶段。发展到唐代之后,这类用法逐渐增多,"著"字又经常用于表示动态的谓语动词之后,并且其后又开始可以出现谓语动词的宾语,于是发展成为既可表示动作持续,又可表示动作进行的成熟的现在时态助词。

(三) 将来时态表示法

此期除继续沿用此期之前表达方式,以"将、且"等副词放在谓语动词之前充任状语以表示动作行将发生之外,又由于时间副词"欲"字的萌生发展,出现了新的表达方式。

"欲"字本是动词,《说文解字》:"欲,贪欲也。"自东汉开始,部分"欲"字在口语中即有分化为时间副词的迹象。此期"欲"字除去继承传统用法如动词之外,还有两类变化。一是更多地反映"欲"字的分化,体现由动词用法向副词用法的过渡。如《世说新语·规箴》:"汉武帝乳母尝於外犯事,帝欲申宪,乳母求救东方朔。"《搜神记》卷五:"其妇上岸,便为虎将去。其夫拔刀大唤,欲逐之。"二例中的"欲"字均有两解。凡是心之所想,往往为事之将然,故既可释为"想",又可释为"将"。这二例正反映了发展变化的线索。二是完全摆脱了动词用法的影响,已经发展为成熟的时间副词。这类用法又可据"欲"字单独使

---

① 《齐民要术》卷前《杂说》中有"著"字的第三类用法数例,甚至有"著"后再带有谓语动词宾语的用法,这里没有引用,参看第129页注释①所引拙文。另,此期佛经及其他文献中常常出现"贪著、恋著"等词语,其中"著"的词义是"贪恋",与表示动作现在时态的"著"字无关。参看蒋礼鸿《敦煌变文字义通释》(增补定本)第四篇"恋着、贪着"条,上海古籍出版社,1997年10月新3版。

用或与另一表示将然的时间副词"将"字同义复用分为两种。

1. 单独使用,放在谓语动词之前,表示动作的将来时态。例如:

府君胃中有虫数升,欲成内疽,食腥物所为也。(《三国志·魏志·华佗传》)

时天连雨,城欲崩,於是以苦蒉覆之,夜然脂照城外。(《三国志·魏志·刘馥传》)

殷浩始作扬州,刘尹行,日小欲晚,便使左右取襆。(《世说新语·政事》)

苍茫岁欲晚,辛苦客方行。(阴铿《和傅郎岁暮还湘州》)

吾尝患齿,摇动欲落,饮食热冷,皆苦疼痛。(《颜氏家训·养生》)

以是之故,唾欲出口,举脚先蹋,望得汝意。(《百喻经·蹋长者口喻》)

2. 置于固有的表示将然的时间副词"将"字之后,二者同义复用,放在谓语动词之前,表示动作的将来时态。例如:

可有七百余僧,日将欲中,众僧则出钵,与白衣等种种供养。(《法显传》)

鼓譟而至,标又遣千人继之,众军骇惧,将欲散矣。(《宋书·孔觊传》)

秦为无道,灭我社稷。今天诱其衷,秦师倾败,将欲兴复大燕。(《魏书·徒何慕容廆传》)

梨叶微动为上时,将欲开莩为下时。(《齐民要术》卷四)

所见渐广,更知通变,救前之执,将欲半焉。(《颜氏家训·书证》)

是天子将欲失位,降在皂隶之谣也。(《搜神记》卷六)

"欲"字由动词分化为副词大体经历两个进程。一是当事态的发展由人们的主观意愿转变为客观可能时,"欲"字开始分用为副词,这一发展东汉时期开始出现,例如《汉书·东方朔传》:"朱儒饱欲死,臣朔饥欲死。"二是当句子的主语由有生命之人转而为无生命之物时,"欲"字即成为一个成熟的时间副词。这一变化此期方始完成,如上举诸用例。"欲"字分用为副词之后,从词义上切断了与主观意愿的联系,从而不仅与两可的过渡形式划清了界限,同时也为表示将然的副词用法进一步提供了逻辑事理上的根据。

"欲"字此期使用渐多,并且一直沿用下来,后世又由于音转的缘故在口语中被"要"字所取代,"欲"则逐渐成为具有书面语色彩的时间副词。

汉语中动词时态表示法的发展主要表现在过去时态与现在时态表示法的演变上,将来时态表示法的变化只不过是表示将然的时间副词的历时替换而已。从过去时态与现在时态两种表示法来看,其变化可以粗略地分为两个阶段:第一,用以表示时态意义的成分由副词充任状语转化为动词部分虚化后充任补语,在位置上也由谓语动词之前移至谓语动词之后(指现在时态以及过去时态谓语动词无宾语)或其宾语之后(指过去时态谓语动词有宾语);第二,这种充任补语的动词进一步虚化,以至最终丧失实义,在位置上又附着于谓语动词之后(指现在时态以及过去时态谓语动词无宾语)或越过宾语而附着于谓语动词之后(指过去时态谓语动词有宾语),成为仅仅表示谓语动词动作业已完成或正在进行的时态助词。

魏晋南北朝时期,动词的过去时态与现在时态两种表示法的发展进程具有相对的不平衡性。就过去时态表示法而言,这种发展只是反映了上述第一阶段的变化,而最终能够发展成为时态助词的"了"字,此期还仅仅处于萌芽阶段,用例极为罕见。就现在时态表示法而言,这种发展除反映上述第一阶段的变化之外,又开始向第二阶段过渡,只是这种过渡还不够充分,用例还不够常见罢了。

二　重叠形式

汉语中的动词重叠形式主要有两种:一是单音节动词重叠的 AA 式,二是双音节动词重叠的 ABAB 式。我们在魏晋南北朝时期见到的只是前一种形式。此期的 AA 式动词重叠常常用来表示动作的反复与持续,尚未发展出后来作为 AA 式主要用途的表示尝试与短暂的语法意义。

AA 式的动词重叠起源较早,例如《诗·大雅·公刘》:"于时处处,于时庐旅,于时言言,于时语语。"《诗·周颂·有客》:"有客宿宿,有客信信。"二例中的动词重叠就采用了这种方式。不过,这类用法一则在《诗经》之外的其他典籍中甚为少见,《诗经》中也不过数例;二则从意义上看它们都带有较为浓重的描写性质,还很难说是表示动作的反复与持续。应当特别说明的是,《诗经》中的另外几例如"采采卷耳"、"采采芣苢"数例,尽管毛《传》与《集传》注为"采采,事采之也","采采,非一采也",认为是动词连用,作"采集"或"采了又采"讲;但是丁声树《诗卷耳芣苢"采采"说》一文做了详细的批驳论证,赞同戴震、马瑞辰的说法,进而认为"采采"并非动词重叠,而应是形容词。① 这里采用丁声树的意见。不过魏晋南北朝人或许受到毛《传》的影响,在诗作中显然又将"采采"用如动词,如下文陆机、徐勉诗例。真正的具有反复与持续语法意义的AA式动词重叠,是从东汉末期多见起来的,例如《后汉书·桓典传》载灵帝时京师民谣"行行且止,避骢马御史",以及《古诗十九首》中"行行重行行",都运用了这种AA式的动词重叠。随后,魏晋南北朝时期文人的诗歌中也常常出现这种形式。例如:

　　飞飞摩苍天,来下谢少年。(曹植《野田黄雀行》)

　　飞飞双蛱蝶,低低两差池。(梁武帝《古意》)

　　红脸脉脉一生啼,黄鸟飞飞有时度。(梁简文帝《和萧侍中子显春别》)

　　采采不盈掬,悠悠怀所欢。(陆机《拟涉江采芙蓉》)

　　采采不能归,望望方延伫。(徐勉《采菱曲》)

　　行行日已远,乃造匈奴城。(石崇《王昭君辞》)

　　行行至斯里,叩门拙言辞。(陶潜《乞食》)

　　行行失故路,任道或能通。(陶潜《饮酒》)

　　行行讵半景,余马以长怀。(江淹《渡泉峤出诸山之顶》)

　　去去莫复道,沈忧令人老。(曹植《杂诗》)

　　去去遗情累,安处抚清琴。(陆机《拟行行重行行》)

　　去去欲何之?南山有旧宅。(陶潜《杂诗》)

---

① 　参看丁声树《诗卷耳芣苢"采采"说》,载《国立北京大学四十周年纪念论文集》乙编上。

去去转欲速，此生岂再值！（陶潜《杂诗》）

佳期期未归，望望下鸣机。（谢朓《同王主簿有所思》）

望望忽超远，何由见所思？（谢朓《怀故人》）

望望江山阻，悠悠道路长。（庾肩吾《有所思行》）

望望判知是，翩翩识行步。（梁简文帝《半路溪》）

生人作死别，恨恨那可论！（《乐府诗集·焦仲卿妻》）

庾公上武昌，翩翩如飞鸟。（《宋书·五行志二》）

此期韵文之中的 AA 式动词重叠，虽然有时仍然具有一定程度的描写性质，但其主要作用显然已是表示动作的反复与持续。而当这种重叠形式的动词用于散文之中充任谓语时，不仅是它表示反复与持续的作用表现得更为突出，而且又增添了强调动作行为的修辞意义，只不过其用例不及在诗歌中常见而已。例如：

自王莽篡汉，常愤愤，怀复社稷之虑。（《后汉书·齐武王缜传》）

众论既异，愤愤不得意，而未有以相夺。（《后汉书·李固传》）

步曰："负负，①无可言者。"帝乃遣使告步、茂。（《后汉书·张步传》）

虽不相关，正自使人不能已已。（《世说新语·赏誉》）

圣思所以不能已已，甚深甚笃。（《宋书·礼志二》）

悲愍特深，千念不能已已，举言伤心。（《宋书·始安王休仁传》）

敕答曰："柏年幸可不尔，为之恨恨！"（《南齐书·文惠太子长懋传》）

二州刺史，翻复为郡，亦当恨恨耳。（《魏书·王世弼传》）

三　与其他类词的组合关系

在动词与其他类词或词组的组合关系上，魏晋南北朝时期较之先秦两汉

---

①　此句下李贤注云："负，愧也。再言之者，愧之甚。"

也有了新发展。主要表现为两点：一是动词与计量动作的数量词组的组合开始兴起，二是动词与动词或形容词组成的动词补语式明显增多。

（一）数量动词组

先秦两汉时期，在需要表示动作行为的数的概念时，一般将数词直接放在动词前面充任状语，例如《论语·公冶长》："季文子三思而后行。"有时为了强调动作的次数，又可以在动词或动词性词组的后面加上"者"字并将数词移至后面充任谓语，例如《史记·项羽本纪》："举所佩玉玦以示之者三。"由于动量词在西汉时期刚刚萌芽，东汉期间的发展也并不很快，因而两汉时期还很少能够反映出动作行为的单位。魏晋南北朝时期，动量词的发展已经初步成熟，数词在与动词组合时常常会用上一个动量词作为中介，因此数量动词组开始兴起，而由数词与动量词组成的数量词组也就成了区别动词与其他类词的一个语法标志。

此期动词与计量动作的数量词组组合的形式可以分为两类。

1. 动词+数词+动量词

这是数量词组充任动词补语的形式。例如：

今欲思论一过，数日当以相与。（《三国志·吴志·赵达传》）

苗生垄平，即宜耙劳，锄三遍乃止，锋而不耩。（《齐民要术》卷二）

闻长老言，寿曾为诸葛亮门下书佐，被挞百下。（《魏书·毛脩之传》）

谨追辞叩头五百下，两手自搏。（《三国志·吴志·韦曜传》）

闻丞相为写《申》《韩》《管子》《六韬》一通已毕。（《三国志·蜀志·先主传》裴松之注引《诸葛亮集》）

传吏疑其伪，乃椎鼓数十通。（《后汉书·光武帝纪上》）

於是弼自为客主数番，皆一坐所不及。（《世说新语·文学》）

梦人告曰："诵《观音经》千遍，则免。"（《宋书·王玄谟传》）

冲突贼军数十合，杀数十人。（《南齐书·张敬儿传》）

见《抱朴子》牢齿之法，早朝叩齿三百下为良。（《颜氏家训·养生》）

以上十例中，前三例数量词组直接置于动词之后充任补语，后七例数量词组置于动词的宾语之后充任补语。

2. 数词+动量词+动词

这是数量词组充任动词状语的形式。例如：

有一母四过生，生辄双二子，四生故八子也。（《论语·微子》皇侃义疏）

彼常愿欲共我一过交战，我亦不癡，复不是符坚。（《宋书·索虏传》）

以水浸绢令没，一日数度回转之。（《齐民要术》卷三）

今皇居徙御，百度创始，营构一兴，必宜中制。（《魏书·李业兴传》）

至晓，头还，碍被，不得安，两三度堕地。（《搜神记》卷十二）

是时太守王朗拒策於固陵，策数度水战，不能克。（《三国志·吴志·孙静传》）

尝一过大输物，戏屈，无因得反。（《世说新语·任诞》）

必须三四遍熟锄，勿令有草生。（《齐民要术》卷二）

蒜宜良软地，三遍熟耕，九月初种。（《齐民要术》卷三）

十日内，每日数度以杷彻底搅之。（《齐民要术》卷八）

以上十例中，前五例数量词组直接置于动词之前充任状语，后五例数量词组置于动词的其他修饰成分之前充任状语。

从此期用例进行观察，数量词组充任补语的现象较为普遍，充任状语的现象则相对少见。这种总体运用上补语多、状语少的分布状况一直影响到后世，甚至延续至现代汉语中。

（二）述补词组

魏晋南北朝时期，动词补语式得到进一步发展，动词与动词以及动词与形容词之间的组合关系也较此期之前有了较大变化，特别是动词"得"字开始虚化，带"得"字的结果补语也已开始萌芽。参看下编第二十四章"述补式"中"结果补语"部分。

四　助动词的发展

助动词是汉语中固有的词类,此期的发展主要表现在两个方面:一是单音节助动词增添了一些新形式,二是出现了一批组合使用的双音节助动词。

(一) 新兴的单音节助动词

此期萌生发展的单音节助动词主要有表示可能的与表示应当、须要的两个类别。

表示可能的主要有"堪、容、办"。

1. "堪"字在先秦两汉时期主要用作动词,意思是"经得起、能承受",此期在这一基础上又萌生出表示可能的助动词用法。例如:

山北阴中遇寒风暴起,人皆噤战,慧景一人不堪复进。(《法显传》)

羊孚南州暂还,往卞许,云:"下官疾动,不堪坐。"(《世说新语·宠礼》)

平理狱讼,政道所先。朕哀荒在疚,未堪亲览。(《宋书·徐羡之传》)

吾遣人召之,称云:"腹痛,不堪骑马。"(《宋书·始安王休仁传》)

王弘子既不宜作秦郡,僧达亦不堪莅民。(《宋书·王僧达传》)

生有骻疾,太祖谓不堪奉拜祭祀,欲封其弟,世祖谏。(《南齐书·始安贞王道生传》)

颙又陈庆之忠勤有干略,堪当重任。(《宋书·袁颙传》)

然甚有才干,堪为委遇,可迁掌吏部。(《南齐书·江谧传》)

尔刀笔小人,正堪为几案之吏。(《魏书·任城王云传》)

三年春,可将英、叶卖之。五年之后,便堪作椽。(《齐民要术》卷五)

秋葵堪食,仍留五月种者取子。(《齐民要术》卷三)

十五年,任为弓材,亦堪作履。裁截碎木,中作锥、刀靶。(《齐民要术》卷五)

以上十二例中,前六例同否定副词"不、未"连用,表示否定;后六例单独使用,表示肯定。

2.“容”字先秦时期即已萌生表示可能的助动词用法,如《左传·昭公元年》:“故有五节,迟速本末以相及,中声以降,五降之后,不容弹矣。”刘淇《助字辨略》云:“此容字,可辞也。容之为可者,容有许意,转训为可也。”但后来这种用法并未流行开来。此期助动词“容”字的使用显著增多,既可以表示“能够”的意义,又由此引申出“或许”的意义。例如:

> 窃感古人一饭之报,况受顾遇而容不尽乎!(《后汉书·李固传》)
>
> 无容二人同有此辞,疑《世说》穿凿也。(《世说新语·言语》刘孝标注)
>
> 又问:“何以知之?”延之曰:“竣笔体,臣不容不识。”(《宋书·颜延之传》)
>
> 臧冠军当是未知殿下义举尔,方应伐逆,不容西还。(《宋书·柳元景传》)
>
> 诏使本无来理,如程所说,其事已判,岂容复疑?(《宋书·谢晦传》)
>
> 籍年既至,便应扶侍私庭,何容以实年未满,苟冒荣利?(《宋书·何子平传》)
>
> 东莱可飞书而下,何容阻军缓迈止於此邪?(《南齐书·刘怀珍传》)
>
> 昭明等言:“本奉朝命,不容改易。”如此者数四。(《魏书·成淹传》)
>
> 今若銮舆亲动,贼必望麾崩散,宁容仰挫神兵,坐而纵敌!(《魏书·张衮传》)
>
> 既不读用,无容散逸,惟当缄保,以留后世耳。(《颜氏家训·风操》)
>
> 诸王子多在京师,容有非常,宜亟发遣各还本国。(《后汉书·杨厚传》)
>
> 灾怪屡见,比无雨润,而沈阴郁泱。宫省之内,容有阴谋。(《后汉书·李固传》)
>
> 且男、吉之谋,皇太子容有不知。(《后汉书·来历传》)
>
> 既出户,谓兄曰:“何至如此?彼容不相知也。”(《世说新语·方正》)
>
> 虑奔亡之日,帝怒,容致义恭之变,乃饮药自杀。(《宋书·沈文叔传》)

造衅自外,赃不还家,所寓村伍,容有不知,不合加罪。(《宋书·蒋恭传》)

况事光先烈者,宁可缺兹盛典。臣恐有识之人,容致其议。(《南齐书·豫章文献王嶷传》)

若使专役此功,长得营造,委成责办,容有就期。(《魏书·源子恭传》)

以上十八例中,前十例表示能够,后八例表示或许。能够与或许两种意义均表示具有某种可能性,但前者侧重于有能力办到或情理上许可,后者则侧重于对这种可能性成为现实的推量与估计。

3."办"字在先秦两汉时期用作动词,意思是"办理、治理",又表示"办成、具备",此期在这一基础上又萌生出表示可能的助动词用法。例如:

闻正之策,曰:"吾故知玄德不办有此,必为人所教也。"(《三国志·蜀志·法正传》)

与一伧道人为侣。谋曰:"用旧义往江东,恐不办得食。"(《世说新语·假谲》)

良以一人之识,不办洽通,兼与夺威权,不宜专一故也。(《宋书·谢庄传》)

原平自以家贫,父母不办有肴味,唯飡盐饭而已。(《宋书·郭原平传》)

子平曰:"尊老在东,不办常得生米,何心独飨白粲?"(《宋书·何子平传》)

吾政恨其不办大耳,亦何时无亡命邪?(《南齐书·豫章文献王嶷传》)

初释褐拜征北行佐买之,著已二十年,贫士竟不办易。(《南齐书·虞玩之传》)

玄本无资力,但好为大言,既不办行,乃云奉诏故止。(《魏书·岛夷桓玄传》)

比军至,亦当少日耳。政当岸上作军,未办便下船也。(《宋书·王镇恶传》)

言及顾荣,袁淑谓觊之曰:"卿南人怯懦,岂办作贼?"(《宋书·顾觊

143

之传》)

假使生乎今世,养马不暇,岂办见知?(《宋书·杜骥传》)

今但共长安博徒小儿辈计较,办有成理不?(《魏书·苏湛传》)

以上十二例中,前九例同否定副词"不、未"连用,表示否定,较为常见;后三例单独使用,表示肯定,较为少见。

表示应当、须要的主要有"应、合、须"。

1."应"字读为平声,在先秦两汉时期开始有助动词用法,义为"应当";东汉时期得到发展,使用逐渐增多,此期开始普遍使用。例如:

轻则不足以禁孝子之情,重则本非应死之罪。(《三国志·吴志·吴主传》)

王子敬病笃,道家上章,应首过。(《世说新语·德行》)

王笑曰:"张祖希若欲相识,自应见诣。"(《世说新语·方正》)

义熙三年,扬州刺史王谧薨,高祖次应入辅。(《宋书·刘穆之传》)

贼谓我今应从外水往,而料我当出其不意,犹从内水来也。(《宋书·朱龄石传》)

此贼行破,应先倾其巢窟,令奔走之日,无所归投。(《宋书·孙处传》)

而役调送迎,不得休止,亦谓应随宜并减,以简众费。(《宋书·庚悦传》)

富户温房,无假迁业;穷身寒室,必应徙居。(《宋书·孔季恭传》)

檀公三十六策,走是上计。汝父子唯应急走耳。(《南齐书·王敬则传》)

臣以下才,谬参著作,犯逆天威,罪应灭族。(《魏书·高允传》)

闻台军已破洪威,计不久应至。(《魏书·辛纂传》)

言语文书,有祸败凶丧及疑似之言应回避者,数百千品。(《魏书·刘彧传》)

2."合"字在西汉时期已有表示应当的助动词用法,例如《史记·司马相如列传》:"然则受命之符合在於此矣。"但使用并不广泛,此期用例显著增多。

例如：

<blockquote>
及子弟为守令者，姦猾纵恣，罪合灭族。（《后汉书·阳球传》）

此妇无状，而教充离间母兄，罪合遣斥。（《后汉书·李充传》）

宿素衰落，仍有失误，案之礼典，便合传家。（《后汉书·郑玄传》）

赃不还家，所寓村伍，容有不知，不合加罪。（《宋书·蒋恭传》）

祯告诸蛮曰："尔乡里作贼如此，合死以不？"（《魏书·秦明王翰传》）

臣既小人，备荷驱使，缘百口在南，致拒皇略，罪合万死。（《魏书·房伯玉传》）

而称遇谤议之罪。冲言："果尔，遇合死也。"（《魏书·王遇传》）

而朱晖小子，身为省吏，何合为廷尉清官！（《魏书·任城王云传》）

桃简正可欺我，何合轻我家周儿也！（《魏书·崔浩传》）

臣舅不幸生为阉人，唯合与陛下守宫闱耳。（《魏书·仇洛齐传》）

徐徐拨去粪土，皆应生芽，合取核种之，万不失一。（《齐民要术》卷四）

太原王贪天之功，以为己力，罪有（有，一作"亦"）合死。（《洛阳伽蓝记》卷二）

季明曰："……以此论之，无所配也。"世隆怒曰："卿亦合死。"（同上）
</blockquote>

3."须"字也是在汉代时有了表示须要的助动词用法，例如《汉书·王莽传》："臣莽国邑足以共朝贡，不须复加益地之宠。"此期使用普遍起来。例如：

<blockquote>
尔日犹云："当今岂须烦此！"（《世说新语·规箴》）

又铅锡众杂止於盗铸铜者，亦无须苦禁。（《宋书·颜竣传》）

孙权令诸居任遭三年之丧，皆须交代乃去，然多犯者。（《宋书·礼志二》）

诣道士卜，道士曰："不须忧，此封侯之瑞也。"（《南齐书·王敬则传》）

我兵既少，不可力战，事须为计以离隙之。（《魏书·侯渊传》）

今复不来，便须南走越、北走胡耳！（《魏书·温子昇传》）

不言醉死，正疑药杀。尤须节量，勿轻饮之。（《齐民要术》卷七）
</blockquote>

是以又须留意,冷暖宜适,难於调酒。(《齐民要术》卷八)

麦底地亦得种,止须急耕调熟。(《齐民要术》卷三)

至於粪溺,自然一处,不须扫除。(《齐民要术》卷六)

凡避讳者,皆须得其同训以代换之。(《颜氏家训·风操》)

江南人事不获已,须言阀阅,必以文翰,罕有面论者。(同上)

(二) 组合使用的双音节助动词

此期助动词运用中,又出现了一批双音节形式的用例。其组成又可以分为两类:一是助动词与助动词的组合使用,二是副词与助动词的组合使用。这里所说的助动词之间的组合使用,同现代汉语双音节助动词相比,有两点明显的不同:首先是两个组成成分之间还处于临时性的同义组合阶段,它们既可以共同使用,拆开后又可以分别使用;其次是这种组合使用的顺序有时彼此颠倒也不影响整体意义的表达。

助动词与助动词的组合,主要有以下九组十三种形式。前七组十种形式表示应当与须要,仅最后"容可、容得"与"办得"两组三种形式表示可能。

1. 当须① 须当

文王使监军卫瓘喻艾:"事当须报,不宜辄行。"(《三国志·魏志·邓艾传》)

针药所不能及,当须刳割者,便饮其麻沸散。(《三国志·魏志·华佗传》)

麹城虽固,去蜀险远,当须运粮。(《三国志·魏志·陈泰传》)

前故设科,长吏在官,当须交代,而故犯之。(《三国志·吴志·吴主传》)

---

① 由于"须"字单独使用时又有"需要"义的动词用法,因此当它放在助动词或副词后面时,仍可用如动词,此类用法甚为常见。例如《宋书·谢灵运传》:"得道应须慧业文人。"《魏书·公孙表传》:"士大夫当须好婚亲。"《魏书·东阳王丕传》:"征伐之举,要须戎马。"《齐民要术》卷六:"牧羊必须大老子、心性宛顺者。"

若安全至岸,当须营理。如其已致意外,述亦无心独存。(《宋书·谢述传》)

穆妃卒哭后,灵还在道,遇朔望,当须设祭不?(《南齐书·礼志下》)

若朕言非,卿等当须庭论,如何入则顺旨,退有不从?(《魏书·咸阳王禧传》)

为人臣当须忠实,至如朱元龙者,朕待之亦不异馀人。(《魏书·朱瑞传》)

击蛇之法,当须破头,头破则尾岂能复动?(《魏书·崔浩传》)

苟训之有方,宁不易息?当须宰守贞良,则盗止矣。(《魏书·高祐传》)

"当须"又可以说成"须当"。例如:

但能作祸,善试道士,道士须当以术辟身。(《抱朴子·金丹》)

欲明此术甚难,须当身视,识其形色,不可信人也。(《三国志·蜀志·杜琼传》)

共论四海未泰,须当用武治而平之。(《三国志·吴志·陆绩传》)

2. 当应　应当

对曰:"罪当应死,犹幸上怜赦之耳。"(《后汉书·刘盆子传》)

犹当应有祠室,庶母子并食,魂灵有所依庇。(《后汉书·清河孝王庆传》)

汝恩戚家子,当应将迎时俗,缉外内之欢。(《宋书·萧惠开传》)

帝闻苗死,哀伤久之,曰:"苗若不死,当应更立奇功。"(《魏书·李苗传》)

太宗笑曰:"刘裕父子当应惮卿。"(《魏书·刁雍传》)

且齐先主历事宋朝,荷恩积世,当应便尔欺夺?(《魏书·成淹传》)

"当应"又可以说成"应当"。例如:

钦之罪不容诛,其子固应当戮。(《三国志·魏志·诸葛诞传》)

绍若有十倍之众,理应当悉力围守,使出入断绝。(《三国志·魏志·武帝纪》裴松之注)

君病根深,应当剖破腹。然君寿亦不过十年。(《后汉书·华佗传》)

陛下制御华夏,辑平九服,苍生闻此,应当大庆。(《魏书·任城王云传》)

得此人身,应当保护,进德修业。(《百喻经·贫人烧粗褐衣喻》)

欲得果食,应当持戒,修诸功德。(《百喻经·斫树取果喻》)

3. 宜当　当宜

太祖诘羣臣,群臣咸言宜当密之。(《三国志·魏志·董昭传》)

又诛讨延,自以为功勋至大,宜当代亮秉政。(《三国志·蜀志·杨仪传》)

初植未到关,自念有过,宜当谢帝。(《三国志·魏志·陈思王植传》裴松之注引《魏略》)

此宫殿不利,宜当避之,乃可以妨劳役,长坐不利宫乎?(《三国志·吴志·陆凯传》裴松之注引《江表传》)

今明公视事,出入再朞,宜当克己,以醻四海之心。(《后汉书·何敞传》)

久依城社,不畏熏烧。今考实未竟,宜当尽法!(《后汉书·虞延传》)

"宜当"又可以说成"当宜"。例如:

克期会合,攻钞郡县,此岂大臣所当宜为?(《三国志·魏志·公孙瓒传》裴松之注引《典略》)

非徒应坐豫、协,亦当宜谴举者。(《后汉书·第五伦传》)

布帛为租,则吏多姦盗,诚非明主所当宜行。(《后汉书·朱晖传》)

4. 宜须

宜须大兵四集,乃致攻讨。(《三国志·魏志·陈泰传》)

又欲设主人祖送,不可舍去,宜须待之。(《三国志·魏志·曹爽传》裴松之注引《魏末传》)

施诸机巧,宜须郭蔽,须臾成立,若应毁撤,应手迁徙。(《南齐书·文惠太子长懋传》)

承当刊石纪功,传华千载,宜须盛述,实允来谈。(《南齐书·豫章文

献王嶷传》）

攻难不如攻易，东关易攻，宜须先取。（《魏书·南安王桢传》）

但淮堰仍在，宜须豫谋，故引卿等亲共量算，各出一图以为后计。（《魏书·崔延伯传》）

5. 应须

扬州应须缉理，宜得其人。侍中、领军将军吴平侯景，才任此举。（梁武帝《以萧景为安右将军监扬州诏》）

谓应须五月晦乃祥。此国之大典，宜共精详。（《南齐书·礼志下》）

乃率实甲万人过浙江，谓思祖曰："应须作檄。"（《南齐书·王敬则传》）

我诗应须大材迮之，不尔飞去。（《南齐书·卞彬传》）

虽不获就，要是意向如此，今亦应须如我辈人也。（《南齐书·庾杲之传》）

诏徐、兖、光、南青、荆、洛六州纂严戎备，应须赴集。（《魏书·高祖纪下》）

6. 宜应

今既改用《元嘉历》，漏刻与先不同，宜应改革。（《宋书·律历志下》）

陛下躬览篇籍，研覈是非，衅兆之萌，宜应深察。（《宋书·谢晦传》）

宜应有以普救倒悬，设流开便，则转患为功。（《南齐书·周颙传》）

南郊无配，飨祠如旧；明堂无配，宜应废祀。（《南齐书·礼志上》）

境上诸城，宜应严备，特简雄略，以待事机。（《南齐书·刘善明传》）

禧对曰："实如圣旨，宜应改易。"（《魏书·咸阳王禧传》）

禧对曰："宜应改旧，以成日新之美。"（同上）

夫为学者，研思精微，博通多识，宜应履行。（《百喻经·磨大石喻》）

7. 应合

高祖曰："朕尝与李冲论此，……冲之此言，应合死罪。"（《魏书·咸阳王禧传》）

而卿等不能正心直言，规佐尚书，论卿之罪，应合大辟。（《魏书·广

陵王羽传》)

8.容可　容得

　　则其年闰八月也,至此容可大寒邪?(《三国志·魏志·武帝纪》裴松之注引《魏书》)

　　睦父子之至,容可悉共逃亡。(《宋书·何尚之传》)

　　若专以共室为疑,容可更议迁毁。(《魏书·临淮王谭传》)

　　安丰、临淮将少弱卒,规复此城,容可得乎?(《魏书·鹿念传》)

　　昔周文王以纣遗武王,唯知时也。苟时未可,容得已乎!(《三国志·魏志·辛毗传》)

　　所谓命世大才,目天下为心者,容得尔乎?(王羲之《杂帖》)

　　至於钻燧既同,天地亦变,容得无感乎?(《南齐书·礼志下》)

　　炳曰:"止暂来耳!不可得久留。且此辈语亦不容得委悉。"(《古小说钩沉·冥祥记》)

9.办得

　　远近相崇畏,震动四海,凡短人办得致此,更复可嘉。(《宋书·庾炳之传》)

此期助动词组合的"办得"用例罕见。有时候"办得"作为偏正词组使用,例如《宋书·何承天传》:"民不办得者,官以渐充之,数年之内,军用粗备矣。"其中的"办"字是助动词,而"得"字仍是获得义的动词。

副词与助动词的组合,主要有以下四组十三种形式。前三组十一种形式表示应当与须要,仅最后"容或、容脱"一组两种形式表示或许。

1.要应　要须　要当　要宜

　　且此人不死,要应显达为魏,竟是谁乎?(《三国志·蜀志·诸葛亮传》裴松之注)

　　景仁不许,曰:"主上见待,要应有方。我欲与客共食,岂当不得待。"(《宋书·谢景仁传》)

　　贼既过淮,不容遽退散,要应有处送死者,定攻寿阳。(《南齐书·柳世隆传》)

伎妾盈房,有子十餘人,常云:"其中要应有好者。"(《南齐书·张瓌传》)

既而曰:"若尔,诸郎在都,要应有信,且忍一夕。"(《南齐书·王敬则传》)

然要须数看,恐骨尽便伤好处。(《齐民要术》卷六)

然要须米微多,米少酒则不佳。(《齐民要术》卷七)

四七二十八日,酒熟。此酒要须用夜,不得白日。(同上)

倍甚诸汤,下足便烂人体,疗疾者,要须别引,消息用之耳。(《水经注》卷十三)

要须动俗盖世,亦侔河之清乎!(《颜氏家训·文章》)

将军坚守旷日,袁绍要当自退;自退之后,四方之众必复可合也。(《三国志·魏志·公孙瓒传》)

绍不从,曰:"吾要当先围取之。"(《三国志·魏志·武帝纪》裴松之注引《汉晋春秋》)

要当以寿颈血污此刀刃,令汝辈见之。(《三国志·魏志·庞淯传》裴松之注引《列女传》)

今此行也,要当斩一青绶,乃整齐耳。(《三国志·吴志·孙坚传》裴松之注引《英雄记》)

我与季虽无素故,士穷相归,要当以死任之,卿为何言?(《后汉书·冯鲂传》)

男儿要当死於边野,以马革裹屍还葬耳。(《后汉书·马援传》)

要当躬先士卒,身驰贼庭,手斩凶丑。(《宋书·毛脩之传》)

以死易勳,而见枉夺。若失此勳,要当刺杀左兴盛。(《南齐书·崔慧景传》)

然人情难保,要宜考覈,两验其实。(《三国志·魏志·和洽传》)

2.会当①　会应　会须

与训书曰:"省表,事佳耳! 时乎时乎,会当有变时。"(《三国志·魏

---

① 有人举《乐府诗集·焦仲卿妻》"会不相从许"为例,认为此期"会"字已产生表示应当的助动词用法,我们认为此例及以下举例中的"会"字仍应视作"终、终究"义的副词。

志·崔琰传》)

尝欷息曰:"男儿居世,会当得数万兵千匹骑著后耳!"(《三国志·魏志·崔琰传》裴松之注引《吴书》)

桑非井中之物,会当移植;然桑字四十下八,君寿恐不过此。(《三国志·蜀志·杨洪传》裴松之注引《益部耆旧传杂记》)

答曰:"公猎,好缚人士,会当被缚,手不能堪芒也。"(《世说新语·规箴》)

奉教使恭召,会当停公事,但念生平素抱,有乖恩顾。(《南齐书·刘瓛传》)

人生在世,会当有业:农民则计量耕稼,商贾则讨论货贿。(《颜氏家训·勉学》)

莫言草木委冬雪,会应苏息遇阳春。(鲍照《拟行路难》)

官省内外,人不自保,会应有变。若内难得弭,外衅未必可量。(《宋书·蔡兴宗传》)

正当罄率管见,令官长启审可否之宜,会须恩裁,此乃更乱天听。(王僧虔《辞判二岸杂事启》)

而内头元叉车中,称此老妪会须却之。(《魏书·崔挺传》)

3.必须　必应　必宜　必当

今律文虽定,必须用之;用失其平,不异无律。(《南齐书·孔稚珪传》)

高祖曰:"若然,必须改作,卿等当各从之,不得违也。"(《魏书·咸阳王禧传》)

谓情理已露,而隐避不引,必须篣挞,取其款言。(《魏书·侯刚传》)

又贼欲围城,正为取北人耳。城中所有北人,必须尽杀。(《魏书·杨津传》)

春稻,必须冬时积日燥曝,一夜置霜露中,即春。(《齐民要术》卷二)

其拟种之地,必须春种绿豆,五月掩杀之。(《齐民要术》卷三)

淘米必须极净,常洗手剔甲,勿令手有咸气。(《齐民要术》卷七)

若七日不得作者,必须收藏取七日水,十五日作。(《齐民要术》卷八)

河北鄙於侧出,不预人流,是以必须重娶。(《颜氏家训·后娶》)

谈说制文,援引古昔,必须眼学,勿信耳受。(《颜氏家训·勉学》)

又以贼若夜来,必应於渡淮之所,以火记其浅处。(《魏书·傅永传》)

高祖悟曰:"必应然也,何应更有此辈?"(《魏书·高聪传》)

而芳一代硕儒,斯文攸属,讨论之日,必应考古,深有明证。(《魏书·乐志五》)

涕泣谏曰:"君饮太过,非摄生之道,必宜断之!"(《世说新语·任诞》)

有必宜改者,则以渐移变,使无迹可寻。(《宋书·谢方明传》)

汝庆赏黜罚,豫关失得者,必宜悉相委寄。(《宋书·刘湛传》)

就令必宜废祭,则应三年永阙,乃复同之他故。(《南齐书·礼志上》)

盛事奇迹,必宜表述,请勒铭射宫,永彰圣艺。(《魏书·高聪传》)

平日诸将素不同,冀时论必当以代亮。(《三国志·蜀志·魏延传》)

翻曰:"不出二日,必当断头。"果如翻言。(《三国志·吴志·虞翻传》)

举大事必当下顺民心,上合天意,功乃可成。(《后汉书·王常传》)

羌虽暂降,而县官无廪,必当复为盗贼。(《后汉书·段颎传》)

今轻身单下,必当以为无虞,乃可以少安其意。(《宋书·王诞传》)

4. 容或　容脱

求之密迩,容或未尽,而四方之学,无所劝乐。(《后汉书·朱浮传》)

煙腾飙迅,容或惊动左右,苟不获已,敢不先布下情。(《宋书·沈攸之传》)

脱以神州暂扰,中夏兵饥,容或遊魂塞内,重窥边垒。(《宋书·王僧达传》)

年三十以上,习性已久,容或不可卒革。(《魏书·咸阳王禧传》)

七庙上灵,容或未许;亿兆下心,实用悚慄。(《魏书·崔光传》)

窃疑邻人利此熟地生苗,容或假託神旨,以见驱斥。(《古小说钩沉·

述异记》）

"容脱"的用法则甚为少见。例如：

> 物有相类，事容脱误，幸劳见归，何为谢之？（《后汉书·刘宽传》）

这一组组合中，语气副词"或、脱"用于或许义的助动词"容"字之后，主要起加强或然语气的作用。

副词与助动词组合使用中，除"容或、容脱"的组合顺序为助动词在前副词在后外，其余均为副词在前助动词在后。

上述助动词与助动词、副词与助动词的两种组合，其中的助动词均属此期新兴的形式。而秦汉时期已经成熟的表示意愿的助动词"欲"字，此期也可分别与新兴的助动词或副词组合运用，组合成的形式主要有"当欲、要欲"两种，也是表示意愿。例如：

> 时显宗为东海公，年十二，在幄后言曰："吏受郡敕，当欲以垦田相方耳。"（《后汉书·刘隆传》）

> 卿意当欲宥此囚死命。昨於斋坐见其事，亦有心活之。（《宋书·吉翰传》）

> 灵宝见要，正当欲与其姊集聚耳，我不能为桓氏赘壻。（《宋书·王敬弘传》）

> 又以诸胡设籍，当欲税之，以充军用。（《魏书·京兆王子推传》）

> 高祖曰："任城当欲为魏之子产也。"（《魏书·任城王云传》）

> 既有所启，要欲尽其心，如无可纳，伏愿宥其触忤之罪。（《宋书·庾炳之传》）

> 还条复枝，务令净尽；要欲旦、暮，而避热时。（《齐民要术》卷五）

以上各组所列由副词与助动词组成的双音节组合形式，由于两类词之间在意义上有相近之处，因而可以形成一个以助动词为中心的整体组合形式来修饰其后的谓语动词。而这类组合形式的大量运用，又对于促进汉语中新的助动词的产生起了重要作用。这种作用的主要表现有两点。一种情况是整个组合形式转为双音节的助动词，如前举此期"必须"的用例，其实也不妨视为双音节的助动词，只是我们为了讲清它的来源，才放在组合使用中举例。另一种情况是受组合形式整体意义与用法的影响,其中的副词也会向助动词转化。如副词"要"字,由于经常同表示应当与须要的助动词"应、当、宜、须"等组合使用,因此当它脱离助动词而单独使用时,往往也就带有上述表示应当与须要的助动词的意义。例如:

> 诚是才者,其地可遗,然要令我见。(《世说新语·贤媛》)

> 虽兹法久废,不可顿施,要宜而近,粗相放拟。(《宋书·何尚之传》)

> 而祖考之庙,要待六世之君,六世已前,虚而蔑主。(《魏书·礼志二》)

> 且北方沙漠,夏乏水草,时有小泉,不济大众。脱有非意,要待秋冬,因云而动。(《魏书·源怀传》)

> 名目要有其义,此盖取夫子闲居之义。(《魏书·任城王云传》)

> 人之立身,虽百行殊途,准之四科,要以德行为首。(《魏书·刘献之传》)

> 虽讫亦不得洗手,洗手则脍湿,要待食罢,然后洗也。(《齐民要术》卷八)

> 解后二十日堪食,然要百日始熟耳。(同上)

以上八例中的"要"字已经分别具有"应当"、"须要"的意义,从而初步具备了助动词的特征,这就为"要"字在此期之后发展出成熟的表示"应当"与"须要"并进而表示"意愿"的助动词用法准备了必要的基础。①

---

① 卢卓群认为,"要"在汉代"表示必定、应当之类的意思,成为'必要式'助动词,但其过渡色彩很浓,也可看作类助动词";又举支谦译《撰集百缘经》与陈寿《三国志》中各一例句,说明"新生的助动词'要'……采取同义联合的方式,暂时依附于势力强大者,于是出现双音节助动词'要当、要须'";到了唐代,"要"字"作为'意志式'助动词开始独立使用"。参看《助动词"要"汉代起源说》,载《古汉语研究》1997 年第 3 期。

第十章　形容词

形容词在先秦两汉时期已经得到较为充分的发展。形态方面,出现了"然、如、若、尔、焉、乎"等一批后缀,重叠形式有 AA 式(如《诗·小雅·白驹》"皎皎白驹")、ABB 式(如《楚辞·九章·悲回风》"缥绵绵之不可纡"),以及 AABB 式(如《诗·小雅·小宛》"战战兢兢,如履薄冰");功能方面,形容词可以充任定语、状语、谓语、补语。这些特点,魏晋南北朝时期继承下来并得到持续体现。而形容词进一步的重要发展,例如一直沿用到现代的后缀"的、地"的产生,由 AB 式形容词重叠而成的 AABB 式,以及夹有中缀"里"的 A 里 AB 式,这些又都是唐代及唐代之后产生的语法现象。因此可以约略地说,此期形容词出现重要的质的演变并不很多,发展的主要方面反映在某些固有形式运用数量的增加以及与其他类词组合关系的变化上。

这一章中,我们就 AA 式重叠形容词运用的增多,形容语后缀"馨"字的产生、"地"字尚未形成新后缀,以及表示性状的叠音形容词与其他类词的组合关系等问题,进行一些阐述分析。至于形容词充任补语在此期的发展,我们将在下编"魏晋南北朝句法的发展"中结合补语式的演变再做探讨。

一　AA 式重叠形容词

要讨论 AA 式重叠形容词,应当先行排除两种似是而非的情况。形容词通常分为性状形容词与象声形容词两个大类。首先,我们应当排除象声形容词这个大类,因为象声形容词常用叠音的方式来模拟声音,如"霍霍、甸甸",外形上与 AA 式重叠形容词相同,但它们并非两个语素的叠用,而是只有一个语素的单纯词;并且这类用法是自古而然的,不仅此期没有什么变化,甚至直到现代汉语也没有什么变化。其次,我们还应当排除那种只有重叠形式而没有相应不重叠形式的数量相当大的一批性状形容词,例如《诗·卫风·硕人》:"河水洋洋。""洋洋"并没有相应的单音节形式"洋"。这些词往往叠用时是一种意义,单独使用时又是另一种意义,例如《诗·小雅·无羊》:"其耳湿湿。""湿湿"表示牛耳摇动的样子,与单独使用时表示"潮湿"的词义无关。因此,这一类的 AA 式也不是真正的单音节形容词重叠,它们仍然属于单纯词,同时这类词在此期也没有出现什么发展变化。

真正的 AA 式重叠形容词是由两个相同的单音节语素叠用而成,其意义与构成它的单音节语素大体相同,这就是通常所说的叠根形容词。

AA 式重叠形容词起源很早,《诗经》中即有少数用例,如《郑风·子衿》:"青青子衿。"《周颂·敬之》:"无曰高高在上。"秦汉时期续有沿用,这一期间 AA 式形容词的主要作用在于摹绘事物状态,用上了 AA 式形容词比用单音节形容词具有更为浓重的描写性质。东汉之后,这种用法增多,同时在描写性质的基础上又加重了修辞上的强调作用。以下是魏晋南北朝时期的用例,它在诗歌中较为常见,也可用于散文之中。当它用于散文中时,修辞上的强调作用似乎表现得更为明显一些。AA 式重叠形容词在句中主要充任定语、状语、谓语。例如:

> 昭昭素明月,晖光烛我牀。(魏明帝《伤歌行》)
>
> 苍苍谷中树,冬夏常如兹。(陶潜《拟古》)
>
> 荣荣窗下兰,密密堂前柳。(同上)
>
> 皎皎云间月,灼灼叶中华。(同上)
>
> 明明上天鉴,为恶不可履。(陶潜《读山海经》)
>
> 青青河边草,悠悠万里道。(傅玄《青青河边草》)
>
> 昭昭朝时日,皎皎晨明月。(傅玄《怨歌行》)
>
> 青青御路杨,白马紫游缰。(《宋书·五行志二》载晋海西公太和中民歌)

皎皎高楼暮,华烛帐前明。(何逊《咏倡家》)

时时为安慰,久久莫相忘!(《乐府诗集·焦仲卿妻》)

遥遥望白云,怀古一何深!(陶潜《和郭主簿》)

迟迟衫掩泪,悒悒恨萦胸。(何曼才《为徐陵伤妾》)

飞飞双蛱蝶,低低两差池。(梁武帝《古意》)

杨柳叶纤纤,佳人懒织缣。(梁简文帝《春闺情》)

天苍苍,野茫茫,风吹草低见牛羊。(《乐府诗集·敕勒歌》)

以上十五例全都用于诗歌之中,前九例充任定语,十至十三例充任状语,末二例充任谓语。以下则用于散文之中。

迟迟以臻殂落,日月不觉衰老。(《抱朴子·论仙》)

乃出其囊中药,少少投之,食顷发之,已成银。(《抱朴子·黄白》)

不失人理之欢,然后徐徐登遐。(《抱朴子·勤求》)

相去百八十里,追军不至,乃徐徐西遁,唯此得免。(《魏书·崔浩传》)

朕虽当时迁怒,若或不用,久久可不深思卿言也。(同上)

从九月一日后,止可小小供食,不得多作。(《齐民要术》卷六)

微解药性,小小和合,居家得以救急。(《颜氏家训·杂艺》)

使其姓号至於无垠,去道辽辽,不亦远哉?(《抱朴子·道意》)

卜阳等财宝足富数世,诸卿但不并力耳。所亡少少,何足介意!(《后汉书·度尚传》)

超去后,尚私谓所亲曰:“我以班君当有奇策,今所言平平耳。”(《后汉书·班超传》)

卞令目叔向:“朗朗如百间屋。”(《世说新语·赏誉》)

洛中雅雅有三嘏:……是亲兄弟,王安丰甥。(同上)

有人语王戎曰:“嵇延祖卓卓如野鹤之在鸡群。”(《世说新语·容止》)

见汝辈来,平平尔。汝可无烦复往。(《世说新语·贤媛》)

中国土不宜姜,……种者,聊拟药物小小耳。(《齐民要术》卷三)

以上十五例中,前七例充任状语,后八例充任谓语。

二　形容语后缀"馨"

此期出现了一个比较特殊的形容语后缀"馨"字,主要有以下两类用法。

1.用于"好像"义的动词"如"字及其宾语之后,表示"像……一样"、"像……一般"。例如:

螭拨其手曰:"冷如鬼手馨,彊来捉人臂!"(《世说新语·忿狷》)

仁祖亦不寂寞,我亦时复造心;顾看两王掾,辄翣如生母狗馨。(《世说新语·文学》)

2.用于"宁、尔、如"等指示代词之后,表示远指的"那样、那般"或近指的"这样、这般"。例如:

太后怒,语侍者:"将刀来,破我腹,那得生如此宁馨儿!"①(《宋书·前废帝纪》)

与何次道语,唯举手指地曰:"正自尔馨!"(《世说新语·品藻》)

殷去后,乃云:"田舍儿彊学人作尔馨语!"(《世说新语·文学》)

刘作色而起曰:"使君,如馨地宁可斗战求胜!"桓甚有恨容。(《世说新语·方正》)

每览镜自照,曰:"王文开那生如馨儿!"(《世说新语·容止》刘孝标注引《语林》)

其母怒,语侍者曰:"将刀来,破我腹,那得生如馨儿!"(《魏书·刘子业传》)

自宋代开始,"馨"字的用法就引起了学者们注意。宋洪迈《容斋随笔》、金王若虚《谬误杂辨》引城阳居士《桑榆杂录》、清刘淇《助字辨略》,以及近人刘盼遂《世说新语校笺》、裴学海《古书虚字集释》均有所论述。诸家于辨析"宁

---

① 通常认为,此例末句"如此"与其后"宁馨"语义重复,应属衍文,当依《南史·宋前废帝纪》作"那得生宁馨儿"。不过,若考虑到太后王宪嫄临终前欲见儿子刘子业一面,前废帝子业不仅拒绝探视,而且态度十分无礼,太后心怒气急,口不择言,重复说出"如此宁馨",而记者据言实录,也未必没有可能。

馨、尔馨、如馨"的意义之后,在论及"馨"字的性质时,除刘淇称为"语之馀"外,其余各家均称为语助。

但是,"语之馀"也好,语助也好,这类传统术语毕竟过于含糊笼统,不能确切反映"馨"字的特征,因而二十世纪五十年代之后,学者们都试图用现代语言学的理论来确定它的性质。周法高先是把它看作吴语语末助词,后来又看作代词的后附语;王力把它看作由"宁"字破裂为"宁馨"而来;高名凯同意刘淇"语之馀"的说法,并进一步认为"馨"就是"样"的标音,"馨"与"样"是同一个语词。不过,以上三位的论述主要是从"馨"字的第二类用例出发的。太田辰夫把它看作与表示"类似"义的同动词相呼应的助词,则是从"馨"字的第一类用例出发的。而把两类用例放在一起进行观察的是徐震堮,他认为"馨"字是形容词或副词的语尾,犹今语之"般"或"样",只是他没有进行必要的论述。①

实际上,这二者是可以也应当结合起来进行分析的。首先看"馨"字的第一类用法,这一用法是先秦两汉时期表示性状的形容语后缀"然"字的直接继承,尽管"馨"与"然"很难说有什么语义上的渊源关系,但语法作用相同则是无疑义的。"然"字的此类用法使用相当广泛,例如《孟子·公孙丑上》:"无若宋人然。"《礼记·大学》:"人之视己,如见其肺肝然。"《汉书·贾谊传》:"其视杀人若艾草菅然。"这些用例中的"然"字与"馨"字的用法具有很大程度的一致性。既然"然"字可以用作表示性状的形容语后缀,那么与之用法相同的"馨"字也自然应当具有这样的特性。

其次来看第二类用法"宁馨、尔馨、如馨"。按理说,作为形容语后缀的"馨"字不应附用于指示代词之后,但是古代汉语指示代词的指代作用并不那么单纯,其中固然有些纯然指代事物,有些却在指代事物本身的同时又可指代事物的性质与状态,更有些则主要指代事物的性质与状态。这后两种用法就

---

① 以上诸家观点分别参看周法高《中国古代语法》"称代编"、"构词编",中华书局,1990 年 1月第 1 版;王力《汉语语法史》,商务印书馆,1989 年 4 月第 1 版;高名凯《语文杂识》,载《高名凯语言学论文集》,商务印书馆,1990 年 1 月第 1 版;〔日〕太田辰夫《中国语历史文法》(修订译本),北京大学出版社,2003 年 11 月第 2 版;徐震堮《世说新语校笺》附录《世说新语词语简释》,中华书局,1984 年 4 月第 1 版。

与表示性状的形容语后缀有了一定的联系。我们知道，"尔"字作为指示代词本来就有表示性质状态的用法，而"尔"与"宁、如"又有语音上的密切联系。据《广韵》，尔，儿氏切，日母；宁，奴丁切，泥母；如，人诸切，日母。又据章太炎"古音娘日二纽归泥说"，则"尔、宁、如"古音同为泥母，确系一声之转，三字音近义通。如此说来，这三者之后附上表示性状的形容语后缀的现象也就不是偶然的了。

其实，汉语语法发展史上这种指示代词后附形容语后缀的现象也是不乏其例的。例如唐宋时期习用的指示代词"能、恁"，就常常同形容词后缀"底、的、地"结合而成"能底、能地、恁的、恁地"等形式，并有广泛的使用。"宁"字也可以同"底"字结合为"宁底"，如唐代陆畅《雪诗》："天人宁底（宁底，一作'宁许'）巧，剪水作花飞。"只不过在这种情况下，我们不应再把"底、的、地"看作狭义的形容词后缀，而应视为涵盖较广一些的表示性状的形容语后缀罢了。

还应指出的是，此期虽然没有见到形容语后缀"馨"字直接附于形容词之后的用法，但是唐代却出现了这样的用例，如唐人张鷟小说《游仙窟》："婀娜腰支细细许，瞜睆眼子长长馨。"例中"馨"字用于 AA 式重叠形容词"长长"之后。

此外，下列用例中的"生"字，与"馨"字也有密切的关系。①

复改年日兴宁。民复歌曰："虽复改兴宁，亦复无聊生。"（《宋书·五行志二》）

改为兴宁，又谣曰："虽复改兴宁，亦自无聊生。"（《魏书·司马叡传》）

热泉可煮鸡豚，冰泉常若冰生。（《古小说钩沉·幽明录》）

三例中的"生"字，情况较为复杂，牵涉到"馨"字的历时演变问题。对于此期"馨"字的来源，段玉裁认为是"嫠"字的假借。《说文解字》："嫠，声也。"段玉裁注："谓语声也，晋宋人多用馨字。……馨行而嫠废矣，隋唐后则又无馨语，此古今之变也。"刘盼遂《世说新语校笺》驳正说：②"段茂堂注《说文》，谓隋唐后则又无馨语矣，此言亦为失考。按隋唐人语词多用生字，即晋宋之馨字也。馨、生本同韵，可以互转，如作么生、太瘦生、阿谁生、太憨生等，即作么馨、

---

① 参看南朝梁殷芸编纂的《殷芸小说》，周楞伽辑注，上海古籍出版社，1984 年 4 月第 1 版。

② 刘盼遂《世说新语校笺》，载清华学校研究院《国学论丛》一卷四号。

太瘦馨、阿谁馨、太憨馨也。《六一诗话》云:'太白诗中太瘦生,唐人语也。犹谓语助。'是永叔尚能知所本矣。再证以《宋书·五行志》'亦复无聊生',是用生为语助之始,亦易馨为生之始也。"根据段、刘二位的说法,再参以汉语语法史的实际,可见晋宋之前未见"馨"字,隋唐之后又多用"生"字,"馨"字正表现了魏晋南北朝时期的特色。

最后还需指出的是,南朝梁殷芸编纂的《殷芸小说》卷一中另有一例:"庾后以牙尺打帝头云:'儿何以作尔形语?'帝无言,唯大张目。"例中的"形"字以音近而临时借作"馨","尔形"即"尔馨"。但殷芸原书早已散佚,如今只有后人辑录的本子,而根据我们采例引证的原则,凡后人辑录者均不用为起支撑观点作用的时代性无疑的主要证据,一般仅用为配合时代性明确的主要依据的辅助例证。由于仅仅见到殷芸书中这一孤例,这里就未作为此期已有"尔形"用法的确证。

三 关于后缀"地"

"地"字作为后缀可以兼用于形容词、副词、代词的后面,我们把它放在形容词里来讲。

"地"字的后缀用法,一般认为产生于唐代,广泛运用于宋代。但是,此期《世说新语·方正》中的一个用例,却有些似是而非。全文具引如下:

> 桓大司马诣刘尹,卧不起。桓弯弹弹刘枕,丸迸碎床褥间。刘作色而起曰:"使君如馨地,宁可鬭战求胜!"桓甚有恨容。

对于该例"地"字,一些研究汉语语法史的论著均认为是用作助词的最早例证,尽管持此观点的学者们采用的术语与认定时的语气有所不同,但基本看法是一致的。[1] 不过我们却认为,此处"地"字并未虚化,仍旧是一个实词,"如

---

① 分别参看吕叔湘《论底、地之辨及底字的由来》,载《汉语语法论文集》(增订本),商务印书馆,1984 年 4 月增订第 1 版;〔日〕太田辰夫《中国语历史文法》(修订译本)第二部"20. 助词";潘允中《汉语语法史概要》第五章"形容词和副词的发展",中州书画社,1982 年 8 月第 1 版。

馨地"就是"如馨之地",在断句时,"如馨地"应当属下而不应属上。

这段文字讲的是丹杨尹刘恢与大司马桓温之间的一则趣事。刘恢出身名门,祖辈即知名朝廷,而桓温虽然位高权重,但门第寒微,祖上名位不显,本人又是兵家出身,因此刘恢虽与之友善,但也深忌之,并且时有微词。《晋书·刘恢传》就明确表示:"恢每奇温才,而知其有不臣之迹。及温为荆州,恢言於帝曰:'温不可使居形胜地,其位号常宜抑之。'"对于《方正》这则故事,刘孝标注引《中兴书》曰:"鬭战者,以温为将也。"可谓言简而意深。注文意指桓温乃一武人,表明刘恢讥讽他难改兵家本性。文中写到"桓弯弹弹刘枕,丸迸碎牀褥间",既表现出桓温动辄用武逞勇,处处均当作战场,又说明了室内狭促,实非兵家争斗之地。而刘恢"作色而起"后说的一番话,仔细玩味也可以感到隐含着刘以素养自高,蔑视桓温粗鄙行为的用意。而且文中也看不出刘在贬低桓温射技,"丸迸碎牀褥间"似应指射中刘枕(硬质)后的结果,"如馨地"并非针对桓温射技低下而言。故而从上下文文意看,"如馨地"不应表示"如馨"之状态,而应是在指"如馨之地"。

此外,还可以从"地"字与"如馨"分别同其他词语的组合关系来进行分析。《世说新语》一书中"地"字单独用作偏正词组的中心词,除"如馨地"外尚有十四例,可以受形容词、代词、动词、方位词组等修饰,例如"欲乞闲地自养"(《捷悟》)、"其地坦而平"(《言语》)、"此中最是难测地"(《雅量》)、"自起泻著梁柱间地"(《规箴》)。这也正是"地"字最基本的用法。而"如馨"以及与之有声转关系的"宁馨、尔馨",此期却以充任定语为常。《世说新语》正文中除去"如馨地"一例外,尚有"尔馨"两例,一例充任定语(另一例充任谓语):

殷去后,乃云:"田舍儿彊学人作尔馨语!"(《文学》)

《世说新语》正文以外的其他用例全都充任定语。例如:

每览镜自照,曰:"王文开那生如馨儿!"(《世说新语·容止》刘孝标注引《语林》)

将刀来,破我腹,那得生如馨儿!(《魏书·刘子业传》)

从以上两种组合情况看,"如馨"与"地"字形成偏正关系是完全可能的。但是,《世说新语》中为什么没有在二者之间插入"之"字,使偏正关系更为显豁呢？这个问题又同该书全书的语言风格有关。古代汉语的书面语言中，名词性偏正词组多以偶音节形式出现。先秦两汉时期单音词居多，偏正词组自然多呈双音节。汉末魏晋开始，双音词逐渐增加，偏正词组为奇音节的机遇也随之增多。为求音节的和谐整齐，往往采用在定语与中心词之间参以"之"字的办法来调整为偶音节。这在书面语色彩较浓的载籍中表现甚为普遍。《世说新语》一书具有一定的口语色彩，因而出现了相当数量的不事调整的奇音节偏正词组，不只名词间的组合是如此，甚至在动词或动词性词组充任定语的情况下，也常以名词直接置于其后，依恃一定的语言环境，定语或为不及物动词，或已先有宾语，不容误解为动宾关系。根据我们的观察，整部《世说新语》中本应为奇音节偏正词组，参"之"字以调整为偶音节者与不参"之"字仍为奇音节者，二者相较，比例大约为二比三。这同正统书面语言相比，不能不说是存在较大差异。例如"乃尔失士卒情"（《品藻》）、"真副卿清论"（《赏誉》）、"汝看我眼光"（《雅量》）、"先道人寄语"（《假谲》）、"孔车骑少有嘉遁意"（《栖逸》）、"褚太傅有知人鉴"（《识鉴》）、"王有不平色"（《方正》）、"是国家可惜人"（《伤逝》）。在这样的语言风格下，出现名词性的奇音节偏正词组"如馨地"也就是非常自然的了。

最后，若将该例"地"字看作后缀，更大的困难还在于它只是一个孤例，不仅此期其他载籍中至今尚未见到相同用法，而且此后二三百年间也了无线索可寻，直到唐人作品中才开始出现"忽地、私地"等用法。这种"断线"现象是不符合语言发展规律的。再说，"如馨"中的"馨"字本身就是表示性状的形容语后缀，已经含有表示状态的语法意义，如果再缀上一个"地"字，似乎显得过于复沓。所以我们认为，"地"字是实词，"如馨地"就是"如馨之地"。

此外，还须说明的是，针对《世说新语·方正》一例，有学者认为"地"字应属后缀，本书初版提出"地"是实词、"如馨地"应指"如馨之地"后，并未见到不同意见。但近来了解到已有前人明确将"地"字注为实词的记载，现补录如下。据《世说新语汇校汇注汇评》汇集，日本宝历十二年（1762）京师风月庄左卫门刊刻桃井白鹿著《世说新语补考》二卷，该条"如馨地"一语注云："犹言如此处也。言如此处，当以文雅相待也，何可以武暴来胜耶，盖讥桓温无文雅也。故温恨之。"次年,宝历十三年(1763)刊刻大典禅师《世说钞撮》四卷,该条"如馨地"一语注云:"犹言是处也。"尽管两条日人注文对"如馨"一词的理解只是反映其时认知水平,如今看来已嫌粗略,但指明其中"地"字为"处所"义仍属见诸文字的较早记载。而我国古代注家则不注"地"字,如南宋刘辰翁于"如馨"后批点曰:"即如此。"(见台湾藏刘应登删注、增刻刘辰翁批点的元刻本)①此或认为"地"字无须出注,当是历代对于"地"字表示"处所"义并无异说,我国古代诸注家以其过于平凡常见而吝于笔墨吧?

前些年又有人举出《搜神记》卷五中"如此地"一例,认为也应看作语尾。②原文如下:

> 祐知其鬼神,曰:"不幸疾笃,死在旦夕。遭卿,以性命相托。"答曰:"人生有死,此必然之事。死者不系生时贵贱。吾今见领兵三千,须卿,得度簿相付。如此地难得,不宜辞之。"

对于这个用例,姑不论《搜神记》一书中颇有后人掺入的语言现象,不应从中采用同时代典籍中罕见的用例作为起支撑观点作用的主要证据,即以文章本身来看,"地"字也显然是个实词。倘若"地"字确是后缀,那么"如此地"用作状语修饰动词性词组"难得","如此"也即用以表示"难得"的状态,但上文并未表明如何难得,劈头就说"如此地难得",文意显得十分突兀而无着落。再者,文中提及"须卿,得度簿相付",也正表明鬼神将对祐委以重任。因此,合理的解释是,"地"字用作实词,意为"地位、职位"。这也是"地"字的基本词义,例如《孟子·离娄下》:"禹、稷、颜子,易地则皆然。"赵岐就注为:"不在其位,故劳佚异。"因此,《搜神记》中的"如此地"也应是"如此之地"。此外,与此例相类似,"地"字又可与指示代词"尔许"连用形成偏正词组,例如《三国志·吴志·吴主传》裴松之注引《魏略》:"权前对浩周,自陈不敢自远,乐委质长为外臣,又前后辞旨,头尾击地,此鼠子自知不能保尔许地也。"以"尔许地"与《搜神记》"如此地"一例相互比较,自可看出两处"地"字的相同性质。

---

① 参看《世说新语汇校汇注汇评》"凡例"与《方正》校注,凤凰出版社,2017 年6月第1 版。
② 参看殷正林《〈世说新语〉中所反映的魏晋时期的新词和新义》,载北京大学中文系编《语言学论丛》第十二辑。

四　与其他类词的组合关系

这里要讨论的是，与先秦两汉时期相比，此期表示性状的叠音形容词在与其他类词组合时反映出来的变化。

如前所述，表示性状的叠音形容词包括两方面的内容：一是叠音形式的单纯词，它们没有相应的不重叠形式，例如莺莺、翼翼；二是 AA 式的叠根合成词，它们具有相应的不重叠形式，例如明明、青青。先秦时，这种表示性状的叠音形容词充任定语、谓语时，它们在位置上与被修饰、被说明的名词直接相连，其间一般没有其他修饰成分，例如"渐渐之石"（见《诗·小雅·渐渐之石》）、"南山崔崔"（见《诗·齐风·南山》）。大约汉末开始，情况有了变化，表示性状的叠音形容词与被修饰、被说明的名词之间又可以出现其他修饰成分，这在《古诗十九首》中表现得尤为明显。此期继续沿用，也是常见于诗歌之中。例如：

> 郁郁涧底松，离离山上苗。（左思《咏史》）
>
> 粲粲妖容姿，灼灼美颜色。（陆机《拟青青河畔草》）
>
> 暧暧远人村，依依墟里烟。（陶潜《归园田居》）
>
> 皎皎云间月，灼灼叶中华。（陶潜《拟古》）
>
> 苍苍谷中树，冬夏常如兹。（同上）
>
> 郁郁西陵树，讵闻歌吹声。（谢朓《铜雀台妓》）
>
> 豔豔金楼女，心如玉池莲。（《乐府诗集·欢闻歌》）
>
> 荧荧山上火，苕苕隔陇左。（荀昶《拟青青河边草》）
>
> 青青河边草，悠悠万里道。（傅玄《青青河边草》）
>
> 皎皎明月光，灼灼朝日晖。（傅玄《明月篇》）
>
> 昭昭朝时日，皎皎晨明月。（傅玄《怨歌行》）
>
> 寂寂空郊暮，非复少年时。（梁元帝《登颜园故阁》）
>
> 长条纷冉冉，落叶何翩翩！（曹植《美女篇》）
>
> 湛露何冉冉，思君随岁晚。（陆机《为周夫人赠车骑》）
>
> 荒草何茫茫，白杨亦萧萧。（陶潜《拟挽歌辞》）

　　春草郁青青，桑柘何奕奕。（潘岳《内顾诗》）

　　清庙徒肃肃，西陵久茫茫。（沈约《解佩去朝市》）

　　柱间徒脉脉，垣上几翘翘。（萧子显《日出东南隅行》）

　　桑中始弈弈，淇上未汤汤。（刘孝绰《淇上戏荡子妇》）

　　风雪俱惨惨，原野共茫茫。（庾信《郊行值雪》）

　　以上二十例中，前十二例表示性状的叠音形容词用于其他定语之前修饰中心名词，后八例表示性状的叠音形容词之前带有状语来说明主语。

　　这种新兴语法现象的产生，同汉代五言诗的出现有着密切的联系，由于受到五言诗节拍上"前二后三"的限制，叠音形容词充任定语时需要放在句首，其后的中心名词势必加上其他修饰成分才能构成三个音节；而叠音形容词充任谓语时需要放在句末，也必须加上其他修饰成分才能构成三个音节。至于非五言诗中的少数用例，也大体同语音的节拍有一定的关系。

　　此外，我们偶尔还可以见到叠音形容词放在动词前面来修饰位于动词之后的宾语，例如刘邈《见人织聊为之咏》："纤纤运玉指。"以及叠音形容词放在主语前面来修饰位于主语之后的谓语，例如陶潜《岁暮和张常侍》："纷纷飞鸟还。"这则又牵涉到诗歌语法中的倒置词序问题，"纤纤运玉指"即"运纤纤玉指"，"纷纷飞鸟还"即"飞鸟纷纷还"，但也就不属于我们的讨论范围了。顺便说及，诗歌中的词序倒置当然不限于与 AA 式叠音形容词的出现相关，而主要与音节有着至为密切的联系。例如南朝梁范云《闺思》："几回明月夜，飞梦到郎边。""飞梦到郎边"中"飞梦"的状语"几回"在五言诗中难以安插，只能置于时间状语"明月夜"之前，这种"后者前之"的倒置格式将"明月夜"与"飞梦"紧密联系起来，看似迁就词序的无奈之举，反而收到极佳的修辞功效。

第十一章　人称代词

先秦时期,由于时代、地域、方言诸因素的影响,人称代词歧异繁复,同一人称往往可有多种不同的书写形式。这些不同形式虽然在用法上也有这样那样的细微差别,但是它们之间可彼可此的通用现象也是普遍存在的,这就为人称代词在其后发展中逐渐趋于规范提供了空间与可能。魏晋南北朝时期,一方面此期之前使用的人称代词经过淘汰后主要留下第一人称的"吾、我"、第二人称的"汝、尔"、第三人称的"之、其"等少数几个形式,其中有的在用法上还出现一些新变化;另一方面又产生了一些或者具有时代特征,或者具有地域、方言特征的人称代词新形式。

一　第一人称代词

此期萌生发展的第一人称代词主要有"身、侬"两个。

1. "身"字用作第一人称代词此期之前已经出现。《尔雅·释诂》就曾指出它与"吾、我、余、予"是同义词。但"身"字汉末之前并不多见,直到此期才较为广泛地使用开来,因此《尔雅》郭璞注中专门提及"今人亦自呼为身"。"身"字充任主语最为常见,也可充任宾语、定语与兼语。例如:

　　瞋目横矛曰:"身是张益德也,可来共决死!"(《三国志·蜀志·张飞传》)

　　身从衣褐之中,致位上列。且乌乌反哺报德,况於士邪!(《后汉书·赵典传》)

　　种暠后为司徒,告宾客曰:"今身为公,乃曹常侍力焉。"(《后汉书·曹腾传》)

出就之,曰:"君非段中兵邪?身在此。"(《宋书·庐陵孝献王义真传》)

君佐命兴王,逢千载嘉运;身世荷晋德,实眷恋故主。(《宋书·徐广传》)

刘休范父子先昨皆已即戮,尸在南冈下,身是萧平南,诸君善见观!(《南齐书·高帝纪上》)

常谇人云:"祖天子,父天子,身经作皇太子。"(《南齐书·张敬儿传》)

王曰:"若如公言,并不如此二人邪?"谢云:"身意正尔也。"(《世说新语·品藻》)

宾客疑所讳,弘曰:"身家讳与苏子高同。"(《南齐书·王僧虔传》)

须食,何不就身求?乃至於此!(《世说新语·任诞》刘孝标注引《晋阳秋》)

觊曰:"江东处分,莫不由身,委罪求活,便是君辈行意耳。"(《宋书·孔觊传》)

朝廷令身单身而反,身是天王,岂可过尔轻率?(《南齐书·晋安王子懋传》)

以上十二例中,前七例充任主语,第八、九两例充任定语,十、十一两例充任宾语,末例充任兼语。

"身"字的第一人称代词用法此期之后日趋消亡,用例罕见。最能说明这种变化过程的是,《太平御览》卷四百六十九引东晋郭澄之《郭子》:"致意尊公,家国之事,遂至於此,由身不能以道匡衡,思患豫防;愧歎之深,言何能譬?"南朝宋刘义庆《世说新语·言语》采《郭子》时作:"由是身不能以道匡卫,思患预防;愧歎之深,言何能喻?"二书用的均是"身"字。而北齐魏收著《魏书》,唐初房玄龄修《晋书》,转录此事时文句大致相同,却都改"身"为"吾"。可见,"身"字作为第一人称代词正表现了魏晋南北朝时期的时代特色。

2."侬"字是此期新生于南方的第一人称代词。《玉篇·人部》:"侬,吴人称我是也。""侬"字在南朝民歌中使用比较集中,其他地区、其他作品中用例很少,可说是具有南方方言的特色。主要充任主语、宾语、定语与兼语。例如:

郎怀幽闺性,侬亦恃春容。(《乐府诗集·子夜歌》)

欢愁侬亦惨,郎笑我便喜。(同上)

　　　　悽悽下牀去，侬病不能言。(《乐府诗集·懊侬歌》)

　　　　若不信侬时，但看雪上跡。(《乐府诗集·冬歌》)

　　　　揽枕北窗卧，郎来就侬嬉。(《乐府诗集·子夜歌》)

　　　　君既为侬死，独生为谁施？(《乐府诗集·华山畿》)

　　　　徒怀倾筐情，郎谁明侬心。(《乐府诗集·子夜歌》)

　　　　非欢独慊慊，侬意亦驱驱。(《乐府诗集·读曲歌》)

　　　　天不夺人愿，故使侬见郎。(《乐府诗集·子夜歌》)

　　　　丝布涩难缝，令侬十指穿。(《乐府诗集·懊侬歌》)

　　以上十例中，前三例充任主语，四至六例充任宾语，七、八两例充任定语，末二例充任兼语。

　　"侬"字又可加上前缀"阿"字，构成"阿侬"，仍然用为第一人称代词，但并不多见。参看本编第八章"名词"中"前缀与后缀"部分所举用例。

　　"身、侬"之外，此期还有一个"阿"字也值得重视。《世说新语·赏誉》："谢车骑问谢公：'真长性至峭，何足乃重？'答曰：'是不见耳。阿见子敬，尚使人不能已。'"刘盼遂《世说新语校笺》云："阿，我也，乃谢公自谓。《三国志·辰韩传》：'东方人名我为阿。'此谓我见子敬尚不能已已，则汝见真长，足重可知矣。"不过，"阿"字的使用极少，此例是载籍中之罕见者。

　　还需注意的是，《赏誉》同条刘孝标注引《语林》中也有一例"阿"字："羊骥因酒醉，抚谢左军谓太傅曰：'此家讵复后镇西？'太傅曰：'汝阿见子敬，便沐浴为论兄辈。'"刘孝标注曰："推此言意，则安以玄不见真长，故不重耳。见子敬尚重之，况真长乎？"刘盼遂《世说新语校笺》云："注意以'阿'为车骑，亦未思阿于古绝无汝之训也。注中汝阿见子敬，汝阿不辞，汝为后人沾也。"又有人以为"汝阿"即你我，但此期并无这类人称代词并举用法，也或非是。

二　第二人称代词

　　此期第二人称代词最显著的发展主要表现在"汝、尔"感情色彩的变化上。

　　"汝"与"尔"历史悠久，"汝"字甲骨文中已有使用，字形作"女"；"尔"字西周金文中也已产生。这两个词早期使用时较为质朴，表示单纯的第二人称，如在《尚书》《诗经》中既可称呼位卑者，又可称呼位尊者。[①] 这与后世发展了的用法有明显不同。春秋之后，礼貌式称呼逐渐增多，"汝、尔"的感情色彩发生变化。《孟子·尽心下》曰："人能充无受尔汝之实，无所往而不为义也。"赵岐注："尔汝之实，德行可轻贱，人所尔汝者也。"可见这两个词使用时已经含有较为轻贱的意味，这种用法一直延续至后代。此期"汝、尔"在使用中仍然具有这种意味，同时又逐渐萌发出尊长者用来称呼卑幼者以表示亲昵的感情色彩，又以"汝"字更为常见。例如：

太祖尝视其文，谓植曰："汝倩人邪？"（《三国志·魏志·陈思王植传》）

大将军语右军："汝是我佳子弟，当不减阮主簿。"（《世说新语·赏誉》）

太后谓上曰："道怜汝布衣兄弟，故宜为扬州。"（《宋书·长沙景王道怜传》）

秉当权，遐累求方伯，秉曰："我在，用汝作州，於听望不足。"（同上）

太祖……谓太子曰："汝还，吾事办矣。"（《南齐书·文惠太子长懋传》）

太祖大渐时，诫世祖曰："……汝深戒之。"（《南齐书·长沙威王晃传》）

陵遂空手搏之以献，世祖曰："汝才力绝人，当为国立事，勿如此也。"（《魏书·常山王遵传》）

太祖戒彰曰："……动以王法从事，尔其戒之！"（《三国志·魏志·任城威王彰传》）

乃答曰："日近。"元帝失色，曰："尔何故异昨日之言邪？"（《世说新语·夙惠》）

举酒赐三子曰："……尔家有相，尔等并罗列吾前，复何忧！"（《世说新语·识鉴》）

以上十例中，说话者一方为君、为父、为母，或为其他尊长者，他们用"汝、尔"称呼臣、子等卑幼者，含有亲昵意味。

[①]　参看周法高《中国古代语法》"称代编"第二章第二节"'尔'和'汝'"条注一。

　　此期第二人称代词发展的另一个表现是,已经具备了"你"字萌生的条件。

　　"你"字的前身就是"爾",严格地说,它并不是一个新词,而是后者的形变与音变。就形体而言,"爾"字东晋时即可草书为"尔",这在王羲之的书法作品中已有一些用例,其后在《魏书》《洛阳伽蓝记》中也都有所反映。通常说来,人们在运用文字的过程中,往往有一种趋简的习惯,只要不影响意义的表达,总是选用那些写法简单的字形。既然文人行文已经出现简写的"尔",我们可以认为在一般场合下这样写已是一种较为常见的现象。那么为什么又会在"尔"的基础上加上"人"字偏旁而写成"你"呢?吕叔湘认为,是由于"尔"字的语音跟读音在南北朝时产生了分歧,要借字形的不同来进行区别。[①] 至于"你"字出现的具体时代,现在虽然没有见到成书于魏晋南北朝时期的典籍中有直接的用例,但是唐初成书的反映此期史实的载籍,以及此期之后不久魏征编纂的《隋书》中均出现不止一处,这说明第二人称代词"你"字在此期逐渐开始萌芽的看法是可以成立的。例如:

　　　　骂绍德曰:"你父打我时,竟不来救!"(《北齐书·太原王绍德传》)

　　　　呼显祖姓名云:"阿那瓌终破你国。"(《北齐书·高阿那肱传》)

　　　　然后释而急问之曰:"你能作几年可汗?"(《周书·异域传下》)

　　　　谓陈元康曰:"我教你好长史处,李幼廉即其人也。"(《北史·李幼廉传》)

　　　　武平元年,童谣曰:"狐截尾,你欲除我我除你。"(《隋书·五行志上》)

　　　　二年,童谣曰:"和士开,七月三十日,将你向南台。"(同上)

　　　　命捉将来,骂云:"我好欲放你,敢如此不逊!"(《隋书·许善心传》)

　　　　乃瞋目大言曰:"共你论相杀事,何须作书语邪?"(《隋书·李密传》)

　　需要特别说明的是,南朝梁顾野王编撰《玉篇·人部》已著录"你"字:"乃里切,尔也。"但我们目前所能见到的该书是经过宋人重修的《大广益会玉篇》,虽不能说其中"你"字必为后人增益,但由于《玉篇零卷》(据清末黎庶昌在日

---

　　① 参看吕叔湘著、江蓝生补《近代汉语指代词》"三身代词",学林出版社,1985 年 7 月第 1 版。笔者撰写这一节及下节时参考了该篇有关部分以及周法高《中国古代语法》"称代编"。

本见到的《玉篇》残卷编次而成,此残卷经考定是原本《玉篇》)没有"人"部,这里就没有将它作为顾野王原本已有的证明。此外,《殷芸小说》卷九中已有"你翁"、"你母"的用法,但该书如今也只能见到后人的辑录本,况且这里的两处"你"字又均有异文。据周楞伽校勘,"你翁"之"你",《绀珠集》作"汝",《类说》作"若";"你母"之"你",《绀珠集》无,《类说》作"若"。① 因此,我们也没有将它作为此期"你"字已有确凿用例的证明。

"你"字唐代开始流行,并且一直广泛沿用至现代汉语。

三　第三人称代词

第三人称代词在此期发展的主要事实有四点:一是此期之前沿袭下来的"其"字在语法功能上有了重要突破,二是产生了"渠、伊"等新的表达形式,三是"他"字处于萌发为人称代词的过程中,四是"己"字由反身称代词转用为第三人称代词。

(一)"其"字语法功能的变化

先秦两汉时期,第三人称代词"其"字以充任定语为常,少量用作偏正化主谓词组的主语,②偶或也可用作兼语,但不能充任独立句的主语与宾语。此期"其"字新生了充任独立句主宾语的用法,是对先秦两汉时期语法的重要发展。"其"字的新兴用法可以分为四类。

1.用作主语。例如:

> 其便以实答,言是罗汉。既终,王即按经律以罗汉法葬之。(《法
> 显传》)

---

① 参看《殷芸小说》"周楞伽辑注"。

② 这是采用张世禄的提法,参看《古汉语里的偏正化主谓结构》,载《张世禄语言学论文集》,学林出版社,1984 年 10 月第 1 版。

曹公众弱,其得我必喜,其宜从二也。(《三国志·魏志·贾诩传》)

其欲还北,假道於此,岂欲成孤事邪?(《三国志·蜀志·刘巴传》裴松之注引《零陵先贤传》)

人所应有,其不必有,人所应无,己不必无,真海岱清士。(《世说新语·赏誉》)

正尔自问临贺,冀得审实也。其若见问,当作依违答之。(《宋书·元凶劭传》)

其若好差不复须扶人,依例入。(《南齐书·吕安国传》)

其恆自拟韩、白,今真其人也。(《南齐书·垣崇祖传》)

臣累遣书信唤法亮渡,乞白服相见,其永不肯。(《南齐书·鱼复侯子响传》)

登山临水,命羣臣赋诗以送别,其见重如此。(《魏书·李彪传》)

其见卿等入石头,无異云霄中人也。(《魏书·岛夷桓玄传》)

2. 用作单宾句宾语。例如:

辂曰:"直宋无忌之妖,将其入灶也。"(《三国志·魏志·管辂传》)

谢太傅谓子敬曰:"可将当轴了其此处。"(《世说新语·雅量》)

且违京既久,屡请入朝。可遂此志,听其赴阙。(《魏书·司马悦传》)

时士达父忧在家,刺史元欣欲逼其为将,士达以礼固辞。(《魏书·房士达传》)

3. 用作双宾句的间接宾语。例如:

商人欢喜,即乞其财物,遣人往长广郡。(《法显传》)

煮熟便饮,语其节度,舍去辄愈。(《三国志·魏志·华佗传》)

恐不能抗,可引军避之,与其空城。(《三国志·魏志·陈登传》裴松之注引《先贤行状》)

长房复令就太守服罪,付其一札,以勅葛陂君。(《后汉书·费长房传》)

有相识小人贻其餐,肴案甚盛,真长辞焉。(《世说新语·方正》)

路中遇寇,身披苦褐,荣赐其衣帽,厚待之。(《魏书·侯渊传》)

既而车驾后至,见道路修理,大悦,即赐其名马。(《魏书·于栗磾传》)

年已十七,颇晓书疏,教其鲜卑语及弹琵琶,稍欲通解。(《颜氏家训·教子》)

4.用作介词宾语。例如:

秦人焚之,有景象如虎,为其蔽火,得以不死。(《后汉书·西羌传》)

时谓谢曰:"王宁异谋,云是卿为其计。"谢曾无惧色。(《世说新语·言语》)

与其居处者数十年,未尝见喜愠之色。(《宋书·郭原平传》)

行达晋陵,袁标就其求仗,长度不与,为标所杀。(《宋书·孔觊传》)

奉叔善骑马,帝从其学骑射,尤见亲宠,得入后宫。(《南齐书·周奉叔传》)

属尒朱仲远称兵内向,州既路冲,为其攻逼。衍不能守,为仲远所擒。(《魏书·王衍传》)

令其母妻,还居南宅,五日一来,与其相见。(《魏书·北海王详传》)

臣以疏滞,远离京辇,被其构阻,无所不为。(《魏书·广阳王建传》)

诸将妇有美色者,莫不被其淫乱。(《魏书·尒朱仲远传》)

妇来见夫,欲共其语,满口中米,都不应和。(《百喻经·奄米决口喻》)

另外,此期之前较少使用的"其"字用作兼语的现象,此期也常见起来。例如:

太傅已构嫌孝伯,不欲使其得谢。(《世说新语·言语》)

王苟子来,与共语,便使其唱理。(《世说新语·文学》)

相州刺史欲杀之,白鹿诈云"青州刺史杜骥使其归诚"。(《宋书·索虏传》)

北土多有名儿为驴驹、豚子者,使其自称及兄弟所名。(《颜氏家训·风操》)

攸之遣天赐譬说之,令其解甲,一无所问。(《宋书·沈攸之传》)

母死,家人以小儿犹恶,不令其知。小儿疑之。(《南齐书·杜栖传》)

辑乃资给道固,令其南仕。既至彭城,骏以为从事。(《魏书·崔道固传》)

子雍具陈贼可灭之状。颢给子雍兵马,令其先行。(《魏书·源贺传》)

关于此期产生用作主宾语的"其"字,吕叔湘认为同"渠"字的出现有关。①
这种看法有语音上的根据。《广韵》:其,渠之切,群母之韵;渠,强鱼切,群母鱼
韵。"其、渠"同为群母,是双声字,又韵母相近,且同为阴声三等字,二者相通是
完全可能的。不过,这里既是在谈"其"字的语法特点,那就更应从语法功能上追
溯它从先秦两汉以来发展变化的线索,探求它用作主语与宾语的内在根据。

第一,用作主语的根据。首先看"其"字的句中作用,如前所述,此期之前
"其"字主要用作定语,但它远在先秦时期就可充任偏正化主谓词组中的主语。
这又分为两种情况,一是这种词组作为造句成分充任整个句子的主语与宾语,
例如《孟子·公孙丑上》:"人之有是四端也,犹其有四体也。"二是这种词组充
任分句,例如《左传·僖公二十八年》:"若其不还,君退臣犯,曲在彼矣。"此
外,偶尔还可以充任兼语式中的兼语,例如《韩非子·外储说左上》:"不能自使
其无死,安能使王长生哉?"由此可见,先秦时期开始,用为非独立句主语始终
是"其"字的重要用法之一。再加以先秦两汉时期长期没有用作主语的纯粹的
第三人称代词,因而发展到此期,为求得使用上的方便,"其"字首先在口语中
突破非独立句的束缚,用为独立句主语,随之又在较为接近口语的书面语言中
反映出来,于是"其"字的用法得到重要发展。

其次从"其"字充任分句主语来进行分析。所谓分句,是与其他分句相对
待而存在的,而分句的确定又是以它与相关分句的语义关系作为依赖的。若
撇开这种外部的语义条件,单纯从分句内部的结构关系上进行观察,那么"其"
字充任分句主语与充任独立句主语其实并没有什么不同。语言中往往有一种
类化现象,既然第三人称代词"其"字可以用为分句主语,那么同样的一个
"其"字为什么不可以在仅仅是外部条件变化了的情况下,因类化作用而用为
独立句的主语呢?再者,古人的语法观念要比今人简单粗疏,运用语言的人又
不可能都精通语言,当有人于口语中首先将"其"字用作独立句主语时,尽管这
不符合固有语法,但既可省去重复名词主语的烦琐,又可避免省略名词主语的

---

① 参看第 172 页注释①所引《近代汉语指代词》"三身代词"。

含混,故而自然获得社会默许,形成"其"字用法的新特点。

第二,用作宾语的根据。先秦时用字并不规范,"其"字已有假借为"之"字的先例。《经传释词》曰:"其,犹之也。"实际用例如《书·盘庚中》:"不其或稽,自怒曷瘳?"贾谊《新书·修政语上》:"学圣王之道者,譬其如日;静思而独居,譬其若火。"两例中的三个"其"字,用如同是第三人称代词的"之"字,充任宾语。汉代之后,用字日趋规范,此类现象渐少。对于古字通假,我们固然不能无视通假规律,随意解释通假现象,任意扩大通假范围,但又不能不承认既有的通假实例。古籍中既有"其"用如"之"的先例,此期"其"字用作宾语也就不是偶然的了。

此外,"其"字在先秦时充任兼语的功能,发展到此期更是扩展到兼语式范围之外,这可以形成两种结果:一是充任独立句主语,已如前述;二是充任宾语。用作宾语又有三种情况,一为单宾句宾语,二为双宾句的间接宾语,三为介词宾语,而以后二者较为常见。这是因为,第三人称代词"其"字用作宾语后仍然保持着不位于句末的特性,而代词间接宾语通常处于直接宾语之前,介宾结构之后也常另有谓语动词及其宾语。即便用作单宾句宾语,"其"字后仍须另有其他成分而绝不位于句末,如前举《世说新语·雅量》:"可将当轴了其此处。"句中"此处"用作补语,位置在宾语"其"字之后。

还需指出的是,尽管此期"其"字的语法功能有了重要发展,但这种新兴用法仍然并不多见。这固然是"其"字的传统用法根深蒂固,使得它的新兴用法无法充分发展,同时也是由于新产生的第三人称代词"渠、伊"等具有自由充任主宾语的功能,使得它的新兴用法无须充分发展。

(二) 新生的第三人称代词"渠、伊"

此期新生的第三人称代词主要有"渠、伊"两个。

1."渠"字在此期首先用作指示代词(例详本编第十二章"指示代词"),后又转用为第三人称代词。吕叔湘认为:"'渠'字跟'其'字该是同源。'其'字在古代是只用于领格的,可是汉魏以后常常可以看见非领格的'其'字。这些

'其'字可能代表实际口语的'渠'。"①不过此期第三人称代词"渠"字的使用尚不普遍,就所见用例看,可以充任主语、宾语。例如:

> 惊言失之,云:"女婿昨来,必是渠所窃。"(《三国志·吴志·赵达传》)
> 无奈人心复有忆,今暝将渠俱不眠。(庾信《秋夜望单飞雁》)
> 无事交渠更相失,不及从来莫作双。(庾信《代人伤往》)

以上三例中,前一例充任主语,后二例充任宾语。

到了唐代,第三人称代词"渠"字才逐渐流行开来。

2."伊"字本是指示代词,此期转用为第三人称代词,主要充任主语、宾语、定语、兼语,《世说新语》中就出现了不少用例。例如:

> 既还,王长史语刘曰:"伊讵可以形色加人不?"(《方正》)
> 不敢复近思旷傍。伊便能捉杖打人,不易。(同上)
> 江家我顾伊,庾家伊顾我,不能复与谢哀儿婚。(同上)
> 有人以王中郎比车骑,车骑闻之曰:"伊窟窟成就。"(《品藻》)
> 太傅云:"恐伊不必酬汝,意不足尔。"(《简傲》)
> 蓝田曰:"勿学汝兄,汝兄自不如伊。"(《品藻》)
> 人有向真长学此言者,真长曰:"我寔亦无可与伊者。"(《轻诋》)
> 高柔闻之,云:"我就伊无所求。"(同上)
> 丞相让之,大将军曰:"自杀伊家人,何预卿事?"(《汰侈》)
> 刘尹曰:"使伊去,必能克定西楚,然恐不可复制。"(《识鉴》)

以上十例中,前五例充任主语,六至八例充任宾语,末二例依次充任定语、兼语。

第三人称代词"伊"字在唐宋时继续流行,并且在金元人的曲文中又可用作第二人称代词。

(三)"他"字处于萌发为人称代词过程中

"他"字本是指示代词,此期开始了向第三人称代词发展的进程,正处于呼

---

① 参看第 172 页注释①所引《近代汉语指代词》"三身代词"。

之欲出的萌芽阶段。"他"字由指示代词发展为人称代词的首要前提是,由指代事物表示"别的、别的东西"转为指代人表示"别人、他人"。这一转化在此期之前已经有了用例,而在此期的演变中又出现如下两个重要的关键性发展。

第一,"他"字指代的"别人、他人",不再是包举所有"其他的人"或泛指任何"其他的人",而是专指某个或某几个"其他的人"。主要充任主语、定语、宾语,这在此期较为常见。例如:

> 及度律至,母责之曰:"汝既荷国恩,无状反叛,我何忍见他屠戮汝也。"(《魏书·尒朱度律传》)

> 宋长宁陵隧道出第前路,上曰:"我便是入他冢墓内寻人。"(《南齐书·豫章文献王嶷传》)

> 妇无贞信,后於中间共他交往。(《百喻经·妇诈称死喻》)

> 诈现死相,卧死人中,其所乘马为他所夺。(《百喻经·诈言马死喻》)

> 如彼愚人推求摩尼为他所害。(《百喻经·摩尼水窦喻》)

> 君自有異志,当为他所惑耳,后有至者,君便抱留之。(《古小说钩沉·列异传》)

以上六例中,前二例依次充任主语、定语,后四例充任宾语。

上举用例中"他"字所指代的"别人、他人",已由统指他人转为专指某个或某几个"其他的人",不过这仍然不能算是第三人称代词,因为它依旧没有摆脱无定的指示代词性质,我们还无法从"他"字的使用上找出所代替的某一个确定的人。

第二,"他"字所代替的人由无定转为有定。具体说来,"他"字或者代替前面已经提到的某一个确定的人,或者代替在场的对话人之外的第三人。主要充任宾语、主语、定语。例如:

> 乃谓其女壻裴攸曰:"吾宗与李敷族世虽远,情如一家。在事既有此劝,竟如何也?昨来每欲为此取死,引簪自刺,以带自绞,而不能致绝。且亦不知其事。"攸曰:"何为为他死也?……"(《魏书·李䜣传》)

> 神瑞初,偙檀率骑击乙弗虏,大有擒获,而乞伏炽磐乘虚袭乐都克之,执偙檀子虎台以下。偙檀闻之曰:"若归炽磐,便为奴仆,岂忍见妻子在他

179

怀中也!"引众而西,众皆离散。(《魏书·鲜卑秃发乌孤传》)

甲与乙鬬争,甲齧下乙鼻。官吏欲断之,甲称乙自齧落。吏曰:"夫人鼻高耳口低,岂能就齧之乎?"甲曰:"他踏床子就齧之。"(《古小说钩沉·笑林》)

晨朝念言:今当就会,谁后守舍?我若强力课留一人,所应得分,我则负他;若有自能开意住者,我於会还,当别投报。① (慧觉等译《贤愚经》卷五)

颜置脯斟酒于前。其人贪戏,但饮酒食脯,不顾。数巡,北边坐者忽见颜在,叱曰:"何故在此?"颜唯拜之。南边坐者语曰:"适来饮他酒脯,宁无情乎?"(《搜神记》卷三)

以上五例中,"他"字依次充任宾语、定语、主语、宾语、定语。

就替代内容看,上举前四例"他"字代替前面已经提到的某个确定的人,末例代替在场的对话人之外的第三人,这几个用例中的"他",已经基本满足作为第三人称代词成熟的条件,可以视为第三人称代词。不过,这类"他"字在此期尚属少见,而且以上所引语料的时代性也略微有些疑而不明。《魏书》中有宋代刘恕、范祖禹补掇之处,《笑林》此条乃由《太平广记》辑录而来,《贤愚经》则属于汉译佛经,《搜神记》也难免有后人窜入的文字,故而还难以作为此期语法现象的确证。比较稳妥的说法是,"他"字的第三人称代词用法此期仅仅处于萌芽阶段,它的形成与确立则应当是唐代的事情。②

此外,关于此期第三人称代词"他"字的使用,周法高举出的例证还有:《乐府诗集·圣郎曲》:"左亦不伴伴,右亦不翼翼。仙人在郎傍,玉女在郎侧。酒无沙糖味,为他通颜色。"《乐府诗集·读曲歌》:"坐起歎汝好,愿他甘丛香,倾筐入怀抱。"不过,他对于这两首诗歌的写作时代却不是十分确定,只是说:"两则大概都是南朝的乐府。"这里录以备考。③

---

① 此例采自李维琦《佛经释词》"他"字条,岳麓书社,1993年2月第1版。
② 参看郭锡良《汉语第三人称代词的起源和发展》,载《汉语史论集》(增补本),商务印书馆,2005年10月第1版。
③ 参看周法高《中国古代语法》"称代编"第三章第一节"他"条。

（四）"己"字由反身称代词转用为第三人称代词

"己"字此期由反身代词转用为第三人称代词,主要充任主语、宾语、定语、兼语。例如:

> 少时与渊源共骑竹马,我弃去,己辄取之,故当出我下。(《世说新语·品藻》)

> 人所应有,其不必有,人所应无,己不必无,真海岱清士。(《世说新语·赏誉》)

> 王长史道江道羣:"人可应有,乃不必有,人可应无,己必无。"(同上)

> 太傅既了己之不知,因其言次,语胡儿曰:"世人以此谤中郎,亦言我共作此。"(《世说新语·纰漏》)

> 张天锡……为孝武所器,每入言论,无不竟日,颇有嫉己者。(《世说新语·言语》)

> 渊源思致渊富,既未易为敌,且己所不解,上人未必能通。(《世说新语·文学》刘孝标注引《语林》)

> 某甲为覇府佐,为人都不解。每至集会,……同时人士令己作主人,并使唤妓客。(《古小说钩沉·笑林》)

以上七例中,前四例充任主语,后三例依次充任宾语、定语、兼语。

上举用例中的"己"字,已不再表示某人自己,而转用为第三人称代词,但由于与"自己"的"己"容易混淆,因而使用并不广泛。

四　反身称代词

反身称代词在此期的发展主要表现在"身、自"使用的变化上。

1."身"字先秦时即可用为反身称代词,此期沿袭这一用法,同时由"身"字构成的两种结合形式,一种用例明显增多,另一种用法上又有新的发展变化。

（1）"身自"连用,表示自己、亲自,比此期之前明显增多。例如:

身自搏战,射胡骑,应弦而倒者前后相属。(《三国志·魏志·任城威王彰传》)

身自负土,率将士劝种稻,民赖其利。(《三国志·魏志·夏侯惇传》)

单于身自临陈,太祖与交战,遂大斩获。(《三国志·魏志·田畴传》)

关羽在南郡,今至尊身自临之。(《三国志·吴志·吕蒙传》)

乃身自扶权上马,陈兵而出,然后众心知有所归。(《三国志·吴志·张昭传》)

因以泥涂仲伯妇面,载以鹿车,身自推之。(《后汉书·赵憙传》)

得免归田里。身自耕种,不交通人物。(《后汉书·第五伦传》)

琬性鄙闇,贪吝过甚,财货酒食,皆身自量校。(《宋书·邓琬传》)

微服潜行求尸,四十馀日乃得,密瘗石头后岗,身自负土。(《南齐书·袁彖传》)

平原身自讨击,杀七人,擒小君,送京师斩之。(《魏书·河南王曜传》)

（2）"身"字用于人名之后,表示某人自己,是此期新兴的用法。例如:

靖身坐岸边,先载附从,疏亲悉发,乃从后去。(《三国志·蜀志·许靖传》)

刘备卻后数年方入蜀,备身未尝涉於关、陇。(《三国志·魏志·王粲传》裴松之注)

上昭陛下进贤之明,中显懿身文武之实。(《三国志·魏志·曹真传》裴松之注引《魏书》)

操身虽毙,子丕篡盗,当因众心,早图关中。(《三国志·蜀志·赵云传》裴松之注引《云别传》)

符到,其即共收擒晦身,轻舟护送。(《宋书·谢晦传》)

喜军中人皆是喜身爪牙,岂关於国?(《宋书·吴喜传》)

当"身"字用于表示人物称谓的词语之后,二者的结合趋于紧密,而"身"字仍有自己、自身的意思。例如:

孤祖父以至孤身,皆当亲重之任。(《三国志·魏志·武帝纪》裴松之

注引《魏武故事》）

中宗元皇帝以曾祖故右卫将军崇承袭,逮于臣身。(《宋书·荀伯子传》）

君身不得传世封,其绍先爵者,君长子绍远也。(《魏书·济阴王小新成传》）

卿身非功旧,位无重班,……任居方夏者,正以勤能致远。(《魏书·郦范传》）

而当"身"字用于表示人物特征的词语之后,二者的结合更加紧密,"身"字表示自己、自身的词汇意义也开始虚化,仅仅表示是某一类型的人。例如:

公报姑云:"已觅得婚处,门地粗可,婿身名宦,尽不减峤。"(《世说新语·假谲》）

役身死叛,辄考傍亲,流迁弥广,未见其极。(《宋书·武帝纪下》）

我亦不能问叛身,自今军中有叛者,军主任其罪。(《南齐书·柳世隆传》）

百日旷期,始蒙旬日,一介罪身,独婴宪劾。(《南齐书·王融传》）

又录得一偷,召其亲属於前鞭之,令偷身长扫街路。(《南齐书·王敬则传》）

2.　"自"字在先秦时期即可用为反身称代词,并且一直沿用到后代。此期又有两个变化,[1]一种是新生了充任定语的功能。例如:

辽被甲持戟,先登陷陈,杀数十人,斩二将,大呼自名,冲垒入。(《三国志·魏志·张辽传》）

若自船已渡,后人未及,常停住须待,以此为常。(《宋书·郭原平传》）

下种於地,畏其自脚蹋地令坚,其麦不生。(《百喻经·比种田喻》）

"自"字充任定语,此期之前未曾见到,此期及此期之后也甚为少见。

另一种是"自"字出现类似指代性副词"相、见"的用法,充任状语。例如:

---

[1]　参看吕叔湘《语文杂记》"读《三国志》",上海教育出版社,1984 年 4 月第 1 版。下文《三国志》中《张辽传》《杨洪传》《陈祗传》《张嶷传》四例也采自该文。

明年,曹公征孙权,权呼先主自救,先主遣使告璋。(《三国志·蜀志·先主传》)

时人或疑洪意自欲作长史,或疑洪知裔自嫌,不愿裔处要职。(《三国志·蜀志·杨洪传》)

后主追怨允日深,谓为自轻,由祗媚兹一人,皓搆间浸润故耳。(《三国志·蜀志·陈祗传》)

嶷之到定莋,定莋率豪狼岑——槃木王舅,甚为蛮夷所信任——恣嶷自侵,不自来诣。(《三国志·蜀志·张嶷传》)

按照“自”字的通常用法,它理当称代其后动词动作的发出者,以上四例依次应当称代先主、张裔、董允、张嶷。但根据上下文文意,这里却分别称代孙权、杨洪、后主、狼岑,并不称代“自”后动词动作的发出者,与此期“相、见”指代隐含的第三人称宾语相仿佛。仔细分析这种用法产生与运用的原因,其实与上文“己”字的第三人称代词用法实有相通之处。一则其时文人处事较为率性,根深蒂固的传统礼法尚且可以突破,不愿严谨遵循固有语法规律也是极有可能的;再则此期第三人称代词中,“伊、渠”刚刚新生,“他”字仅是开始萌芽,“其”字的使用又要受传统用法限制,“己、自”正可尝试用如第三人称代词,只不过它们的用法,特别是“自”字这一用法显然不符合言语交际的明确原则,因而使用的时间比较短暂,范围也比较狭窄。至于说到“自”与“己”这类用法的不同,就已见用例看,“己”字可以自由地充任主语、宾语、定语、兼语,而“自”字由于受到传统用法的限制,只能充任状语,所以性质上也存在一些差异。

这里既然说到“自”字此类用法不符合言语交际的明确原则,我们再来看看《三国志·魏志·刘放传》中的一例“自疑”,具引如下:

边候得权书,放乃改易其辞,往往换其本文而傅合之,与征东将军满宠,若欲归化,封以示亮。亮腾与吴大将步骘等,骘等以见权。权惧亮自疑,深自解说。

文中的“自”字,很容易产生不同理解。倘若将它视为与“相、见”相仿佛,可以指代其后动词隐含的宾语,那么“自疑”通常表示“怀疑自己”(指诸葛亮),偶或表示“怀疑他人”(指孙权)。单是这二者之间就极易混淆,不对上下文做仔细分析势必难以区分。此外,也许更为重要的是,"自疑"中的"自"在用法上与"相、见"并不相仿,这个"自"字仅仅是指其后动词动作的发出者,如同司马迁《报任安书》"终不能自列"中的"自"字。这类用法形成的"自疑"在《史记》中已有零星用例,如《高祖本纪》:"高祖即自疑,亡匿,隐於芒、砀山泽岩石之间。"此后"自疑"逐渐凝为双音词,此期使用不断增多,核心词义为"心存疑虑、迟疑不决"之类,有时还可随上下文语境而略有变化;罕见用如"怀疑自己"或"怀疑他人"者。例如:

> 步度根以为比能所诱,有自疑心。今轨出军,适使二部惊合为一,何所威镇乎?(《三国志·魏志·明帝纪》)

这是指步度根受到轲比能的诱惑,已有持两端之心,毕轨不宜再去威吓他。

> 时诏书独下延而不及萌,萌以为延谮己,自疑,遂反。(《后汉书·庞萌传》)

这是指庞萌因诏书未提及自己,认为遭到盖延进谗,心怀忧惧,以致最终谋反。

> 躬勤于职事,光武常称曰"谢尚书真吏也",故不自疑。(《后汉书·吴汉传》)

这是指谢躬得到光武的称赞,故而心无戒备,最终却遭到受光武指使的吴汉杀害。倘若认为句中"自疑"的"自"指代光武,终不及将"自疑"作为一个词来理解准确全面。

> 宗之自以非高祖旧隶,屡建大功,有自疑之心。会司马休之见讨,猜惧,遂与休之北奔。(《宋书·鲁爽传》)

这是指鲁宗之认为自己并非高祖旧部,屡建大功后惧怕功高盖主,故而心存疑虑、猜惧,遂与司马休之一同逃亡后秦。

> 太祖顿新亭垒,以惠基为军副,惠基弟惠朗亲为休范攻战,惠基在城内了不自疑。(《南齐书·萧惠基传》)

这是指萧惠基深受太祖信任,虽然其弟萧惠朗为休范攻战,他丝毫不因事情可能牵连自己而心存忧惧。

於是荣不自疑，每入谒帝，从人不过数十，又皆挺身不持兵仗。（《魏书·尒朱荣传》）

这是指尒朱荣得到庄帝表示信任自己的承诺后，毫无防备，轻易进宫，最终被杀害。

以上六例"自疑"中，《三国志》《宋书》二例充任定语，其余充任谓语。

再回到《三国志·魏志·刘放传》中的"权惧亮自疑，深自解说"，这句话的意思并非只是孙权要撇清干系，一心辩解刘放在书信上做手脚是为了构陷自己，而是出于政治格局考虑，对于吴蜀联盟可能因诸葛亮心存疑虑将受到威胁表示担忧，故而自然要对步骘并通过步骘向诸葛亮"深自解说"。"自疑"若仅仅理解为诸葛亮"怀疑孙权"，显然内容过于狭隘。可见，"自疑"凝结成词后，若再以其中语素来论结构成分或指代对象，就很容易损害对文意的理解。

上文我们先后论及此期反身称代词"己"与"自"的发展变化，着重阐述了它们不同于此期之前的一些特殊用法，接下来自然应当继续探讨一直广泛沿用至今的复合反身代词"自己"在此期的产生与演变。对于这一问题，魏培泉在《汉魏六朝称代词研究》中已经列出东汉至魏晋南北朝时期不少可以确认为复合反身代词"自己"的用例，只是他的举例几乎全部出自汉译佛经，罕见列举中土文献中的用例（详下文）。① 稍后一些时间，邓军在《魏晋南北朝代词研究》第三章"人称代词"中，也列举出汉译佛经中大多可以确认为复合反身代词"自己"的若干用例，同时还认为此期中土文献《三国志·吴志·孙休传》裴松之注引《吴录》中也有相同用法："或师友父兄所作，或自己为；师友尚可，父兄犹非，自为最不谦。"又据《汉语大词典》（汉语大词典出版社，1990 年 12 月第 1版）转引《南史·陶弘景传》中"自己"的书证："弘景母梦青龙无尾，自己升天，弘景果不妻无子。"其实，这两例中的"自己"均因可做不同分析而易致歧解。深入比较不同的分析理解，可以看出将"自己"解释为充任状语的介宾结构更

---

① 这里所引魏著，参看《汉魏六朝称代词研究》4.3.7"自己"，台北"中央研究院"语言学研究所，2004 年 12 月第 1 版。下文所引邓著，参看《魏晋南北朝代词研究》第三章"人称代词"，上海人民出版社，2008 年 12 月第 1 版。所引吴著，参看《敦煌变文语法研究》"人称代词"，岳麓书社，1996年 7 月第 1 版。

为确切,前一例意指"出于己手",后一例意指"出于己身"(《梁书·陶弘景传》作"母梦青龙自怀而出"),均与复合反身代词"自己"无涉。有时在具体语言运用中还会遇到述宾词组"自己"直接位于动词性主语后面充任谓语的情况,这种句式与上述邓引二例一样,极易产生误解,错以为"自己"是充任受事宾语的复合反身代词。例如同是邓引《晋书·王敦传》:"大将军阻兵不朝,爵赏自己,五尺之童知其异志。"句中述宾词组"自己"自应理解为"出于己意"。再如《晋书》同传中的另外一例:"充等并凶险骄恣,共相驱扇,杀戮自己。"倘若将句中"自己"理解为受事宾语,岂不更加有悖情理? 实际上,此期中土文献中出现的若干例"自己",似乎多应视为"己"字充任宾语,而其前"自"字或为介词或为动词。用为介词的如"足下轻辱三公,罪自己作,今蒙释宥,德莫厚矣"(《三国志·魏志·陶谦传》裴松之注引《吴书》)、"钟会以利动取败,祸自己出"(《三国志·魏志·傅嘏传》裴松之注);用为动词的如"威福自己,无所忌惮,诽谤朝政,历毁王公"(《南齐书·王融传》)、"览其举措,迹其规矩,招祸取咎,无不自己也"(《三国志·蜀志·刘彭廖李刘魏杨传评》)。由此可见,若说复合反身代词"自己"在此期汉译佛经中已经较为常用,那是可以成立的;若说在此期中土文献中也已时时可以见到,那还有待于今后进一步发掘语料以做证明。

当然,出于语言表达的需要,在此期语词双音化的大势驱使下,又或许是受到汉译佛经已经较常使用的影响,中土文献中偶有复合反身代词"自己"较为成熟的用例,也不是绝无可能的。此期之后不久,唐初编撰的《梁书》就出现了"勤脩产业,以营盘案,自己营之,自己食之,何损於天下"(《贺琛传》)。这段话出自梁武帝萧衍怒责贺琛的口授敕文,文中两处"自己"很难再用介宾结构进行解释,应当说已经成为此期中土文献中偶见的复合反身代词。只是这一用法在刚刚出现的早期,势必会受到种种限制。一是传统的作为介宾结构或述宾词组的"自己",势力影响大,使用范围广,这使"自己"的新兴用法难以充分展开;二是这一用法明显对于使用者自身条件的要求较高。由于"自己"的复合反身代词用法较早较集中地用于汉译佛经,因而能够将它移借于中土文献的使用者则须具有较深的佛学修养,至少也应对汉译佛经有较多的涉猎了解。据《梁书》本纪记载，萧衍无疑是一位具备了极高的佛学热情与佛学修养的帝王。他建立梁朝后，大兴佛教，广建寺院，并三次舍身同泰寺。在位期间，曾两次行幸同泰寺升法座讲解经法，每次长至七天，名僧硕学、四部听众，常万余人。他又长于释典，制作诸经义记，达数百卷之多。由此可以推想，萧衍是极为熟悉"自己"的复合反身代词用法的，偶或用于自己的敕文，特别是口授敕文中也是顺理成章的事。此外，魏著中又提及此期著作《论语义疏》中的一例，《论语·泰伯》："恶衣服而致美乎黻冕。"皇侃义疏云："祭服供自己身，故云美也。"实际上，与梁武帝萧衍相仿佛，皇侃也具备通晓佛学的外部条件。据《梁书》本传记载，皇侃在梁武帝朝为官，"高祖善之，拜员外散骑侍郎，兼助教如故。性至孝，常日限诵《孝经》二十徧，以拟《观世音经》"。虽然这里的"限诵《孝经》二十徧，以拟《观世音经》"，由于缺乏相关佐证材料，无法认定他到底是恪守儒家规范还是兼采佛教礼仪，但此举源于佛教影响则是没有疑义的。再者从皇侃《论语义疏》中也多处可见他深受佛学思想影响的烙印，例如他在该书自序中多次提及的"圆通"一词，显然来自佛学术语，据丁福保《佛学大辞典》解释："妙智所证之理曰圆通。性体周遍为圆，妙用无碍为通。"又如《论语·先进》："季路问事鬼神。子曰：'未能事人，焉能事鬼？'曰：'敢问死。'曰：'未知生，焉知死？'"皇侃在疏解时就采用了佛学"过去、现在、未来"的"三世说"进行阐发。据此不难看出，皇侃对于汉译佛经也是甚为熟悉的，在《论语义疏》中偶或用上复合反身代词"自己"也是完全可以理解的。当然，"自己"在此期中土文献中的使用还只是偶发的现象，虽然唐代又陆续出现一些零星用例，但据吴福祥《敦煌变文语法研究》调查，要迟后至晚唐五代才逐渐多见起来。

五　与人称代词相关的几个问题

这里主要讨论表示人称代词复数形态的类及之词的发展、礼貌式称呼的运用，以及"某甲"、"甲、乙"之类的用法。它们虽然都不是人称代词，但又与人称代词有着这样那样的联系,或者用于人称代词之后表示复数,或者其作用大体相当于人称代词,所以集中在一起附在人称代词中来谈。

（一）类及之词"比"

汉语中表示复数的后缀"们"字尚未产生之前,人称代词单数与复数采用同一形式。有时为了明确表示多数,常在人称代词之后加上"侪、曹、属、等、辈"等类及之词,义为"……一类人"。部分类及之词后来又可施于名词之后,所指对象也扩大到兼指人与物。类及之词大多为名词,虽然意义与用法极似后世的"们"字,但由于一直没有丧失实义,因而也始终未能发展成为表示复数的后缀。

此期除沿袭先秦两汉时期的类及之词外,汉末新生的"比"字也得到广泛使用,可以用于人名或表字之后,[1]也可用于人称代词、指示代词、疑问代词之后,甚至用于一般性的词语或词组之后,表示具有某种性质、特征的事物类别。依次举例如下:

> 公密有自婚意,答云:"佳壻难得,但如峤比,云何?"(《世说新语·假谲》)

> 亦好豫人家事,酷非所须。正如真长、子敬比,最佳。(《世说新语·排调》)

> 姑云:"丧败之馀,乞粗存活,便足慰吾馀年,何敢希汝比?"(《世说新语·假谲》)

> 瑜因荐肃才宜佐时,当广求其比,以成功业,不可令去也。(《三国志·吴志·鲁肃传》)

> 援人自助,弃人快谗,怙乱疑功,未闻其比。(《宋书·臧质传》)

> 举朝素衣,朝夕哭临,自古已来,未有此比。(《三国志·魏志·陈

---

① 杨树达云:"按《汉书》一书中屡言等辈,或作等比,古比字与辈字同音也。"是"比"与"等"同义复用,汉代已有先例。但"比"字单用为类及之词,则是迟晚一些的事。参看《马氏文通刊误》,中华书局,1962年9月第1版。

群传》)

故京师为之语曰："以官易妇邓玄茂。"每所荐达，多如此比。(《三国志·魏志·曹爽传》裴松之注引《魏略》)

散赐谄谀，偏惠趋隶。推心考行，事类斯比。(《宋书·庐江王祎传》)

自开古以来，明明之世，未闻斯比也。(《魏书·任城王云传》)

人有问太傅："子敬可是先辈谁比?"(《世说新语·品藻》)

我不谙书，不知古人中谁比? (《南齐书·裴昭明传》)

此亦改烧石去血食之比，无所惮难。(《抱朴子·省烦》)

今上富於春秋，行未有失，非前事之比也。(《三国志·魏志·董卓传》裴松之注引《献帝纪》)

如臣之比，车载斗量，不可胜数。(《三国志·吴志·吴主传》裴松之注引《吴书》)

如玄之比，隐跡衡门，不耀名誉者，尽敕州郡以礼发遣。(《魏书·世祖纪上》)

上举《世说新语·品藻》例中"可是先辈谁比"特别容易引起误解。"谁比"义为哪一类的人，而不是"比谁"的疑问代词宾语前置形式。其理由有两点：一是《世说新语》一书在表示"同谁相比"时直接说成"比谁"，而不说成"谁比"，如同是《品藻》的"世论以我家领军比谁?"二是该书"谁比"又可说成"谁辈"，如《赏誉》："山巨源义理何如? 是谁辈?"这里的"辈"与前举"可是先辈谁比"的"比"音近义通，详下文。

类及之词除用于人名、表字或各类代词之后，又可位于一般性的词语或词组之后独立表示某种类别，这恰恰说明它仍然具有一定实义，与汉语中后来发展成熟的表示复数的"们"字有着性质上的较大区别。顺便说及，唐人刘知几《史通·杂说中·北齐书》曾引用王劭《齐志》曰："渠们底个，江左彼此之辞；乃若君卿，中朝汝我之义。斯并因地而变，随时而革，布在方册，无假推寻。"后人据此认为"们"字表示复数正应是此期新生。但吕叔湘提出"宋代以前著录'们'字之例，作者尚未见及"，以及"'渠、们、底、个'应为四字离立而'们'字独用无可为义"，"颇疑《史通》'们'字为'伊'字传写之讹"。据此看来，"们"

190

字尚不能算是此期产生的语法现象。①

此外，"比"字还可与其他表示流辈之类的词连用，说成"比例、比类、流比、等比、比流"，用于名词、代词等后面。例如：

> 能知一年中吉凶及千里外事。如此比例，不可具载。(《抱朴子·对俗》)

> 羽闻马超来降，旧非故人，羽书与诸葛亮，问超人才可谁比类。(《三国志·蜀志·关羽传》)

> 如足下流比，进非社稷宗臣，退无顾命寄託。(《宋书·殷琰传》)

> 如臣等比，並蒙荣爵，为在事孤抑，以人废勳。(《魏书·刘文晔传》)

这类连用的情况有时甚至还可脱离依附的名词、代词而独立使用，代指某一流辈的人。例如：

> 会遇盗贼，等比十馀人皆放散其盐，复独完以还县。(《后汉书·贾复传》)

> 论古则如彼，语今则如此，明明之世，不及比流。(《魏书·刘文晔传》)

"比"字的这一用法来源于此期之前的另一类及之词"辈"字。《广雅·释诂》："比，辈也。""比"与"辈"有语音上的密切联系。《广韵》：比，卑履切，帮母旨韵；辈，补妹切，帮母队韵。二字古音同为帮母，又同属段玉裁第十五脂部。脂微分部，则"比"在脂部，"辈"在微部，二者音近义通。

（二）尊称与谦称

先秦时期，用人称代词称呼别人或自称，常被认为是一种不够尊重的方式，故而又产生了一些礼貌式称呼，称呼别人用尊称，称呼自己用谦称。尊称与谦称虽然多用名词或名词性词组兼任，但就其句中作用而言，却相当于人称代词；由于这类称呼具有特定的内容与感情色彩，从性质上看，又稍有些像是指示代词。此期在沿袭秦汉时期用法的基础上，又产生了许多新的礼貌式称

---

① 参看《释您、俺、咱、喒，附论们字》"补记一"，载《汉语语法论文集》(增订本)。

呼,以下列举《世说新语》中的用例以见一斑。①

1.用于对对方的尊称,主要有"公、卿、官、君、尊、明公、府君、明府、君侯、使君、大人、上人"。例如:

> 林道人往就语,将夕乃退。有人道上见者,问云:"公何处来?"(《文学》)

> 魏武亦记之,与脩同,乃叹曰:"我才不及卿,乃觉三十里。"(《捷悟》)

> 殷中军……诘问良久,乃云:"小人母年垂百岁,抱疾来久,若蒙官一脉,便有活理。"(《术解》)

> 曹公少时见乔玄,玄谓曰:"天下方乱,羣雄虎争,拨而理之,非君乎?"(《识鉴》)

> 诣王长史,清言良久,去后,荀子问曰:"向客何如尊?"(《赏誉》)

> 鲲谕敦曰:"近者明公之举,虽欲大存社稷,然四海之内,实怀未达。"(《规箴》)

> 为豫章太守,……主簿白:"羣情欲府君先入廨。"(《德行》)

> 欲图殷荆州,殷曰:"我形恶,不烦耳。"顾曰:"明府正为眼尔。"(《巧艺》)

> 谢中郎是王蓝田女壻,……直言曰:"人言君侯癡,君侯信自癡。"(《简傲》)

> 王僧弥、谢车骑共王小奴许集,僧弥举酒劝谢云:"奉使君一觞。"(《雅量》)

> 儿徐进曰:"大人,岂见覆巢之下复有完卵乎?"(《言语》)

> 孙问深公:"上人当是逆风家,向来何以都不言?"(《文学》)

2.用于对自己的谦称,主要有"民、贱民、臣、微臣、下官、弟子、小人、贫道"。例如:

> 右军为论议更克,孔巖诚之曰:"明府……无慎终之好,民所不取。"

---

① 参看詹秀惠《世说新语语法探究》第一编"称代词",台湾学生书局,1973 年 3 月第 1 版。此期礼貌式称呼的含意以及相对于此期之前的变化,也请参看詹著该编。另,邓军对于此期人称代词礼貌式称呼的用例搜集较广,分类较细,参看第 186 页注释①所引《魏晋南北朝代词研究》第三章第六节"人称代词的礼貌式"。

（《规箴》）

边文礼见袁奉高，失次序。……文礼答曰："明府初临，尧德未彰，是以贱民颠倒衣裳耳。"（《言语》）

明帝……复问郗，郗曰："周颤比臣，有国士门风。"（《品藻》）

既有艰难，则以微臣为先，今犹俎上腐肉，任人脍截耳！（《方正》）

至门，刘前进谓抚军曰："下官今日为公得一太常博士妙选！"（《文学》）

东亭问法冈道人曰："弟子都未解，阿弥那得已解？所得云何？"（同上）

张愧谢曰："小人有如此，始不即知，蚤已毁坏。"（《规箴》）

或言道人畜马不韵，支曰："贫道重其神骏。"（《言语》）

《世说新语》之外，此期新兴而又较为常用的礼貌式称呼还有用于谦称的"奴"，以及用于尊称的"殿下、大兄、大弟"；或者在通常称呼前再加上"明"，在彼此亲属称谓等前再加上"尊、贤"之类美辞，表示受此称呼者当得上清明贤德，值得用此称呼者的礼尊。依次举例如下：

爽等请曰："奴与南有雠，每兵来，常虑祸及坟墓，乞共迎丧，还葬国都。"（《宋书·鲁爽传》）

这是鲁爽对虏主拓跋焘的进言，本传随即以插语的方式解释说："虏辈下於其主称奴，犹中国称臣也。"此外，此期"奴"字还可用于尊长者对卑幼者的昵称，或者对人的鄙称，这里就不赘述了。

庄遣腹心门生具庆奉启事密诣世祖曰："……殿下亲董锐旅，授律继进。"（《宋书·谢庄传》）

这是谢庄对宋孝武帝刘骏尚为武陵王时的进言。"殿下"汉代时用以称呼诸侯王，此期沿袭用以称呼诸王。

绪正色谓晃信曰："此是身家州乡，殿下何得见逼！"（《南齐书·张绪传》）

羽惊怖，谓晃曰："大兄，是何言邪？"（《三国志·蜀志·关羽传》裴松之注引《蜀记》）

这是关羽对徐晃的称呼。汉代时，"大兄"用以称呼长兄，此期用为对朋辈中比自己年长者的亲切称呼。

　　肃拊蒙背曰："吾谓大弟但有武略耳。"(《三国志·吴志·鲁肃传》裴松之注引《江表传》)

这是鲁肃对吕蒙的称呼。此期用为对朋辈中比自己年幼者的亲切称呼。

　　如明使君奉宣诏书,夕惕庶事,反不苦邪?(《后汉书·台佟传》)

　　明侯何因得此丑声之甚也?(《后汉书·公沙穆传》)

　　天笃降害,祸难殷流,尊公徂殒,四海悼心。(《三国志·魏志·袁绍传》裴松之注引《魏氏春秋》)

　　今海内丧败,天意实在我家,神应有征,当在尊兄。(《三国志·魏志·武帝纪》裴松之注引《献帝起居注》)

　　袁公问曰:"贤家君在太丘,远近称之,何所履行?"(《世说新语·政事》)

　　贤子越骑酷没,天下为公痛心,况慈父之情哉!(《魏书·司马衍传》)

　　贤从情所信寄,暴疾而殒,祝予之欢,如何可言!(《世说新语·伤逝》)

《颜氏家训·风操》对此期用"尊、贤"之类的尊称做了概括:"凡与人言,称彼祖父母、世父母、父母及长姑,皆加尊字,自叔父母以下,则加贤字,尊卑之差也。王羲之书,称彼之母与自称己母同,不云尊字,今所非也。"从这段话可以看出两点:一是其时确实有此类习俗,而且涉及面较广;二是有些习俗并非一成不变的,颜之推所处的北齐时期较之王羲之所处的东晋时期,相差仅仅二百余年,就又有了新的发展变化。

　　礼貌式称呼在具体运用时,与一般称谓相同,也有面称与背称的区别。大致说来,谦称通常用于面称,而尊称则兼可用于面称与背称。如前举《南齐书·张绪传》中"殿下",以及上举末四例"尊兄"、"贤家君"、"贤子"、"贤从",即用于当事人不在场的背称。

　　这里还需要进一步说明的是,各种礼貌式称呼的运用场合及其所表达的礼尊与谦卑意义并不是长期一成不变的,随着时代风尚的发展,有时也会相应地发生变化。① 除上文《颜氏家训》提及的"王羲之书,称彼之母与自称己母

---

① 参看拙文《〈世说新语〉人物言谈中称名与称字的考察》,载《中华文史论丛》第五十辑,上海古籍出版社,1992年12月第1版。

同,不云尊字,今所非也"的此期用例外,再如此期之前固有的表示谦卑的自称"臣"字,顾炎武《日知录》卷二十四"对人称臣"条云:"汉初人对人多称臣,乃战国之馀习。……至天下已定,则稍有差等,而臣之称,唯施之诸侯王。"这是礼貌式称呼在运用对象上的变化。又如"卿"字,本为官爵名,先秦时期即已用作对人的尊称。《史记·刺客列传》:"其先乃齐人,徙於卫,卫人谓之庆卿。"司马贞索隐云:"卿者,时人尊重之号。"但是发展到魏晋时期已经成为一般性的表示亲密的称呼,主要用来称呼下于己者或侪辈之间亲昵而不拘礼数者。我们从《世说新语》中可以看到夫可卿妇而妇不可卿夫(见《惑溺》)以及位尊者不允许位卑者称呼自己为卿(见《方正》)之类的记载,可见"卿"字已经很难再说有多么强的礼尊意味。"君"字的情况也相类似,原为"君上"之称,先秦时期已借用为对人的尊称。开始时仍用以称呼"君上",后来发展为对一般对话人的尊称。魏晋时期礼尊意味又逐渐弱化,几乎成为一般性的对对话人的称呼。《世说新语》中甚至有年长位尊者以"君"字称呼未成年的孩童或地位卑下者的现象,可见此时"君"字的礼尊意味也已十分微弱。这又是礼貌式称呼在谦尊意义上的变化。造成部分礼貌式称呼礼尊意味减弱的原因之一是,作为一个封闭性的敬辞类别,礼貌式称呼中各别的具体用例,并不是静止长存的,由于吐故纳新的作用,当新兴的礼尊意味更强的称呼出现之后,就自然会逐渐取代部分旧有用法。例如汉魏之后又可以称呼他人的官名、爵名、封号,礼尊意味就当然会显得更为直接而又具体。发展到唐宋时期,还可以尊称他人的籍贯、郡望,则又多少含有一些对于他人的乡里以及整个家族表示敬仰的意思,其礼尊程度当然显得更为强烈。

(三) 用"某甲"代替人名

用"某"字或"甲、乙"代替人名,此期之前已有使用,顾炎武《日知录》卷二十四"称某"条指出:经传称"某"字有三义,或者是"史文讳其君不敢名也",或者是"传失其名也",或者是用"某"字概括的泛言,"通言之也"。同书卷二十三"假名甲乙"又云:"甲、乙非名也,失其名而假以名之也。"两处均列举了许多秦汉时期的用例。此期除沿袭这些用法外，又较常用"某甲"来代替或者无法说出或者不愿说出的具体的人，可以用如第二人称，但更多的则用如第三人称。① 例如：

呼太祖小字，曰："某甲，卿不得我，不得冀州也。"（《三国志·魏志·许攸传》裴松之注引《魏略》）

一旦事败，便言某甲昔知吾事，以宜备之深也。（嵇康《家诫》）

谨命某甲奉太牢之奠，谨上尊谥曰明皇帝。（谢朓《齐明皇帝谥册文》）

故吏某甲等，感逝川之无舍，哀清晖之眇默。（王俭《太宰褚彦回碑文》）

立石文曰："黄天星，姓萧字某甲，得贤帅，天下太平。"（《南齐书·祥瑞志》）

尚书仆射、尚书左右丞某甲，死罪死罪。（《宋书·礼志二》）

尚书某甲参议，以为所论正如法令，报听如所上。（同上）

辞关板文云："某官粪土臣某甲临官。稽首再拜辞。"（同上）

以上八例中，第一例用如第二人称，代替太祖小字；其他七例用如第三人称。

特别值得注意的是，末三例《宋书》中的"某甲"似乎用于第一人称，极像是官员呈奏书表启疏时的自称。其实这是《宋书·礼志》中留存的公文底本，这些公文在实际递转时是必须改用臣子真实姓名的，因而这里仍是代指第三人称。至于这种公文款式是否对后世"某甲"代指第一人称产生过一定的启发作用，那还有待于史料的进一步发掘证明。

又或以甲、乙、丙、丁代替人名，缀于姓氏之后，用以称说。例如：

而使此君沉滞冶官。张甲李乙，尚犹先之。（《三国志·魏志·王脩传》裴松之注引《魏略》）

亦可张甲之情，寄王乙之躯，李丙之性，託赵丁之体。（范缜《神灭论》）

某曹关司徒长史王甲启辞。（《宋书·礼志二》）

某州刺史丙丁解腾某郡县令长李乙书言某事云云。（同上）

---

① 参看第172页注释①所引《近代汉语指代词》"三身代词"，下文《三国志》例也引自该书。

因道曰："王甲李乙，吾皆与之。"遂执祐手，与辞。（《搜神记》卷五）

倘若所代替的人名是复数或泛称时，又可甲乙连用、丙丁并用。例如：

贵人时或问官吏民甲乙何如。（《抱朴子·外篇自叙》）

世景叱之曰："汝何敢食甲乙鸡豚，取丙丁之帽！"（《魏书·宋世景传》）

若单纯表示泛称而不强调是复数时，又可甲、乙单用。例如：

甲虽多所鉴识而或蔽於仙，乙则多所不通而偏达其理。（《抱朴子·辨问》）

如令甲勳少，乙功多，赏甲而舍乙，天下必有不劝矣。（《南齐书·崔祖思传》）

纵有因缘如报善恶，安能辛苦今日之甲，利益后世之乙乎？（《颜氏家训·归心》）

到了唐代，"某甲"又可用如第一人称；同时又出现了"某乙"，兼可用于代替人名与第一人称，于是形成"某甲、某乙"并用的局面。而姓氏后附以甲、乙之类的用法，也一直沿用到后世。

如果追溯这类用法的源头，其实汉代已有采用举世皆知的著名人物尧、舜、禹、汤代替人名，缀于姓氏之后的做法，如《日知录》卷二十三"假名甲乙"引《汉书·魏相传》："中谒者赵尧举春，李舜举夏，兒汤举秋，贡禹举冬。"其作用虽略等于上举《神灭论》中的张甲、王乙、李丙、赵丁，但两相比较，终不及后者虚设甲乙用以称说的假借之意更为显豁。顺便说及，此期有时"甲乙"连用又可以表示事类或等级，但往往侧重于排列顺序。前者如《南齐书·豫章文献王嶷传》："事事甚多，不复甲乙。"后者如《后汉书·马融传》："校队案部，前后有屯，甲乙相伍，戊己为坚。"李贤注："甲乙谓相次也。"但也就与人称代词没有什么必然联系了。

第十二章 指示代词

指示代词在魏晋南北朝时期的主要发展是:在继承先秦两汉用法的基础上,个别词的组合关系或指代意义发生一些新变化;萌生发展了若干个指示代词的新形式;某几个此期之后方始成熟的指示代词出现偶发性的运用。

一 "尔"与"是"用法的变化

1."尔"字是一个远指代词,有时也可以表示近指。先秦两汉时期"尔"字已有少数用作指示代词,此期使用增多。从意义上看,指示性状,表示"那样、这样"的用法更为常见;从功能上看,这一意义的"尔"字可以充任谓语、状语、宾语。例如:

达曰:"诸葛亮见顾有本末,终不尔也。"(《三国志·蜀志·费诗传》)

逐之尚必不走,岂当图亡哉! 若尔,宁头当代入函。(《三国志·吴志·甘宁传》裴松之注引《吴书》)

愈怏怏不得志,歎曰:"我功当为王,但尔者,陛下忘我邪?"(《后汉书·彭宠传》)

安丰曰:"妇人卿壻,於礼为不敬,后勿复尔。"(《世说新语·惑溺》)

士衡正色曰:"我父祖名播海内,宁有不知,鬼子敢尔!"(《世说新语·方正》)

慧景败,收得朝野投宝玄及慧景军名,帝令烧之,曰:"江夏尚尔,岂复可罪馀人。"(《南齐书·江夏王宝玄传》)

而称遇谤议之罪。冲言:"果尔,遇合死也。"(《魏书·王遇传》)

所以尔者,彼有钱财,须者则用之,是故为兄。(《百喻经·认人为兄喻》)

昔人寿极长,但为恶甚,作诸非法故,我等寿命遂尔短促,乃至五岁。(《法显传》)

厌何预卿事而见唤邪?既尔相关,不得不与人语。(《世说新语·假谲》)

中路失辖,后惧,仰天而告曰:"国家胤胄,岂止尔绝灭也!惟神灵扶助。"(《魏书·献明皇后贺氏传》)

佛言:"汝今问事,何以尔深?泥洹者,是不生不死法。"(《百喻经·卷首引文》)

侍中谢公见桓公,拜,桓惊笑曰:"安石,卿何事至尔?"(《世说新语·排调》)

而凡诸制度兴造,不论是非,一皆刊削。虽复禅代,亦不至尔。(《宋书·蔡兴宗传》)

以上十四例中,前八例充任谓语,九至十二例充任状语,末二例充任宾语。

"尔"字除单独使用外,又常以"乃尔"的形式出现。指示代词"乃尔"虽由先秦时固有的指示代词"乃"与"尔"结合而成,但其本身却是此期开始兴起的,在句中主要充任谓语、状语、补语。例如:

蜀卓氏寡女,亡奔司马相如,贵土风俗何以乃尔乎?(《三国志·蜀志·张裔传》)

然众情谓明公方旧风疾发,何意尊体乃尔!(《三国志·魏志·曹爽传》裴松之注引《魏末传》)

而康恩泽治能乃尔,吏民称歌焉。(《三国志·魏志·杜恕传》裴松之注引《魏略》)

既出,帝顾谓司徒褚渊曰:"方直乃尔!学士故自过人。"(《南齐书·刘瓛传》)

广延诗赋,以知得失,而乃尔纷纭,良用反仄。(《三国志·魏志·高贵乡公髦纪》)

简文问郗超:"万自可败,那得乃尔失士卒情?"(《世说新语·品藻》)

庆之戎服履靴缚绔入,上见而惊曰:"卿何意乃尔急装?"(《宋书·沈庆之传》)

今通塞虽异,犹忝气类,尚书何事乃尔见苦?(《南齐书·王僧虔传》)

陛下令常侍小黄门作乱乃尔,以取祸败,为负不小邪!(《三国志·魏志·董卓传》裴松之注引《英雄记》)

然谓平情在於荣利而已,不意平心颠倒乃尔。(《三国志·蜀志·李严传》)

权欢悦曰:"吾久不见公礼,不图进益乃尔。"(《三国志·吴志·孙韶传》)

弁独进及御床,歔欷流涕曰:"臣不谓陛下圣颜毁瘠乃尔!"(《魏书·宋弁传》)

以上十二例中,前四例充任谓语,五至八例充任状语,末四例充任补语。

有时"乃尔"单独使用,可以兼表一种出乎意料的语气,义为"竟然如此"。例如:

余言:"执事未觌夫项发口纵,俯马蹄而仰月支也。"或喜笑曰:"乃尔!"(《三国志·魏志·文帝纪评》裴松之注引《典论·自叙》)

而所驾之驴忽然卒僵,蛆虫流出,主遽白之。子训曰:"乃尔乎?"(《后汉书·蓟子训传》)

另一方面,此期之前较为罕见的"尔"字充任定语的现象,此期却开始流行,并且比较集中地反映在同时间词语的结合上,意思是"那、这"。例如:

法显尔时欲写此经。其人云:"此无经本,我止口诵耳。"(《法显传》)

尔时诸王车皆停在朱雀门里,日既暝,不暇远呼车。(《宋书·始安王休仁传》)

尔时敕亡从兄僧绰宣见留之旨。(《宋书·王僧达传》)

尔时盘石之心既固,义无贰计,蹙迫时难,相引求全。(《南齐书·张敬儿传》)

尔时河边有一仙人,此二小儿,诤之不已。(《百喻经·小儿争分别

毛喻》）

在树下卧，熊欲来搏，尔时老母遶树走避。（《百喻经·老母捉熊喻》）

刘尔日殊不称，庾小失望，遂名之为"羊公鹤"。（《世说新语·排调》）

值尔日大雾，府门晚开，日旰，敬宣不至。（《宋书·刘敬宣传》）

臣尔日失言，一之已甚，岂宜再说？（《魏书·成淹传》）

苟事是宜，无嫌於重。尔日之行，岂吴王入觐也？（《魏书·李顺传》）

尔日但知公当贵，然不能自知得为州民也。（《魏书·寇赞传》）

许掾尝诣简文，尔夜风恬月朗，乃共作曲室中语。（《世说新语·赏誉》）

玠体素羸，恒为母所禁，尔夕忽极，於此病笃。（《世说新语·文学》）

有时甚至单用"尔"字也可以表示时间。例如：

受任於败军之际，奉命於危难之间，尔来二十有一年矣。（诸葛亮《出师表》）

在北山松树下死，屍形不坏。尔来三年，士女观者有千百。（《魏书·释老志》）

至於赏陟，不及守宰，尔来十年，冤讼不绝。（《魏书·任城王云传》）

以庶务草创，未遑九伐，自尔以来，奄延十载。（《宋书·袁豹传》）

素族无碑策，故以纪德。自尔以来，王公以下，咸共遵用。（《南齐书·礼志下》）

自尔迄今，垂将一纪，学官凋落，四术寝废。（《魏书·郑道昭传》）

2. "是"字是一个近指代词，此期之前只用来对人或事物进行指别，此期又发展出指示任何事物的任指用法，主要充任定语。例如：

筋来为之尽，是谘无不塞。（陶潜《饮酒》）

世祖自揽威柄，而质以少主遇之，是事专行，多所求欲。（《宋书·臧质传》）

喜自得军号以来，多置吏佐，是人加板，无复限极。（《宋书·吴喜传》）

官是事皆可悔，惟此事不可悔！官讵不更思！（《南齐书·王敬则传》）

又生不长发，便谓为道人，填街溢巷，是处皆然。（《南齐书·虞玩之传》）

便是下笔即妨，是书皆触也。(《颜氏家训·风操》)

水草，圆叶细茎，随水浅深，今是水悉有之。(《颜氏家训·书证》)

二　新兴的指示代词

此期新兴的指示代词主要有"阿堵、宁馨、尔馨、如馨、许、渠、一切"。①

1."阿堵"是晋宋习语，表示近指，义与"此、这"相当，主要充任定语。例如：

殷中军见佛经，云："理亦应阿堵上。"(《世说新语·文学》)

夷甫晨起，见钱阂行，呼婢曰："举却阿堵物！"(《世说新语·规箴》)

四体妍蚩，本无关於妙处，传神写照，正在阿堵中。(《世说新语·巧艺》)

谓温曰："安闻诸侯有道，守在四邻，明公何有壁间著阿堵辈？"(《世说新语·雅量》刘孝标注引宋明帝《文章志》)

王子敬学王夷甫呼钱为"阿堵"。……钱竟。明日已后云："何至须阿堵物！"(《古小说钩沉·俗说》)

"阿堵"解作"此、这"，是自宋至清学者们的一致看法。宋洪迈《容斋随笔》、元杨瑀《山居新语》、明杨慎《太史升庵文集》、明末清初张自烈《正字通》、清刘淇《助字辨略》与郝懿行《晋宋书故》均有所载录。

至于为何如此训释，这可以从两个方面进行分析。第一，"阿堵"中的"阿"字是一个前缀，前人称作语助词。刘淇《助字辨略》："阿者，助语之辞。"杨树达《词诠》："阿，语首助词，必置于名词及代名词之上。"第二，"堵"即"者"字，音同字通。《汉书·张释之传》："堵阳人也。"颜师古注云："堵音者。"郝

---

① 陈文杰认为，汉译佛经中常见的表示方所的指示代词"此中、是中、彼中，此间、是间、彼间"也是兴起于中古时期，其指示性语素加上表方所的语素这种构成方式，为后世方所指示代词"这里、那里"的出现奠定了形式基础。参看《从早期汉译佛典看中古表方所的指示代词》，载《古汉语研究》1999 年第 4 期。

懿行《晋宋书故》：“堵，泛者声，义得通借。”裴学海《古书虚字集释》：“者，犹此也，……字又或作堵。”“堵”与“者”相通，有语音上的根据。《说文解字》：“堵，从土者声。”段玉裁注为：“当古切，五部。”《说文解字》“者”，段玉裁注为：“古音在五部，读如煮。”是“堵”与“者”在上古属同一韵部。又据《广韵》，堵字当古切，中古属端母；者字章也切，中古属章母。中古齿音上古多读为舌音，端、章二系上古同属舌音。“堵、者”上古既为同韵，又为同声，则二字应同出一源。此外，《广韵》“堵”字除作当古切外，“又音者”。这更说明，二字上古同音，到中古“堵”字读音一分为二：一为章也切，章母马韵；一音仍为当古切，端母姥韵。由此看来，“阿堵”即“阿者”。至于“者”字为何解作“此”，通作“这”，《晋宋书故》曰：“《说文》云：‘者，别事词也。’故指其物而别之曰‘者个’。方俗之言有符诂训，浅人不晓，书作‘这个’。不知‘这’字音‘彦’，(《玉篇》：这，宜箭切，迎也。)以‘这’为音，甚为谬矣。凡言‘者个’，随其所指，理俱可通。……益知此语为晋代方言，今人读堵为睹音，则失之矣。”朱骏声《说文通训定声》也认为“者”为“这”的本字。章太炎《检论·正名杂义》又说：“‘者’义与‘是’与‘此’相类，……儒家者流，……‘者流’犹言‘此流’也。”可见，“阿堵”即“阿者”，也即后来的“阿这”。高名凯《语文杂识》一文，更以吴方言佐证“阿堵”应解作“此、这”，他说：“其实‘阿堵’就是指示词‘此’，……现在苏州话还把‘这个’说成‘a-tu(阿堵)’呢。”

综上所述，“阿堵”是带有前缀的派生式合成词，用作指示代词，词义相当于“此、这”。

2. 宁馨、尔馨、如馨

这三个词由指示代词“宁、尔、如”附有形容语后缀“馨”字构成，表示远指，意思是“那样、那般”，有时也可表示近指，意思是“这样、这般”；主要充任定语、谓语。关于它们的构成、源流以及用例，可参看本编第十章“形容词”中“形容语后缀‘馨’”部分，此处不再赘述。

3.“许”字是此期新兴的指示代词，一般表示近指。又可以据“许”字指示内容的不同分为两类。

一是指示事物，表示“这、这个”，主要充任主语、宾语、定语。例如：

重帘持自郭,谁知许厚薄。(《乐府诗集·子夜歌》)

可怜无有比,恐许直千金。(梁简文帝《遥望》)

团扇复团扇,持许自障面。(《乐府诗集·团扇歌》)

曲曲随时变,持许豔郎目。(《乐府诗集·翳乐》)

督护上征去,侬亦思闻许。(宋孝武帝《丁督护歌》)

我常秉许为家,从来颇得此力。但试用,看有验不?(《宋书·始安王休仁传》)

一坐复一起,黄昏人定后,许时不来已。(《乐府诗集·华山畿》)

风吹冬帘起,许时寒薄飞。(《乐府诗集·子夜歌》)

朕失於举人,任许一羣妇人辈奇事。(《魏书·任城王云传》)

何忽共许高丽婢姦通,令致此罪?(《魏书·北海王详传》)

以上十例中,前二例充任主语,末四例充任定语,其余充任宾语。

二是指示性状,表示"这样、这般",主要充任主语、宾语、定语。例如:

相送劳劳渚,长江不应满,是侬泪成许。(《乐府诗集·华山畿》)

忽有一老羝屈前两膝,人立而言曰:"遽如许。"(《后汉书·左慈传》)

既而曰:"玄度才情,故未易多有许。"(《世说新语·赏誉》)

仲雄於御前鼓琴作《懊侬曲歌》曰:"常歎负情侬,郎今果行许!"(《南齐书·王敬则传》)

兴盛使军人遥告敬则曰:"公儿死已尽,公持许底作?"(同上)

忽语承祖云:"我得成许那,何烦将来?"(《宋书·始安王休仁传》)

以此丹如枣核许持之,百鬼避之。(《抱朴子·金丹》)

取芥子,熟擣,如雞子黄许,……以水和,令相著。(《齐民要术》卷六)

君章云:"不审公谓谢尚何似人?"桓公曰:"仁祖是胜我许人。"(《世说新语·规箴》)

条干绝世,光彩溢目者六七枚,如恺许比甚众。(《世说新语·汰侈》)

以上十例中,前八例充任宾语,末二例充任定语。

"许"字还可用于"尔"字之后,说成"尔许",仍然表示近指,义为"这么、这些",但"许"字词义较虚,"尔许"主要充任定语、状语。依次各举一例:

又前后辞旨,头尾击地,此鼠子自知不能保尔许地也。(《三国志·吴志·吴主传》裴松之注引《魏略》)

死生异路,不能数得汝消息。吾亡后,儿孙乃尔许大。(《搜神记》卷十五)

"许"字用作指示代词,汉末之前未曾见及,而上举用例又多数出自南朝区域民歌,少数见于南朝文人著作,北朝著作中罕有使用,可见它是此期新生于南方的指示代词,具有地域与方言的特色。"许"字用来指示事物,表示"这、这个"的用法,此期甚为常见,但由于在意义上并未超出"此"字的范围,使用上又不及"此"字广泛,因而不久之后即行减少。而它指示性状,表示"这样、这般"的用法却在唐宋时期得到较大发展,呈现出取"尔"而代之的趋势。

4．"渠"字此期用作指示代词,也应看作由此期之前的"其"字发展而来,主要充任定语。只是用例并不多见,原因同人称代词"渠"字也不多见一样,在书面语言表达时,通常情况下仍然写作"其"。例如:

虽与府吏要,渠会永无缘。(《乐府诗集·焦仲卿妻》)

渠怀之其几何?庶无愧兮庄子。(潘岳《哀永逝文》)

空中自迷惑,渠傍会不知。(萧纶《车中见美人》)

有时又可以"此渠"连用,指代某个人,就所见用例看,在句中充任主语。例如:

曾入裕庙,指裕像曰:"此渠大英雄,生擒数天子。"(《魏书·刘子业传》)

次入义隆庙,指义隆像曰:"此渠亦不恶,但暮年中不免儿斫去头。"(同上)

次入其父骏庙,指骏像曰:"此渠大好色,不择尊卑。"(同上)

5．"一切"用作括指代词,此期之前偶有使用,字形作"壹切",如《汉书·赵广汉传》:"壹切治理,威名流闻,及匈奴降者言匈奴中皆闻广汉。"颜师古注曰:"言诸事皆治理也。"此期使用渐多,主要充任主语、宾语、定语。例如:

不务奉公而作威福,无益视听,更为民害,愚以为可一切罢省。(《三国志·吴志·步骘传》)

憙上言:"恶恶止其身,可一切徙京师近郡。"帝从之。(《后汉书·赵

恭传》)

声乐嬉游,不宜令过,蒲酒渔猎,一切勿为。(《宋书·江夏文献王义恭传》)

及葬送之日,歌谣、鼓舞、杀牲、烧葬,一切禁断。(《魏书·高允传》)

一切都破,无一在者。如彼愚人,尽杀群牛,无一在者。(《百喻经·杀群牛喻》)

长者见已,恶而不食,便一切都弃。(《百喻经·尝庵婆罗果喻》)

凡国中贫穷、孤独、残跛、一切病人,皆诣此舍,种种供给。(《法显传》)

其一切囚徒於法疑者勿决,以奉秋令。(《后汉书·孝和帝纪》)

方今圣化惟新,崇本弃末,一切之令,宜加详改。(《宋书·王韶之传》)

世宗以朝仪多阙,其一切诸议,悉委芳修正。(《魏书·刘芳传》)

今州郡牧守,邀当时之名,行一切之法。(《魏书·韩显宗传》)

凡栽一切树木,欲记其阴阳,不令转易。(《齐民要术》卷四)

莫若幽隐一切,免於如此之臭鼠矣。(《抱朴子·明本》)

而军旅勤苦,民心不安,乃有小罪,不可不察,故置校事,取其一切耳。(《三国志·魏志·程晓传》)

闻父将至,踊悦无量,欲勒一切,於路往迎。(吉迦夜共昙曜译《杂宝藏经》卷十)

以上十五例中,前六例充任主语,七至十二例充任定语,末三例充任宾语。“一切”此期开始逐渐流行,并且一直沿用至现代汉语。

三　处于萌芽状态的几个指示代词

此期偶尔出现个别用例,而此期之后才开始流行使用的指示代词有“能、个(箇)、就中”三个。

1.指示代词“能”字,主要指示性状,可以表示远近指,意思是“那么、这

么",主要充任状语,此期用例并不多见。① 例如:

> 彼郡今载甚不能佳,不知早晚至?（王献之《杂帖》）

> 黄门侍郎谢玄语次问壹:"顾公事何如?"壹答:"不能佳。"(《三国志·吴志·潘濬传》)

> 翊入语徐:"吾明日欲为长吏作主人,卿试卜之。"徐言:"卦不能佳,可须异日。"(《三国志·吴志·孙韶传》裴松之注引《吴历》)

> 金壶夜水讵能多,莫持奢用比悬河。(《乐府诗集·乌栖曲》)

> 语笑能娇媄,行步绝逶迤。(萧纶《车中见美人》)

> 云足下潜构深略,独断怀抱,一何能壮!(《南齐书·张敬儿传》)

> 使术士郭璞筮之,卦成,对曰:"不能佳。"(《魏书·司马绍传》)

"能"字指示性状,在唐宋时期使用广泛,诗词以及俗文学作品中常常可以见到。

2. 指示代词"个"字是南方方言,兼可指代人与事物,主要表示近指,意思是"此、这",以充任定语为常,用例甚为罕见:

> 真成箇镜特相宜,不能片时藏匣里。(庾信《镜赋》)

稍后唐初成书的载籍中,也有可以指人的用例:

> 之才谓坐者曰:"箇人讳底?"众莫知。(《北齐书·徐之才传》)

> 箇侬无赖是横波,黛染隆颅簇小蛾。(隋炀帝《嘲罗罗》;"箇侬",这个人或那个人。)

> 求归不得去,真成遭箇春。鸟声争劝酒,梅花笑杀人。(隋炀帝《幸江都作诗》;"箇春",这春天或那春天。)

以上前二例虽见于北周、北齐文人的作品,但据《周书》《北齐书》本传,庾信为南阳新野人,徐之才为丹阳人,均入仕于梁,后来滞留北方,在他们的作品中使用南方方言也是很自然的。后二例为隋炀帝杨广所作诗歌,杨广有文才,《隋书》本纪说他"好学,善属文",继位后又喜爱声色,因而在寻欢作乐、贪恋美景,特别是后者又身处南地时,用南语摹写流行诗歌也是不足为奇的。

"个"字指代人与事物也是此期之后较常出现的,唐宋时期的文献语料中

---

① 本条"能"字以及下条"个"字的论述,分别参考了《近代汉语指代词》"这么、那么"与"这、那";下文《吴历》(《三国志》裴松之注引)与《乌栖曲》《张敬儿传》三例"能"字以及前两例"个"字,也均采自该书。

使用较为普遍,例如寒山《诗三百三首》:"饱食腹膨脝,个是痴顽物。"又:"不识个中意,逐境乱纷纷。"王维《同比部杨员外十五夜游有怀静者季》:"香车宝马共喧阗,个里多情侠少年。"贯休《村行遇猎》:"伤嗟个辈亦是人,一生将此关身己。"其中常见使用的"个中",一直沿用至现代汉语书面语言。而从整体使用看,"个"字用作指示代词,现今仍然留存在湘方言、赣方言中,表示近指,兼可指代人与物。①

　　3.指示代词"就中"的情况较为特殊,可以指代事物的范围,表示近指,意思是"这当中、这里面",就所见用例看,主要充任状语。关于"就中"的来源与构成,目前看法不一:或以为"就"字是具有指代性的语素,并不能单独出现,常常构成"就中、就里"使用;或以为"就"字是处在义的介词,"就中"是"就+处所词+中"的缩略。但无论何种说法,若从"就中"的整体意义与作用看,视为指示代词应当是符合语言实际的;其间又似乎经历了"就其中"的阶段,只是此期用例甚为罕见,样本过小,故而推论的话也难以说得较为确定。例如:

　　　　下官新岁便三十五,加以疾患如此,当复几时见圣世,就其中煎恢若此,实在可矜。(《宋书·谢庄传》)

后来则直接以"就中"的形式使用。例如:

　　　　从来腰自小,衣带就中宽。(鲍泉《寒闺》)

　　　　就中言不醉,红袖捧金杯。(庾信《春日极饮》)

　　　　国有增减,星无进退,灾祥祸福,就中不差。(《颜氏家训·归心》)

　　稍后唐初成书的载籍中又可以说成"就里",意思与"就中"相同,用例仍然不多见。例如:

　　　　开皇中,就里欲生分别,故衣重宗彝,裳重黼黻。(《隋书·礼仪志七》)

　　"就中、就里"指代事物是在唐宋时期普遍使用开来的,并且发展为兼指人与物,例如白居易《霓裳羽衣歌》:"千歌百舞不可数,就中最爱霓裳舞。"梅尧臣《赐书》:"就里少年唯贾谊,其间蜀客乃王褒。"由于总是说成"就中、就里",以至于二者形成固定的习用语。唐宋以后,"就中"的用法原封不动地延袭下

---

① 承彭兰玉见告,现代汉语湘方言、赣方言中仍然保留着"个"字的指示代词用法。

来；"就里"虽然语义稍变，但也一直沿用至现代汉语书面语言。

此期萌芽的具有指代作用的"个"与"就"，二者相互比较，除去表示"此、这"的意义基本相同，又都可以与方位词"中、里"结合之外，最重要的不同在于，"个"字可以单独使用而又兼指人与物（详上文），而"就"字则须结合为"就中、就里"才可使用，因而有人甚至不愿承认它的指示代词性质；"就中、就里"起先只可指代物，后来才又发展为兼指人与物（详上文）。

此外，潘允中举出《古小说钩沉·幽明录》："明朝起，自不觉，而人悉惊走藏，云：'那汉何处来？'"同时又认为："'那'字在先秦时代已产生，直到南北朝时都只作疑问代词，偶然也用作远指代词'那个'、'那边'、'那样'的'那'。"而实际上，指示代词"那"字直到唐宋时期才开始广泛使用，流行后一直沿用到现在。《幽明录》一例实为孤例，至今尚未见到同时代的其他书证，再则该书又是后人自古籍中辑录而来，所以这里未作为"那"字远指代词用法的确切证据。对于"那"字的指示代词用法，魏培泉认为："倒是在东汉的佛经已有'那'作指示词的例子（虽则有人怀疑这种佛经的可靠性），并且六朝的文献也无继承者。"随后举出两则支娄迦谶汉译佛经中"那中"的例证。只是他叙述时的语气也不是十分肯定的。这里将潘、魏二位的说法录以备考。

四 "家"字的后缀化倾向

"家"字放在代词、名词等后面，如果仍然具有"家庭"的实义，那么它只应看作以之组成的偏正词组的中心词。如果这类"家"字不再表示"家庭"的实义，而表示某一类的人，那么它就有了虚化的趋势，同后缀有了一定的联系。由于此期"家"字的这种变化较早而又较多地反映在与指示代词的结合中，故而将它附在指示代词中来讨论。不过，它的这种后缀化倾向并不限于同指示代词的结合。

先看"家"字与指示代词的结合。例如：

> 出然表曰："此家前初有表，孤以为难必，今果如其言，可谓明於见事也。"（《三国志·吴志·朱然传》）

顾谓左右曰:"此家非得我,则不得出入此门也。"(《三国志·魏志·崔琰传》裴松之注引《魏略》)

帝目而送之,笑曰:"此家有瞻谛之士也。"(《三国志·魏志·裴潜传》裴松之注引《魏略列传》)

尝嫌其阔达,不助留意於诸事,言此家疏诞,不中功曹也。(《三国志·魏志·杜畿传》裴松之注引《魏略》)

东曹毛掾数白此家,欲令我重治,我非不知此人不清,良有以也。(《三国志·魏志·曹爽传》裴松之注引《魏略》)

后帝於大会中指常谓羣臣曰:"此家率下江诸将辅翼汉室,心如金石,真忠臣也。"(《后汉书·王常传》)

羊骋因酒醉,抚谢左军谓太傅曰:"此家讵复后镇西!"(《世说新语·赏誉》刘孝标注引《语林》)

顾谓左右曰:"此家在北,富贵极不可言。"(《魏书·薛怀儁传》)

请呼皇后,帝笑曰:"是家志不好乐,虽来无欢。"(《后汉书·明德马皇后纪》)

以上九例中的"此家、是家",意思均是"此人";除第五例"数白此家"的"此家"充任宾语外,其余全都充任主语。

再看"家"字与新生的第一人称代词"身"字的结合。例如:

君是身家旧人,今衔此使,当由事不获已。(《南齐书·巴陵王子伦传》)

绪正色谓晃信曰:"此是身家州乡,殿下何得见逼!"(《南齐书·张绪传》)

以上二例中的"身家",意思均是"身",即"我";全都充任定语。

偶或也可与反身代词"自"字结合成"自家",意思为"自",即"自己"。例如:

诏使者巡行诸州,校阅守宰资财,非自家所齎,悉簿为赃。(《魏书·太宗纪》)

有时"家"字不放在指示代词之后,而放在人之姓氏、名词或其他类词后面,表示姓什么的人或某一类的人,这时它同样呈虚化的状态。例如:

与延之书曰："韬云卿未尝有别意,当缘刘家月旦故邪?"(《南齐书·王延之传》)

河边人梦神谓己曰:"尒朱家欲渡河,用尔作滛波津令,为之缩水脉。"(《魏书·尒朱兆传》)

童谣曰:"官家养芦化成荻,芦生不止自成积。"(《宋书·五行志二》)

罗家得雀喜,少年见雀悲。(曹植《野田黄雀行》)

孙问深公:"上人当是逆风家,①向来何以都不言?"(《世说新语·文学》)

津曰:"为势家所厚,复何容易。但全吾今日,亦以足矣。"(《魏书·杨津传》)

以上诸例中,"刘家、尒朱家"表示姓刘、姓尒朱的人,"官家"表示为官的人,"罗家"表示罗雀的人,"逆风家"表示迎风而上的人,"势家"表示有势力的人。

"家"字又可以放在名词或其他类词的后面,表示某个方面或某个方面的人,这时它虽然趋于虚化,但是仍然没有完全丧失实义。例如:

郡县贫弱,不能与争,兵家遂疆。(《三国志·魏志·卫觊传》)

兵家拥众,作为寇害,更相扇动,往往萃跱。(《三国志·魏志·梁习传》)

全公主使人觇视,因言太子不在庙中,专就妃家计议。(《三国志·吴志·孙和传》)

后从陈国袁敏学,以单攻复,每为若神,对家不知所出。(《三国志·魏志·文帝纪》裴松之注引《典论》)

乃挟兵结客,后遂往复仇。而仇家皆疾病,无相距者。(《后汉书·赵憙传》)

二人齐叫,敌家顷刻失数百万也。(《世说新语·任诞》刘孝标注引

---

① 《世说新语》刘孝标注引庾法畅《人物论》曰:"法深学义渊博,名声蚤著,弘道法师也。"余嘉锡笺疏云:"言法深学义不在道林之下,当不至从风而靡,故谓之逆风家。"余说见《世说新语笺疏》。

《郭子》)

"家"字还可以放在朝代名、区划名或机构名后面表示朝代、区划或政府组织,这时它虽然尚未完全虚化,但已经接近于后缀。例如:

前汉有尹翁归,后汉有郑翁归,梁家亦有孔翁归,又有顾翁宠。(《颜氏家训·风操》)

吾年十九,值梁家丧乱,其间与白刃为伍者,亦常数辈。(《颜氏家训·终制》)

南方以晋家渡江后,北间传记,皆名为伪书。(《颜氏家训·书证》)

州家闻之,更遣吏通章,有司以格章之故不复见理。(《三国志·吴志·太史慈传》)

恐州家多发水军来逆人,则不利矣。(《三国志·吴志·吴主权徐夫人传》)

上答曰:"传诏台家人耳,不足涉嫌。"(《南齐书·豫章文献王嶷传》)

特别值得注意的是,"家"字有时附于其他的人称代词或对人的尊称后面,很容易被误解为已经演变成后缀。例如:

郗仓谓嘉宾曰:"公今日拜,子猷言语殊不逊,深不可容。"嘉宾曰:"此是陈寿作诸葛评,人以汝家比武侯,复何所言!"(《世说新语·排调》)

颜延之欲为诔,书与弘之子昙生曰:"君家高世之节,有识归重,豫染豪翰,所应载述。"(《宋书·王弘之传》)

卫君长是萧祖周妇兄,谢公问孙僧奴:"君家道卫君长云何?"孙曰:"云是世业人。"(《世说新语·品藻》)

王子猷说:"世目士少为朗,我家亦以为彻朗。"(《世说新语·赏誉》)

上述四例中的"家"字仍有实义,不应视为后缀。魏晋南北朝时期常用"家君、家尊"尊称父亲(详下文),若要在对话中强调是自己或对方的父亲,又可说成"吾家君"、"君家尊"等。以上用例中的"家"就是"家君、家尊"的省说形式。前两例通过人物之间的关系,即可以看出"汝家、君家"是指对话人之父。第三例中的"君家"也应指对话人之父,这可以从孙僧奴的答话"云是世业人"是一种转述而不十分确定的语气来进行推断。只有末例中的"我家",既无可以帮助推断的上下文，又未见其他材料能够作为佐证，到底是子猷自称还是尊称其父，疑不能明。但若根据其他用例推论，似也应当看作对其父王羲之的尊称。对于此例，刘盼遂《世说新语校笺》云："按'我家'似指其父右军也。本篇谢公问孙僧奴：'君家道卫君长云何？'《排调篇》嘉宾谓郗仓曰：'人以汝家比武侯，复何所言？'皆以'家'谓父。"余嘉锡《世说新语笺疏》本条下也引刘说为证，唯加案语说："谢问孙语，见《品藻篇》，非本篇也。"值得注意的是，此期之前"君家"表示"君之家"义，此期续有沿用，例如《三国志·魏志·周宣传》："宣曰：'君家失火，当善护之。'俄遂火起。"《魏书·冯诞传》："崔光之兼黄门也，与聿俱直。光每谓之曰：'君家富贵太盛，终必衰败。'"

　　此期"家君、家尊"均可尊称父亲，但用法又有不同。"家君"既可称自己的父亲，又可尊称对话人的父亲；而"家尊"尚未见到尊称自己父亲的用法。以下是《世说新语》中的用例：

　　　　元方曰："君与家君期日中。日中不至，则是无信；对子骂父，则是无礼。"（《方正》）

　　　　袁公问曰："贤家君在太丘，远近称之，何所履行？"（《政事》）

　　　　谢公问王子敬："君书何如君家尊？"答曰："固当不同。"（《品藻》）

　　也有少数用"家"字尊称同宗父辈或用"家亲"尊称家族中长辈的情况。例如：

　　　　太宗南幸邺，朝於行观。问："先闻卿家缚刘裕，於卿亲疏？"雍曰：'是臣伯父。"（《魏书·刁雍传》）

　　这里应当排除可能产生的，太宗认为缚刘裕者其人或为刁雍之父的误会，因为太宗是不至于朝着刁雍而问刁雍之父"於卿亲疏"的。

　　　　崔少府女，未嫁而亡，家亲痛之，赠一金盌著棺中。（《世说新语·方正》刘孝标注引《孔氏志怪》）

　　上述"家君、家尊"与"吾家君、君家尊"一类称呼，它们的礼尊意味主要体现在"君、尊"之类词语上，"家"字只是表示"家庭"义。倘若亲属称谓之前加上"家"字，用于对听话人称呼自己的长辈或同辈亲属，则应视为一种谦辞，因为这种称呼实际上代表说话人作为一方的家庭甚或家族，自然含有对听话人的尊重意味。这一现象在此期甚为常见，涉及亲属的范围也较为广泛。

可以用于家庭中的成员。例如：

> 昔侯霸之子孙，称其祖父曰家公；陈思王称其父为家父，母为家母；潘尼称其祖曰家祖：古人之所行，今人之所笑也。(《颜氏家训·风操》)

此例中"家父、家母、家祖"的称谓尽管受到颜之推及时人的讪笑，但全都流传至后世直到现代。唯有"家公"，颜所述并不清晰，又与下文引《后汉书》记载侯昱称其父事相互矛盾；另据《晋书·山简传》："简字季伦，性温雅，有父风，年二十馀，涛不之知也。简歎曰：'吾年几三十，而不为家公所知！'""家公"也是指父亲而不是祖父。不知颜之推所述是否另有所据？《颜氏家训·风操》又云："河北士人，皆呼外祖父母为家公家母，江南田里间亦言之。以家代外，非吾所识。"据此可见，此期对于亲属的称谓，或与后世甚至现代一样，时代性、地域性包括个体性，均比较突出，当时的某些称谓，即便博学如颜之推者，也并不熟悉。

> 遣子昱候於道。昱迎拜车下，丹下答之。昱曰："家公欲与君结交，何为见拜？"(《后汉书·王丹传》；侯昱所说的"家公"指代其父侯霸。)

> 时家二女弟，故汉皇帝聘以为贵人。家母见二弟愁思，故令予作赋。(曹植《叙愁赋·序》)

> 诸侯以惠爱为德，家叔以余贫苦，遂见用为小邑。(陶潜《〈归去来辞〉序》)

> 近见家叔父表陈与贼争竞之计，未尝不喟然歎息也。(《三国志·吴志·诸葛恪传》)

> 文帝常言："家兄孝廉，自其分也。若使仓舒在，我亦无天下。"(《三国志·魏志·邓哀王冲传》裴松之注引《魏略》)

> 人就津求官，津曰："此事须家兄裁之，何为见问？"(《魏书·杨津传》)

> 谢公语同坐曰："家嫂辞情忼慨，致可传述，恨不使朝士见！"(《世说新语·文学》)

> 道穆后见帝，帝曰："一日家姊行路相犯，极以为愧。"(《魏书·高道穆传》)

"家姊"的用法沿留至今，通称为"家姐"。但孝庄帝称寿阳公主为家姊之事过后不久的北魏末年，颜之推就说："凡言姑姊妹女子子：已嫁，则以夫氏称之；在室，则以次第称之。言礼成他族，不得云家也。"又说："蔡邕书集，呼其姑姊为家姑家姊；……今並不行也。"（均见《颜氏家训·风操》）意思是女子终是其他家族的人，蔡邕称呼过姑姑、姐姐为家姑、家姊，已经不流行了。如今看来，这一观念虽符合其时规范，但早已成为守旧之说，嫁至夫家也必是出自娘家，故而现在"家姐"仍可广泛使用。

又可用于家族中的成员。例如：

庾太尉目庾中郎："家从谈谈之许。"（《世说新语·赏誉》）

例中"庾太尉"系庾亮，"家从"指庾敳。据余嘉锡《世说新语笺疏》引程炎震云："敳与亮父琛皆庾道之孙。亮为敳之族子，敳为从父矣，故曰家从。"

还可用于家庭之外甚至家族之外的成员，但究其根本，这里的"家"字仍然是指家庭。例如：

故习凿齿《与谢安书》云："每省家舅，纵目檀溪。"（《水经注》卷二十八）

李弘范闻之，曰："家舅刻薄，乃复驱使草木。"（《世说新语·俭啬》）

用于比说话人年幼的同辈亲属，则较为少见。例如：

家弟出养族父郎中，伊予以兄弟之爱，心有恋然，作此赋以赠之。（曹植《释思赋·序》）

谢太傅曰："卿兄弟志业，何其太殊？"戴曰："下官不堪其忧，家弟不改其乐。"（《世说新语·栖逸》）

对于《世说新语·栖逸》一例，《晋书·谢玄传》采录此事时，因记戴氏兄弟孰长孰幼有异，答话则记为"下官不堪其忧，家兄不改其乐。"这里看似"家弟"与"家兄"仅是一字之差，但却涉及是否如现代汉语言语交际一样，"家"字用于同辈亲属时，通常只可称呼比说话人年长者如"家兄"、"家姐"，而称呼比说话人年幼者则一般说成"舍弟"、"舍妹"的大致规范。不过，《晋书》如此处理，采录的语料当或另有所本（该书编撰以臧荣绪《晋书》为蓝本，兼采笔记小说记载），因为清末王先谦据明嘉靖间袁氏嘉趣堂刻本、清道光间周氏纷欣阁刻本加以校订的重印本，也赫然而作"下官不堪其忧，家弟不改其乐"，而且并未见到相应的校勘记。联系到稍后成书的史籍以及两《唐书》中多次出现"家弟"，如《北齐书·崔暹传》："家弟年少，未闲事宜。"《周书·杜杲传》："家弟今蒙礼遣,实是周朝之惠。"《旧唐书·温大雅传》:"大雅曰:'若得家弟永康,我将含笑入地。'"《新唐书·柳公权传》:"言家弟本志儒学,先朝以侍书见用。"可以推测,此期及此后一段时期,"家兄、家弟"是可以并行不悖的。值得注意的是,"舍弟"的说法此期也已开始出现,只是极为罕见,例如《三国志·魏志·钟繇传》裴松之注引《魏略》载曹丕《太子与繇书》:"恐传言未审,是以令舍弟子建因荀仲茂转言鄙旨。"但"舍弟"直到宋元以后才逐渐多用起来,例如《宋史·徐铉传》:"舍弟锴特善小学,因命取叔重所记,以《切韵》次之,声韵区分,开卷可睹。"《三国演义》二十一回:"玄德不能隐讳,遂曰:'舍弟见操僭越,故不觉发怒耳。'"(此指结义弟关羽)《封神演义》七十九回:"末将说舍弟归周,以为进身之资。"(此指徐盖亲弟徐芳)如此看来,"家弟、舍弟"应是在后世礼网趋密的情况下,使用时渐生区别,以"家"字用于长辈或同辈年长者,以"舍"字用于后辈或同辈年幼者,于是逐渐形成现代汉语言语交际中的一般规范。至于为何年长者称"家",年幼者不称"家",颜之推的解释是:"子孙不得称家者,轻略之也。……班固书集,亦云家孙,今并不行也。"(见《颜氏家训·风操》)意思是子孙卑幼,当不起用"家"字,班固称呼过孙子为家孙,已经不流行了。不过王利器《颜氏家训集解》(增补本)引卢文弨曰:"今《班集》亦未见。"而就检索所及,此期及此期之后"家孙"的称呼确实甚为少见。

"家"字用于指示代词之后,具有后缀化的倾向,此期并没有得到什么大的发展,用例也并不很多。而发展到唐代之后,"家"字又常缀于人称代词、疑问代词或反身称代词等后面,逐渐丧失实义,成为后缀,[①]这在唐代之后诗词曲等韵文中使用甚为普遍。仔细比较这两种形式在用法上的异同,我们虽然尚不能就说它们之间有着直接的渊源关系,但指示代词之后"家"字的虚化,对于唐代后缀"家"字的形成,应当说是起了促进作用的。

---

① 参看《近代汉语指代词》"们和家"。

第十三章 疑问代词

疑问代词在魏晋南北朝时期的演变,从规范化的角度看,先秦时期形式繁复多样、用法有同有异的众多疑问代词经过淘汰、规范后,在口语色彩较浓的载籍中主要留下"谁、何"两个。从新兴发展的角度看,一是利用"谁、何"构成的某些新的语法形式,或者原有的由它们构成的语法形式可以表达新的意义;二是产生了一些疑问代词的新形式。

一 由"谁、何"构成的语法形式

主要有"阿谁、何者、何等、何物、何如、云何、何似、何当、何人、何意、那……何"等十一个。

(一) 阿谁

此期前缀"阿"字使用甚为普遍,当它缀于疑问代词"谁"字之前,就构成了派生式合成词"阿谁",意思与"谁"大体相同,可以充任主语、宾语。参看第八章"名词"中"前缀与后缀"部分。

(二) 何者

"何者"先秦时期即有使用,主要表示设问。刘淇《助字辨略》云:"何则、何者,并先设问,后陈其事也。"《马氏文通》卷二也说:"何字合也、哉、者诸字为助者，则以诘事理之故也，……而用为表词者居多。"在这种情况下，"者"字是一个语气助词。汉代之后，"何者"又可以询问什么人、什么事物，在这种情况下，"者"字又是一个具有指代作用的结构助词。"何者"的这后一种用法此期有所增多，主要充任主语。例如：

> 权尝问："书传篇赋，何者为美？"（《三国志·吴志·阚泽传》）

> 帝问曰："……二义不同，何者为是？"（《三国志·魏志·高贵乡公髦纪》）

> 须臾，德公还，直入相就，不知何者是客也。（《三国志·蜀志·庞统传》裴松之注引《襄阳记》）

> 夫万民之饥与远蛮之不讨，何者为大？（《后汉书·鲜卑传》）

> 昔高祖忍平城之耻，吕后弃慢书之诟，方之於今，何者为甚？（《同上》）

> 王大将军下，庾公问："闻卿有四友，何者是？"（《世说新语·品藻》）

> 庾又问："何者居其右？"王曰："自有人。"（同上）

> 又问："何者是？"王曰："噫！其自有公论。"（同上）

> 因问允曰："万机之务，何者为先？"（《魏书·高允传》）

> 高祖曰："……何者是政？何者为事？"（《魏书·高闾传》）

"何者"这一用法此期之后继续使用，仍然询问人与事。

（三）何等

"何等"起源较早，可追溯到褚少孙补《史记·三王世家》："陛下在，妾又何等可言者？"此后续有沿用，汉末至此期甚为流行。"何等"的"等"字本有表示"辈类"的实义，《玉篇·竹部》："等，类也，辈也。""何等"连用既久，这种实义丧失，"等"字只是与"何"字结合起来用作疑问代词，意思是"什么、什么样的、怎么"，可以充任主语、宾语、状语、定语，而以定语较为常见。例如：

> 炅厉声曰："吴狗，何等为贼？"（《三国志·吴志·孙晧传》裴松之注引《华阳国志》）

> 日者问东平王，处家何等最乐？王言为善最乐。（《后汉书·东平宪

王苍传》)

令有酒色,因遥问:"伧父欲食饼不? 姓何等? 可共语!"(《世说新语·雅量》)

娥在此积日,尸丧又当殡殓,当作何等得出?(《搜神记》卷十五)

有顷,还,留者问之:"是何等? 名为何? 当与几岁?"(《搜神记》卷十九)

而问之言:"欲作何等?"木匠答言:"作三重屋。"(《百喻经·三重楼喻》)

袭怒曰:"受将军任,在此备贼,何等委去也,敢复言此者斩!"(《三国志·吴志·董袭传》)

从军何等乐,一驱乘双驳。(左延年《从军行》)

魏帝问曰:"吴王何等主也?"(《三国志·吴志·吴主传》)

而呼其奴客曰:"此何等人? 促呵使去。"(《三国志·魏志·曹爽传》裴松之注引《魏略》)

卿曹何等腐生,公犯诏书,干试有司乎?(《后汉书·李固传》)

帝谓霸曰:"帝欲不谛,是何等语,而常侍欲原之邪?"(《后汉书·李云传》)

镇即下车,持节诏之。景曰:"何等诏?"因斫镇,不中。(《后汉书·孙程传》)

顾让韩琮曰:"汝言汉人死尽,今是何等人也?"(《后汉书·南匈奴传》)

涛夜起蹋鉴曰:"今何等时而眠也,知太傅卧何意?"(《世说新语·政事》刘孝标注引虞预《晋书》)

允请曰:"为何等事也?"恭宗曰:"入自知之。"(《魏书·高允传》)

以上十六例中,前二例充任主语,三至六例充任宾语,七、八两例充任状语,末八例充任定语。

"何等"此期之后仍有沿用,唐宋时期主要充任定语。再发展至后世,一则仍可用作疑问代词充任定语,例如《旧唐书·太宗纪下》:"上谓房玄龄、萧瑀曰:'隋文何等主?'"二则转用为副词充任状语,用感叹的语气表示不同寻常,例如《金史·宣宗明惠皇后传》："今幸一胜，何等中兴，而若辈诣之如是！"这两类用法一直延续至现代汉语。

（四）何物

"何物"汉末之前甚为少见，此后逐渐广泛使用，是此期的习用语。"何物"的"物"本有表示"事类"的实义，《玉篇·牛部》："物，事也，类也。""何物"连用既久，这种实义丧失，"物"字只是与"何"字结合起来用作疑问代词，意思是"什么"，故而《助字辨略》曰："何物，犹俗云甚底。"可以充任主语、谓语、宾语、定语。值得注意的是，"何物"在充任定语时，与被修饰的名词一起，常常含有蔑视、鄙夷或训斥的意味。例如：

颇有嫉己者，於坐问张："北方何物可贵？"（《世说新语·言语》）

所牧何物？殆非真豬。傥遇风云，为我龙摅。（《世说新语·轻诋》）

大鬼过后，捉得一小鬼，问："此何物？"（《搜神记》卷二）

既反，语充，充曰："语卿道何物？"（《世说新语·贤媛》）

近有谷米，我都噉尽，彼军复欲食噉何物，能过十日邪？（《宋书·索虏传》）

帝问曰："夏侯湛作《羊秉敍》，绝可想。是卿何物？有后不？"（《世说新语·言语》）

卢志於众坐问陆士衡："陆逊、陆抗是君何物？"（《世说新语·方正》）

桓问："娵隅是何物？"答曰："蛮名鱼为娵隅。"（《世说新语·排调》）

初晴日晃，见地上小光，问左右："此是何物？"（《颜氏家训·勉学》）

挟《左传》，逐郑康成车后，问是何物尘垢囊？（《世说新语·轻诋》）

潮水至，沈令起彷徨，问："牛屋下是何物人？"（《世说新语·雅量》）

我尚不敢越彼下取扬州，张兴世何物人，欲轻据我上！（《宋书·张兴世传》）

臣知何物科法，见背后有节，便言应得杀人。（《南齐书·王敬则传》）

帝肘之曰："朕畏天顺人，授位相国，何物奴，敢逼人！"（《魏书·孝静

帝纪》）

以上十四例中，第一例充任主语，二、三两例充任谓语，四至九例充任宾语，末五例充任定语。

"何物"后来又可写成"何勿"，如《后汉书·祢衡传》："死公！云等道？"李贤注："等道，犹今言何勿语也。""何物"中的"物"写作"勿"是一次重要的变化，它进一步从形式上确定了"何物"的疑问代词性质。唐宋时期又由"何物"发展出"是物、是勿、没、什么、什没、甚么、甚没"等多种形式，其中最为通行的是"什么、甚么"，这两种形式一直沿用至现代汉语。

（五）　何如

"何如"先秦两汉时期已有大量使用，主要询问性质、状况、方法与时间。汉末开始，又发展出表示比较询问的新用法，用以比较人物的高下或事情的得失，同此期之前习见的"孰与"大体相同。在句中充任谓语，又可以分为三类。

1. 句中除出现比较的双方之外，同时还指明进行何种比较的内容，意在客观比较，不含有主观倾向，比较后进一步选择，不过这种情况较为少见。例如：

因问明帝："汝意谓长安何如日远？"（《世说新语·夙惠》）

此例"远"字表示比较的内容，句式与《战国策·齐策一》"我孰与城北徐公美"相同，只是用"何与"取代了"孰与"。

2. 只出现比较的双方，不出现表示何种比较的内容，意在客观比较，不含有主观倾向，比较后进一步选择，这种情况较为常见。例如：

权问诸葛恪曰："樊建何如宗预也？"（《三国志·蜀志·诸葛亮传》）

素与配不善，笑谓配曰："正南，卿竟何如我？"（《三国志·魏志·袁绍传》裴松之注引《先贤行状》）

翻复问："不审豫章精兵，何如会稽？"对曰："大不如也。"（《三国志·吴志·虞翻传》裴松之注引《吴历》）

嚣然欢曰："吾已知富不如贫，贵不如贱，但未知死何如生耳。"（《后汉书·向长传》）

有人问袁侍中曰:"殷仲堪何如韩康伯?"(《世说新语·品藻》)

王孝伯问王大:"阮籍何如司马相如?"(《世说新语·任诞》)

或问忱曰:"范泰何如谢邈?"忱曰:"茂度慢。"(《宋书·范泰传》)

敷小名查,父邵小名梨,文帝戏之曰:"查何如梨?"(《宋书·张敷传》)

渊曰:"王令文章大进。"灵鞠曰:"何如我未进时?"(《南齐书·丘灵鞠传》)

好事者寻逐之,问:"晋朝京师,何如今日?"(《洛阳伽蓝记》卷二)

谓肃曰:"卿中国之味也,羊肉何如鱼羹? 茗饮何如酪浆?"(《洛阳伽蓝记》卷三)

3. 只出现比较的双方,不出现表示何种比较的内容,说话人在如何选择上的主观倾向隐含在文意之中,有时是选择后项而舍弃前项,有时又是选择前项而舍弃后项。例如:

主簿曰:"贼大,宜先按讨。"仲弓曰:"盗杀财主,何如骨肉相残?"(《世说新语·政事》)

高祖曰:"假使朕无愧於虞舜,卿复何如於尧臣?"(《魏书·韩显宗传》)

卿若杀身成名,贻之竹素,何如甘彼刍菽,以辱君父乎?(《魏书·卢昶传》)

前二例是选择后项而舍弃前项,意思分别是盗杀财主比不上骨肉相残的事态严重,以及卿比不上尧臣贤能。后一例是选择前项而舍弃后项,意思是与其"甘彼刍菽,以辱君父",不如"杀身成名,贻之竹素"。不过,这类文意中隐含主观倾向的用法较为少见。

与此期之前的"孰与"相比,"何如"在用法上大体相同但又略有扩展。这表现在当文意中隐含着说话人的主观倾向时,这种倾向既可以是选择后项而舍弃前项,如上举《世说新语》《魏书·韩显宗传》等二例;又可以是选择前项而舍弃后项,如上举《魏书·卢昶传》例。如果用上"孰与",这种倾向只能是选择后项而舍弃前项,先秦两汉时期是如此,例如《荀子·天论》:"从天而颂之,孰与制天命而用之?"意思是从天而颂之,不如制天命而用之;此期也是如此,例如诸葛亮《后出师表》:"惟坐待亡,孰与伐之?"意思是惟坐待亡,不如伐之。此期"何如"的这类用法也一直沿用到后世。

"何如"之外，此期之前少见的"何与、何若、孰若、孰如"也都可以表示比较询问。其中，"何与"表示比较询问的用法可以追溯到西汉时期，如《史记·司马相如列传》："楚王之猎何与寡人？"但东汉末至此期较为多见。以下依次各举二例：

> 等为小称臣，孰与为大？再辱之耻，何与一辱？（《三国志·蜀志·谯周传》）

> 巽曰："……将军自料何与刘备？"琮曰："不若也。"（《后汉书·刘表传》）

> 诸君自度，结众连党，何若七国？合肥之贵，孰若吴、楚？（《三国志·魏志·武帝纪》裴松之注引《魏书》）

> 太祖怒曰："使汝贬其主以答，乃称贵主，何若贤兄也？"（《魏书·崔逞传》）

> 谓曰："夫保全一身，孰若保全天下乎？"（《后汉书·庞公传》）

> 又手诏子勋曰："何迈杀我立汝，汝自计孰若孝武邪？"（《宋书·晋安王子勋传》）

> ……判身名之有辨，权荣素其无留，孰如牵犬之路既寡，听鹤之涂何由哉？（《宋书·谢灵运传》）

> ……则福钟当年，祉覃来裔，孰如身镮宗屠，鬼馁魂泣者哉？（《宋书·孔觊传》）

此外，秦汉时期习用的"孰、孰与"，此期在表示比较询问时，句式结构也变得更为复杂起来。例如：

> 外命史官，悉条上永建以前至汉初灾异，与永建以后讫于今日，孰为多少。（《后汉书·黄琼传》）

> 翻曰："豫章资粮多少，器仗精否，士民勇果，孰与鄙郡？"（《三国志·吴志·虞翻传》裴松之注引《江表传》）

前一例比较内容是"灾异……多少"，做比较的双方是"永建以前至汉初"与"永建以后讫于今日"；后一例比较内容是"资粮多少、器仗精否、士民勇果",做比较的双方是"豫章"与"鄙郡"。二例均因句式较为复杂,或将比较内容分列两处,或将比较内容置于两个比较对象之间,强调的意味也比上举《世说新语·政事》"长安何如日远"中的"远"字更为明显。

（六）云何

"云何"在先秦两汉时期已有使用,主要询问原因,义为"为何"、"为什么"。汉末之后,这一用法继续沿用,如《世说新语·文学》:"君作《东征赋》,云何相忽略?"同时,又发展出询问人或事物性质、状况的用法,意思是"什么样、怎么样",主要充任谓语。例如:

> 亮问侍中刁玄曰:"盗乘御马罪云何?"(《三国志·吴志·孙霸传》)
> 策因往到融营下,令左右大呼曰:"孙郎竟云何!"(《三国志·吴志·孙策传》裴松之注引《江表传》)
> 闻卿诸人未平此论,今定云何?(《三国志·吴志·吕范传》裴松之注引《江表传》)
> 尚书问勇曰:"……又置长史屯楼兰,利害云何?"(《后汉书·班勇传》)
> 又问:"荀文若、赵稚长云何?"(《后汉书·祢衡传》)
> 东亭问法冈道人曰:"弟子都未解,阿弥那得已解,所得云何?"(《世说新语·文学》)
> 王曰:"不知馀人云何? 子贡去卿差近。"(《世说新语·汰侈》)
> 请较言之。当时君臣之道,治乱云何?(《宋书·建平宣简王宏传》)
> 人问殷渊源:"当世王公,以卿比裴叔道,云何?"(《世说新语·品藻》)
> 议者多云,省一足一,於事为便。吾谓非乃乖谬,卿以为云何?(《南齐书·柳世隆传》)

"云何"的这类用法一直延续到后世,虽然使用范围算不上十分广泛,但唐宋之后的载籍中也不时可以见到。

（七）何似

"何似"在先秦两汉时期是一个述宾词组,意思是"像什么"。此期开始,部分"何似"中"似"字的词义开始虚化,"像什么"的含义日趋模糊,只是用来询问人或事物的性质、状况,意思是"怎么样、什么样的",类似此期之前相同用法的"何如、如何、何若",主要充任谓语、定语。例如:

> 因论他事,乃发怒谓济曰:"我祖薄德,公辈何似邪?"(《三国志·魏志·曹爽传》裴松之注引《魏略》)

> 王丞相辟王蓝田为掾,庾公问丞相:"蓝田何似?"(《世说新语·品藻》)

> 简文问孙兴公:"袁羊何似?"答曰:"不知者不负其才,知之者无取其体。"(同上)

> 谢公明日还,问:"昨客何似?"刘对曰:"亡兄门未有如此宾客。"(《世说新语·轻诋》)

> 须臾,温来,敦便奋其威容,问温曰:"皇太子作人何似?"(《世说新语·方正》)

> 王既作吴郡,人问小令曰:"东亭作郡,风政何似?"(《世说新语·政事》)

> 许谓支法师曰:"弟子向语何似?"(《世说新语·文学》)

> 上左右陈洪请假南还,问绘在郡何似?(《南齐书·刘绘传》)

> 文襄与季舒书曰:"痴人复何似? 痴势小差未?"(《魏书·孝静帝纪》)

> 殷仲堪丧后,桓玄问仲文:"卿家仲堪,定是何似人?"(《世说新语·赏誉》)

> 谢胡儿作著作郎,尝作《王堪传》,不谙堪是何似人。(同上)

> 君章云:"不审公谓谢尚何似人?"桓公曰:"仁祖是胜我许人。"(《世说新语·规箴》)

以上十二例中,前九例充任谓语,后三例充任定语。

"何似"的这类用法后世仍有承袭,唐宋时期它又可以用于比较询问,例如李白《对雪奉饯任城六父秩满归京》:"君看海上鹤,何似笼中鹑?"这又是"何似"在用法上的进一步发展。

(八) 何当

"何当"用于询问时间,意思是"什么时候",此期开始使用流行。丁声树

《"何当"解》说:"何当为晋、宋、齐、梁间翰墨习语,实乃问时之词。"①就所见用例看,多询问将来之何时,"当"字仍有一定实义。在句中充任状语。例如:

何当顺流还? 还亦不复鲜。(《乐府诗集·前溪歌》)

一去数千里,何当还故处?(《乐府诗集·紫骝马歌辞》)

褚季野问孙盛:"卿国史何当成?"(《世说新语·排调》)

伏波孙秀欲表处母老,处曰:"忠孝之道,何当得两全!"(《世说新语·自新》刘孝标注引《晋阳秋》)

何当(当,一作"时")与汝曹,啄腐共吞腥?(鲍照《代昇天行》)

问君何行何当归,苦使妾坐自伤悲。(鲍照《北风行》)

何当(当,一作"曾")得见子,照镜窗东西。(吴均《杂绝句》)

何当照梁日,还作入山云?(梁简文帝《采桑》)

未详二御何当得作鼓吹及乐?(《宋书·礼志二》)

中书侍郎蔡兴宗问建平王宏曰:"岁无复几,征北何当至?"(《宋书·始兴王濬传》)

见上两披下有翅不舒。伯玉问何当舒,上曰:"却后三年。"(《南齐书·荀伯玉传》)

谢超宗尝谓慈曰:"卿书何当及虔公?"(《南齐书·王慈传》)

"何当"的这一用法一直沿用至后世,唐宋诗词中尤为常见,所以丁文又进一步阐述说:"及观唐人所用,则源流相承,义训无变。"

此外,《助字辨略》卷二认为"何当"又有非问时的用法,曰:"又《诗·关雎》正义云:'欲以采得为次,则《鸡鸣》之作,远在《缁衣》之前;郑国之风,必处桧诗之后。何当后作先采,先作后采乎!'《魏志·朱建平传》:'何当此子竟早陨灭,戏言遂验乎!'②此'何当'犹云'何乃','当'字在此乃语助,不为义者也。"尽管刘淇这里着眼于训诂,释"何当"为"何乃"并无大误,但若说"当"字"乃语助,不为义者也"则有欠准确。其实,刘淇所引孔颖达正义中"何当"的

---

① 丁文载《历史语言研究所集刊》第十一本。

② 刘淇引《三国志·魏志·朱建平传》与今二十四史标点本《三国志》异,后者"陨灭"作"陨没","何当"作"何意"。

"当",尚有论量宜适可否的含意,"何当"表示"哪该、哪应当",与问时之用的"何当"形同而实异。

(九) 何人①

"何人"先秦两汉时期是偏正词组,意思是"什么人",兼可用于提问与反问。汉代开始,先是用"不知何人"表示虚指,如《史记·李斯列传》:"赵高教其女婿咸阳令阎乐劾不知何人贼杀人移上林。"后来又可单用"何人",代替或者无法说出或者不愿说出的具体的人,如《汉书·隽不疑传》:"廷尉验治何人,竟得奸诈。"颜师古注曰:"凡不知姓名及所从来者,皆曰何人。"这类"何人"汉末之前罕见,此期用例增多,主要充任"有"字式兼语式中的兼语,有时也可直接充任宾语、主语。由于用"何人"询问"什么人"的实指用法历代沿用不废,新兴用法的"何人"其实是用形式上的疑问词语来表示虚指,故而按照通例附在疑问代词中讨论。例如:

> 光和元年五月壬午,何人白衣欲入德阳门。(《后汉书·五行志五》)
>
> 有何人天未明乘马以诏版付允门吏,曰"有诏",因便驰走。(《三国志·魏志·夏侯玄传》)
>
> 熹平元年,窦太后崩,有何人书朱雀阙。(《后汉书·曹节传》)
>
> 中黄门桓贤等呼门吏仆射,欲收缚何人,吏未到,须臾还走。(《后汉书·五行志五》)
>
> 臣夜人定后,为何人所贼伤,中臣要害。(《后汉书·来歙传》;李贤注曰:"何人,谓不知何人也。")
>
> 有何人乘马,当臣车前,收捕驱遣命去。何人骂詈收捕,诣审欲录。……而何人独骂不止,臣乃使录。何人不肯下马,连叫大唤。(《宋书·孔琳之传》)

以上六例中,第一例充任主语,二、三两例充任兼语,四、五两例充任宾语,

---

① 本条写作时参考了刘淇《助字辨略》、杨树达《词诠》。《宋书》"何人"例以及下文"何意"条《与陈王植手诏》"何意"例,采自蔡镜浩《魏晋南北朝词语例释》,江苏古籍出版社,1990 年 11 月第 1 版。

末例第一处充任兼语,后三处由于承前省略"有"字式兼语式中的"有"字,"何人"充任主语。

与此同时,此期"不知何人"的用法仍有沿用。例如:

平陵东,松栢桐,不知何人劫义公。(《宋书·乐志三》)

尔日不知何人逼使上车,仍将去,制不自由。(《南齐书·鄱阳王宝夤传》)

"不知何人"与单用"何人"不同,前者是整体使用表示虚指,语义上强调"不知";后者是单独使用表示虚指,语义上相当于"不知何人"。这两类用法一直沿用至后世,现代汉语中疑问代词用如虚指,也只是其中的疑问词语如"谁"、"什么",实现了历时替换而已。

(十) 何意

"何意"先秦两汉时期是一个名词性的偏正词组,主要询问原因,意思是"什么缘故",充任宾语。如宋玉《神女赋》:"纷纷扰扰,未知何意?"汉末之后,在沿袭询问原因的基础上,又发展出主要充任状语、偶或充任谓语的用法,充任谓语时用于提问,充任状语时兼可用于提问与反问。用于提问时意思是"为什么、怎么",用于反问时意思是"岂料、哪里"。

1. 用于提问。例如:

何意出此言? 同是被逼迫,君尔妾亦然。(《乐府诗集·焦仲卿妻》)

整闻声仍打遬,范唤问:"何意打我儿?"(任昉《奏弹刘整》)

上见而惊曰:"卿何意乃尔急装?"(《宋书·沈庆之传》)

质於义宣虽为兄弟,而年大近十岁,义宣惊曰:"君何意拜弟?"(《宋书·臧质传》)

曰:"至尊已有,我何意无?"不知分齐,率皆如此。(《颜氏家训·教子》)

今旦何意往他人处食脯? 从今去勿复尔。(《周氏冥通记》卷二)

王颜色瘦弱,何意耶? 腹中调和不?(魏明帝《与陈王植手诏》)

欲诛浑。浑惧,逆出问郁曰:"君入何意?"(《魏书·顺阳公郁传》)

以上八例中,前六例充任状语,后二例充任谓语。

2. 用于反问。例如:

何意数年之间,死丧略尽?臣独何德,以堪久长?(吴质《答魏太子笺》)

何意此子竟早陨没,戏言遂验乎!(《三国志·魏志·朱建平传》)

吾知禁三十年,何意临危处难,反不如庞惪邪?(《三国志·魏志·于禁传》)

始吾以子为可与言也,何意乃相拘教乐贵之徒邪?(《后汉书·申屠蟠传》)

陆士衡诗云:"营道无烈心。"其何意苦阿父如此?(《宋书·长沙景王道怜传》)

汝劳疾亦复那得不动,何意为作烦长启事?(《南齐书·豫章文献王嶷传》)

以上六例全都充任状语。

"何意"用于提问的用法唐宋时期仍有使用,而用于反问的用法则一直沿用至明清时期。其间又产生询问"什么用意、什么意思"的用法,例如《朱子语类》卷六十二:"至之又问:'随时之中,犹日中之中',何意?"同书卷三十六:"'见大水,必观焉',是何意?"这类用法一直延续到现代。

(十一) 那……何

"那……何"用以询问方式,它就是此期之前的"奈……何"。顾炎武《日知录》卷三十二"奈何"条云:"六朝人多书奈为那。"看来,二者的分别只是书写形式上的不同,意思均为"对……怎么办"。由于此期多数情况下仍写作"奈……何",因而"那……何"的用例并不多见,在句中充任谓语。例如:

进兵讨之,即时克破,所向全胜,要那后无继何?(《三国志·魏志·毌丘俭传》裴松之注引文钦《与郭淮书》)

牢之怒曰:"……但平玄之后,令我那骠骑何?"(《宋书·刘敬宣传》)

二　新兴的疑问代词

主要有"那、底、所、若为"四个。

1."那"字是"奈何"的合音。顾炎武《日知录》卷三十二云:"直言之曰'那',长言之曰'奈何',一也。"王力《汉语语法史》说:"'那'字大约在先秦时代就产生了。《左传·宣公二年》:'弃甲则那。'杜注:'那,犹何也。'……到了东汉时代,词意稍变,等于现代汉语表示反问的'哪'。"此期"那"字主要充任状语,除表示反问外,在表示提问时又可以根据询问内容的不同再细分为若干类别。

表示反问,常与助动词"得、可、能"等连用,是"那"字最流行的用法。例如:

使孔熙先年将三十作散骑郎,那不作贼?(《宋书·孔熙先传》)

临时若不信听,便当劫将去耳。那得不从?(《三国志·魏志·夏侯玄传》裴松之注引《魏书》)

太宗曰:"一日万机,那得速!"(《世说新语·政事》)

若宦官宜加超授者,殷恒便应侍中,那得为黄门而已?(《宋书·蔡兴宗传》)

敬则曰:"臣若知书,不过作尚书都令史耳,那得今日?"(《南齐书·王敬则传》)

洛水湛湛弥岸长,行人那得渡!(《魏书·咸阳王禧传》)

顾谓王肃曰:"在下那得复有此才,而令朕不知也?"(《魏书·高聪传》)

时谣曰:"升平不满斗,隆和那得久!"(《魏书·司马叡传》)

乃相谓曰:"……今虽作贼,那可入其乡邪?"(《三国志·魏志·王昶传》裴松之注引《魏别传》)

后有伧人来,先道人寄语云:"为我致意愍度,无义那可立?"(《世说新语·假谲》)

上答曰:"欺巧那可容! 宋世混乱,以为是不?"(《南齐书·豫章文献

王巆传》）

妇女尚如此，男子那可逢？（《魏书·李孝伯传》）

其母疾笃，遣呼子业，子业曰："病人间多鬼，那可往？"（《魏书·刘子业传》）

那能闺中繡，独无怀春情？（《乐府诗集·春歌》）

双眉画未成，那能就郎抱？（《乐府诗集·读曲歌》）

表示提问的可以分为四类。

（1）询问原因。例如：

此定可，殊不如人所传，那得至今未有婚处？（《世说新语·假谲》）

上出行，问尉曰："御道边那得此草屋，当由家贫。"（《宋书·明帝陈贵妃传》）

其妾崔氏、许氏谏攸之曰："官年已老，那不为百口计！"（《南齐书·高帝纪上》）

潮汐去还，谁所节度？天汉悬指，那不散落？（《颜氏家训·归心》）

君是佛三归弟子，那不从佛家请福，乃使祭酒上章？（《古小说钩沉·述异记》）

"那"字询问原因有时又可采用"那忽"的形式，"忽"字由"忽然、突然"义而来，就所见用例看，仍有一定实义。① 例如：

为设酒食，谓之曰："沈公那忽使君来？君殊可命。"（《南齐书·张敬儿传》）

四十许日，百姓相见，咸惊语："汝头那忽戴鱼？"（《搜神记》卷二十）

又有与"那忽"意义、用法相同的形式，即由"何"与"忽"构成的"何忽"，附列于此。例如：

义綦曰："下官初不识，何忽见苦？"（《宋书·长沙景王道怜传》）

亦当云："阿越不学，在天地间可嬉戏，何忽自课讁？"（《南齐书·王僧

---

① 参看董志翘、蔡镜浩《中古虚词语法例释》（吉林教育出版社，1994 年 6 月第 1 版）、钟兆华《疑问副词"那忽"》（《语文研究》2002 年第 4 期）、李素英《疑问副词"那忽"的形成》（《东岳论丛》2012 年第 5 期）。这里《南齐书》中的"那忽"与随后的"何忽"两例，采自《中古虚词语法例释》。

虔传》）

汝自有妻妾侍婢，少盛如花，何忽共许高丽婢奸通？（《魏书·北海王详传》）

（2）询问方式，此期尚不多见。例如：

刘真长笑其语拙，问曰："君欲云那放？"（《世说新语·排调》）

诞因问饶："汝那得入台？"饶被问，依实启答。（《宋书·竟陵王诞传》）

他日有问志："卿那得此副急泪？"（《宋书·刘怀慎传》）

遭霖雨，粮乏，相谓曰："尔当正饥，那得美食邪？"（《古小说钩沉·幽明录》）

（3）询问处所，此期较为少见。例如：

商人荒遽，不知那向。海深无底，又无下石住处。（《法显传》）

见有一雉住在树上，遥问之曰："汝檀腻羁，今欲那去？"①（《贤愚经》卷十一）

（4）询问时间，此期罕见，在句中充任定语。例如：

讵尝遊魏冉，那时说范睢？（庾信《奉和永丰殿下言志》）

"那"字在唐宋时期得到普遍使用，同时又发展出"那里"的形式，起先询问处所，后来又可询问事理以及表示反问。

2."底"字是此期新兴于南方的疑问代词，南朝民歌中常见使用，其意义、用法与习用的"何"字大体相当，主要充任宾语，少数充任状语，用作定语较为罕见。例如：

单身如萤火，持底报郎恩？（《乐府诗集·欢闻歌》）

持底报郎恩，俱期遊梵天？（同上）

月没星不亮，持底明侬绪？（《乐府诗集·读曲歌》）

寒衣尚未了，郎唤侬底为？（《乐府诗集·秋歌》）

徒劳无所获，养蚕持底为？（《乐府诗集·采桑度》）

---

① 此例采自江蓝生《魏晋南北朝小说词语汇释》。另，太田辰夫很早就注意到疑问代词"那"字在早期佛经中有询问处所的用法，他举的两个例子是昙果共康孟详译《中本起经上》："诸妹那来？"支谦译《太子瑞应本起经上》："为在何许？当那求之？"参看《中国语历史文法》（修订译本）第二部"指示代名词"。

恒语:"我去不知朝夕见底,若一旦死去作鬼,亦不取汝。"(《宋书·始安王休仁传》)

日冥当户倚,惆怅底不忆?(《乐府诗集·子夜歌》)

腹中如汤灌,肝肠寸寸断,教侬底聊赖?(《乐府诗集·华山畿》)

兴盛使军人遥告敬则曰:"公儿死已尽,公持许底作?"(《南齐书·王敬则传》)

立春历日自当新,正月春幡底须故?(徐陵《杂曲》)

我与欢相怜,约誓底言者?(《乐府诗集·懊侬歌》)

木桃堪底用?寄以答琼瑶。(沈炯《八音诗》)

以上十二例中,前六例充任宾语,七至十例充任状语,末二例充任定语。

"底"字在唐宋时期使用更为普遍,充任定语的情况也明显增多。

3.“所”字此期之前已可用作疑问代词。例如《汉书·武五子传》:"问帝崩所病,立者谁子,年几岁。""所"义与"何"字相同。此期用例显著增多,主要充任宾语,用作状语、定语较为少见。例如:

卓惊呼:"布所在?"布曰:"有诏!"遂杀卓,夷三族。(《三国志·魏志·董卓传》)

寇问太祖所在,答云:"我是也。"遂害之。(《三国志·魏志·曹真传》裴松之注引《魏略》)

不得已而去,寻得病亡。后其夫还,问女所在,其家具说之。(《宋书·五行志五》)

莫邪子名赤比,后壮,乃问其母曰:"吾父所在?"(《搜神记》卷十一)

与我别所期?期在三五夕。(谢灵运《南楼中望所迟客》)

固入,前问:"陛下得患所由?"(《后汉书·李固传》)

嗜欲虽不同,伐生所不识?(嵇绍《赠石季伦》)

进德智所拙,退耕力不任。(谢灵运《登池上楼》)

官比不听通家信,消息断绝。若是姊为启闻,所不知?(《宋书·竟陵王诞传》)

良久乃苏,问母:"父所遗言?"(《宋书·余齐民传》)

以上十例中,前六例充任宾语,七至九例充任状语,末例充任定语。"所"

字的这类用法一直沿用到唐代。

4. 若为

刘淇《助字辨略》云：“若为，犹云如何也。”王利器《颜氏家训·归心》集解引刘盼遂曰：“若为，盖奈何之转语，若犹那也，何也。……晋、宋以来通语，犹今人之言怎么样矣。”此期“若为”并不表示“做什么”，主要询问方式，意思是“怎么、怎样”，可以充任状语、谓语。例如：

食粮乏尽若为活？救我来！救我来！（《乐府诗集·隔谷歌》）

遥豔帷中自悲伤，沈吟不语若为（为，一作“有”）忘？（《乐府诗集·北风行》）

僧远问僧绍曰：“天子若来，居士若为相对？”（《南齐书·明僧绍传》）

书讫，帝曰：“将安朕何所？复若为而去？”（《魏书·孝静帝纪》）

九州未划，列国未分，疆疆区野，若为躔次？（《颜氏家训·归心》）

又问曰：“后当若为死？”答曰：“为人作屋，落地死。”（《古小说钩沉·幽明录》）

但问情若为？月就云中堕。（谢灵运《东阳溪中赠答》）

悬念犹如此，得时应若为？（萧纶《车中见美人》）

人居贵要，但问心若为耳。（《宋书·王景文传》）

絃有粗细，馀十二絃复应若为？（《魏书·乐志》）

以上十例中，前六例充任状语，后四例充任谓语。

“若为”在唐代之后使用更趋广泛，是诗词中的习见用语。

三　特殊条件下形成的疑问代词

这里主要论述“等、若”两个。①

1. “等”字用作疑问代词源于词义之间的相互影响。由于“何等”长期用作

---

① 朱庆之认为，汉译佛经中的“为、所、如”由于词义沾染的原因，已发展为具有疑问语义的特殊疑问词，而“缘、等、从、若、用、故”只是在“为、所、如”类化作用下偶发了类似问词的用法。参看《试论汉魏六朝佛典里的特殊疑问词》，载《语言研究》1990 年第 1 期。

疑问代词,此期"等"字已经丧失表示"辈类"的实义,逐渐染有疑问代词性质,以至单用"等"字也可以表示疑问,不过远不如"何等"常见。就所见用例看,在句中充任定语、宾语、谓语。例如:

> 祖惎,乃诃之,衡更熟视曰:"死公! 云等道?"①(《后汉书·祢衡传》;李贤注曰:"死公,骂言也。等道,犹今言何勿语也。")

> 用等称才学,往往见歎誉?②(应璩《百一诗》)

此外,稍早东汉成书的道教经典《太平经》中已有用例:

> 其所作文书,各有名号。今当名天师所作道德书,字为等哉?③(卷四十一)

> 其罪过不可名字也。真人乃言何一重者,等也? 真人之学,何不日深,反日向浅哉?(卷六十七)

以上四例中,第一例充任定语,二、三两例充任宾语,末例充任谓语。

2."若"字用作疑问代词源于"若为"的省略,④也即单用"若"字来表示"若为"的意思,主要询问度量,意思是"多……"、"多少",在句中充任状语。例如:

> 敦煌定若远? 一信动经年。(刘孝先《春宵》)

> 敬则问:"我昔种杨柳树,今若大小?"(《南齐书·王敬则传》)

> 见一人著黄皮袴褶,乘马将猎。少明问曰:"逸民家若远?"答曰:"君何以问?"(《古小说钩沉·语林》)

> 子良因请问:"不审几试? 试若大小? 恐肉人邪僻,能不忧惧!"(《周氏冥通记》卷三)

---

① 俞正燮《癸巳类稿》卷七云:"所云是何等说道。以宋语录例之,乃所说成甚言语也。"

② 颜师古《匡谬正俗》卷六引此诗后曰:"此言讥其用何等才学见叹誉而为官乎? 以是知去'何'而直言'等',其言已旧。"刘淇《助字辨略》云:"此等字,何辞也。"

③ 此处《太平经合校》二例,采自俞理明《佛经文献语言》,巴蜀书社,1993 年 10 月第 1 版。

④ 以下后二例采自江蓝生《魏晋南北朝小说词语汇释》。另,"若"字之外,"缘"字用如疑问代词也是源于"缘何"的省略,可以单独用"缘"字来表示"缘何"的意思,不过这在中土文献中似未见到,而常常出现在汉译佛经中。《六度集经》就有不少用例,如:"昔为王孙,今为奴婢,奴婢之贱,缘坐王膝乎?"(卷二)"吾本乞儿,缘致斯贿乎?"(卷三)"若是天子,肌肤何麤? 本补蹠翁,缘处王宫?"(卷八)参看蔡镜浩《魏晋南北朝词语例释》,本条注释中所举用例也采自该书。

四　与询问有关的几个词语

对事物表示询问，通常需要借助疑问代词、疑问语气助词等疑问词语，但此期又产生了一种新兴的表达方式，即将两个意义相反的形容词作为语素结合为一个新词，构成一种表示询问的固定格式。就载籍所见，主要有"多少、早晚、远近"等几个。

1. "多少"用来询问人或事物的数量或性质、状况，又可以据此分为两类。

（1）询问人或事物的数量，主要充任谓语，也可充任宾语。例如：

> 吴主问蜀马多少，对曰："官用有馀，人间自足。"（《三国志·蜀志·杨戏传》裴松之注引《华阳国志》）

> 翻曰："豫章资粮多少，器仗精否，士民勇果，孰与鄱郡？"（《三国志·吴志·虞翻传》裴松之注引《江表传》）

> 但问愁多少，便知夜短长。（梁简文帝《拟沈隐侯夜夜曲》）

> 又曰："士马多少？"答云："四十馀万。"（《宋书·张畅传》）

> 卿所典藏，谷食多少？ 更有千人，亦欲设供，足能办不？[1]（《贤愚经》卷五）

> 又问："马比死多少？"答曰："'未知生，焉知死？'"（《世说新语·简傲》）

> 坚曰："彼国人马，实为多少？"凤曰："控弦之士数十万，马百万匹。"（《魏书·燕凤传》）

> 与人此酒，先问饮多少，裁量与之。（《齐民要术》卷七）

以上八例中，前五例充任谓语，后三例充任宾语。

（2）询问人或事物的性质、状况，义为"如何"、"怎样"，主要充任谓语。例如：

> 皆总角见称，并有器望，虽乡人诸父，未能觉其多少。（《三国志·魏

---

① 此例采自〔日〕太田辰夫《中国语历史文法》（修订译本）。

志·胡质传》裴松之注引虞预《晋书》)

渊问之曰:"张郎弓马多少?"欣泰答曰:"性怯畏马,无力牵弓。"(《南齐书·张欣泰传》)

元义欲为之设著,先问:"卿於水厄多少?"(《洛阳伽蓝记》卷三)

更问其亲老存不,农桑多少,而微察其辞色。(《魏书·柳崇传》)

荥阳郑伯调之曰:"魏郎弄戟多少?"收惭,遂折节读书。(《魏书·自序》)

方一新对"多少"的两类词义做了明确区分,①认为:"多少"又可义为"如何,怎样","为汉魏六朝习见之语,既可表示才能高下、优劣,如《三国志·魏志·胡质传》裴注引虞预《晋书》:'(武)陔及二弟韶、茂,……並有器望,虽乡人诸父,未能觉其多少。'也可指数量多少,如《吴志·赵达传》裴注:'焉知达不算其安危,知祸有多少?'"可以作为方说佐证的是,文中转引《三国志》裴松之注引虞预《晋书》文字,房玄龄《晋书·武陔传》正作"虽诸父兄弟及乡间宿望,莫能觉其优劣"。

比较"多少"询问事物数量与询问事物性质、状况的两种用法,从词义上看,应当是由前者转用为后者;而转用的关键在于,"多少"不再是询问人或事物的确实数量。有时当询问的人或事物由需要计数转为无须计数或无法计数,如上文《魏书·柳崇传》例"更问其亲老存不,农桑多少","农桑"无法计数;或者询问的事物由具体转向抽象,如上文《洛阳伽蓝记》例询问的"水厄";又或是从上下文语境可以明确表示并非询问数量的,如上文《南齐书》例中有"性怯畏马,无力牵弓"之类;这时"多少"就有可能转用为询问事物的性质、状况。应当说明的是,这里未将上文梁简文帝《拟沈隐侯夜夜曲》"但问愁多少,便知夜短长"中的"愁多少"视为询问抽象意义的"愁"的状况,除去因诗中下句"便知夜短长"的"短长"只宜与上句表示数量的"多少"对举之外,更是由于我国历代诗文中常常将"抽象"感悟为"具象",用衡量具体事物数量、重量、长

---

① 参看方一新《东汉魏晋南北朝史书词语笺释》"多少"条,黄山书社,1997年10月第1版。另,上文《南齐书》《魏书》三例均采自该书。

度、形态的方式来衡量抽象的"愁"、"恨"、"情"之类感受。古代诗歌中用数量来衡量抽象感受的,如"几多愁"、"许多愁"、"问余别恨今多少"、"离情别恨多少",均可作为这类用法的佐证。

值得注意的是,由于询问性质、状况的"多少"来源于询问数量的"多少",也是由两个反义形容词语素结合而成,故而这种正反问在询问人或事物时仍然含有衡量与比较其大小、长短、刚柔、虚实、高下、优劣等意味,并非单纯询问性质、状况。在稍早的用例中,"多少"常常与"大小、众寡、利害"之类词语配合使用,例如《论衡·感类》:"功无大小,德无多少,人须仰恃赖之者,则为美矣。"《三国志·蜀志·诸葛亮传》裴松之注引《默记》:"玄德与操,智力多少,士众众寡,用兵行军之道,不可同年而语。"《南齐书·孔稚珪传》:"彼之言战既愍愍,臣之言和亦慊阔。伏愿察两涂之利害,检二事之多少,圣照玄省,灼然可断。"这几个例证中"多少"包含的衡量与比较意味可以看得非常清楚。而当"多少"单独使用时,也仍然留存有这层意思。例如上举《魏书·自序》:"魏郎弄戟多少?"固然可以理解为"魏公子武艺怎样",但若理解成"魏公子武艺好不好",似更能体现出对魏收武艺水平进行衡量并与常人情况进行比较的含意。再如《洛阳伽蓝记》卷三:"卿於水厄多少?"固然可以理解为"你饮茶本领怎样",但若理解为"你能不能饮茶",似更能体现出对萧正德饮茶本领进行衡量并与南人嗜茶者进行比较的含意。

表示询问人或事物数量的"多少"在此期之后继续使用,后来又发展出充任定语的用法,例如《祖堂集》卷九:"汝将多少钱与匠人?"并且一直沿用至现代汉语。而表示询问人或事物性质、状况的"多少",此期之后则少见使用。究其原因,一方面固然是询问性质、状况的传统用法"如何"、"何若"等继续使用,以及当时至后来又相继产生了"云何"、"何似"、"孰似"、"谓何"、"怎样"之类的新用法,持续压缩了"多少"询问性质、状况的使用空间;另一方面更是"多少"询问人或事物数量与性质、状况的两种用法容易产生混淆,需要凭借清晰的语境才能区分,并不符合言语交际中的明确性要求。由此可见,"多少"询问人或事物性质、状况的用法正体现了魏晋南北朝时期的时代特色。

2."早晚"用来询问动作发生的时间，①此期的用例主要充任状语，偶尔也可以充任宾语，又可以据询问内容分为两类。

（1）询问未来之何时，这在此期用例中占据多数。例如：

> 彼郡今载甚不能佳，不知早晚至？当遂至郡。（王献之《鄱阳书帖》）
> 其子必复袭世，袭世之后，早晚当灭？（《魏书·李顺传》）
> 时亦有洛阳人赵法和请占："早晚当有爵否？"（《洛阳伽蓝记》卷四）
> 而旦於公庭见乙之子，问之曰："尊侯早晚顾宅？"（《颜氏家训·风操》）

（2）询问过去之何时，此期运用较少。例如：

> 太尉府前塼浮图，形制甚古，犹未崩毁，未知早晚造？（《洛阳伽蓝记》卷二）

以上五例中，"早晚"全都充任状语。

稍后唐初成书的载籍中也有用例，以下《南史》《北齐书》二例询问未来之何时，用作状语；《北史》例询问过去之何时，充任宾语。

> 人问："顾吴郡早晚至？"船人答："无顾吴郡。"（《南史·顾琛传》）
> 尝谓曰："君等所营宅早晚当就？何太迟也！"（《北齐书·琅邪王俨传》）
> 急呼其子曰："此曲兴自早晚？"其子曰："顷来有之。"（《北史·万宝常传》）

"早晚"的这一用法，一直延续到唐宋时期。所以《近代汉语指代词》说："从元代起，就不说早晚而说多早晚。更后，早晚变成一个合音字，从前写'喒'或'咱'（后者如《金瓶梅词话》），现代多写作'偺'。"

3."远近"用来询问事物之间的距离，此期的用例主要充任谓语，偶尔也可以充任补语。例如：

> 李彪使於江南，萧赜谓之曰："孝伯於卿远近？"（《魏书·李孝伯传》）
> 进取之方，其算安在？克殄之期，复当远近？（《魏书·南安王桢传》）
> 缋又指方山曰："此山去燕然远近？"（《魏书·李安世传》）

---

① 参看丁声树《"早晚"与"何当"》，载《历史语言研究所集刊》第二十本下册。

“远近”有时也可以说成“近远”，意义与用法相同。例如：

　　君看日近远？为忖长安城。（周弘正《答林法师》）

　　山阿若近远？独有楚人知。（刘删《赋松上轻萝》）

以上五例中，第三例充任补语，其余全都充任谓语。

“远近”、“近远”的这类用法使用并不普遍，后世的用例也不多见。

“多少、早晚、远近”之外，还有“先后、大小、厚薄、高下、亲疏”等说法，用例同“远近”一样也不多见，主要充任谓语。依次各举一例：

　　陛下以关羽之亲何如先帝？荆州大小孰与海内？俱应仇疾，谁当先后？（《三国志·吴志·诸葛瑾传》）

　　敬则问：“我昔种杨柳树，今若大小？”（《南齐书·王敬则传》）

　　重帘持自鄣，谁知许厚薄？（《乐府诗集·子夜歌》）

　　贞楼若高下，如何上阳台？（伏知道《咏人聘妾仍逐琴心》）

　　问：“先闻卿家缚刘裕，於卿亲疏？”雍曰：“是臣伯父。”（《魏书·刁雍传》）

“亲疏”有时也可以说成“疏近”，意义与用法相同。稍后唐初成书的载籍中即有用例：

　　高祖谓亶曰：“夏侯溢於卿疏近？”亶答曰：“是臣从弟。”（《梁书·夏侯亶传》）

第十四章　数词

魏晋南北朝时期数词的发展主要表现在称数法的演变上。汉语中的称数法在先秦两汉时期已经得到较为完备的发展,基数与序数、整数与零数、分数与倍数、定数与概数,以及询问用的问数都形成各自的表达方式,其中许多方式一直流传到后世,有些甚至沿用至现代。此期的称数法虽然没有持续出现太大的发展,但也有一些值得重视的变化,例如表示序数的前缀"第"字完成虚化的过程,概数、问数、零数在表达上出现一些新形式,等等。

一　序数

这里主要讨论序数词前缀"第"字的发展,以及与次序有关的几种新兴的表达方式。

（一）序数词前缀"第"字

先秦时,基数与序数在表达形式上没有什么区别,基数词的形式又可以表示序数的内容。这种方式一直到现代汉语仍在沿袭运用。西汉时,"第"字开始用在数词之前,对于序数词独立形态的形成产生了重大影响。"第"本作"弟",原为名词,义为次第,表示名次或位次。由于经常活用为动词置于数词之前,用以表示排位次为第×,于是逐渐虚化而发展为序数词前缀。起初仅为序数词单独使用,直至汉末才又可以同名词等组合使用,形成"第+数词"修饰中心词的完整表达形式。这是一步关键性的演变,因为有了中心词在后面,序数词的性质就更加确定了。在这种情况下,"第"字也逐渐完成自身的虚化过程,成为纯粹的序数词前缀。此期"第"字的这一用法已经相当稳定通行,又因为量词的运用较为普遍,故而带有前缀"第"字的序数词在修饰中心词时又可以根据有无量词作为中介而分为两类。

1."第+数词"修饰中心词

在这类结构中,中心词主要是名词或名词性词组,序数词充任定语。例如:

> 第一物,含气须变,依乎堂宇,雄雌以形,翅翼舒张,此燕卵也。(《三国志·魏志·管辂传》)

> 渊第三子称,第五子荣。从孙湛为其序。(《三国志·魏志·夏侯渊传》裴松之注引《世语》)

> 四年七月壬午,荧惑入南斗犯第三星。(《后汉书·天文志中》)

> 羊去,卜语曰:"我以第一理期卿,卿莫负我!"(《世说新语·宠礼》)

> 王曰:"自过江来,尚书郎正用第二人,何得拟我!"(《世说新语·方正》)

> 闰十二月癸卯夜,月奄南斗第四星。(《宋书·天文志四》)

> 遂遣一吏将奴送入省中厅事东閤内东厢第一屋中。(《魏书·尔朱世隆传》)

> 葛荣既擒,除⋯⋯西部第一领民酋长。(《魏书·叱列延庆传》)

> 东面有三门。北头第一门曰建春门,汉曰上东门。(《洛阳伽蓝记·序》)

> 西面有四门。南头第一门曰西明门,汉曰广阳门。(同上)

> 第二估客即便偷他被烧之金,用兜罗緜裹。(《百喻经·估客偷金喻》)

> 咸作此言:"何有不造下第一屋而得上者?"(《百喻经·三重楼喻》)

在这类格式中,中心名词如果表示亲属称谓,那么序数词用来表示排行,详下文。

序数词充任状语,中心词是动词或动词性词组的较为少见。以下是《齐民要术》中的用例:

> 第二酘七斗米,三酘八斗米。(卷七)

第四、第五、第六酘,用米多少,皆候麴势强弱加减之。(卷七)

初淘渖汁泻却,其第二淘泔,即留。(卷八)

饙讫,……厚一尺五寸许。第三饙,一尺;第四饙,厚六寸。(同上)

在这类格式中,中心词如果属于形容词,又用序数词"第一"充任状语,序数词的意义与作用相当于副词"最",详下文。

序数词充任谓语、宾语,则通常出现在省略中心词而序数词单独运用的句式中。例如:

太宰武陵王第一,抚军将军会稽王第二,大司马第三。(《宋书·蔡廓传》)

官品第一、第二,听占山三顷。(《宋书·羊希传》)

善弈棊,棊品第三,太祖与赌郡戏,胜,以补宣城太守。(同上)

谓僧虔曰:"谁为第一?"僧虔曰:"臣书第一,陛下亦第一。"(《南齐书·王僧虔传》)

作米粉法:梁米第一,粟米第二。(《齐民要术》卷五)

荥阳毛惠远善画马,瑱善画妇人,世竝为第一。(《南齐书·刘瑱传》)

有乐氏枣,丰肌细核,多膏肥美,为天下第一。(《齐民要术》卷四)

食脍鱼莼羹:芼羹之菜,莼为第一。(《齐民要术》卷八)

以上八例中,前五例充任谓语,后三例充任宾语。

2. "第+数词+量词"修饰中心词

在这类结构中,中心词也主要是名词或名词性词组,表示序数的数量词组充任定语。例如:

世论温太真是过江第二流之高者。(《世说新语·品藻》)

刘曰:"极进,然故是第二流中人耳!"(同上)

兴乃入第三重石室而卒。谦之躬自沐浴。(《魏书·释老志》)

不造第二,云何得造第三重屋?(《百喻经·三重楼喻》)

表示序数的数量词组充任主语、谓语、宾语,则通常出现在省略中心词而表示序数的数量词组单独运用的句式中。依次各举一例:

第二层作师子形,有四百间。第三层作马形,有三百间。(《法显传》)

公第一品,侯第二品,伯第三品,子第四品,男第五品。(《南齐书·魏虏传》)

有三重石室,令谦之住第二重。(《魏书·释老志》)

表示序数的数量词组如果充任状语,那么其中的量词应当是计量动作的动量词,此期极为罕见。例如:

先度……供养三宝者,第二、第三次度有缘者。(《法显传》)

(二) 排行方式

排行也是一种次序,指同辈人中按年龄排列的次序。此期有两种新兴的表达方式。

1.用带有前缀"第"字的序数词表示。例如:

答曰:"予第五之名,何必减骠骑!"(《世说新语·栖逸》;刘孝标注引《中兴书》云:"骠骑将军充第五弟也。")

死罪刘领军,误杀刘第四。(《宋书·乐志一》)

立第十三皇弟休祐为山阳王。(《宋书·孝武帝纪》)

第十二皇女、第二十二皇子子师,俱婴谬酷。(《宋书·始平孝敬王子鸾传》)

今留第二儿,令文武贤才共镇此境。(《宋书·庐陵孝献王义真传》)

临川献王映字宣光,太祖第三子也。(《南齐书·临川献王映传》)

或劝减小弱以避之,乃遣第四女、第三儿夜出。(《魏书·崔楷传》)

思鲁等第四舅母,亲吴郡张建女也。(《颜氏家训·风操》)

2.用前缀"阿"字放在"大"字之前表示行第为长,或放在数词之前表示排行为第×。参看本编第八章"名词"中"前缀与后缀"部分。

以上两种方法之外,有时还可直接用与基数词同形的序数词单独表示排行。例如:

未尝被呼名,每呼为刘四、张五。(《南史·张稷传》)

悱妻文尤清拔,所谓刘三娘者也。(《南史·刘孝绰传》)

这一用法虽可说是萌芽于此期,但见到的实例并不多,以上二例也是出自唐初成书的载籍。而它的兴盛则是在唐代,唐人以同曾祖的兄弟或姐妹连续大排行,顺序可延续到数十之多,例如白二十二、刘二十八,黄四娘、段七娘。当然,此期也有疑似之间的用例,如《宋书·后废帝纪》载刘昱为太子时,"与左右人解僧智、张五儿恒相驰逐",似是已有单独运用与基数词同形的序数词表示排行的方法。但张五儿(《南齐书·高帝纪上》作"张互儿")史书无传,无法找到"五"字即为排行的确证。不过,《颜氏家训·风操》记载:"凡言姑姊妹女子子:已嫁,则以夫氏称之;在室,则以次第称之。""以次第称之",同辈人数多时则需要利用序数词表示排行才可行,只是尚未见到实际用例。

此外,尚有一种起小字时利用序数词以与同辈兄弟排行暗合的做法,如梁武帝萧衍第七子萧绎即梁元帝小字七符(见《梁书·元帝纪》),第四子萧绩小字四果(见《南史·南康简王绩传》),第六子萧纶小字六真(见《南史·邵陵携王纶传》),这应当不是纯然的巧合,事情本身属于此期史实也是可以确定的。不过,萧衍第三子萧纲即梁简文帝小字六通(见《梁书·简文帝纪》),其立意想来涉及佛学的六种神通力,显然又与兄弟顺序不合。可见这种起小字时暗合排行的做法,虽非无意为之,却也尚未形成相互对应的完整序列。

(三)"初"字加于每月前十日之上

周法高《中国古代语法·称代编》说:"从每月第一至十日前加'初'字,始于六朝。"同时引文廷式《纯常子枝语》:"每月初旬,古人但称一日、二日等,其加初字,宋时始行,钱辛楣先生曾言之。今按北凉昙无谶译《大般涅槃经·师子吼菩萨品》云:'佛言我为六师,从初一至十五日现大神通。'是晋时已有此语。然唯第一日加初字,馀九日则未见也。陈真谛译《阿毗昙论》第二云:'是月初八日,十四及十五';是馀日加初字,六朝时始有之。"周法高又加案语指出,文书曾引《古诗为焦仲卿妻作》云:"初七及下九。"

初一、初七、初八的说法,此期实例并不多见,后世才逐渐使用开来。从形成之始的语义看,它们还不是表示每月上旬各日间的顺序,而是表示上旬与中旬、下旬同日之间的顺序,例如初七、初九起初分别表示第一个第七日、第一个第九日,与十七日、二十七日以及十九日、二十九日之间构成顺序,这从前引"初七及下九"诗句中"初"与"下"形成对文可以看出来。① 这种表达方式后来从初一直至初十逐渐形成一个完整系列,于是才又可以用来表示每月上旬各日之间的顺序。

(四) 以"七"表示第七,前面再加上二、三、四等序数词,表示 "第×个第七"

这种以"七(日)"作为固定时间单位的表达方式,用于某些与神灵有关因而需要有所遵循或有所避忌的场合。它的来源还有待于进一步深入探寻,不过其含义不同于此期之前用"三五"表示十五、"二八"表示十六的"析数"表达方式则是没有疑问的。它表示的是两个序数的连用,由于内容的原因,《齐民要术》中使用比较集中。例如:

> 秫米神酢法:七月七日作。……一七日,一搅;二七日,一搅;三七日,亦一搅。(卷八)

> 满七日翻之,二七日聚之,皆还密泥;三七日出外,日中曝令燥。(卷七)

> 七日开户翻麴,还塞户。二七日聚,又塞之。三七日出之。(同上)

> 七日翻,二七日聚,三七日收,曝令干。(同上)

> 一七日,冷水湿手拭之令遍,即翻之。至二七日,一例侧之。(同上)

> 三七日,笼之。四七日,出置日中,曝令干。(同上)

此外,《魏书·胡国珍传》中也有类似用法:"又诏自始薨至七七,皆为设千僧斋,令七人出家;百日设万人斋,二七人出家。"这里的"七七",以及与之相应的"头七、二七、三七、四七、五七、六七"整个系列,与《齐民要术》的用法有同

---

① 对于"下九",《玉台新咏笺注》卷一引《采兰杂志》曰:"古人以二十九日为上九,初九日为中九,十九日为下九。"

有异。《魏书》的"七七"虽然也可表示与《齐民要术》相同的"第七个第七日"这个时点,但又可表示与《齐民要术》不同的"第七个七日"这个时段。

这里引《胡国珍传》所载治丧事当与佛教信仰有关,因为《魏书》本传说他"年虽笃老,而雅敬佛法,时事斋洁,自强礼拜"。对于这类治丧仪式的起源与理据,目前尚无确定的说法。日本有学者认为:"死后每七天举行诵经拜忏的仪式,最初的七日叫'头七',接下来是'二七'、'三七'……第四十九天称'断七',这些仪式总称'做七'。'做七'基于'十殿阎王'的信仰:死后灵魂在冥府每七天进一大殿,……经四十九天过了前七殿之后,从第八殿到第十殿转轮王,分别为死后百日、一年、三年。游历完毕,方能投生。投生之早晚,由生前罪之轻重来决定。"不过,也有人认为"做七"是承古代的"复",即后世所谓的招魂术而来,含意是"冀精气反复于身形";此期东晋道家著作葛洪《抱朴子·地真》中就提出人有三魂七魄,清代钱泳《履园丛话·七七》引《临淮新语》云:"始死七日,冀其一阳来复也。祭于来复之期,即古者招魂之义,以生者之精神,召死者之灵爽。至七七四十九日不复,即不复矣,生者亦无可如何也。"看来,关于"做七"的起源与流传,还有待于宗教学、民俗学等多个学科的专家学者进一步齐心协力共同进行探讨。①

二 概数

概数,也称约数,是与定数相对待的概念,表示大概、约略的数目。先秦两汉时期,概数已出现多种表达方式,此期在秦汉用法的基础上萌生发展了一些新形式,又可以分为四类。

(一)用相邻的两个数作为尾数

这种方式此期之前已有用例,但为数较少,此期则开始普遍运用。例如:

---

① 以上两种观点,分别参看〔日〕丸尾常喜著、秦弓译《"人"与"鬼"的纠葛》第一章"'人'与'鬼'——绍兴覆盆桥周氏与其周边",人民文学出版社,1995 年 12 月第 1 版;吴慧颖《中国数文化》(修订本)第一章"从一说到十",岳麓书社,1995 年 5 月第 1 版。

昔年十四五,志尚好书诗。(阮籍《咏怀》)

妻私语家令收养焉,名檀石槐。年十四五,勇健有智略。(《后汉书·鲜卑传》)

年始十八九,便言多令才。(《乐府诗集·焦仲卿妻》)

王平子年十四五,见王夷甫妻郭氏贪欲。(《世说新语·规箴》)

年十七八,未被举,而童隶已呼为镇恶郎。(《世说新语·豪爽》)

复有一少年,年十三四,甚了了,乘新车。(《搜神记》卷四)

夏停十日,春秋十二三日,冬十五日,便熟。(《齐民要术》卷八)

有时又可以在这类概数之前再加上表示约略义的副词"可"字或"将近"义的副词"几"字。例如:

有一异儿,长四尺馀,年可六七岁。(《三国志·吴志·孙晧传》裴松之注引《搜神记》)

寿光年可百五六十岁,行容成公御妇人法。(《后汉书·华佗传》)

妇年可十八九,姿容婉媚,便成。(《搜神记》卷四)

一青衣童子,年可十三四,持一青囊授舍。(《搜神记》卷十一)

有女子,年可十五六,姿颜服饰,天下无双。(《搜神记》卷十六)

可怜年几十三四,工歌巧舞入人意。(梁简文帝《东飞伯劳歌》)

值得注意的是,相邻的两个数后再加上位数词以表示概数,例如"四五千",或用两个位数词连用表示定数,例如"千万",虽均是西汉时已有的语法形式,但二者结合以后形成"四五千万"之类表述方式,如褚少孙补《史记·滑稽列传》:"用其二三十万为河伯娶妇。"同类用例此期之前尚属少见,此期逐渐增多。例如:

时大郡口五六十万举孝廉二人。(《后汉书·丁鸿传》)

左右亲幸者,一日乞与,或至一二百万。(《宋书·江夏文献王义恭传》)

散用台库见钱六七百万,为有司所纠,上不问也。(《宋书·臧质传》)

皆责助军修宫钱,大郡至二三千万,馀各有差。(《后汉书·张让传》)

损省经用,岁息四五千万。屡因灾异,多所匡正。(《后汉书·翟酺传》)

六七日中,纠发其臧五六千万。种即奏匡,并以劾超。(《后汉书·第

五种传》)

此期另有一例"两三千万"又说成"两娑千万",是其时方言的记录。例证节引如下:

> 刘庆孙……说太傅令换千万,……庾时颓然已醉,帻坠几上,以头就穿取,徐答云:"下官家故可有两娑千万,随公所取。"於是乃服。(《世说新语·雅量》)

刘盼遂《世说新语校笺》曰:"两娑千万者,两三千万也。娑以声借作三。娑、三双声。今北方多读三如沙,想当典午之世而已然矣。《世说》多录当日方言,此亦一斑。刘淇《助字辨略》云:'两娑千万,娑,语辞,犹言两个千万也。'按淇以娑为语辞,无征。《晋书·庾敳传》作'两千万',盖不知古语而删。"余嘉锡《世说新语笺疏》则引《北史·李业兴传》:"业兴上党长子人。……业兴家世农夫,虽学殖而旧音不改。梁武问其宗门多少,答曰:'萨四十家。'"复加按语曰:"盖三转为沙,重言之则为萨。此又两娑为两三之证。今山西人犹读三为萨。"

此外,又可以在尾数为相邻两个数的概数之后,或在由"'数'+位数词"构成的概数之后,又或在"'数'+量词"构成的概数数量词组之后,加上表示约略义的助词"许"字。例如:

> 杖以牛头旃檀作,长丈六七许,以木筒盛之。(《法显传》)
> 要复推排人间数十许年,故是一旧物。(《南齐书·王僧虔传》)
> 下此女於塚中,以数月许干饭及水浆与之而舍去。(《抱朴子·对俗》)

甚至另可以在尾数为相邻两个数的概数前后,分别加上约略义的"可"字与"许"字。例如:

> 此女年可二十三四许,有两人同来,唯此女言耳,一人当是侍者也。①
> (《周氏冥通记》卷二陶弘景注)

---

① 张延成对中古汉语概数表示法的论述甚为细密,此例采自张著,参看《中古汉语称数法研究》第五章"概数与问数"第一节"概数",武汉大学出版社,2013 年 5 月第 1 版。引例特殊之处是,在概数"十三四"前后分别加上约略义的"可"字与"许"字,与上文主要为有确定数值的位数词前后分别加上约略义词语的表达方式稍有不同。

须臾，女郎至，年可十八九许，容色绝妙。（吴均《续齐谐记》）

忽有青衣，年可十五六许，诣门。（同上）

（二）用 AABB 式数词重叠

这种方式唐代较为普遍，此期尚属少见。例如：

行不独自去，三三两两俱。（《乐府诗集·娇女诗》）

上飞衡阳，下宿沅汉，十十五五，忽合而复散。（江淹《学梁王兔园赋》）

飞来双白鹄，乃从西北来。十十五五，罗列成行。（《乐府诗集·艳歌何尝行》）

长白山头百战场，十十五五把长枪。（《乐府诗集·长白山歌》）

树上然火，其下十十五五，堕火剑上，贯其身体。（《古小说钩沉·幽明录》）

其民两两三三，头戴牛角而相觝。（任昉《述异记》）

（三）在数词或数量词组的前面或后面加用表示约略义的词语

用于前面的主要有副词"垂、向、减、约"，用于后面的主要有形容词"强"字与助词"许"字。[1]

值得注意的是，用上这些约略义词语的数词或数量词组中的数词，多为具有确定数值的位数词（详下文），虽则也有用于非确定数值的概数词前面或后面的现象，而且构成形式也较为繁复多样，但总体数量较少，并不常见

---

[1]　南朝宋雷敩撰著的《雷公炮炙论》（张骥补辑、施仲安校注，江苏科学技术出版社，1985 年 6 月第 1 版）又有在数词或数量词组的后面加上"已来"表示概数的用法，"已来"义为"左右、光景"，如"须用男子二十已来，……於顶心剪下者佳"（《发》），"去核取皮，一斤只取四两已来"（《山茱萸》）。但雷敩原书早已散佚，如今只有后人根据宋明时期中药药籍辑录的本子，这里当然不可作为采例引证的语料。至于表示概数的"以来（已来）"的起源与发展，参看江蓝生《概数词"来"的历史考察》，载《中国语文》1984 年第 2 期。

（详下文）。

1.前面用“垂”字，义为“将近、接近”。例如：

自建武以来，陷坏断绝，垂二百载。（《三国志·魏志·田畴传》）

汉中去涪垂千里，贼若得关，便为祸也。（《三国志·蜀志·王平传》）

以著述为务，自所勒成垂百篇。（《三国志·魏志·文帝纪》）

通子垂九龄，但觅梨与栗。（陶潜《责子》）

鲁自在汉川垂三十年，闻曹操征之。（《后汉书·张鲁传》）

小人母年垂百岁，抱疾来久，若蒙官一脉，便有活理。（《世说新语·术解》）

丕时年垂八十，犹自平城力载，随驾至洛阳。（《魏书·东阳王丕传》）

丕仕历六世，垂七十年，位极公辅，而还为民庶。（同上）

2.前面用“向”字，义为“将近、接近”。例如：

军兴以来，已向百载，农人废南亩之务，女工停机杼之业。（《三国志·吴志·华覈传》）

年向六十，刺史吕虔檄为别驾。（《世说新语·德行》刘孝标注引虞预《晋书》）

年向九十，生理殆尽，永绝天光，沦没丘壑。（《宋书·王敬弘传》）

虽年向六十，加之风疾，而自强人事，孜孜无怠。（《魏书·张彝传》）

绪时年向七十。未几，又以绪为西平太守。（《魏书·贾粲传》）

犬不能行，复令步人拖曳，计向五十里。（《三国志·魏志·华佗传》裴松之注引《佗别传》）

虑身居长，今年十五，有一女弟，始向四岁，更相鞠养，不能保全。（《魏书·长孙虑传》）

起自炎刘，继以曹氏《典论》，初乃三百馀载，计末向二十纪矣。（《魏书·崔光传》）

3.前面用“减（减）”字，义为“不足、不满”。例如：

今关东有十馀县，能胜兵者不减万人。（《三国志·魏志·任峻传》）

作是誓已，树便即根上而生，以至於今。今高减十丈。（《法显传》）

凡所遊历,减三十国,沙河以西,迄於天竺。(《法显传》)

从此东南行减八十由延,经历诸寺甚多,僧众万数。(同上)

王右军年减十岁时,大将军甚爱之。(《世说新语·假谲》)

郡中文武,及合诸处侦逻,亦当不减千人。(《宋书·范晔传》)

一年之中,准绢而言,犹不应减三十万匹也。(《魏书·长孙稚传》)

树石悉在,广长六尺,高减二尺。(《水经注》卷一)

4. 前面用"约"字,义为"约略、大概",用例甚为少见。例如:

小饵黄金法,鍊金内清酒中,约二百过,出入即沸矣。(《抱朴子·金丹》)

疾者前入坐,见佗北壁县此虵辈约以十数。(《三国志·魏志·华佗传》)

5. 后面用"强(彊)"字,"强(彊)"是表示约略多于某数的形容词,义为"稍多、有馀",用例也不多见。例如:

策勳十二转,赏赐百千彊。(《乐府诗集·木兰诗》)

日昼行地上百四十六度强,故日短。(《宋书·天文志一》)

二十六日,一丈七寸五分强。(《宋书·律历志下》)

6. 后面用"许"字,"许"是表示约略估计数的助词,义为"左右、光景","许"与其前词语的结合形式较为繁复多样。

主要用于数词或数量词组之后,又或用于数词与量词之间。例如:

行十日,到跋那国,亦有三千许僧,皆小乘学。(《法显传》)

叔良明循水求棺,果於水侧得棺,半许落水。(《水经注》卷五)

坐此被责,飘飘舟渚,一百许日,卒不得去。(《颜氏家训·风操》)

因为说之,得五十许字。诸刘歎曰:"不意乃尔!"(《颜氏家训·勉学》)

影西四百步许,佛在时剃发剪爪。(《法显传》)

须臾,吐出三升许虫,头赤而动,半身犹是生鱼脍。(《后汉书·华佗传》)

一服即大下,去数段许纸如拳大。(《世说新语·术解》)

当日即斩齐,颠倒十重许为长行。(《齐民要术》卷五)

如是十遍许,汁清无复黑,乃止。(《齐民要术》卷九)

城东北十里许,得仙人鹿野苑精舍。(《法显传》)

晒经五日许,日三过以炊帚刷治之。(《齐民要术》卷七)

於日中半日许曝之使干,下晡乃收。(《齐民要术》卷五)

若欲服金丹大药,先不食百许日为快。(《抱朴子·杂应》)

积年之中,合集所见,当出二百许卷,终不可得也。(《抱朴子·遐览》)

殷洪乔作豫章郡,临去,都下人因附百许函书。(《世说新语·任诞》)

净淘三十许遍,若淘米不净,则酒色重浊。(《齐民要术》卷七)

聚得《龙首》《金匮》《玉轳变》《玉历》十许种书。(《颜氏家训·杂艺》)

以上十七例中,前四例用于数词之后,五至十二例用于数量词组之后,末五例用于数词与量词之间。

"许"字有时又可用于由小至大的位数词(十、百)与位数词"万"之间。例如:

古秤金一斤於今为二斤,率不过直三十许万。(《抱朴子·金丹》)

谢丰、袁吉将众十许万,分为二十馀营。(《后汉书·吴汉传》)

牛车及驴、骆驼载军资妓女,三十许万人。(《南齐书·魏虏传》)

乞为官领摄,一年格外长四百许万。(《南齐书·陆慧晓传》)

以上两种方式之外,还可以用于形容词后,说成"诸许、少许、多许、久许"之类,其中"许"字的词义进一步虚化,主要起加强语义作用。例如:

形貌既伟,雅怀有槩,保而用之,可作诸许物也。(《世说新语·容止》)

又有少许山田,引灌之踪尚存。(《水经注》卷二十四)

揩令极白净,以少许面,和水为面浆。(《齐民要术》卷八)

曰:"此必黄须鲜卑奴来!"命骑追之,已觉多许里。(《世说新语·假谲》)

女出食谷,初小腹痛呕逆,久许乃习。(《抱朴子·对俗》)

与力士鬭甚苦,乃得上屋上,久许而死。(《世说新语·方正》刘孝标注引《裴子》)

"许"字偶或用于叠根形容词后,词义更趋虚化,有些接近后缀,只是用例甚为罕见。例如：

> 自古至今，有高才明达，而不信有仙者，有平平许人学而得仙者。
（《抱朴子·辨问》）

> 直以真率少许，便足对人多多许。（《世说新语·赏誉》）

表示约略估计数的助词"许"字的这一用法显然来源于西汉时期具有相同功能的"所"字，后者如《史记·留侯世家》："父去里所，复还。"同书《李将军列传》："前未到匈奴陈二里所。"其实，这类助词"所"字此期仍有沿用，如《三国志·吴志·朱桓传》："去城一里所。"《宋书·符瑞志上》："父去里所复来。"不过一则用例甚为少见，二则沿用或仿用前代文献的痕迹很为明显；而在多数情况下，特别是在较为接近口语的文字中，则常常用"许"字。

对于这类"许"字的发展历史，学术界普遍认为是此期开始新兴的语法现象，最近又有文章提出"许"字早在东汉时已经出现，①所举用例为《越绝书·外传记地传第十》："死葬其上，去县十三里许。"《前汉纪·孝宣皇帝纪》："皆生毛，长二寸许。"但《越绝书》的作者迄今尚无定说，学术界有人认为其最终成书当在"东汉末年至梁代的某一时期"；《前汉纪》也有学者认为其"真实性存在重大问题"，"文本曾经遭到了严重的篡改"；②故而为稳妥起见，上述二例均不当作为东汉已有"许"字此类用法的确证，这里只是录以备考。不过，综合起来看，助词"许"字萌生于汉末也并非没有可能。理由有两点：一是距汉末未远、成书于两晋之交的《抱朴子》中已有多例表示约略估计数的助词"许"字，用法也已发展得甚为成熟完备。"许"字既可以用于末尾为位数词的数词之后，如"年八十许"（《祛惑》），或者用于单个位数词之后，如"其根俱有百许"（《仙药》），又或其后再接名词，如"以百许钱投中"（《至理》），甚或用于由小至大的位数词之间，如"率不过直三十许万"（《金丹》）；既可以用于数量词之

---

① 参看张言军、唐贤清《概数助词"许"的历时发展及其衰落动因考察》一文及附注②，载《古汉语研究》2017 年第 1 期。
② 对于《越绝书》的说法，参看徐奇堂《关于〈越绝书〉的作者、成书年代及其篇卷问题》，载中国人民大学书报资料中心《复印报刊资料·历史学》1990 年第 8 期；对于《前汉纪》的说法，参看陈启云《荀悦著述的文本和语境问题：〈汉纪〉与〈申鉴〉》（范正娥译），载英文原刊 *Monumenta Serica*（《华裔学志》）卷 27，2006。

后,如"以数月许干饭及水浆与之"(《对俗》),又可以省略是"一"的数词而用于量词之后,如"高尺许,大如径尺"(《仙药》),还可以用于数词与量词之间,如"各有百许种也"(《仙药》);想来"许"字只有经过萌发以后一段时间的演进,才逐渐可以自如地表达各种纷繁复杂的语义。二是此期询问数量的"几许"来源于汉代的"几所",《汉书·疏广传》"数问其家金馀尚有几所",颜师古注曰:"几所,犹言几许也。"而"几许"询问数量的用法汉末《古诗十九首》中已经开始使用,详下文。既然"几所"已可转用"几许"来表达,那么据此认为"许"字替代"所"字也是顺理成章的事,只是尚有待于进一步发掘确切语料作为例证罢了。

以上我们讨论了在数词、数量词组等的前面或后面加上一个约略义词语来表示概数的情况,在此期的实例中,我们还见到不少在前面与后面分别加用这类词语(如以下前三例),或者连用两个这类词语的现象(如以下后二例)。例如:

> 皆起小塔,最小者可高二丈许。(《法显传》)
>
> 树当挂处心生,遂穿柱而下,入地成根,大可四围许。(同上)
>
> 蛮王田僮在山中,年垂百馀岁。(《南齐书·刘悛传》)
>
> 暄前后从征及出使检察三十馀许度。(《魏书·尧暄传》)
>
> 粪秽入池即死矣。种一斗馀许,足以供用也。(《齐民要术》卷六)

此外,关于数词后"许"字与量词的前后位置问题,魏培泉认为:"在六朝'许'字的使用大致有个规律:只有数词在十位数以上(包括百、千、万、亿),'许'字才可以移在量词和名词之前、数词之后;如果数词为个位数或末位是个位数,'许'字不宜移在量词或名词之前。这种规律只有很少的例外。"①引文中分号后所说的规律,显然是指有了个位数,其数量就相对确定,不宜再与表示概数的"许"字连用而形成的定式。但倘若用相邻的两个个位数或末位是相邻的两个个位数表示概数时,虽则也应属于"数词为个位数或末位是个位数"之列,但"许"字的位置又可以有所不同,如《颜氏家训·治家》:"遣婢籴米,因

---

① 参看《汉魏六朝称代词研究》3.2.3"许"。

尔逃窜,三四许日,方复擒之。""许"字却"移在量词或名词之前"。显然,"数词为个位数或末位是个位数"中的"个位数"是定数还是概数,或恐也是影响"许"字句中位置的一个因素。此外,魏著所举第(ⅵ)例"其颜如十四五许人"(葛洪《神仙传·刘根》),虽然"许"字位于"十四五"与"人"之间,看似不符合上述规律,属于"很少的例外",但这里的"十四五"并非计算人的数量,与之直接相关的应是表示年龄的量词"岁",纪龄量词"岁"字没有出现,故而与量词的位置也就无所谓孰前孰后,整个句式也就无所谓例外不例外了。魏著紧接此例后又举第(ⅶ)例"与斋主共语百馀许言"(慧皎《高僧传》),此例特殊之处在于表示约略义的词语"馀"与"许"连用,"许"字的位置合乎上述引文中分号前所说的规律,但"馀许"的连用与单独使用"许"字在所处位置上是否完全相同,这实在还是需要进一步考察的问题,这里所举《高僧传》的用例不够典型,与上文所述规律的匹配度也显得不足。总之,魏著这里所说的规律,只要在表述上进一步严谨一些,还是大体可以成立的,但文后所举的两个用例,从文脉上看,无论是上承前文"规律"还是上承前文"例外"而来,均属不够妥帖,需要重新选配。

最后还想再做一些分析的是,此期新兴的附用于数量词以表示约略义的词语共有"垂、向、减、约、强、许"六个,从修辞功用上看,又可以分为三类:一是"垂、向、强",表示说话人的意愿是往多里说;二是"减",表示说话人的意愿是往少里说;三是"约、许",表示说话人的意愿无所谓往多里说或往少里说,只是客观地反映一个概略的数量而已。这样周延而细密的修辞分工,正体现了此期汉语的概数表达已经臻于成熟。

(四) 用概数词

主要有"数四、如干"两个。

1. 数四

"数四"一般用来表示动作行为的次数较多,或事物的数目较多,但又限于在较小范围内表示多数。可以充任谓语、定语、宾语、状语、补语。例如:

尝与师於南海作金,前后数四,投数万斤金於海。(《三国志·魏志·华佗传》裴松之注引东阿王《辩道论》)

往反精苦,客主无间。左右进食,冷而复煖者数四。(《世说新语·文学》)

贼忿之,夹射不能中,如是者数四。(《宋书·柳元景传》)

长兄早卒,孤姪数四,摄尫鞠稚,吞苦推甘。(《南齐书·沈骥士传》)

城内乱走,太祖秉烛正坐,厉声呵止之,如此者数四。(《南齐书·高帝纪上》)

即於坐分数四有意道人,更就馀屋自讲。(《世说新语·文学》)

有人与女子会於神座上,有一蛇来,绕之数四匝。(《古小说钩沉·幽明录》)

如此密言,日有数四,又殊不为疑。(《魏书·京兆王黎传》)

僮侍之中,嫌疑致死者,乃有数四。(《魏书·长孙稚传》)

太祖不听,欲引拜之,至于数四,终不受。(《三国志·魏志·田畴传》)

支初作,改辙远之,数四交,不觉入其玄中。(《世说新语·文学》)

庾即送直,然后得还,经此数四。(《世说新语·任诞》)

以上十二例中,前五例充任谓语,六、七两例充任定语,八至十例充任宾语,末二例分别充任状语、补语。

2. 如干

此期的"如干"也即此期之前的"若干",只是写法不同而已,用例并不多见,充任定语。例如:

议其可不,取其可安,以为标例,宜云某等如干人同议。(梁武帝《定梁律诏》)

是用缀缉遗文,永贻世范,为如干秩,如干卷。(《王文宪集》任昉序)

今以前如干卷为《追述》。……以如干卷为《太平》。……以如干卷为《敉乱》。……以如干卷为《世祖》。……以如干卷为《敬帝》。……以如干卷为《后嗣主》。(何之元《梁典·序》)

三　问数

此期新生的问数形式主要有"多少、几许、几多"三个。

1."多少"用来询问事物的数量或性质、状况，其用法与例证参看本编第十三章"疑问代词"中"与询问有关的几个词语"部分。

2."几许"来源于汉代的"几所"，它的出现与"许"字的兴起有关，汉末《古诗十九首》中已有用例，如："河汉清且浅，相去复几许？"此期继续沿用，询问事物的数量。但使用尚不普遍，就所见用例看，可以充任谓语、宾语、兼语、定语、补语。例如：

前途当几许？未知止泊处。（陶潜《杂诗》）

百年能几许？公事罢平生。（《乐府诗集·劳歌》）

酤酒不取钱，郎能饮几许？（《乐府诗集·白浮鸠》）

上问琛："库中仗犹有几许？"琛诡答："有十万人仗。"（《宋书·顾琛传》）

民间与汝交关有几许不尽？及我在郡，为汝督之。（《宋书·顾觊之传》）

顷者往索真珠珰，略不相与，今所鹹截髑髅，可当几许珠珰也？（《宋书·索虏传》）

一人修道，济度几许苍生？免脱几身罪累？（《颜氏家训·归心》）

欲知相忆时，但看裙带缓几许？（《乐府诗集·读曲歌》）

以上八例中，前二例充任谓语，三、四两例充任宾语，第五例充任兼语，六、七两例充任定语，末例充任补语。

"几许"在唐宋时期使用广泛，不仅诗词散文中可以见到，同时还发展出询问时间、年龄的新用法。

3."几多"在此期尚处于偶然萌生的阶段，所见到的个别例证用来询问数量，充任宾语。例如：

复令悲此曲，红颜馀几多？（庾信《夜听捣衣》）

"几多"也是在唐宋时期才多见起来,并且又发展出询问时间的新用法。

4."几"字问时的新用法

"几"字是问数量的,那么"几月"应当是问多少个月,但是此期"几月"又萌生出表示哪一个月的新含义,用例尚不多见。例如:

不知几月当下,几月当收,安识世间馀务乎?(《颜氏家训·涉务》)

这种用法的来源或许因为月份是用与基数词同形的序数词"二、三、五"等表示顺序,所以用"几"字提问,但表达的意思却不是多少个月,而是与顺序尚有一定关联的哪一个月。发展到后世,又出现了用"几时"询问什么时候的用法,如唐代杜甫《天末怀李白》:"鸿雁几时到,江湖秋水多。"这时的"几"字就与多少还含有一些表示顺序的意义彻底割断了联系。值得注意的是,唐代"几时"的这种新兴用法与此期"几时"固有的用法并不相同,前者表示"何时、什么时候",而后者表示多久、多少时间。此期的用法如鲍照《拟行路难》:"含歌揽涕恒抱愁,人生几时得为乐。宁作野中之双凫,不愿云间之别鹤。"《宋书·谢庄传》:"加以疾患如此,当复几时见圣世?"《百喻经·口诵乘船法而不解用喻》:"既至海中,未经几时,船师遇病,忽然便死。"仔细体会,是不难看出二者之间差异的。

四 零数

王力《中国语法理论》说:"现代中国语另有一种说法也是颇特别的,就是以'三百四'代表'三百四十',以'一千四'代表'一千四百'之类。"周法高《中国古代语法·称代编》认为"唐以前已有此用法",并举出魏晋南北朝时期的两个用例:

江陵去扬州,三千三百里。已行一千三,所有二千在。《乐府诗集·懊侬歌》)

江陵三千三,何足持作远?(《乐府诗集·那呵滩》)

需要说明的是,这类用法此期较为少见,以上二例只是因为受到诗句字数的限制才将一千三百、三千三百省说成一千三、三千三的。在通常情况下,零数只表示个位,即使其前出现空位现象时也是如此。例如《后汉书·郡国志序》:"至于孝平,凡郡、国百三,……至于孝顺,凡郡、国百五。"《宋书·州郡志四》:"领县二。户一千一百七,口六千一百五。"例中的"百三"、"百五"、"一千一百七"、"六千一百五"仍表示一百零三、一百零五、一千一百零七、六千一百零五。

不过,与上述"三千三"用法有联系的另外一种现象却很值得重视。例如"丈六、丈八"中的尾数"六、八",是用来计量紧接着"丈"后比它只小一个进位级别单位的"尺"的,而不是计量长度单位中更小的级别或寸或分的。例如:

石高丈四,阔二丈许,一边平。(《法显传》)

即於阶上起精舍,当中阶作丈六立像。(同上)

宋世子铸丈六铜像於瓦官寺,既成,面恨瘦,工人不能治。(《宋书·戴颙传》)

且凡室二筵,丈八地耳,然则户牖之间不踰二尺也。(《魏书·李谧传》)

中有丈八金像一躯、中长金像十躯。(《洛阳伽蓝记》卷一)

树下四面坐像,各高丈五,恆有四龙典掌此珠。(《洛阳伽蓝记》卷五)

塔南有一石柱,围丈四五,高三丈馀。(《法显传》)

有佛锡杖,亦起精舍供养,……长丈六七许。(同上)

当然,倘若"丈"字后的尾数紧接着比它只小一个进位级别单位的"尺"字,例如《后汉书·西域传》:"西方有神,名曰佛,其形长丈六尺而黄金色。"那么语义自然十分明确。但倘若"丈"字后的尾数是计量"尺"以下进位级别单位或寸或分的,为了避免歧义,则尾数后的量词必不可少,例如《宋书》中就有"一丈八寸(《律历志下》)、五丈八寸(《符瑞志上》)"之类的表述。

就以上用例看,这种长度表达方式的出现显然同度量衡量词的进位规律有关,但由于它与"三千三"之类说法有近似之处,如果说对后者的普遍使用产生过一些影响,也是有可能的。需要重视的是,上举《法显传》二例中的"丈四五、丈六七"分指一丈四五尺、一丈六七尺,"四五"、"六七"表示整数以外的尾数系采用邻数性质的概数,与现代汉语所说"一米四五(1.45m)、一米六七(1.67m)"的表达方式是完全不同的。

五　与计数形态相关的几个特殊词语

这里指某些语法形式由原本表示分数、序数、问数的词语构成,但在词性词义上却发生变化而转作他用。主要有"万一、第一、多少"三个。

1."万一"本来的意思是万分之一,其构词方式虽然来源于先秦时的"十一",但它本身却是东汉时开始萌发的新形式。此期的"万一"一方面可以表示万分之一,例如《法显传》:"以达万一之冀。"《世说新语·规箴》:"此或可万一冀耳。"《宋书·谢庄传》:"患於不能裨补万一耳。"三例中的"万一",均以夸张的手法表示几率之极小,分别充任定语、状语、补语。另一方面又可转用为连词,表示可能性极小的假设,参看本编第十八章"连词"中"双音节连词"部分。

2."第一"本是序数词,它的用法前文已经论及。而当它用作状语修饰形容词时,其词义相当于"最",性质也接近副词,由于内容的原因,在《齐民要术》中较为多见。例如:

> 收水法,河水第一好;远河者取极甘井水,小咸则不佳。(卷七)
>
> 牛羊脂为第一好,豬脂亦得。俗人用麻子脂者,误人耳。(同上)
>
> 脍鱼肉,里长一尺者第一好;大则皮厚肉硬,不任食。(卷八)
>
> 鲤鱼、鳝鱼第一好;鳢鱼亦中。(同上)
>
> 四月蓴生,茎而未叶,名作"雉尾蓴",第一肥美。(同上)
>
> 最上胶皮如粥膜者,胶中之上,第一黏好。(卷九)

3."多少"本来询问事物的数量,这在本编第十三章"疑问代词"中已经论及。此期"多少"还可以用如虚指,性质接近副词,在句中充任状语,表示"稍微、略微"等不定的少量或程度的轻微,词义偏重在"少"的方面。例如:

> 不须极哀,会止便止。又可多少问朝事。(《三国志·魏志·夏侯玄传》裴松之注引《魏氏春秋》)

以留郡本国图校今石文,文字多少不同。(《三国志·魏志·明帝纪》裴松之注引《搜神记》)

高灵时为中丞,亦往相祖,先时多少饮酒,因倚如醉。(《世说新语·排调》)

面小口鼻,猛眉,多少有须青白色,年可四十许。(《周氏冥通记》卷一)

不洗,暂经沸汤即出,多少与盐。(《齐民要术》卷九)

道经彭泽湖,每以舟中所有,多少投湖中。(《搜神记》卷四)

"多少"有时又可倒文为"少多",意思相同。例如:

又习啖野葛至一尺,亦得少多饮鸩酒。(《三国志·魏志·武帝纪》裴松之注引张华《博物志》)

而当时遇有所乏,汝自可少多供奉耳。(《宋书·江夏文献王义恭传》)

第十五章　量词

量词在魏晋南北朝时期发展最为显著。以表示天然单位的个体量为主要标志的名量词体系,在秦汉时期初步形成的基础上进入全面成熟的阶段,名量词运用更趋广泛;动量词体系则由萌芽状态转入迅速发展,并且呈现初步成熟的性质。可以说,一个完整的量词运用范畴已经形成。这一章中,我们在举例说明多类新兴量词的同时,还要着重论述它们的主要语法特征。①

一　名量词

此期的名量词可以根据性质的不同,分为个体量词、集合量词、度量量词与临时量词四类。从数量上说,名量词最为多见,占了量词中的绝大多数。

(一) 个体量词

个体量词是表示个体事物天然单位的量词。它是汉语量词体系中的核心部分,也是汉语不同于西方语言的一个重要标志。此期运用的个体量词,据刘世儒《魏晋南北朝量词研究》一书所列(该书称为"陪伴词"),大约有一百二十余个,如果除去已见于两汉时期,②或者《魏晋南北朝量词研究》虽列但尚未形

---

① 本章撰写时参考了刘世儒《魏晋南北朝量词研究》一书,中华书局,1965 年 6 月第 1 版。

② 参看黄盛璋《两汉时代的量词》,载《中国语文》1961 年第 8 期。这里也包括少数未见于该文的个体量词。另,汪维辉在研究《齐民要术》的量词时认为:"《魏晋南北朝量词研究》一书论及的量词约 241 个,《要术》中出现了其中的 92 个……比较常用的量词大都用到了。有些量词的用法超出刘书所论,还有一些量词则是刘书没有提及的。"参看《〈齐民要术〉词汇语法研究》第三章"《齐民要术》语法研究",上海教育出版社,2007 年 8 月第 1 版。

成使用规范的那一部分,新兴者仍然不少于八十来个,这足可以看出此期个体量词发展之快。

由于数量过多,无法一一胪列,这里只能综合新兴、常见、重要诸因素,选择一部分举例说明。为节省篇幅,不再叙述源流演变,只是重在反映它们使用中的客观面貌。例如:

黄鱼一枚收稻一斛,百姓怨叛。(《三国志·吴志·薛综传》)

在郡作书案一枚,及去官,留以付库。(《宋书·江秉之传》)

纳瓜子四枚、大豆三箇於堆旁向阳中。(《齐民要术》卷二)

举蟹脐,……内著坩瓮中,百箇各一器。(《齐民要术》卷八)

宣帝作两口榼,一口盛毒酒,一口盛善酒。(《宋书·符瑞志上》)

有文事者,必有武备。今赐卿玉环刀一口。(《南齐书·刘怀慰传》)

斩首数千级,收马牛十馀万头。(《后汉书·耿弇传》)

一根五钱,一亩岁收二万一千六百文。(《齐民要术》卷五)

河北此书,家藏一本,遂无作李虔者。(《颜氏家训·书证》)

斋前种一株松,恒自手壅治。(《世说新语·言语》)

护军府门外桑树一株,竝有蚕丝绵被枝茎。(《南齐书·祥瑞志》)

孝武遣送酒二器,甘蔗百挺,求骆驼。(《宋书·张畅传》)

列其隐罪二十馀条,显祖大怒。(《魏书·李顺传》)

子业启事陈谢,上又答曰:“书不长进,此是一条耳。”(《宋书·前废帝纪》)

衣薰百和屑,鬓插九枝花。(费昶《华观省中夜闻城外捣衣》)

皮骨铁杂铠二十领,貂皮四百枚。(《三国志·魏志·陈留王奂纪》)

谁能百里地,萦绕千端愁?(何逊《下方山》)

白雉三只又集於平阳太祖之庙。(《魏书·世祖纪》)

布令门候于营门中举一只戟。(《三国志·魏志·张邈传》)

或服守中石药数十丸,便辟四五十日不饥。(《抱朴子·杂应》)

可下雞子白——去黄——五颗。亦以真朱砂一两,……都合调。

(《齐民要术》卷九)

岂得徒劳，无一块壤，而足下来欲收地邪？（《三国志·吴志·鲁肃传》裴松之注引《吴书》）

并献蒙山铜一片，又铜石一片，平州铁刀一口。（《南齐书·刘悛传》）

平板石上连去水。水尽，炙一片，尝咸淡。（《齐民要术》卷八）

卞令目叔向："朗朗如百间屋。"（《世说新语·赏誉》）

三间瓦屋，士龙住东头，士衡住西头。（同上）

宋明帝泰始二年八月，於赭圻城南得紫玉一段。（《宋书·符瑞志下》）

我东行是一段功，在郡横为羣小辈过失，大被贬降。（《宋书·巴陵哀王休若传》）

及王则无不仲宣，语刘则无不公干，凡有一二百件。（《颜氏家训·勉学》）

承天又能弹筝，上又赐银装筝一面。（《宋书·何承天传》）

遥见千幅帆，知是逐风流。（《乐府诗集·三洲歌》）

上东向下，下时，化作三道宝阶。（《法显传》）

七里桥东一里，郭门开三道，时人号为三门。（《洛阳伽蓝记》卷二）

威仪有鼓角金钲，弓箭一具，戟二枝，槊五张。（《洛阳伽蓝记》卷五）

净洗通体，细切长缕，束为把，大如十张纸卷。（《齐民要术》卷九）

而问之言："欲作何等？"木匠答言："作三重屋。"（《百喻经·三重楼喻》）

离关一长望，别恨几重愁。（庾信《和庾四》）

别有八艚舰九枚，起四层，高二十丈。（《宋书·武帝纪上》）

诏赐民为人后者爵一级，为公士。（《魏书·高祖纪下》）

乃悉归所减之禄，职人进位一级。（《魏书·于忠传》）

崇客李元佑语人云："李令公一食十八种。"（《洛阳伽蓝记》卷三）

内典初门，设五种禁，外典仁、义、礼、智、信，皆与之符。（《颜氏家训·归心》）

於是庭实千品，旨酒万钟。（《后汉书·班彪传》）

赐以珠画特诏祕器，饭含珠玉二十六品。（《后汉书·袁安传》）

仲尼之门考以四科,回、赐之徒不称官阀。(《后汉书·郑玄传》)

世论温太真是过江第二流之高者。(《世说新语·品藻》)

自是孙仲谋、司马宣王一流人。(《世说新语·容止》)

又置献明以上所立天神四十所,岁二祭。(《魏书·礼志一》)

置射雉场二百九十六处。(《南齐书·东昏侯纪》)

与薛安都朝于京师,因留之,赐甲第一区。(《魏书·毕众敬传》)

帝命道穆秉烛作诏书数十纸,布告远近。(《魏书·高道穆传》)

今日有一顿饱食,便欲残害我儿子!(《宋书·徐湛之传》)

昔有夫妇,有三番饼,夫妇共分,各食一饼。(《百喻经·夫妇食饼共为要喻》)

今送一通故衣,意谓虽故,乃胜新也。(《南齐书·张融传》)

今往仆少小所著词赋一通相与。(《三国志·魏志·陈思王植传》裴松之注引《典略》)

遂令舁来,为诊脉处方,始服一剂汤便愈。(《世说新语·术解》)

若惧拜扫不知兆域,当筑一堵低墙于左右前后。(《颜氏家训·终制》)

今之取证,唯有《王制》一简,《公羊》一册。(《魏书·礼志二》)

自此迄今,年逾二十,所撰之书,凡一百二十卷。(《宋书·自序》)

凡十八州士族谱,合百帙七百馀卷。(《南齐书·贾渊传》)

初谭著书言当世行事二十九篇,取名为《新论》。(《后汉书·桓谭传》)

陆机所拟十四首,文温以丽,意悲而远。(《诗品》卷上)

鼓琴,作数曲竟,抚琴曰:"顾彦先颇复赏此不?"(《世说新语·伤逝》)

今以一句之经,诬一字之谬,坚执偏论,以罔正理。(《宋书·律历志下》)

条流虽举,而採掇未周,永明初,遇盗失第五帙。(《宋书·自序》)

殷洪乔作豫章郡,临去,都下人因附百许函书。(《世说新语·任诞》)

樊元宝得假还京,子渊附书一封,令达其家。(《洛阳伽蓝记》卷三)

吾以三十二璧,镇金一饼,与将军为信。(《宋书·符瑞志上》)

或问:"一夜何故五更? 更何所训?"(《颜氏家训·书证》)

中有丈八金像一躯、中长金像十躯。(《洛阳伽蓝记》卷一)

（二）集合量词

集合量词是表示成组或成群事物的量词。此期运用的集合量词,据《魏晋南北朝量词研究》一书所列(该书称为"陪伴·称量词"),约有二十余个,其中半数左右此期之前已有运用,另外半数为此期新生。这里仍然综合新兴、常见、重要诸因素,举例如下:

行云数番过,白鹤一双来。(庾信《咏画屏风》)

而丞、郎月赐赤管大笔一双。(《宋书·百官志上》)

或有诣阮,见自吹火蜡屐,因歎曰:"未知一生当著几量屐!"(《世说新语·雅量》)

今量钟磬之数,各以十二架为定。(《魏书·临淮王谭传》)

云承前以来,置宫悬四箱,篾簴六架。(同上)

见一羣白颈乌,但闻唤哑哑声。(《世说新语·轻诋》)

朕失於举人,任许一羣妇人辈奇事。(《魏书·任城王云传》)

刘束欲小,以五六束为一丛,斜倚之。(《齐民要术》卷二)

复致衣一袭,被褥一副。充便上车,去如电。(《世说新语·方正》刘孝标注引《孔氏志怪》)

他日有问志:"卿那得此副急泪?"(《宋书·刘怀慎传》)

太元中,公主纳征,以虎豹皮各一具。(《宋书·礼志一》)

而忽有此物,定是二百五十沓乌樏。(《世说新语·任诞》)

帝嘉之,赐布五百匹,衣一袭。(《后汉书·贾逵传》)

朝服一具,衣一袭,钱二十万,布二百匹。(《宋书·自序》)

赐乐器一部,乐工八十人,赤紬十匹,杂綵六十匹。(《魏书·高车传》)

得《长阿含》《杂阿含》,复得一部《杂藏》。(《法显传》)

性不好老庄之书,每读不过数十行,辄棄之。(《魏书·崔浩传》)

扉上有五行金钉,其十二门二十四扇,合有五千四百枚。(《洛阳伽蓝记》卷一)

预以为一列又减二人,至士止馀四人,岂复成乐?(《宋书·乐志一》)

（三）度量量词

度量量词是表示度量衡单位的量词，也是一般语言都具有的一个类别。度量量词甲骨文中已经出现，先秦两汉时期得到完备发展。此期度量量词的运用，同此期之前相比，有以下两个特点。

一是此期之前使用的一些量词，例如《左传·昭公三年》提及的"豆、区、釜、钟"之类，在使用过程中已经逐渐淘汰，呈现精简的趋势。据《魏晋南北朝量词研究》一书所列（该书称为"称量词·度量衡制称量法"），此期经常使用的只有"分、寸、尺、丈、端、匹，合、升、斗、斛、石，铢、钱、两、斤，亩、畦、顷、里"等不足二十个。这种精简后的结果，仍然可以满足人们交际的需要，同时也符合度量量词逐渐规范的要求。

二是此期之前广泛运用的度量量词，虽然词形原封不动地沿袭到此期，但有不少在实际运用中所称量的单位量值已经起了变化。例如秦始皇统一全国的度量衡制度，据文献记载并换算为今制，其时一尺大约为今 23.1cm，但到了三国魏时长度约为今 24.2cm，西晋沿用这一尺度，至东晋又略有增长，而中国国家博物馆藏出土实物北魏铜尺实测长度则达到今 30.9cm。再如据出土实物实测容量，台北故宫博物院藏新莽铜嘉量每升合今 191.8cc；而文献记载并换算为今制，三国魏陈留王景元年间增长到今 204.5cc，隋开皇年间更增长到今 600cc，大业年间又减少至今 200cc。其他度量单位也有类似情况。当然，这种变化关涉的主要是我国度量衡单位量值的历史演变，[1]同语法的发展并没有直接的联系。

（四）临时量词

临时量词是临时借用名词或动词来表量的量词。此期临时量词甚为普

---

① 参看《辞源》附录《中国历代度量衡制演变简表》，商务印书馆，2015 年 10 月第三版。

遍,许多表示器物的名词,甚至少数动词,都可以借用为量词。例如:

不须来报,但自取之,具一器谷,便得一器杏。(《齐民要术》卷四)

陶公少时作鱼梁吏,尝以坩鲊饷母。(《世说新语·贤媛》)

俄见一人持半小笼生鱼,径来造船。(《世说新语·任诞》)

牀上无席,大有尘土,兼有一甖米。(《魏书·尒朱彦伯传》)

以大甓盛半甓水,内豆著甓中。(《齐民要术》卷八)

令伧父髁身坐石,启以百瓶水,从头自灌。(《南齐书·褚澄传》)

得七八十瓶后,举体出气如云蒸。(同上)

后梦人以两瓯麻粥与之,觉而乳大出。(《南齐书·宣孝陈皇后传》)

乃设一铜瓯酒,数脔麈肉。(《颜氏家训·治家》)

朔望菜食一盘,加以甘菓,此外悉省。(《南齐书·豫章文献王嶷传》)

显达上熊烝一盘,上即以充饭。(《南齐书·陈显达传》)

二人交觞酬酢,公荣遂不得一杯。(《世说新语·简傲》)

邕性嗜酒,谓歆之曰:"卿昔尝见臣,今不能见劝一杯酒乎?"(《宋书·刘邕传》)

一盏醋,和水一椀,乃可食之。(《齐民要术》卷八)

宁先以银盌酌酒,自饮两盌,乃酌与其都督。(《三国志·吴志·甘宁传》)

曾以一廚画寄桓玄,皆其绝者,深所珍惜。(《世说新语·巧艺》刘孝标注引《续晋阳秋》)

悉出诸文券一大廚与觊之,觊之悉焚烧。(《宋书·顾觊之传》)

假有千车茭,掷与十口羊,亦不得饱。(《齐民要术》卷六)

陶胡奴为乌程令,送一船米遗之。(《世说新语·方正》)

东昏遣……领兵及粮运百四十餘船送冲,使拒西师。(《南齐书·张冲传》)

入河遨戏,於此水底得一把毛。(《百喻经·小儿争分别毛喻》)

米里著蒿叶一把,白盐一把。(《齐民要术》卷九)

小儿欢喜,即以一掬土施佛。(《法显传》)

十万钱不盈一掬，斗米一万，商货不行。(《宋书·颜竣传》)

太守以问由，……顷之，五官掾献橘数包。(《后汉书·杨由传》)

伐苇数百万束，缚作大筏，欲顺流放火，烧败浮桥。(《三国志·吴志·潘璋传》)

指柴雇人——十束雇一人——无业之人，争来就作。(《齐民要术》卷五)

以上所举四类名量词，语音上均为单音节。但此期尚有少数复音节名量词，例如"由延、由旬、婆罗"等，它们大多来自梵文的音译，多用于与佛事相关的场合，并未广泛流传开来。①

二　动量词

动量词是此期新兴的量词类别，根据性质的不同可以分为专用的动量词与借用的动量词两类。同名量词相比，动量词的数量很少。

(一) 专用的动量词

专用的动量词大多由动词虚化而来，较常用者不过十几个。例如：

吾前后有敕，非复一两过，……汝何意都不忆吾敕邪？(《南齐书·庐陵王子卿传》)

复以白酒一过洗肠中，屈申以和灌肠。(《齐民要术》卷八)

因示语攻难数十番，云："旧此中不可复通。"(《世说新语·文学》)

行云数番过，白鹤一双来。(庾信《咏画屏风》)

梦人告曰："诵《观音经》千遍，则免。"(《宋书·王玄谟传》)

---

①　参看《魏晋南北朝量词研究》第一章"总论"。"由旬、由延"，参看本书下编第二十章"构词法"中"构词法的特点"部分。

蒜宜良软地,三遍熟耕,九月初种。(《齐民要术》卷三)

试作两三回,踶场方就好。(《乐府诗集·江陵乐》)

几回明月夜,飞梦到郎边。(范云《闺思》)

间作《女诫》七章,愿诸女各写一通。(《后汉书·曹世叔妻传》)

四面诸村始闻者挝鼓一通。(《魏书·李崇传》)

谨追辞叩头五百下,两手自搏。(《三国志·吴志·韦曜传》)

寿曾为诸葛亮门下书佐,被挞百下。(《魏书·毛脩之传》)

先度……供养三宝者,第二、第三次度有缘者。(《法显传》)

径跳上,如此者数十次。相守至天明,无如之何,便去。(《古小说钩沉·幽明录》)

臣拜纸诏,伏读一周,不觉气结於胸,而涕泣雨集也。(《三国志·吴志·陆凯传》裴松之注引《江表传》)

积三百六十五度四分度一而周天一币,名日岁。(《后汉书·律历志中》)

先作麻纼,缠十许匝;以锯截杜,令去地五六寸。(《齐民要术》卷四)

每一合辄杀数人,众寡不敌,遂见害。(《宋书·孟怀玉传》)

骁勇善战,每盪一合,辄大杀伤,官军死者百馀人。(《南齐书·戴僧静传》)

问云:"公何处来?"答云:"今日与谢孝剧谈一出来。"(《世说新语·文学》)

治牛疥方:煮乌豆汁,热洗五度,即差耳。(《齐民要术》卷六)

画眉千度拭,梳头百遍撩。(庾信《梦入堂内》)

阿育王以阎浮提佈施四方僧,还以钱赎,如是三反。(《法显传》)

上与往复十馀反,凝之词韻铨序,兼有理证,上甚赏焉。(《宋书·臧焘传》)

"反"又可写作"返"。例如:

卿勿惮危苦,更为吾作一返,善观形势。(《魏书·刘休宾传》)

计车五千乘,运十万斛,百馀日乃得一返。(《魏书·刁雍传》)

（二）借用的动量词

此期借用的动量词大多借用名词,常用者只有四五个。例如:

夜阴,雷鸣西南坤宫,隆隆一声而止。(《南齐书·五行志》)

因闻西南及西北上雷鸣,频续三声。(同上)

巴东三峡巫峡长,猿鸣三声泪沾裳。(《水经注》卷三十四)

文襄使季舒殴帝三拳,奋衣而出。(《魏书·孝静帝纪》)

脩便噉,曰:"公教人噉一口也,复何疑!"(《世说新语·捷悟》)

日中擣三千六百杵,訖,饼之。(《齐民要术》卷七)

制如指南,其上有鼓,车行一里,木人辄击一槌。(《宋书·礼志五》)

次后闻者,以三为节,各击数千槌。(《魏书·李崇传》)

借用动词作为动量词,则甚为少见。例如:

武子一起便破的,却据胡牀,叱左右速探牛心来。(《世说新语·汰侈》)

垂成,唯少一破。刘谓周曰:"卿此起不破,我当挞卿。"(《世说新语·排调》)

曝之,煮三四沸,去滓,内甕中,下麴。(《齐民要术》卷七)

豉汁於别铛中汤煮一沸,漉出滓,澄而用之。(《齐民要术》卷八)

动词"沸"字在《齐民要术》中常常受到数词的修饰,例如卷九"令一沸"、"煮之令三沸",卷八"得两沸便熟",所以当"数词+'沸'"处于动词"煮"字后面的补语位置时,"沸"字就很容易萌发出动量词的用法。不过,正由于动量词"沸"字是借用动词而来,它与动词"沸"字尚存在容易混淆之处,故而这还只是不很稳定的语法现象。动量词"沸"字的使用也并不广泛,虽在《齐民要术》中还有一些用例,①但该书涉及事物的专门性较强,需要使用"沸"字的场合相对较多,而在此期其他载籍中却较少见到。此外,《齐民要术》中还有"煮三沸

---

① 参看第263页注释②所引汪著第三章"《齐民要术》语法研究"。

汤"、"煮水为五沸汤"（均见卷七）的说法,汪维辉认为:"这样的用法,说明在贾思勰的语言习惯中,确实已经把这类'沸'字看作了一个用来计量沸的次数的量词。"我们认为,或许不宜据此做出上述推断。实际上,《齐民要术》中的"煮三沸汤"、"煮水为五沸汤"应是专门用语,虽然从语义上可以笼统理解为"把汤从常温加热至沸腾三次或五次",但从语法结构上看,却是指"煮'三沸之汤'"、"煮水为'五沸之汤'",而不是"'煮三沸'汤"、"'煮水为五沸'汤",更不是"煮汤三沸"、"煮水为汤五沸"。其中的"沸"字与同书卷八"煮一沸"、"煮数沸"的"沸"字已经成为借用的动量词应有不同,却与同书卷九的"煮之令三沸"的"沸"字一样,仍然是受到数词修饰的"沸腾"义的动词。倘若将"三沸汤、五沸汤"中的"沸"字视为动量词的话,也即等于说让动词的数量补语"三沸"、"五沸"来修饰名词"汤"字,而实际上"三沸汤"、"五沸汤"的语法结构应是数词与动词构成偏正词组"三沸"、"五沸",而后再以之修饰名词"汤"字,与现代汉语中夸饰反复沸腾的"百沸水"、"千沸水"(旧俗认为,此类水可以杀毒止疾)的语法结构完全相同。因此,根据"煮三沸汤"、"煮水为五沸汤"的用例进行推断,与其说贾思勰的语言习惯是把"沸"字看作计量次数的量词,不如说他的语言习惯仍是用数词直接修饰动词"沸"字。[①]　顺便说及,所谓三沸、五沸,是指煮物时采用明火与文火结合的方式,用明火煮沸后,便用文火煨,然后再用明火煮,一次沸腾即称为一沸。到了后世,借用的动量词"沸"字又可以历时替换为"煮一滚"、"烧一开"的"滚"与"开",并一直沿用至现代汉语中。

三　AA 式量词重叠

　　此期 AA 式量词重叠表示逐指的语法意义,主要限于名量词,尚未出现动

---

① 数词直接修饰动词,甚至序数词直接修饰动词,在《齐民要术》中也不时可以见到,其中的动词当然也不宜视为动量词。参看本编第十四章"数词"中"序数"部分。

量词的 AA 式重叠。名量词先于动量词出现重叠形式,是因为它多来源于名词,而名词 AA 式重叠又是此期之前已有的语法现象,随后出现名量词重叠则是顺理成章的。但也正因此缘故,名词与名量词的两种 AA 式重叠有时还较难划清界限。以下所举 AA 式重叠的用例,由于处于量词使用范畴已经形成的背景下,因而可以认为具备了名量词重叠的性质。重叠后的 AA 式名量词可以表示"每一、逐一、多"的语法意义,在句中充任主语、定语、状语。例如:

　　杂道书卷卷有佳事,但当校其精粗,而择所施行。(《抱朴子·遐览》)

　　军书十二卷,卷卷有爷名。(《乐府诗集·木兰诗》)

　　司空张华见其文章,篇篇称善。(《世说新语·文学》刘孝标注引《文章传》)

　　未能级级加虔,步步崇慎,徒使京邑士女,公私湊集。(《魏书·崔光传》)

　　常岁岁先取"本母子"瓜,截去两头,止取中央子。(《齐民要术》卷二)

　　翩翩新来燕,双双入我庐。(陶潜《拟古》)

　　待君竟不至,秋雁双双飞。(王融《古意》)

　　急取牋,视竟,寸寸毁裂,便回。(《世说新语·捷悟》)

　　破视其腹中,肠皆寸寸断。(《世说新语·黜免》)

　　兰房椒阁夜方开,那知步步香风逐。(《乐府诗集·乌栖曲》)

　　片片红颜落,双双泪眼生。(庾信《昭君辞应诏》)

　　汝作四方高墙,内殖种种华果,作好浴池。(《法显传》)

　　众多勇士,守护此城,……著种种衣,犹如天服。(《宋书·夷蛮传》)

　　虽诵其文,不解其义,种种方法,实无所晓。(《百喻经·口诵乘船法而不解用喻》)

　　天眼彻视,能见地中一切伏藏,种种珍宝。(《百喻经·破五通仙眼喻》)

　　凡斯种种,感荡心灵,非陈诗何以展其义。(《诗品·序》)

以上十六例中,从意义上看,前五例表示"每一",六至十一例表示"逐一"，末五例表示"多"的语法意义；从功能上看，前三例及末例充任主语，四至十一例充任状语，其余充任定语。

此外，《魏晋南北朝量词研究》一书认为此期名量词已可连用，举出《世说新语·雅量》刘孝标注引《谢车骑传》"牛、马、驴、骡、驼十万头匹"中的"头匹"作为例证，并认为这是南北朝人为解决"一量对多名"的矛盾而逼出来的新办法。这种量词连用的方式，如果推论开来，也未尝不可看作启发后世 AB 式复合量词产生的一个因素，所以它的出现有一定的意义。不过，书中所举《世说新语》的这个例证本身却还有一些疑问。刘世儒依据的版本是王先谦思贤讲舍刻本，它虽然来源于宋孝宗淳熙十五年陆游刻本，但其间又经过多次重刻。而日本尊经阁丛刊中影印的宋高宗绍兴八年董弅刻本，以及沈宝砚据传是楼藏宋椠本所作的校语，"头匹"只作"头"而没有"匹"字。如此看来，据此例而认为南北朝时期个体量词已可连用，证据尚不够坚实。稳妥地说，刘世儒在《魏晋南北朝量词研究》第一章"总论"附注里提及的唐代载籍中的此类用例，如《张义潮变文》中"收夺得驼、马、牛、羊二千头匹"，才应当看作汉语中个体量词连用的开端。由于"头匹"的构词方式确实可以解决"一量对多名"的矛盾，此后使用日多，例如《旧唐书》中就出现了"马牛羊近万头匹"（《德宗纪下》）、"马牛羊一万馀头匹"（《吐蕃传下》）等不止一处用例。

不过，特别值得一提的是，在此期的载籍中我们却发现了个别的临时量词已经可以连用。例如：

> 殷仲堪既为荆州，值水俭，食常五盌盘，外无馀肴。（《世说新语·德行》）

> 高祖为性俭约，诸子食不过五盏盘，而以恭爱宠异常，求须菜食，日中无算。（《宋书·江夏文献王义恭传》）

> 宋武节俭过人，张妃房唯碧绡蚊帱，三齐苴席，五盏盘桃花米饭。（《南齐书·崔祖思传》）

第一例中的"盌盘"，有的通行版本在断句时，或是参考《晋书·殷仲堪传》"仲堪食常五椀，盘无馀肴"，于"椀"字后点断，以"盘"字属下，于是将连用量词"盌盘"分割开来。这似乎是一种误解，因为房玄龄编撰的《晋书》本传未着"外"字，故而只能在"椀"与"盘"之间点断。其实，《世说新语》中的"盌盘"与后二例《宋书》《南齐书》中的"盏盘"一样，各是由两种器皿借为临时量词使用，也许正因为它们本质上仍是名词，所以连用时显得甚为流畅自然。仔细分析这几个用例，前二例语境中并无不同的具体食物与"盌盘""盏盘"分别对应，末例也只是笼统地指说食物为桃花米饭，看来"盌盘"、"盏盘"连用以后只是侧重于泛指盛放食物的多件餐具，有些类似自近代一直沿用至今的表示餐具总称的"碗盏"，故而就没有后世出现的个体量词"头匹"之类连用时对所计量的非止一端的名词有具体各别的要求，也不像它们那样正式与规范。不过，或许正因为上述数例临时量词这种不经意时的连用，对于后世个体量词的连用起了重要的启发作用。

至于为何这几个例证在表示饮食节俭时均以"五"字为数，这似乎并非纯然的巧合，或是与传统的习俗有一定的联系。"五"字在中华传统文化中是个重要的神秘数字，当是源于中国古代哲学的"五行"文化。《史记·天官书》就认为："天有五星，地有五行。"先人们在生产生活实践中又概括出"土产五谷"、"夜分五更"；佛教传入我国后又引进"五体投地"、"五浊恶世"；现存明清两代的社稷坛，也是以青、红、黄、白、黑五种不同颜色土壤象征东、南、中、西、北五个方位以及木、火、土、金、水五行；及至近时，中华民国甫一成立，当即推出红、黄、蓝、白、黑五色国旗，象征汉、满、蒙、回、藏五族共和等，此外还有"五色、五音、五味、五脏"等各种以"五"字表数的总括性称谓，因而在不是较大的范围内表示概数时，前人常常喜欢用"五"。此类"五"字在文人笔下用以修辞时，一方面可以表示往数量多的方向夸饰，例如《庄子·天下》："惠施多方，其书五车。"《后汉书·应奉传》："凡所经履，莫不暗记。读书五行并下。"《世说新语·文学》："于时始雪，五处俱贺，五版并入。"后例指"桓玄初并西夏，领荆、江二州，二府，一国"，虽说"五"字系由所领五职纪实而来，但连续两次用"五"字以强调来贺、来版之多，也正含有往多里夸饰的意味。另一方面又可以表示往数量少的方向夸饰，例如《孟子·滕文公上》："虽使五尺之童适市，莫之或欺。"《汉书·张敞传》："今五日京兆耳，安能复案事？"以及上举的"五盌盘"、"五盏盘"。其中《汉书》例指西汉宣帝朝京兆尹张敞被弹劾，部下认为他将被罢免,在官余日无几,称之为"五日京兆"。看来,以"五"为数来指饮食节俭,就是用了往少里夸饰的修辞手法。①

四 量词与其他类词的组合

此期量词与其他类词的组合,名量词要比动量词显得活泼多样。

(一) 名量词的组合

名量词可以受到基数词、序数词、指示代词与疑问代词的修饰,同时也可以用于名词、动词之前起修饰作用。名量词的这些组合能力,在此期之前多已具备,只是由于量词的急速发展,因而此期更为常见。

1.基数词+名量词

这种组合形式最为常见,参看本章"名量词"部分。

2.序数词+名量词

带有前缀"第"字的序数词与名量词的组合也较为常见,参看本编第十四章"数词"中"序数"部分。

3.指示代词+名量词

这种组合形式也不时可以见到,只是其中量词可供选用的范围较为狭窄。例如:

> 盖录其绝尘不反,同夫作者,列之此篇。(《后汉书·逸民传序》)
> 他日有问志:"卿那得此副急泪?"(《宋书·刘怀慎传》)
> 及事平,太宗与休仁书曰:"此段殊得苏侯兄弟力。"(《宋书·始安王休仁传》)
> 如有非常,委任城大事,是段任城必须从朕。(《魏书·任城王云传》)

---

① 参看《中国数文化》第一章"从一说到十"。

　　且此辈士人,可杀不可谲,有如诸论,本意自不在此也。(《宋书·王弘传》)

　　见《抱朴子》牢齿之法,……此辈小术,无损於事,亦可脩也。(《颜氏家训·养生》)

4.疑问代词+名量词

这种组合形式也偶尔可以见到,量词可供选用的范围也较狭窄。例如:

　　十二条者,不知悉何条? 晋江右有四录,则四人参录也。(《宋书·百官志上》)

5.名量词+名词

这种组合形式中名量词前面的数目都是"一",但"一"字省略不用,名量词充任定语,参看本编第八章"名词"中"与其他类词的组合关系"部分。

6.名词+名量词

这种组合形式较为少见,是此期新兴的组合方式,即表示每一个某种单位的某一事物,例如"米斗"即表示"每斗米"。详本章"量词后缀构词法"部分。

7.名量词+动词

这种组合形式中名量词前面的数目都是"一","一"字省略不用,名量词充任状语,表示"每一"与"逐一"的语法意义。例如:

　　令亩收三斛,斛取一斗,未为甚多。(《后汉书·仲长统传》)

　　诏河南六州之民,户收绢一匹,绵一斤,租三十石。(《魏书·高祖纪上》)

　　义正所在,视死犹归,支解寸断,不易所守。(《抱朴子·行品》)

　　世祖御物甘草杖,宫人寸断用之。(《南齐书·郁林王纪》)

以上四例中,前二例表示"每一"的语法意义,后二例表示"逐一"的语法意义。

(二) 动量词的组合

　　动量词可以受到基数词、序数词与指示代词的修饰。

1. 基数词+动量词

这种组合形式最为常见,参看本章"动量词"部分。

2. 序数词+动量词

带有前缀"第"字的序数词与动量词的组合极为罕见,参看本编第十四章"数词"中"序数"部分。

3. 指示代词+动量词

这种组合形式也甚为少见。例如:

> 垂成,唯少一破。刘谓周曰:"卿此起不破,我当挞卿。"(《世说新语·排调》)

> 愿二国信使往来不绝,此反使还,愿赐一使,具宣圣命,备勅所宜。(《宋书·夷蛮传》)

> 此度疾病,异於前后,自省必无起理。(《南齐书·萧景先传》)

五　数量词组与其他类词的组合

数词与量词有密切的联系,它们常常以数量词组的形式再与其他类词进行组合。

(一) 数词名量词组

数词名量词组与其他类词主要有如下六种组合方式。其中有些在此期之前已经出现,也是由于量词的急速发展,此期更为常见。

1. 基数名量词组+名词

这种组合形式最为常见,数量词组充任定语,参看本编第八章"名词"中"与其他类词的组合关系"部分。

2. 名词+基数名量词组

这种组合形式已经逐渐少用,数量词组后附于名词充任定语,参看本编第八章"名词"中"与其他类词的组合关系"部分。

3.基数名量词组+动词

这种组合形式较为少见,数量词组充任状语。例如:

> 我食此不尽,可四片破之,馀充晚食。(《南齐书·明帝纪》)

> 净洗,中解,五寸断之,煮沸令变色。(《齐民要术》卷八)

4.动词+基数名量词组

这种组合形式较为常见,数量词组充任补语。例如:

> 纪南去城三十里,绩先战胜而融不进,绩后失利。(《三国志·吴志·朱绩传》)

> 乃叹曰:"我才不及卿,乃觉三十里。"(《世说新语·捷悟》)

倘若数量词组是动词的支配对象,那么这种通常是省略了中心词的数量词组则充任宾语。例如:

> 二月、三月种,率七八支为一本。(《齐民要术》卷三;"一本",义为"一窝"。)

> 河北此书,家藏一本,遂无作李虔者。(《颜氏家训·书证》)

5.基数名量词组+约略义词语

这种组合形式也较为常见,其中用助词"许"字表示约略义是此期新兴的语法现象,参看本编第十四章"数词"中"概数"部分。

6.序数名量词组+名词

这种组合形式也较为常见,数量词组充任定语,参看本编第十四章"数词"中"序数"部分。

(二) 数词动量词组

数词动量词组同其他类词主要有如下四种组合方式。

1.基数动量词组+动词

这种组合形式是数词动量词组的主要用法之一,数量词组充任状语,参看本章"动量词"部分。

2. 动词+基数动量词组

这种组合形式也是数词动量词组的主要用法之一,数量词组充任补语,参看本章"动量词"部分。

3. 基数动量词组+约略义词语

这种组合形式较为少见,约略义词语主要用助词"许"字,参看本编第十四章"数词"中"概数"部分。

4. 序数动量词组+动词

这种组合形式极为罕见,数量词组充任状语,参看本编第十四章"数词"中"序数"部分。

六　与量词有关的两种构词方式

此期有两种合成词的构成均与量词有关,在量词类别上限于名量词,构成后的词性则为名词。

(一) 量词后缀构词法

这是指量词转变为名词后缀,附于名词之后构成派生式合成词。这种构词方式东汉时期开始萌芽,此期运用有所增多。例如:

凡首虏七千馀人,得生口五千七百人,马三千匹,牛羊三万馀头。(《后汉书·西南夷传》;"生口",指人。)

又与人共买生口,各雇八匹。后生口家来赎,时价直六十四。(《三国志·魏志·王昶传》裴松之注引《魏别传》)

斩获万馀,牛马骡驴车乘万两,军资器械略尽。(《三国志·吴志·陆逊传》)

争讼曲直,造请逢迎。车乘填街衢,绮罗盈府寺。(《颜氏家训·治家》)

官品第一、第二,听占山三顷;第三、第四品,二顷五十亩。(《宋书·

羊希传》）

故元康三年始立国子学，官品第五以上得入国学。（《南齐书·礼
志上》）

擒树及衍谯州刺史朱文开，俘馘甚多。班师，出帝赉马匹。（《魏书·
樊子鹄传》）

先是，受调绢匹，度尺特长，在事因缘，共相进退，百姓苦之。（《魏书·
杨津传》）

钗朵多而讶重，髻鬓高而畏风。（庾信《春赋》）

由来兄弟别，共念一荆株。（庾信《别庾七入蜀》）

"宁见乳虎穴，不入冀府寺。"而江南书本，"穴"皆误作"六"。（《颜氏
家训·书证》）

北土通呼物一由，改为一颗，蒜颗是俗间常语耳。（同上）

特别值得注意的是，此期还有一种与量词后缀构词法形同而实异的结构，
即用于名词后面的量词不是作为后缀，而是表示某种物品的每一个这样的单
位，这在《魏书》中偶或可以见到，量词也主要是度量衡量词。[①] 例如：

时所用钱，人多私铸，稍就薄小，乃至风飘水浮，米斗几直一千。（《魏
书·杨侃传》）

此例中的"米斗"就是每斗米，试比较《宋书·颜竣传》中采用的"斗米一
万"的表达方式；下例中的"谷石"就是每石谷，末三例中的"绢匹"就是每
匹绢。

韩光、苏硕等率众攻苑，苑中饥，谷石四万。（《魏书·司马叡传》）

至天安、皇兴间，岁频大旱，绢匹千钱。（《魏书·食货志》）

内外百官禄皆准绢给钱，绢匹为钱二百。（同上）

乃出藏绢，分遣使人於二市卖之，绢匹止钱二百，而私市者犹三百。
（同上）

---

① 参看程亚恒《〈魏书〉语法研究》第三章"《魏书》中的称数结构"，语文出版社，2012 年 8 月
第 1 版。这里的《杨侃传》《司马叡传》例与《食货志》第一例，以及下文《高祖纪》例均采自该书。

　　仔细比较这里的三例"绢匹"与前举《魏书·杨津传》中的"绢匹",二者在构词方式与表达意义上,显然是不同的。《食货志》中的这种表达方式形成定式后,直到唐宋时期仍有少数沿用。不过,又因为它在表达语义时不够明确,发展下来又远远不及与之易生混淆的量词后缀构词法那么能产(如后世产生的"船只、房间、纸张、花朵、银两、车辆、枪支"),故而运用并不广泛,只能更多地采用"'每'+量词"、"'一'+量词"或"'每一'+量词"来表示每一个这样的单位。例如:

　　吐三卷《图》,广三寸,长八寸,每卷二十四字。(《宋书·符瑞志上》)

　　子弘立,屡为索虏所攻,不能下。太祖世,每岁遣使献方物。(《宋书·索虏传》)

　　明堂有五室,天子每月於其室听朔布教,祭五帝之神。(《南齐书·礼志上》)

　　世宗每日华林戏射,衣衫骑从,往来无间。(《魏书·京兆王愉传》)

　　俸制已立,宜时班行,其以十月为首,每季一请。(《魏书·高祖纪上》)

　　州举茂异,郡贡孝廉,对扬王庭,每年逾众。(《魏书·儒林传序》)

　　大凡一岁所食十二万头。其雕鹗所害,臣置不计。(《三国志·魏志·高柔传》裴松之注引《魏名臣奏》)

　　粱、秫并欲薄地而稀,一亩用子三升半。(《齐民要术》卷二)

　　一亩收十石,都邑粜卖,石堪一匹绢。(《齐民要术》卷三)

　　始,贼每一部到,公辄有喜色。(《三国志·魏志·武帝纪》)

　　龙符奋槊接战,每一合辄杀数人,众寡不敌,遂见害。(《宋书·孟龙符传》)

　　每一日而三省兮,亦有念而九思。(《魏书·阳固传》)

这几种方式作为主要用法延续至后世,并一直留存到现代汉语中。

　　上述表示"每一"语法范畴的两类表达方式,前者"米斗"之类具有简洁紧凑的特点,却因易生歧义而使用面狭窄,后世虽有沿用,也只有"米斗、绢匹、谷石"等几个固定形式;后者"'每'、'一'或'每一'+量词"之类方式则表达清晰,适用面广,可复制性强,后来发展成为汉语中的主要表达方式。如果一定要找出"米斗"之类用法在后世的沿袭变化,例如《隋书·炀帝纪下》:"益市武马,匹直十馀万。"《宋史·兵志十二》:"岭南自产小驷,匹直十馀千。"二例中的"匹"字表示的就是"每一匹"。这类用法甚至现代汉语中还留存有印迹,例如农贸市场中标明商品价格,"二级菜籽油,××元/升"中的"升"字,表示的就是"每一升";当然,在更为正规的场合还是应当表述为"二级菜籽油,每升××元"或"二级菜籽油,××元一升"。

(二) 量词词根构词法

这是指由量词作为词根语素,构成复合式合成词。这种构词方法在此期之前也已萌芽,此期运用有所增多,又可以分为两类。

1. 量词词根+量词词根

药物轻重,分两乖互,所可伤夭,为害尤深。(裴頠《上言改度量》)

至於赐予,不过斤合,当有旨不?(《世说新语·言语》刘孝标注引《谢车骑家传》)

其斤两之轻重,端匹之修短,人皆能之。(《抱朴子·清鉴》)

故诏勒区种,增进顷亩,以为民也。(《后汉书·刘般传》)

每於农月,亲度顷亩,分别肥瘠,差为三品。(《后汉书·秦彭传》)

相水陆之宜,断顷亩之数,以赃赎杂物市牛科给,令其肆力。(《魏书·食货志》)

然经记浩博,诸子纷纶,部帙既多,章篇纰缪。(《魏书·孙惠蔚传》)

故其时俗,递相染尚,所有部帙,楷正可观。(《颜氏家训·杂艺》)

2. 量词词根+名词"数"

苟不益世用,头数虽多,其费日广。(杜预《陈农要疏》)

寺内佛事皆是石像,装严极丽,头数甚多。(《洛阳伽蓝记》卷五)

案其言事,蝗之枚数,可得而知也。(何桢《奏笺》)

求之於心,常有可悯,故欲小进匹数,宽其性命耳。(《宋书·王弘传》)

《汉旧注》公令史百石,自中兴以后,注不说石数。(《后汉书·百官志一》)

被举之身,加以禁锢,年数多少,随您议制。(《宋书·谢庄传》)

以周除日,得三百六十五四分度之一,为岁之日数。(《后汉书·律历志下》)

旧法立令冬至日有定处,天数既差,则七曜宿度,渐与舛讹。(《南齐书·祖冲之传》)

对于这类以量词作为词根的构词方式,刘世儒《魏晋南北朝量词研究》一书指出:"在南北朝,量词的性质本来就还很接近于名词,因之这种构词法其中的词素是否就是量词性质实在还成问题。但它独立用时既然可以是量词,那么在构词法中就作为量词来看待也是有理由的。"转录于此,以供参考。

以上我们谈到魏晋南北朝时期量词运用的基本情况,最后还想讲一点有关量词分工的问题。此期名量词在使用上存在着共用同一个量词以称量多种事物的现象。这除去"枚、个"等适用面极广的个体量词外,其他不少个体量词也有程度不同的类似情况,例如"只"可以适用于鸟、兽以及其他多种物件,"条"可以适用于多种具体事物与抽象事物。这是一种正常现象,因为人们在言语交际中对于量词的运用有抽象化的要求,完全不需要也不可能有一种事物即配上一个专用的量词。但是,问题还有另外一个方面,即此期量词运用之中也较多地存在着同一种事物可用不同量词来称量的现象。例如牛可以称"头",又可以称"口";宅可以称"区",又可以称"所"。有时甚至在同一部书或同一篇文章中也使用各异,例如《南齐书·祥瑞志》中就有"龟一头"、"龟一枚","紫芝一枝"、"紫芝一株"、"紫芝一茎"等不同称量方法;《魏书·食货志》中"种桑五十树,枣五株,榆三根",也是用三个不同的量词来称量树木。那么,如何看待这种现象的存在呢?这可以从两个方面进行分析。一方面是魏晋南北朝时期的量词运用确实处于逐渐规范的阶段,出现一些不统一的歧异情况是难免的。但另一方面的原因又是,量词运用本身也不单纯是一个语法问题,有时又同量词来源、使用习惯,特别是修辞需要等诸多因素有密切联系。其实一直到现代汉语中这类现象也仍然存在,例如草就可以用"棵、株"称量,豆子也可以用"颗、粒"称量,蜡烛更可以用"枝、支、根"称量,我们当然不能说现代汉语的量词运用尚未成熟。不过,我们仍然应当认为,魏晋南北朝时期名量词的运用在全面成熟的状况中,确实还存在着一些尚待进一步规范的现象。

第十六章　副词

　　副词是一个既简单又复杂的词类。说它简单,是指副词的发展主要表现为词义的演变以及新旧形式的更迭,其形态以及所与组合的词类却相对单纯,对于句子结构的变化也没有太大的影响;说它复杂,是指内容庞杂,类别多样,甚至有不少在自身分类或与外部的关系上都较难划清界限的地方。先秦两汉时期,副词的复杂一面,更由于方言、文体诸因素的不同,呈现极为纷繁的歧异状况。以否定副词为例,就多达十几个形式,它们的用法不尽相同,交叉情况甚多,有时一个副词形式可以表达不同的语法意义,而相同或相近的语法意义又可以用不同的副词形式来表达。

　　发展到魏晋南北朝时期,副词有三个较为显著的变化。一是呈简化规范的趋势,纷繁歧异的现象开始逐渐消失,此期之前习见的副词后缀,此期常用者只留下一个"然"字,作用相同或相近的副词在数量上也有较大幅度的减少;二是出现了一批新兴的副词以及副词后缀"自"字与"复"字;三是与此期词语双音化的趋势相适应,旧有副词或新旧副词常常以双音节的形式组合运用。

一　新兴的单音节副词

　　此期新兴的单音节副词数量较多,有些是此期之前萌芽,此期流行开来的,也有些是此期出现并普遍运用的。以下采用点面结合的方式分类择要进行论述。

（一）程度副词

表示极至的主要有"偏、痛、过、奇、酷、差、熟、绝"。例如：

卿在左右久，偏解我意，正复违诏济事，亦无嫌也。（《宋书·沈庆之传》）

虚费事妨功，后虽痛悔，亦不及已。（《抱朴子·祛惑》）

见其门阀华美，乃曰："是谁第宅过佳？"（《洛阳伽蓝记》卷五）

太祖素奇爱融，为太尉时，时与融款接。（《南齐书·张融传》）

何无忌，刘牢之甥，酷似其舅。（《宋书·武帝纪上》）

贾逵能附会文致，最差贵显。（《后汉书·贾逵传论》）

日月礼次天地，故朝以二分，差有理据。（《南齐书·礼志上》）

取芥子，熟捣，如雞子黄许。（《齐民要术》卷六）

后长七尺二寸，姿颜姝丽，绝异於众，左右皆惊。（《后汉书·和熹邓皇后纪》）

表示转甚的主要有"更、转"。例如：

玄谟性严剋少恩，而将军宗越御下更苛酷。（《宋书·王玄谟传》）

但虑採山事绝，器用日耗，铜既转少，器亦弥贵。（《宋书·颜竣传》）

除会稽郡丞，学徒从之者转众。（《南齐书·刘瓛传》）

表示轻微的主要有"微、差"。例如：

君之忠亮，古人不过也，然微太严。（《三国志·魏志·徐奕传》）

差有田地，耕田犹不足食，亦南北市籴。（《三国志·魏志·东夷传》）

尊上年实未八十，亲故所知，州中差有微禄，当启相留。（《宋书·何子平传》）

（二）范围副词

表示总括的主要有"全、略、差、粗（麤）、总、顿"。例如：

全由履迹少,併欲上阶生。(庾肩吾《咏长信官中草》)

所发牛马运转者,死失略尽。(《三国志·魏志·曹爽传》裴松之之注引《汉晋春秋》)

河北悉是旧户,差无杂人,连岭判阻,三关作隘。(《宋书·谢灵运传》)

花迷差未著,疎勒复经年。(陈暄《雨雪曲》)

高去后,谢追曰:"阿鄮故巤有才具。"(《世说新语·言语》)

虽有五男儿,总不好纸笔。(陶潜《责子》)

帝曰:"先贤后哲,顿在一门。"(《魏书·郭祚传》)

表示齐同的主要有"通、齐"。例如:

於是诏诸尚书通议,晖奏据林言不可施行。(《后汉书·朱晖传》)

益州刺史毛璩,万里齐契,扫定荆楚。(《宋书·武帝纪上》)

表示仅独的主要有"正、政、劣、只、空"。例如:

乃自吴寻二陆,平原不在,正见清河。(《世说新语·自新》)

何由不禀父母,擅见陵辱! 若苟行非礼,正可身死耳。(《魏书·泾州贞女兒先氏传》)

炳之都无共事之体,凡所选举,悉是其意,政令太尉知耳。(《宋书·庾炳之传》)

贼比拟来,本非大举,政是承信一说,易遣诳之。(《南齐书·垣崇祖传》)

以刀头穿岸,劣容脚指,於是径上,随之者稍多。(《宋书·胡藩传》)

德愿善御车,尝立两柱,使其中劣通车轴。(《宋书·刘德愿传》)

天与骂曰:"殿下常来,云何即时方作此语?只汝是贼。"(《宋书·卜天与传》)

齐净洗,空著白盐,令小倚咸,内器中。(《齐民要术》卷八)

表示总括的范围副词中,"都"字较为复杂,下面先说明它的用法,再举与之有类似之处的"了、初"略做比较。此外,新兴的总括义的双音节副词"凡是",也附在这里论述。

1."都"字

"都"字本是名词,随着词义的辗转演变,又可以引申用为动词表示"总括"。"总括"有"完全"义,此期的范围副词"都"字正是从"完全"义发展而来的,用法上又可以分为三类。

一是总括谓语动词涉及范围的全体,"都"字义为"全然"。"总括"义动词"都"字使用时通常含有对涉及对象进行总括的意义,例如曹丕《与吴质书》:"顷撰其遗文,都为一集。"意指"将遗文汇总为一集"。因此当"都"字发展为副词用作状语时,也往往带有一种对谓语动词涉及范围进行总括的意味,表示动作进行的全面周到,无一遗漏。在这种情况下,主语一般是表示个体概念的单数名词或代词。例如:

> 从子建私开司马门来,吾都不复信诸侯也。(《三国志·魏志·陈思王植传》裴松之注引《魏武故事》)
>
> 临成以示韩康伯,康伯都无言。(《世说新语·言语》)
>
> 陶公疾笃,都无献替之言,朝士以为恨。(同上)
>
> 殷中军妙解经脉,中年都废。(《世说新语·术解》)
>
> 常日出入,於厢下经过,与诸相识将帅都不交言。(《宋书·始安王休仁传》)
>
> 炳之都无共事之体,凡所选举,悉是其意。(《宋书·庾炳之传》)
>
> 然奴仆实与闾里相关,今都不问,恐有所失。(《宋书·王弘传》)
>
> 卿都不持操,名器何由得升?(《南齐书·卞彬传》)

以上八例中的"都"字,均表示总括谓语动词涉及范围。第一例"吾都不复信诸侯",意指"我全然不再相信诸侯";第二例"康伯都无言",意指"韩康伯全然没有说话";第三例"都无献替之言",意指"全然没有各种献替之言";第四例"中年都废",意指"中年时全然废弃各种解经脉之法";第五例"都不交言",意指休仁"全然不与相识将帅说话";第六例"都无共事之体",意指庾炳之"全然没有与人共事的体统";第七例"今都不问",意指"如今全然不追究奴仆";第八例"都不持操",意指"全然不持操各种关乎名器之事"。表示总括的范围副词总括谓语动词涉及范围,在上古汉语中就常常可以见到。例如《左传·隐公元年》："小人有母,皆尝小人之食矣,未尝君之羹。""皆"字总括的并非主语"小人之母",而是谓语动词"尝"字涉及的宾语"小人之食"。① 此期"都"字总括谓语动词涉及范围,正是上古范围副词同类用法的继承。

　　二是总括主语的全体,主语由表示集体概念的名词或名词性词组充任,"都"字义为"全部"。"都"字由动词转用为副词以后,用法继续变化,由对谓语动词涉及范围进行总括进而转为对主语范围进行总括。这是一次重要的转变,现代汉语的范围副词"都"字就是由此发展而来的。但是,这一转变开始时,受其总括的主语往往是表示集体概念或者内容非止一端的名词、代词或名词性词组。例如:

　　　真长曰："小人都不可与作缘。"(《世说新语·方正》)

　　　泰之等至,虏都不觉,驰入袭之,杀三千馀人。(《宋书·索虏传》)

　　　及义宣败於梁山,畅为军人所掠,衣服都尽。(《宋书·张畅传》)

　　　蚊蚋何足为忧,已为义勇所破,官军昨至,今都应散灭。(《南齐书·豫章文献王嶷传》)

　　　意之所怀,都尽於此,自非名理,何缘多其往复?(《宋书·郑鲜之传》)

　　　臣比陈愚见,便是都无可採,徒烦天听,愧怍反侧。(《宋书·范泰传》)

　　　长者见已,恶而不食,便一切都棄。(《百喻经·尝庵婆罗果喻》)

　　　初有盗取其池鱼者,……既而宿昔都尽。(《魏书·岛夷萧衍传》)

　　以上八例中,第一至四例"小人"、"虏"、"衣服"、"蚊蚋"是表示集体概念的名词,第五、六两例"所怀"、"愚见"包含的内容非止一端,第七例"一切"是表示总体概念的括指代词,第八例省略了的"池鱼"是表示集体概念的名词性词组。此类用法的特点是从对象的整体着眼对主语进行总括。

　　三是总括主语的全体,主语可由两个或两个以上表示个体概念的名词或代词充任,"都"字义为"全都"。这是在第二类用法基础上的发展,主要表现为充任主语的成分在性质上又有了新的变化。例如:

---

　　① 这里所论实际上涉及中古汉语副词的语义指向问题,参看高育花《中古汉语副词研究》第五章"语义指向分析",黄山书社,2007 年 9 月第 1 版。

今天时人事都不和协,何可举动?(《魏书·崔浩传》)

此人即时解其钳镊、璎珞、衣物,都尽持去。(《百喻经·小儿得欢喜丸喻》)

徒丧其功,空无所获,芽茎枝叶一切都失。(《百喻经·田夫思王女喻》)

以上三例中,第一例的主语是表示抽象概念的"天时、人事";第二例的主语是承前省略的表示个体概念的名词"钳镊、璎珞、衣物";第三例的"芽、茎、枝、叶"是表示个体概念的名词,同时又用表示总体概念的括指代词"一切"进行总括,共同充任主语。此类用法的特点是从两个或两个以上的单个对象着眼,对主语进行总括。

以上三类用法,实际上反映了现代汉语范围副词"都"字的来源及其萌生发展过程。其二、三两类,已经同现代汉语几乎没有什么差别,只是用例远远不及第一类多见而已。

此外,副词"都"字还可以在计数时表示"总共",显然是直接转用"总括"义动词而来。例如:

然后临诀,直言:"穷矣!"都得一号。(《世说新语·任诞》)

一处与板两重,都有四板。(《齐民要术》卷九引《食次》)

2."了"字

"了"字用作范围副词,义为"全然",均与否定词连用。例如:

兴宗时亲奉玺绶,嗣主容色自若,了无哀貌。(《宋书·蔡兴宗传》)

及清河王怿为元叉所害,悦了无雠恨之意。(《魏书·汝南王悦传》)

志气犹不多损,谈说旧事,了无所遗。(《魏书·高允传》)

寻还徐州,数十年间,了无从官者。(《魏书·刘懋传》)

独言抗拒之计,了不云肃先有谋。(《三国志·吴志·周瑜传》裴松之注引《江表传》)

令史具向炳之说不得停之意,炳之了不听纳。(《宋书·庾炳之传》)

州陵此举,为无所因,反复思之,了不能解。(《宋书·王微传》)

案此正解所以有树之义,了不论有之与无也。(《魏书·刘芳传》)

则四月辛卯,长厤推是五日,了非八日。(沈约《答陶隐居〈难均圣论〉》)

属音赋韵,命笔为诗,彼造次即成,了非向韵。(《颜氏家训·名实》)

"了"字的用法显然没有"都"字复杂多样,一则它限于与否定词连用,二则它只相当于"都"字的第一类用法,始终未能对主语进行总括。

3."初"字

"初"字用作范围副词,义为"自来、从来",也均与否定词连用。例如:

帝曰:"善。恨见君晚,羣臣初无是言也。"(《后汉书·盖勋传》)

亮年四五岁,超令人解亮衣,使左右持去,初无吝色。(《宋书·傅亮传》)

历事五帝,出入三省,五十馀年,初无谴咎。(《魏书·高允传》)

捶骂切至,而伏保奉事孝谨,初无恨色。(《魏书·乞伏保传》)

武帝之胤悉被诛戮,初无报効,而反为今主尽节,违天害理。(《南齐书·魏虏传》)

请还,统复故位,初不顾谢,饮食自若。(《三国志·蜀志·庞统传》)

吾与休仁,少小异常,唯虚心信之,初不措疑。(《宋书·始安王休仁传》)

义蔡曰:"下官初不识,何忽见苦?"(《宋书·长沙景王道怜传》)

皇朝赦令,初不遵奉,旷荡之泽,长隔彼州。(《南齐书·柳世隆传》)

或有假忠以饰佞,如楚子蔡后事显忠,初非佞也。(《魏书·高闾传》)

"初"字虽也用为范围副词,修饰谓语动词,义近于"全然",但与"都、了"却有事理上的细微差别。"初"字直接由"初终"义省说而来,《助字辨略》云:"初,犹云自来、从来也。"又引《后汉书·独行传》"初不奉行",曰:"犹云全不奉行,言自初及终不奉行也。"显然是着眼于时间的纵面表示谓语动词涉及的范围,而"都、了"则只在时间的平面上表示谓语动词涉及的范围。

4."凡是"来源于先秦两汉时期的总括义副词"凡"字,汉末之前未曾见及,此期判断词"是"字开始较多地受到副词等类词的修饰(参看下编第二十二章"判断句"中"'是'字式判断句结构成分的复杂化"部分),"凡是"由此结合

成词后,用于主语前面,表示主语所说的一切均没有例外;只是用例并不多见。例如:

> 凡是徐氏义,称徐姓名以别之。(《史记·五帝本纪》裴骃集解)

> 故凡是旧注,通为大书,称"本注曰",以表其异。(《后汉书·百官志一》刘昭注补)

> 凡是山泽,……常加功修作者,听不追夺。(《宋书·羊玄保传》)

> 凡是中丞收捕,威仪悉皆缚取。(《宋书·孔琳之传》)

> 外秉直绳,内参机密,凡是益国利民之事,必以奏闻。(《魏书·高恭之传》)

> 越鸟之思,岂忘南枝,凡是梁民,宜听反国,以礼发遣。(北齐文宣帝高洋《发遣梁民诏》)

"凡是"此期之后逐渐流行,并且一直沿用至现代汉语。

(三) 时间副词

表示曾经的主要有"经"。例如:

> 我昔经事宋明帝,卿可思讳恶之义。(《南齐书·王智深传》)

表示将要的主要有"欲、行"。[①] 例如:

> 范玄平在简文坐,谈欲屈,引王长史曰:"卿助我!"(《世说新语·排调》)

> 善万物之得时,感吾生之行休。(陶潜《归去来辞》)

表示立即的主要有"顿、登、便"。例如:

> 今镕铸获利,不见有顿得一二亿之理。(《宋书·颜竣传》)

> 牧遣使慰譬,登皆首服,自改为良民。(《三国志·吴志·钟离牧传》裴松之注引《会稽典录》)

> 而蜀本谓敌不便至,不作城守调度。(《三国志·蜀志·谯周传》)

---

① "欲"字表示将来时态,参看本编第九章"动词"中"将来时态表示法"部分。

表示随即的主要有"便、仍、寻、应、旋"。例如：

三祖基业，一朝坠地，汝辈便应沦於异族之手。(《宋书·永嘉王子仁传》)

雞子於地圆转未止，仍下地以屐齿蹍之。(《世说新语·忿狷》)

又送休四子於吴小城，寻复追杀大者二人。(《三国志·吴志·孙皓传》)

若当灸，不过一两处，每处不过七八壮，病亦应除。(《三国志·魏志·华佗传》)

彭幸蒙司徒公所见全济，未有报德，旋被祸难，永恨於心。(《后汉书·岑彭传》)

表示重复的主要有"更、还"。例如：

扬州口谈至剧，太常辄云："汝更思吾论。"(《世说新语·文学》)

出之，举蟹脐，著姜末，还复脐如初。(《齐民要术》卷八)

表示频数的主要有"仍、频、累"。例如：

臣衅积祸并，仍丁艰罚，聊及视息，即蒙逮问。(《宋书·王僧达传》)

是时地数震裂，众灾频降。云素刚，忧国将危，心不能忍。(《后汉书·李云传》)

大将军邓骘奇其才，累召，不应。(《后汉书·张衡传》)

表示每常的主要有"每、动、经"。例如：

好读书，不求甚解，每有会意，便欣然忘食。(陶潜《五柳先生传》)

代郡户口殷众，士马控弦，动有万数。(《三国志·魏志·裴潜传》)

脩死后，领军于劲犹追感旧意，经恤其家。(《魏书·赵脩传》)

表示往近的主要有"向、比、近、当、先、昨"。例如：

向受诏而来，而君臣之义绝，何如？(《世说新语·方正》)

殷道矜有生便病，比更无横病。(《南齐书·王奂传》)

近诸葛孔明不逼元直以入蜀。(嵇康《与山巨源绝交书》)

佗久远家思归，因曰："当得家书，方欲暂还耳。"(《三国志·魏志·华佗传》)

张玄与王建武先不相识,后遇於范豫章许。(《世说新语·方正》)

实迷途其未远,觉今是而昨非。(陶潜《归去来辞》)

(四) 情态副词

表示猝然的主要有"忽、猥、奄"。例如:

结子殊好,母恒使守之。时风雨忽至,祥抱树而泣。(《世说新语·德行》)

文度欣然而启蓝田云:"兴公向来,忽言欲与阿智婚。"①(《世说新语·假谲》)

而猥见势弱,疑其有伏兵,於是引军北趣山。(《三国志·蜀志·诸葛亮传》裴松之注引《郭冲三事》)

庾尝一往奄至,周不及去,相对终日。(《世说新语·尤悔》)

表示徒然的主要有"坐、徒"。例如:

玉柱空掩露,金樽坐含霜。(江淹《望荆山》)

空谤齐景非,徒称夷叔贤。(鲍照《拟古》)

表示恰适的主要有"幸、正"。例如:

有一人欲依附,歆辄难之。朗曰:"幸尚宽,何为不可?"(《世说新语·德行》)

王劭、王荟共诣宣武,正值收庾希家。(《世说新语·雅量》)

表示偶然的主要有"傥、偶"。例如:

有时疲倦,则傥为之,犹胜饱食昏睡,兀然端坐耳。(《颜氏家训·杂艺》)

吾直性狭中,多所不堪,偶与足下相知耳。(嵇康《与山巨源绝交书》)

---

① 方一新列举例证笺释说:"各例'忽'又有遂、乃或竟然的意思,副词,与其常义有别。"他举出的用例有《南齐书·丘灵鞠传》:"顾荣忽引诸伧渡,妨我辈涂辙,死有馀罪。"《魏书·尒朱世隆传》:"其屋先常闭篇。子容以西门不开,忽言从入;此屋常闭,奴言在中。诘其虚罔。"参看《东汉魏晋南北朝史书词语笺释》"忽"字条。

表示几近的主要有"垂、仅"。例如：

　　贼犹治兵在彭城，年已垂尽，或当未必送死。(《南齐书·柳世隆传》)

　　左右捧黄纸帽箱，风吹纸剥仅尽。(《南齐书·褚炫传》)

表示持续的主要有"方、仍"。例如：

　　望卿摆拨常务，应对玄言，那得方低头看此邪？(《世说新语·政事》)

　　南来息耗，壅塞不达，虽至穷迫，仍不肯降。(《魏书·尉元传》)

表示且暂的主要有"暂"。例如：

　　王子猷尝暂寄人空宅住，便令种竹。(《世说新语·任诞》)

表示类同的主要有"也"。例如：

　　那知不梦作，眠觉也恆飞。(徐防《赋得蝶依草应令诗》)

　　不能片时藏匣里，暂出园中也自随。(庾信《镜赋》)

表示相关的主要有"互"。例如：

　　仁孝之辩，纷然异端，互引典文，代取事据。(《后汉书·延笃传》)

　　情态副词之中，另有"故、还"的用法较为复杂，与它们各自的其他意义有时易生混淆，下面分别举例说明。

　　1."故"字

　　"故"字先秦时即由名词转用为连词，《助字辨略》云："承上之辞，犹云'是以、是故'。"此期又新兴了副词用法，可以表示动作或状态的持续，义为"还、还是、仍然"。例如：

　　以龟枝床，至后老死，家人移床，而龟故生。(《抱朴子·对俗》)

　　起精舍请佛及千二百五十弟子供养处，今故在。(《法显传》)

　　此中亦有四佛经行、坐处，起塔故在。(同上)

　　三日断五疋，大人故嫌迟。(《乐府诗集·焦仲卿妻》)

　　融儿大者九岁，小者八岁，二儿故琢钉戏，了无遽容。(《世说新语·言语》)

　　礼毕，酒酣，帝曰："卿故复忆竹马之好不？"(《世说新语·方正》)

　　后遇袁悦之间，遂致疑隙，然每至兴会，故有相思时。(《世说新语·赏誉》)

既释,周大说,饮酒。及出,诸王故在门。(《世说新语·尤悔》)

两相比较,连词用法的"故"字由"故"的名词义"缘故"引申而来,常常用于因果复句的结果分句中,表示由于某种原因而产生的结果;而副词用法的"故"字则由"故"的名词义"旧时"引申而来,常常用于谓语动词前,表示动作或状态的持续。

2. "还"字

"还"字原本是动词,义为"返回";东汉时期萌发连词用法,义为"反而、却"。此期又新兴副词用法,除表示重复义以外,还可以表示动作或状态的持续,义为"还、还是、仍然"。例如:

欲还食谷者,当服葵子汤下石子,乃可食耳。(《抱朴子·杂应》)

欲还食谷,当以葵子猪膏下之,则所作美食皆下,不坏如故也。(同上)

已而取两断合视,绢布还连续,无异故体。(《搜神记》卷二)

虽末还在位,然忧逼折辱,终古未闻。(《宋书·五行志三》)

愚谓皇后终除之日,不宜还著重服,直当释除布素而已。(《宋书·礼志二》)

皇后心丧,服终除之日,更还著未公除时服,然后就除。(同上)

若有善吹律者,便应还取姓尚。(《南齐书·舆服志》)

赖明明在上,赫赫临下,泥渍自消,玉质还洁。(《魏书·韩子熙传》)

龙编县功曹左飞,曾化为虎,数月,还作吏。(《水经注》卷三十七)

冷者自然在内,暖者自然居外。还作尖堆,勿令婆陀。(《齐民要术》卷八)

若以同为副词的"还"字而论,时间副词的"还"字主要表示动作或状态的重复发生或相继出现,而情态副词的"还"字则表示情况持续不变或恢复原状。由于二者在句中均充任谓语动词的状语,语法位置相同,有时需要根据上下文语境才能准确区分,这是需要特别注意的。

再有,情态副词的"还"字有时与"回还"义的动词"还"字在书面上也有较难区分之处。例如上举《宋书·五行志三》的"虽末还在位",王华宝据《晋书·五行志》作"来还在位",认为"末还"不辞,似是"来还","归来、回来"义,同时指出"来还"是常见词,《宋书·五行志》也有用例。吴金华不同意王说,认为"汉魏六朝之'末',或犹今语'终究、最后',或犹今语'晚暮、后期',用在这里颇为确切";同时又据《晋书·惠羊皇后传》概述了羊皇后献容的遭遇,指出:"最后总算以'惠帝皇后'的名义度过了极其短暂的西晋晚期。这就是所谓'末还在位'。"这可以看作是对"末"字的确诂。① 只是句中还有一个因为字形相同而比较隐晦的"还"字的问题,这里的"还"并非"归来、回来"义的动词"还"字,而是表示情况持续不变或恢复原状的情态副词"还"字,"虽末还在位"的意思是"虽然最终仍然在皇后位置上"。从文章结构上看,这显然是《宋书》作者沈约宕开让步的一笔,然后再转入叙述羊皇后"忧逼折辱,终古未闻"的正题。行文至此,我们又想到一个相关问题,《汉语大词典》"还"字字头下"副词"义项①:"表示现象继续存在或动作继续进行。相当于仍旧。"首条书证即引晋陶潜《读〈山海经〉诗》:"既耕亦已种,时还读我书。"我们认为,诗中的"还"字恐非表继续的副词,而应是表示行为的动词。该诗写的是作者耕作之余的悠闲生活,场景从众鸟托身的绿树扶疏的草庐之外,转入自己深爱的此情此景下的草庐之内;活动由庐外的"既耕亦已种",再到庐内读读《山海经》之类闲书。因而这里的"还"字,还是理解为"回还"义的动词更为切合全诗的意蕴。

此外,表示徒然的情态副词除"坐、徒"之外,另有"唐、唐自"也很值得注意。例如《百喻经·为妇贸鼻喻》:"既不相著,复失其鼻,唐使其妇受大苦痛。"同经《欲食半饼喻》:"我今饱足,由此半饼,然前六饼唐自捐棄。"《杂宝藏经》卷八:"汝今自杀无量人民,食肉不尽,唐使臭烂。"其中的"唐、唐自"两个副词,此期以及此后一段时期多见于汉译佛经,唐代开始见于中土人士的佛学撰述,如唐玄奘的《大唐西域记》卷六:"汝何守愚,唐劳羽翮?"再后才进入不涉佛学的纯粹中土文献,如王安石《再用前韵寄蔡天启》:"昔功恐唐捐,异味今得馐。"但是,来自佛学用语的"福不唐捐、功不唐捐"却长期以来借用为广泛流行的喻人向善的勉励语,故而选取其早期用例,附列于此。

---

① 参看王华宝《汉魏六朝语词研究考论》,载《南京师范大学学报(社会科学版)》1999 年第 4 期;吴金华《〈宋书〉校点续议(续一)》,载《文史》2013 年第 1 辑。

（五）语气副词

表示肯定、确认语气的主要有"故、正、端"。例如：

王子敬语谢公："公故萧洒。"（《世说新语·赏誉》）

此故未易得，为人作父如此，何如？（《世说新语·宠礼》）

后贼追至，王欲舍所携人。歆曰："本所以疑，正为此耳。"（《世说新语·德行》）

设令袁令命汝言《易》，谢中书挑汝言《庄》，张吴兴叩汝言《老》，端可复言未尝看邪？（《南齐书·王僧虔传》）

表示不定、测度语气的主要有"宁、颇、岂"。① 例如：

豫章王嶷盛馔享宾，谓悰曰："今日肴羞，宁有所遗不？"（《南齐书·虞悰传》）

晋武帝问孙皓："闻南人好作《尔汝歌》，颇能为不？"（《世说新语·排调》）

至是遣人诘责庄曰："卿昔作《殷贵妃诔》，颇知有东宫不？"（《宋书·谢庄传》）

张温之废，岂其取名之多乎！多之为弊，古贤既知之矣。（《三国志·吴志·张温传》裴松之注）

此外，表示概数的副词"垂、向、减（减）、约"主要用于数词或数量词组前，义为"将近、不足、大约"，语气上不很确定，也附列于此。例如：

小人母年垂百岁，抱疾来久，若蒙官一脉，便有活理。（《世说新语·术解》）

年向九十，生理殆尽，永绝天光，沦没丘壑。（《宋书·王敬弘传》）

王右军年减十岁时，大将军甚爱之，恒置帐中眠。（《世说新语·

---

① 江蓝生对"颇"字的源流变化有详细的论述，参看《疑问副词"颇、可、还"》，载《近代汉语探源》，商务印书馆，2000 年 2 月第 1 版。

假谲》)

小饵黄金法,锻金内清酒中,约二百过,出入即沸矣。(《抱朴子·金丹》)

表示或然语气的主要有"脱、傥、倘"。例如:

不如诣阙自归,事既未然,脱可免祸。(《后汉书·李通传》)

今使太守丞以中牢具祠,魂而有灵,傥其歆享。(《后汉书·杨震传》)

所以然者,多兵意盛,与彊敌争,倘更为祸始。(曹操《让县自明本志令》)

表示反问、追问语气的主要有"更、可、端"。例如:

先主怒曰:"统杀身成仁,更为非也?"(《三国志·蜀志·杨戏传》)

非此道也,孰云能致?凡百士子,可不务乎!(《魏书·文苑传》史臣曰)

容华坐销歇,端为谁苦辛?(鲍照《行药至城东桥》)

表示意外、逆反语气的主要有"翻、正、更、却"。例如:

向之所以贵身,翻成害己。故通人立训,为之而不恃也。(《南齐书·刘祥传》)

自然无心於禀受,何以正善人少,恶人多?(《世说新语·文学》)

焉有通人大才而更不能为此邪?诚顾道理而弗为耳。(《三国志·魏志·杜恕传》)

召伯之仁,犹惠及甘棠;文靖之德,更不保五亩之宅?(《世说新语·规箴》)

骂辱妇之父母,却成教妇不孝己身,不顾他恨。(《颜氏家训·归心》)

表示使令语气的主要有"仰"。例如:

仰本军印记其上,然后印缝,各上所司。(《魏书·卢同传》)

于时口敕,责诸内官,十日仰密得一事。(《魏书·杨椿传》)

表示容忍、无奈语气的主要有"便"。例如:

飞怒,令左右牵去斫头,颜色不变,曰:"斫头便斫头,何为怒邪!"(《三国志·蜀志·张飞传》)

这一句式此期甚为罕见,"便"字置于两个相同的成分之间,表示"容忍"的语法意义。

语气副词之中,"定"字的用法较为复杂,"将"字的用法较为虚灵,下面分别举例说明。

1."定"字

"定"字西汉时期即由动词转用为副词,表示肯定,《词诠》云:"定,犹今语云'的确'。"此期又有新的发展,义为"到底、究竟",用法上又可以分为两类。

一是用于叙事句中表示经历一段过程最终出现某种结果的确认语气。例如:

> 其夫拍手笑言:"姑当远移,初云当留婢,既发,定将去。"(《世说新语·任诞》)

> 咄! 婢,我定得饼,不复与尔。(《百喻经·夫妇食饼共为要喻》)

或者表示通过权衡比较最终选定某种事实的确认语气。例如:

> 蓝田慨然曰:"既云堪,何为复让? 人言汝胜我,定不如我。"(《世说新语·方正》)

> 既觉,引卧具去体,谓觊曰:"绵定奇温。"(《宋书·朱百年传》)

二是用于疑问句中表示进一步追究结果的疑问语气。例如:

> 相怜中道罢,定是阿谁非?(《乐府诗集·团扇郎》)

> 人问刘尹:"玄度定称所闻不?"(《世说新语·赏誉》)

> 抚军问殷浩:"卿定何如裴逸民?"(《世说新语·品藻》)

> 语及时事,晏抵掌曰:"公常言晏怯,今定何如?"(《南齐书·王晏传》)

> 中书郎王融戏之曰:"服之不衷,身之灾也。头上定是何物?"(《南齐书·东南夷传》)

2."将"字

"将"字先秦时期已可用如副词,此期又发展出表示测度语气的用法,义为"或许、恐怕、莫非",用法上又可以分为两类。

一是"将"字单独使用,表示测度语气。例如:

> 将记述者欲以少见奇,非其实录也。(《三国志·魏志·武帝纪》裴松之注)

此器既盖之,且有掩覆,无缘有此,黄门将有恨於汝邪?(《三国志·吴志·孙亮传》裴松之注引《江表传》)

季孟尝折愧子阳而不受其爵,今更共陆陆,欲往附之,将难为颜乎?(《后汉书·马援传》)

而今县东有巫山,将郡、县居治无恆故也?(《水经注》卷三十四)

此远国异人而能作吾国言,受害无难色,将是神人乎?(《古小说钩沉·幽明录》)

二是"将"字与否定词"无、不、非"分别结合成"将无、将不、将非",表示测度、委婉语气。例如:

衰历观,遂指君谓亮曰:"将无是耶?"(陶潜《晋故征西大将军长史孟府君传》)

太保居在正始中,不在能言之流;及与之言,理中清远,将无以德掩其言?(《世说新语·德行》)

太尉王夷甫见而问曰:"老庄与圣教同异?对曰:"将无同?"(《世说新语·文学》)

诸人皆諠动不坐,公徐云:"如此,将无归?"(《世说新语·雅量》)

广又哀感,涕泗交流,谢晦见之,谓之曰:"徐公将无小过?"(《宋书·徐广传》)

如汝自业,将无小伤多异,以取天下之疾患邪?(《宋书·萧惠开传》)

我若用子义,许子将不当笑我邪?(《三国志·吴志·太史慈传》)

此理将不胜? 无为忽去兹。(陶潜《移居》)

融应声曰:"观君所言,将不早惠乎?"(《后汉书·孔融传》)

谢答曰:"将不畏影者未能忘怀?"(《世说新语·言语》)

方今宰牧华夏,处杀戮之职,与本操将不乖乎?(《世说新语·政事》)

谓僧绰曰:"卿向言,将不太伤切直?"僧绰曰:"弟亦恨君不直。"(《宋书·王僧绰传》)

持盈畏满,自是家门旧风,何为一旦落漠至此,当局苦迷,将不然邪!(《宋书·王微传》)

日醉或能忘,将非促龄具?(陶潜《神释》)

将非穷达不可妄求,寿夭永无外请故耶?(陶潜《与子俨等疏》)

将非君道昏弱,无居刚之德,遂为阴细之人所能消毁乎?(《后汉书·五行志五》刘昭注补)

以贾谊之才,仕汉文之世,不历公卿,将非运也?(《魏书·裴骏传》)

有青气如龙蛇之形,或有人谓竺曰:"将非怪也?"(《拾遗记》卷八)

对于"将无"等的这类用法,吕叔湘说:"刘淇《助字辨略》释'将无'为'无乃',其实更相近的该是'得无',如上引《晋书·孟嘉传》语(即'此君小异,将无是乎?'——引者注)又见《世说新语》(3.27),即作'得无'(但注引《嘉别传》作'将无')。'得无'和'将无'都是表示测度而意思偏于肯定的词语,但'将无'除用于事实的测度外又可用于委婉的提议,如上引第二、第四两例,它的用途似乎又较'得无'为广,而于唐、宋人的'莫'和'莫须'为近。用现代的词语相比,该是'恐怕'或'别是'加'吧'字。'将无同'无非就是'恐怕没有什么两样吧'。"[1]这段话结合中土文献中的实例以及前人的不同看法,理清了"将无"之类词语在实际使用中的多层含义。多年后,朱庆之又根据"将无"较早而又较常出现于汉魏两晋译经的特点,对它的来源与构词理据做了拓展式的探索,认为"将无"是在翻译佛经原典梵语中特殊的否定副词 mā 时的一种仿造,而 mā 在梵语中本就可以表达测度、希望等种种委婉语气,这可以说是"将无"研究中的一个新话题,可将对它的认识引向深入。近来姜南撰文质疑仿造说,认为"朱文提出的'外来语词'说能够说明'将无'一词的来历,但仍然绕不开一个问题,就是'将无'在汉语史上并非孤立个案,汉语从古至今出现不少同类的情态词",主张把"将无"纳入汉语固有的"其不、得无、怕不"等情态词系列进行考察,并得出结论说:"'将无'类情态词中冗余的否定因素,是在强烈的感情影响下,多为强调说话人不乐见的主观愿望时,才作为隐性否定意义的词

---

[1]　参看吕叔湘《语文杂记》"将无同"。吕文所引第二例即上举"将无归"例,第四例为《世说新语·赏誉》刘孝标注引《晋安帝纪》:"悠悠之论,颇有异同,当由骠骑简於朝觐故也,将无从容切言之邪?"

汇实现,表达更加委婉的推测语气。"①不过,从两篇文章各自的探究内容看,姜文评述朱文时并非与后者在同一个层面上展开讨论,似无必要撰文时又行牵攀而枝蔓旁逸。

最后,还需提及的是,这里的"将无、将不"以及前文范围副词所述"都无、都不,了无、了不,初无、初不"分别是副词"将、都、了、初"与否定词"无、不"的连用,而与后三组不同的是,"将无、将不"之间各自适用范围的界限甚为模糊,二者均可与动词、形容词或相应的词组甚至句子搭配,有时这两个词互相调换使用也不影响表达效果。而后三组中"都无、了无、初无"通常后接名词或名词性词组,"都不、了不、初不"通常后接动词或动词性词组。这说明,与"将"字结合的"无、不"已经丧失实义,故而称为"结合成词";后三组中的"无、不"仍是实词,故而称为"连用"。从这个意义上说,"将无、将不"作为词的成熟度也远远高于后面章节中将要论述的选择连词"为"字的结合形"为是、为当",因为后者在使用过程中,其中的"是、当"也还具有一定的实义。参看前文所举例证以及下编第二十三章"疑问句"中"选择问句的新形式"部分。最后还需说明的是,由"非"字形成的"将非、了非、初非"("都非"未见),由于样本过小,而且又多是后接名词或名词性词组(上举《后汉书·五行志五》刘昭注补"将非"一例后接复句),就不引入分析了。

(六) 指代性副词

主要有"相"与"见"两个。这两个词用于及物动词或介词之前,具有指代其后宾语的作用。用上了"相"与"见",动词或介词的宾语通常就不再出现。②

1."相"字

副词"相"字的指代性用法先秦时期即已萌芽,汉代有所发展,此期广泛流行。其所指代的动词宾语可以是第一、二、三人称。依次各举三例:

---

① 朱庆之说与汉译佛经举例,参看《"将无"考》,载《季羡林教授八十华诞纪念论文集》,江西人民出版社,1991 年 12 月第 1 版。姜南说,参看《"将无"重考》,载《中国语文》2017 年第 6 期。
② 参看吕叔湘《相字偏指释例》与《见字之指代作用》,载《汉语语法论文集》(增订本)。

张仲节有疾,苦不能来别,恨不见之,暂还与诀,诸君少时相待。(《三国志·吴志·顾邵传》)

许下论议,待吾不足;足下相为观察,还以见诲。(《三国志·魏志·陈矫传》)

时时为安慰,久久莫相忘!(《乐府诗集·焦仲卿妻》)

未敢便相许,夜闻侬家论,不持侬与汝。(《乐府诗集·华山畿》)

秀在京师,谓秀曰:"我为卿诛徐湛之矣,方相委任。"(《宋书·鲁爽传》)

广陵人一旦闭门不相受,公欲何之?(《南齐书·垣荣祖传》)

穆居家数年,在朝诸公多有相推荐者。(《后汉书·朱穆传》)

辅国将军任候伯、左军将军彭文之密相响应。(《宋书·顺帝纪》)

朝士多谏北征,上当遣外监万幼宗往相谘访。(《宋书·谢晦传》)

"相"字指代的介词宾语主要是第二人称,如以下前一例;偶尔也可以是第一、三人称,如以下二、三两例:

贺出辞见之,曰:"此不必见关,但与君门情,相为惜之。"(《世说新语·规箴》)

使矫诣许,谓曰:"许下论议,待吾不足;足下相为观察,还以见诲。"(《三国志·魏志·陈矫传》)

谢公尝与谢万共出西,过吴郡,阿万欲相与共萃王恬许。(《世说新语·简傲》)

有时"相"字指代的是动词的双宾语中的间接宾语,动词的直接宾语仍然出现在动词之后,不过甚为少见。例如:

范谢曰:"诸君相还儿厚矣。夫人情虽爱其子,然吾怜戢之小,请以陵易之。"(《三国志·魏志·张范传》)

动词之前出现"相"字,动词之后又出现宾语,"相"字与宾语所指代者相同,则是极为罕见的现象。例如:

但事留变生,终恐难保,脱万一发觉,我死分也,无事相累卿。(《魏书·刁雍传》)

2."见"字

"见"字的指代性副词用法汉代开始萌芽,此期广泛使用。其所指代的宾语主要是第一人称,如以下前四例;偶尔也可以是第二、三人称,如以下五、六两例:

生孩六月,慈父见背;行年四岁,舅夺母志。(李密《陈情表》)

少加孤露,母兄见骄,不涉经学。(嵇康《与山巨源绝交书》)

王笑曰:"张祖希若欲相识,自应见诣。"(《世说新语·方正》)

谓族子纮曰:"彼有,自当见还;彼无,吾何言哉!"(《南齐书·崔慰祖传》)

道产谓曰:"久欲见屈。① 今贵王有召,难辄相留,乖意以为惘惘。"(《宋书·柳元景传》)

帝不许,然由是重之,数诏引见,每有大议,辄见访问。(《后汉书·范升传》)

"见"字若是指代动词的双宾语中的间接宾语,动词的直接宾语也出现在动词之后,用例同样很少见。例如:

邕性嗜酒,谓歆之曰:"卿昔尝见臣,今不能见劝一盃酒乎?"(《宋书·刘邕之传》)

(七) 表敬副词

表示对别人尊敬的主要有"蒙"。例如:

若蒙救援使为外藩,则吴人挫谋,徐方永安。(《三国志·魏志·陈矫传》)

所启蒙允,臣便当敢成第屋,安之不疑。(《南齐书·豫章文献王嶷传》)

表示自己谦卑的主要有"猥"。例如:

---

① "久欲见屈",宋元明三朝递修本、明北监本、毛氏汲古阁本作"久见屈",武英殿本、金陵书局本作"久规相屈"。"见"与"相"均为指代性副词,指代第二人称。

　　猥以寡薄，属承乾统，上缉三光之重，俯顾庶民之艰。(《宋书·明帝纪》)

　　鲜之猥承人乏，谬蒙过眷，既恩以义隆，遂再叨非服。(《宋书·郑鲜之传》)

二　组合使用的双音节副词

　　这类用法此期甚为常见，从构成上看，主要有如下两类。

(一) 同义复合使用

　　副词的这类用法在此期之前已有不少运用，但广泛流行却是从此期开始的。① 从所用词语的面貌看，大多是旧有同义成分的复用，也可以是新旧同义成分的并用。这里主要阐述较为常见、较为典型的范围副词与时间副词的同义复用情况。

　　1. 范围副词

　　又以表示范围周遍性的副词最为常见。例如：

　　为母作锦被，改易帷帐，妻妾衣服，悉皆锦繡。(《三国志·吴志·蒋钦传》)

　　民皆剽轻，不念产殖；其生子无以相活，率皆不举。(《三国志·魏志·郑浑传》)

　　一日朝会，见诸侍中并皆年少。(《后汉书·李固传》)

　　使写起居注，所写既毕，闇诵略皆上口。(《宋书·吴喜传》)

　　绿萍浮水，飞梁跨阁，高树出云，咸皆喷喷。(《洛阳伽蓝记》卷四)

---

　　① 此期之前的副词同义复用，参看葛佳才《东汉副词系统研究》第一章"东汉副词概述"，岳麓书社，2005年5月第1版。此期的副词同义复用，参看王海棻《六朝以后汉语叠架现象举例》，载《中国语文》1991年第5期。

晋朝四十二寺尽皆湮灭,唯此寺独存。(《洛阳伽蓝记》卷四)

太守应奉以恩信招诱,皆悉降散。(《后汉书·南蛮传》)

睦父子之至,容可悉共逃亡,……於情可愍,理亦宜宥。(《宋书·何尚之传》)

青槐荫陌,绿树垂庭,天下难得之货,咸悉在焉。(《洛阳伽蓝记》卷三)

苏门山中,忽有真人,樵伐者咸共传说。(《世说新语·栖逸》)

都尉令长,并共患之,然气厉不息。(《搜神记》卷十九)

解其钳镊、璎珞、衣物,都尽持去。(《百喻经·小儿得欢喜丸喻》)

表示周遍性之外的其他范围副词,也时有所见。例如:

此人虽麤豪,有不如人意时,然其较略大丈夫也。①(《三国志·吴志·孙皓传》)

说管辂善卜,华陀治病,左慈方术,如此之事,分别说之。(《洛阳伽蓝记》卷五)

2.时间副词

表示曾经的。例如:

熙先尝经相识,乃倾身事综,与之结厚。(《宋书·孔熙先传》)

此所谓任情径行,未达礼旨。昔撰《丧记》,已尝言之。(《南齐书·礼志下》)

表示将要的。例如:

离剑行当合,春林勿怨空。(刘孝胜《妾薄命》)

宋文帝元嘉三年,司徒徐羡之大儿乔之行欲入广莫门。(《宋书·五行志五》)

《易》言革者,更也。将欲应天顺人,革君臣之命,汤武得之为吉。(《魏书·任城王云传》)

表示立即的。例如:

---

① “较”义概略,“略”义大致,二者同义复用,“较略”义为大体上。

使统军为前锋,配以精兵利器,事剋,当即授荆州。(《宋书·徐湛之传》)

深悔不能阳愚,即便就船,倍道兼行,权果追之。(《三国志·蜀志·张裔传》)

今不谓顿便加功,整丽如旧,但欲先定民,营其闾术。(《宋书·何承天传》)

於是羣情喜悦,登即四散,数十万众一朝散尽。(《魏书·尒朱荣传》)

有一愚臣,辄便往至,挑仙人双眼。(《百喻经·破五通仙眼喻》)

表示随即的。例如:

病者言"已到",应便拔针,病亦行差。(《三国志·魏志·华佗传》)

丑奴每遣窥觇,有执送者,天光宽而问之,仍便放遣。(《魏书·尒朱天光传》)

恨君资轻,可且就前除,少日当转国子博士,便即后授。(《南齐书·刘瓛传》)

若有相乖忤,便即疵毁,乃至声色,加以谤骂。(《魏书·李业兴传》)

遂便潜还,不复回顾,径来入城,於式妇闺抱宪归藏之。(《魏书·汲固传》)

长史郑子湛,子华亲友也,见侮骂,遂即去之。(《魏书·高凉王孤传》)

生时寻即收取,别著一暖处,以柔细草覆藉之。(《齐民要术》卷六)

江南文制,欲人弹射,知有病累,随即改之。(《颜氏家训·文章》)

天未明乘马以诏版付允门吏,曰:"有诏。"因便驰走。(《三国志·魏志·夏侯玄传》)

表示重复的。例如:

贼以超石众少,复还攻城,超石战败退走。(《宋书·朱超石传》)

虽永和、太元王化暂及,太和、隆安还复湮陷。(《宋书·州郡志二》)

表示频数的。例如:

自去年已来,灾谴频数,地坼天崩,高岸为谷。(《后汉书·翟酺传》)

请祎为参军。以奉使称旨,频烦至吴。(《三国志·蜀志·费祎传》)

309

丰为中书二岁,帝比每独召与语,不知所说。(《三国志·魏志·夏侯玄传》裴松之注引《魏略》)

示汝国中人,使知国家哀汝,故郑重赐汝好物也。①(《三国志·魏志·东夷传》)

表示每常的。例如:

每常小便,而忍不起,令胞中略转乃起耳。(嵇康《与山巨源绝交书》)

将军举动,不肯详思,忽有失得,动辄言误。(《后汉书·吕布传》)

一切诸法念念生灭,何有一识常恆不变?(《百喻经·病人食雉肉喻》)

表示片刻的。例如:

还坐,顷刻乃复起,犬又衔其衣,恪令从者逐犬。(《三国志·吴志·诸葛恪传》)

与女上安陵城楼上。俄顷,翼归,策良马,盛舆卫。(《世说新语·雅量》)

其次绛标寸纸,一日数至;征村切里,俄刻十催。(《南齐书·竟陵文宣王子良传》)

表示往近的。例如:

臣近比为虑其为梗,是以孜孜乞赴京阙。(《魏书·广阳王建传》)

刘休范父子先昨皆已即戮,尸在南冈下。(《南齐书·高帝纪上》)

以上是范围副词、时间副词中的同义复用。除此之外,其他如程度、情态副词中也有同义复用的情况。例如:

惟进军大佃,最差完牢,兵出民表,寇钞不犯。②(《三国志·魏志·傅嘏传》)

阮思旷奉大法,敬信甚至。大儿年未弱冠,忽被笃疾。(《世说新语·尤悔》)

其父常以为专愚,几不知数马足。穆愈更精笃。(《后汉书·朱穆传》)

伯父茂度每譬止之,敷益更感恸,绝而复续。(《宋书·张敷传》)

---

① 黄生《义府》"郑重"条云:"盖郑重即申重(平声)之转去者尔。""申"义一再,"重"义重复,二者同义复用,"郑重"义为频繁。

② 此例"差"义为"最"为"甚",与"最"相同。

复更入里,挽泥更求觅,亦复不得。(《百喻经·见水底金影喻》)

唯王夷甫来,如小屈。时人即以王理难裴,理还复申。① (《世说新语·文学》)

每风起,珠玉之树,枝条花叶,互相扣击。(《抱朴子·袪惑》)

建衡二年至奋之死,孙晧即位,尚犹未久。(《三国志·吴志·孙奋传》裴松之注)

人之将死,其言也善,傥或可採,瑜死不朽矣。(《三国志·吴志·鲁肃传》裴松之注引《江表传》)

聊且夜行遊,遊彼双阙间。(曹植《赠徐干》)

十一年卒,帝使使者迎丧,亲自临弔。(《后汉书·成武孝侯顺传》)

(二) 词组的凝定

这类用法也是自汉代开始逐渐发展而来的,此期运用更为普遍。从凝定词组的形式看,可以是未经省略的完整词组形式,也可以是有所省略的非完整词组形式。

1. 完整的词组形式

这类形式主要涉及时间副词,较为常见者例如:

才辞敏捷,好自陈谢,贡登时出其母。(《三国志·吴志·孙策传》裴松之注引《吴录》)

自相要结,击水军,应时摧陷,斩张保。(《宋书·建平宣简王宏传》)

桓怅然失望,向之虚伫,一时都尽。(《世说新语·假谲》)

退与人围棋,馥司马行酒,退正戏,不时为饮。(《世说新语·雅量》)

与贼争水,龙符单骑冲突,应手破散,即据水源。(《宋书·孟龙符传》)

络秀曰:"门户殄瘁,何惜一女? 若连姻贵族,将来或大益。"(《世说新语·贤媛》)

---

① 此例"还复"表示持续,语义不同于前引《宋书》中表示重复的"还复"。

公未曾有一函之使,遗半纸之书,志弃五弟,以饵雏贼。(《宋书·庐江王祎传》)

间区劚取,随手还合。但种数亩,用之无穷。(《齐民要术》卷三)

葱中亦种胡荽,寻手供食;乃至孟冬为菹,亦无妨。(同上)

其师患脚,遣二弟子,人当一脚,随时按摩。(《百喻经·师患脚付二弟子喻》)

时彼人者,信老母语,即时共捉。(《百喻经·老母捉熊喻》)

津兄凭,字元寄。当时逃窜,后会赦免。(《魏书·封凭传》)

凡此诸人,皆其翘秀者,不能悉记,大较如此。(《颜氏家训·文章》)

以上完整词组形式多为偏正词组与述宾词组,它们凝用后在句中的作用相当于一个副词。末例为范围副词。

2.省略的词组形式

这类形式主要涉及一部分时间副词。先秦两汉时期,常用"介词(自、由、从)+时间词语+连词(以、而)+动词(来、后)"这一固定词组表示某一时段,例如《孟子·公孙丑上》:"自有生民以来。"褚少孙补《史记·滑稽列传》:"从是以后。"一般说来,固定词组中的各个成分较少省略。此期由于省略式表达方法的发展,固定词组中的各个成分均可部分省略,而当省略后的词组只有两个音节时,凝用后相当于一个表示时段的副词,又可以分为三类。

一是"时间词语+来"。例如:

比来天下奢靡,转相仿效,而徐公雅尚自若,不与俗同。(《三国志·魏志·徐邈传》)

比来江东无他故,江道亦不艰难。(《宋书·天文志二》)

顷来始乃有称之者,言常人正自患知之使过,不知使负实。(《世说新语·赏誉》)

祥顷来饮酒无度,言语阑逸,道说朝廷,亦有不逊之语。(《南齐书·刘祥传》)

吾少来如此,岂可一朝而变?(《宋书·沈怀文传》)

我少来未尝见军上有如此气也。(《南齐书·祥瑞志》)

奏请裁决。旨云："黜陟之体，自依旧来恒断。"（《魏书·郭祚传》）

至於黜陟之体，自依旧来年断，何足复请？（同上）

受任於败军之际，奉命於危难之间，尔来二十有一年矣。（诸葛亮《出师表》）

在北山松树下死，尸形不坏。尔来三年，士女观者有千百。（《魏书·释老志》）

二是"自+时间词语"。例如：

自顷选举牧守，多非其人，至行无道，侵害百姓。（《后汉书·李固传》）

自顷世故暌离，心事沦蕴。（《世说新语·文学》）

自尔已来，与足下言面殆绝，非唯分张形跡，自然至此。（《南齐书·张敬儿传》）

古老言，昔有二仙，分而憩之，自尔年丰，弥历一纪。（《水经注》卷三十八）

今宗室衰微，自昔未有，泰宁之世，足以为譬。（《宋书·桂阳王休范传》）

文武之道，自昔成规；明耻教战，振古常轨。（《魏书·张普惠传》）

三是"自（由、从）+来（后）"。例如：

王大将军於众坐中曰："诸周由来未有作三公者。"（《世说新语·尤悔》）

此姥由来挟两端，难可孤保，正尔自问临贺，冀得审实也。（《宋书·元凶劭传》）

我常秉许为家，从来颇得此力。但试用，看有验不？（《宋书·始安王休仁传》）

遂谓朝士言："从来谬音'专旭'，当音'专翾'耳。"（《颜氏家训·勉学》）

太子不悦，然自后游出差简。（《三国志·魏志·高堂隆传》）

奋衣而去，自后宾客绝百所日。（《世说新语·规箴》）

值得注意的是，与第一类"时间词语+来"大同小异的另一种结构，是时间词语后加上虚化了的后缀"来"字,以这种结构形成的时间词并不表示自某时以来的这一时段,而表示其中时间词所指的这一时点。由于二者易生混淆,附列于此,以供比较。例如:

今来在此,非苟安而已,将图大事,复愿雪耻。(《三国志·魏志·田畴传》)

臣今来亦欲为吴,非但为蜀也。(《三国志·蜀志·邓芝传》)

母尝数问我病,昨来觉声羸,今不复闻,何谓也?(《南齐书·杜栖传》)

昨来每欲为此取死,引簪自刺,以带自绞,而不能致绝。(《魏书·李䜣传》)

初不答,直高视,以手版拄颊云:"西山朝来,致有爽气。"(《世说新语·简傲》)

贼朝来胁城,日晚辄退。城内乃出车北门外,环堑为营。(《宋书·申恬传》)

向来道隅有卖饼人,萍齑甚酸,可取三升饮之。(《后汉书·华佗传》)

世宗曰:"广平粗疏,向来又醉,卿之所悉,何乃如此也?"(《魏书·崔亮传》)

虞姬小来事魏王,自有歌声足绕梁。(庾信《鸳鸯赋》)

吾既常羸,间来体中,亦恆少赖。(陆云《与杨彦明书》)

间来候师王叔茂请往迎之,须臾便与俱来。(《搜神记》卷三)

见卿所撰《燕志》及在齐诗詠,大胜比来之文。(《魏书·韩显宗传》)

太后怒曰:"比来使人皆言贼弱,卿何独云其强也?"(《魏书·高道穆传》)

今未审从旧来之旨?为从景明之断?为从正始为限?(《魏书·郭祚传》)

上举用例中,"今来"的意思就是"今",即今天;"昨来"的意思就是"昨",即昨天;"朝来"的意思就是"朝",即早晨;"向来"的意思就是"向",即刚才;"小来"的意思就是"小",即小时候;"间来"的意思就是"间",即最近。其中,"比来"的意思就是"比",即先前,与前引《三国志·魏志·徐邈传》《宋书·天文志二》中的"比来"表示"近来"这一时段，语义并不相同；"旧来"的意思就是"旧"，即从前，与前引《魏书》同传中的"旧来"表示"向来"这一时段，语义也不相同。

"时间词语+来"这一结构中的"来"字是虚用还是实用，有时确实难以分辨。例如《南齐书·王僧虔传》："甲族向来多不居宪台，王氏以分枝居乌衣者，位官微减。僧虔为此官，乃曰：'此是乌衣诸郎坐处，我亦可试为耳。'"句中"向来"的意思究竟是"向"还是"自向以来"，粗粗看来似乎二说皆通。但仔细玩味文意，"僧虔为此官"已是甲族王氏"乌衣诸郎坐处"，虽"位官微减"却早成事实，可见与说话当时相对的应是"向"而不是"自向以来"。再则，此期"向来"的用例似乎均表"向"义，尚未见到用如"自向以来"的含义。只是这类用例中的"向"字，并非表示较短时间的"刚才"，而是表示较长时间的"以前、原先"。通过反复比较，我们又认为，这里所说的此期某些"来"字的实用虚用两种结构与用法，或许所谓实用者既可以表示时段，兼可以虚用表示时点，如"比来、顷来、旧来"既可以表示"最近以来"，又可以虚用表示"最近"。而所谓虚用者又分为两类情况，一类受到语义的限制，无法表示时段，只能表示时点，如"今来、昨来、朝来"；另一类则此期只可以虚用表示时点，此期之后又可以实用表示时段，如"向来"，此期表示"向"，到唐代时又可以表示"自向以来"，即"从来、一向"，并一直沿用至现代汉语。

下面仍以"向"字为例，通过它在此期之前的历时使用情况，简要说明此期"向来"中"来"字虚用的缘由。"向"字先秦开始用作时间副词时就一直表示时点，既可表示较远的"以前、原先"，又可表示较近的"刚才"。表示"从前、原先"义的用例如《庄子·山木》："向也不怒，而今也怒。"表示"刚才"义的用例如《庄子·庚桑楚》："向吾见若眉睫之间，吾因以得汝矣。"这种表示时点的两种用法一直沿用至此期，前者如《宋书·王惠传》："球问：'向何所见？'惠曰：'惟觉即时逢人耳。'"后者如同书《范晔传》："向见道边亲故相瞻望，亦殊胜不见。"此期新生的"向来"，也只是表示时点而不表示时段，究其来源，似是受到因语义限制只能表示时点的"今来、昨来、朝来"的类化作用而产生的新用法，同时其语音节奏也要显得比单音节的"向"字更为和谐。究其实质，此期"向来"就是语义上承着此期之前的"向"义,形式上在"向"字后面缀以虚化的"来"字的一种新词形。

魏晋南北朝时期双音节副词的组合运用主要有以上两类,我们之所以选用并区分"同义复用"与"词组凝用"的两种说法,因为它们中的相当一部分形式还很难说已经全都形成了合成词,只有经过长期的实践检验,才能最终确定它们的性质。经过语言运用的自然筛选,这些词语呈现较为复杂的状况。从演化成词的角度看,有的在此期或此期之后逐渐变为合成词,有的则长期处于组合使用阶段。从使用生命力的角度看,有的在经过一段时间之后遭到淘汰,有的则始终保留运用至后代。

三　结合成词的双音节副词

这里主要讨论五种情况。

(一) 附有后缀"自"字

"自"字本是代词,从东汉开始,少数"自"字丧失实义,附于副词之后只起构成音节的作用,已经演变为后缀,发展到此期大为盛行。① 对于这类"自"字,前人称它为语助词,刘淇《助字辨略》列举例证后说:"诸自字,并是语助,不为义也。"例如:

> 常称曰:"吾等后世,终自不如此长儿也。"(《三国志·蜀志·杨戏传》)
> 而清絜之士,徒自苦於茨棘之间,无所益损於风俗也。(《后汉书·仲长统传》)
> 亮有大儿数岁,雅重之质,便自如此,人知是天性。(《世说新语·雅量》)

----

① 参看刘瑞明《〈世说新语〉中的词尾"自"和"复"》,载《中国语文》1989 年第 3 期。

王卫军云:"酒正自引人著胜地。"(《世说新语·任诞》)

子敬实自清立,但人为尔,多矜咳,殊足损其自然。(《世说新语·忿狷》)

沧池诚自广,蓬山一何峻。(刘孝绰《侍宴饯张惠绍应诏》)

实由圣慈罔已,然当之信自苦剧。(《宋书·谢庄传》)

本自甚华,臣改脩正而已,小小制置,已自仰简。(《南齐书·豫章文献王嶷传》)

帝顾谓司徒褚渊曰:"方直乃尔!学士故自过人。"(《南齐书·刘瓛传》)

既造席,视澄曰:"都自非是。"乃去。(《南齐书·张融传》)

其母张氏每谓之曰:"汝父性怀,本自无决,必不能来也。"(《魏书·崔模传》)

谓敕提曰:"……愿且宽忧,不为异计。"敕提以此差自解慰。(《魏书·张敕提传》)

富有四海,贵为天子,不知纪极,犹自败累,况士庶乎?(《颜氏家训·止足》)

(二) 附有后缀"复"字

"复"字本是副词,从东汉开始,少数"复"字附于副词之后不再表示"还、又"的实义,只起构成音节的作用,已经演变为后缀,发展到此期已经极为盛行。[1]"复"字用为副词后缀的使用范围十分广泛,可以附于绝大多数类别的副词之后;"复"字用为副词后缀的使用比例也很高,据抽样统计,远远超过后缀"复"字总数的一半。[2] 例如:

二月三日,丕白:岁月易得,别来行复四年。(曹丕《与吴质书》)

《詠德颂》甚复尽美,省之恻然。(陆云《与兄平原书》)

---

① 参看第316页注释①所引刘文以及蒋宗许《也谈词尾"复"》,蒋文载《中国语文》1990年第4期。

② 参看本页注释①所引蒋文。

自旷但尔，已复经时，限制长路，惟亲未期。（陆云《与陆典书书》）

东人近未复有见敛者，公进屈久，恒为邑闾党。（陆云《与杨彦明书》）

兄《园葵》诗清工，然犹复非兄诗妙者。（陆云《与兄平原书》）

顷日愿丹徒刘郎，恐不复可得也。（《宋书·何承天传》）

文季对曰："南风不竞，非复一日。"（《南齐书·沈文季传》）

一以意许知己，死亡不相负，诸君勿复忧也。（《三国志·吴志·太史慈传》裴松之注引《江表传》）

远近相崇畏，震动四海，凡短人办得致此，更复可嘉。（《宋书·庾炳之传》）

或未晓其职，便复迁徙，诚非建官赋禄之意。（《后汉书·马严传》）

比于求生遂为恶者，诚复不同。（《三国志·魏志·邓艾传》）

又问周曰："宁复有所怪邪？"周曰："未达也。"（《三国志·蜀志·杜琼传》）

永子昱从容问少君曰："大夫人宁复识挽鹿车时不？"（《后汉书·勃海鲍宣妻传》）

得归死国家，解逋逃之负，泯躯九泉，将复何恨！（《三国志·蜀志·许靖传》）

娥亲寻复就地斫之，探中树兰，折所持刀。（《三国志·魏志·庞淯传》裴松之注引皇甫谧《列女传》）

礼毕，酒酣，帝曰："卿故复忆竹马之好不？"（《世说新语·方正》）

帝遂发怒，免法兴官，遣还田里，仍复徙付远郡，寻又於家赐死。（《宋书·戴法兴传》）

名救金城，而实困三辅。三辅既困，还复为金城之祸矣。（《后汉书·庞参传》）

兄弟追念初丧父，幼小，哀礼有阙，因复重行丧制。（《后汉书·东海恭王彊传》）

龚改容谢曰："是吾过也。"乃复厚遇待之。（《后汉书·王龚传》）

殷洪远答孙兴公诗云："聊复放一曲。"（《世说新语·排调》）

便舆牀就之,持其臂曰:"汝讵复足与老兄计!"(《世说新语·忿狷》)

吾与其兄弟情昵,特复异常。(《宋书·始安王休仁传》)

但季世慕荣,幽棲者寡,或复才为时求,弗获从志。(《宋书·王弘之传》)

普令民铸,改造榆荚,而货轻物重,又复乖时。(《宋书·颜竣传》)

至当舆抑碎首之愆,陛殿延辟戟之威,此亦复不可忘也。(《宋书·周朗传》)

明北海之南自复有丁令,非此乌孙之西丁令也。(《三国志·魏志·东夷传》裴松之注引《魏略》)

羣小无知,但复恐如参合之众,故求全月日之命耳。(《魏书·王建传》)

死是人之所同,政复一往之苦,不足为深困。(《宋书·谢庄传》)

而况储妃正体王室,……进退弥复非疑。(《南齐书·礼志下》)

左右止之曰:"若行此事,官便应作孝,岂复得出入狡狯?"(《魏书·刘昱传》)

此期"复"字除用作副词后缀外,还可用作连词、动词以及充任状语的助动词、形容词、时间名词的后缀。其中用作连词后缀较为常见,参看本编第十八章"连词"中"附有后缀'复'字部分。以下是用作动词、助动词、形容词、时间名词后缀的用例,附列于此。

时寒且旱,二百里无复水,军又乏食。(《三国志·魏志·武帝纪》裴松之注引《曹瞒传》)

自庾亮以来,荆楚无复如此美政。(《南齐书·豫章文献王嶷传》)

闻将军来东,大小踊跃,如复更生。(《三国志·魏志·吕布传》裴松之注引《英雄记》)

父祖诸叔,同罹祸难,犹复偷生天壤者,正以仇雠未复,亲老漂寄耳。(《宋书·自序》)

既不遂心,今便命尽,临启哽塞,知复何陈?(《南齐书·鱼复侯子响传》)

臣不胜大愿，愿复广人所不能者。（《三国志·蜀志·谯周传》）

殿中有雊樔树，二人相谓："此亦久矣，其能复几？"（《三国志·魏志·刘放传》裴松之注引《世语》）

又云："当复有作肃入草。"萧字也。《易》云："圣人作之。"（《南齐书·祥瑞志》）

屡视诸故时文，皆有恨文体成尔。然新声故自难复过。（陆云《与兄平原书》）

穆之曰："此虽小事，然宣彼四远，愿公小复留意。"（《宋书·刘穆之传》）

臣嗜同二子，不能自愆，时复中之。（《三国志·魏志·徐邈传》）

左思之俦，有盛名而免过患者，时复闻之。（《颜氏家训·文章》）

以上十二例中，前五例用作动词后缀，六至八例用作助动词后缀，九、十两例用作形容词后缀，末二例用作充任状语的时间名词后缀。

应当注意的是，"复"字用作后缀之后，除副词用法继续沿用以外，其仅起衬音作用的助词用法也仍在使用，例如《魏书·李孝伯传》："畅问孝伯曰：'君复何姓？居何官也？'"句中"复"字既非副词，又非后缀，仅起协调音节的作用。

（三）　AA 式重叠副词

AA 式重叠副词的构成并不像 AA 式重叠形容词内涵那么复杂，它通常是由两个单音节同义副词重叠而成，①无相应单音节形式者极为少见。例如《左传·昭公十年》："昔庆封亡，子尾多受邑而稍致诸君。"《战国策·赵策二》："无有名山大川之限，稍稍蚕食之。"前句中的"稍"字重叠后形成后句中的"稍稍"。AA 式重叠副词也不像 AA 式重叠动词那样具有某些附加的语法意义，

----

① 少数用例由两个单音节同义形容词重叠而成，但形成 AA 式重叠形式后，则用如副词，例如"小小、久久"。

它主要表示与单音节副词相同或相近的词义,上述"稍稍"与"稍"除音节不同外,仍然表示"渐次、逐渐"。此期 AA 式重叠副词在数量上有较大的发展,出现了一些新兴的用例。现择其要者各举数例如下:

值欢无复娱,每每多忧虑。(陶潜《杂诗》)

上雅好诗书文籍,虽在军旅,手不释卷,每每定省从容。(《三国志·魏志·文帝纪》裴松之注引《典论·自叙》)

步度根数数钞盗,又杀我弟,而诬我以钞盗。(《三国志·魏志·鲜卑传》)

曹公使夏侯渊、张郃屯汉中,数数犯暴巴界。(《三国志·蜀志·先主传》)

太祖不能违道取容,数数干忤,恐为家祸,遂乞留宿卫。(《三国志·魏志·武帝纪》裴松之注引《魏书》)

於汉、魏二朝并有重名,而其德渐渐小减。(《三国志·魏志·陈泰传》裴松之注引《博物记》)

须臾有物绛色如小甕,渐渐大如仓廪,声隆隆如雷。(《南齐书·天文志下》)

自兹以降,渐渐长阔,百姓嗟怨,闻於朝野。(《魏书·张普惠传》)

於是平徐徐收合诸营遗迸,率将士而还。(《三国志·蜀志·王平传》)

且当先安部曲,有所保固,然后徐徐轻骑来东。(《三国志·魏志·明帝纪》裴松之注引《魏略》)

追军不至,乃徐徐西遁,唯此得免。(《魏书·崔浩传》)

郑君言但习闭气至千息,久久则能居水中一日许。(《抱朴子·登涉》)

时时为安慰,久久莫相忘!(《乐府诗集·焦仲卿妻》)

朕虽当时迁怒,若或不用,久久可不深思卿言也?(《魏书·崔浩传》)

柔皆请惩虚实,其馀小小挂法者,不过罚金。(《三国志·魏志·高柔传》)

既已被恩,得免宪辟,小小忤意,辄加刑斩。(《宋书·吴喜传》)

本自甚华,臣改脩正而已,小小制置,已自仰简。(《南齐书·豫章文

321

献王嶷传》)

羽急攻樊城,樊城得水,往往崩坏,众皆失色。(《三国志·魏志·满宠传》)

数日,吏士闻宠尚在,复往往相聚,得数百骑。(《后汉书·庞萌传》)

及彪之病也,体上往往疮溃,痛毒备极。(《魏书·李彪传》)

末三例中的"往往"为"渐次、逐渐"义,而"往"字为"往去"义,这或是 AA 式重叠副词中与单音节副词词义有别的少数结构形式之一。但"往往"在产生之初起先表示的是空间上的"处处"义,例如《管子·度地》:"令下贫守之,往往而为界,可以毋败。"这与单音节动词"往"字的"往去"义尚有语义上的联系,因为所往之处综合累加起来也就是"处处"。"往往"后来再引申为时间上的"常常"义,这是它的主要用法,并且一直沿用至今。"往往"由此又引申为"渐次、逐渐"义,其起源也较早,《史记》中已见端倪,不过直到此期才开始常见起来,如上举数例。《史记》中的用例如《太史公自序》:"叔孙通定礼仪,则文学彬彬稍进,《诗》《书》往往间出矣。"句中的"往往",无论理解为"常常"或是"处处",均与下文"间出"抵牾难通,只有释为"渐次、逐渐",疑滞方能涣然冰释。

(四) 附有后缀"尔、然"

这里是指利用此期之前旧有的后缀"尔、然"构成新的副词,或者此期之前固有的以"然"为后缀的派生式副词此期产生了新词义。略举数例如下:

欲以后事属之,何意卒尔失之,悲痛伤心?(《三国志·魏志·郭嘉传》裴松之注引《傅子》)

此姥由来挟两端,难可孤保,正尔自问临贺,冀得审实也。(《宋书·元凶劭传》)

朝廷令身单身而反,身是天王,岂可过尔轻率?(《南齐书·晋安王子懋传》)

且齐先主历事宋朝,荷恩积世,当应便尔欺夺?(《魏书·成淹传》)

馆东石壁夜忽有赤光洞照,俄尔而灭。(《南齐书·徐伯珍传》)

且暂尔往还,理不委悉,纵有简举,良未平当。(《魏书·常山王遵传》)

有时疲倦,则傃为之,犹胜饱食昏睡,兀然端坐耳。(《颜氏家训·杂艺》)

一尔分离,款意不昭,奄然殂陨,可为伤恨。(《三国志·吴志·刘繇传》)

其后贼复忽然而至,平扶侍其母,奔走逃难。(《后汉书·刘平传》)

六府臣僚,三藩士女,人蓄油素,家怀铅笔,瞻彼景山,徒然望慕。(任昉《为范始兴作求立太宰碑表》)

今但选明能牧守,自然安集,不烦征伐也。(《后汉书·南蛮传》)

裕必不能发吴越之兵与官军争守河北也,居然可知。(《魏书·崔浩传》)

前六例的"卒尔、正尔、过尔、便尔"与"俄尔、暂尔",利用旧有后缀"尔"字构成,意思分别为"突然"、"只有"、"过于"、"随即"与"短暂地";第七例的"兀然"利用旧有后缀"然"字构成,意思为"不动的样子";末五例的"奄然、忽然、徒然、自然、居然",是此期之前固有的派生式副词,此期产生了新词义,"奄然、忽然"的意思均为"突然","徒然、自然、居然"的意思分别为"白白地"、"自然而然"、"显然"。

(五) 联绵词的副词新义

这里是指此期新兴的具有副词用法的联绵词,或者此期之前固有的联绵词此期产生了副词的新词义。略举数例如下:

更始二年春,世祖自蓟还,狼狈不知所向。(《后汉书·任光传》)

乃遣信报少孤云:"兄病笃。"狼狈至都。(《世说新语·栖逸》)

太祖狼狈至后殿户外,手拨幔禁之,乃止。(《宋书·文帝袁皇后传》)

世祖遣报质,质於是执台使,狼狈举兵。(《宋书·臧质传》)

苍茫岁欲晚,辛苦客方行。(阴铿《和傅郎岁暮还湘州》)

倏忽市朝变,苍茫人事非。(庾信《拟咏怀》)

先主醉,怒曰:"……宜速起出!"於是统逡巡引退。(《三国志·蜀志·庞统传》)

恢年少官微,见允停出,逡巡求去,允不许。(《三国志·蜀志·董允传》)

逡巡走出,范因突入,叩头流血,言与涕并。(《三国志·吴志·吴范传》)

猛子逡巡在后,取敬宣备身刀杀敬宣。(《宋书·刘敬宣传》)

少雍性清正,不惮强御,积年久讼,造次决之,请託路绝,时称贤明。(《魏书·辛少雍传》)

若造次徙於山林之中,植於宫阙之下,……犹不救於枯槁,而何睱繁育哉?(《三国志·魏志·武文世王公传评》裴松之注引《魏氏春秋》)

前六例的"狼狈、苍茫"是此期新兴的联绵词,它们的副词用法均表示"匆遽、急忙";第七至十例的"逡巡"是此期之前固有的联绵词,此期产生的副词新词义也是"匆遽、急忙";末二例的"造次"也是此期之前固有的联绵词,此期产生的副词新词义分别是"须臾、片刻"与"轻率、随便"。

第十七章 介词

汉语中的介词除少数来源于假借用法之外，①绝大多数来源于动词，因而一定程度地保留了动词性质，由此着眼，不少语法学家称之为准动词、副动词、次动词。② 但是，介词在一般情况下并不单独充任谓语，其作用在于将词或词组介绍给充任谓语的另一个词或词组，这是它与动词的重要区别，据此它当然是一个独立的词类。正由于介词有这样两个方面的特性，所以汉语中的大多数介词仍然兼有动词用法，不可兼用如动词的纯粹介词只是极少数。

介词由于自身没有形态变化，能够与之组合的其他类词或词组在各个时期又没有太多的不同，因此它的变化主要表现在新旧形式的更迭上。此期之前较为繁复的介词体系发展到魏晋南北朝时期，开始出现简化、规范的趋势，淘汰了一些意义、作用重复的介词，保留了一些使用频率较高的介词；与此同时，也萌生发展了一些新兴的介词。

一 新兴的介词

此期新兴的介词有二十余个，其中约有半数是此期之前萌芽、此期发展并广泛流行的，另外半数则是此期出现并开始运用的。以下分为四类阐述。

---

① 来源于假借用法者，例如"於"字，《说文解字》释为："象古文乌省。"段玉裁注："此字盖古文之后出者，此字既出，则又于於为古今字。"而"乌"字，《说文解字》云："孝鸟也，象形。"可见介词"於"字是假借名词"乌"字而来。

② 高名凯《汉语语法论》（商务印书馆，1986 年 10 月新 1 版）称为准动词，吕叔湘、朱德熙《语法修辞讲话》（中国青年出版社，1979 年 8 月第 2 版）称为副动词，丁声树等《现代汉语语法讲话》（商务印书馆，1961 年 12 月第 1 版）称为次动词。

（一）　时地介词

表示处在义的主要有"在、著"。

1."在"字此期之前主要用作动词,但也已出现介词用法。此期主要介绍处所,少数介绍时间,常常取代传统的"於"字。例如:

> 佛本在此嚼杨枝已,刺土中,即生长七尺。(《法显传》)
>
> 夏侯泰初与广陵陈本善,本与玄在本母前宴饮。(《世说新语·方正》)
>
> 殷在妾房昼眠,左右辞不之通。(《世说新语·言语》)
>
> 世宗在海内作蓬莱山,山上有偓人馆。(《洛阳伽蓝记》卷一)
>
> 蛇在皮中动摇良久,须臾,不动,乃牵出,长三尺许。(《搜神记》卷三)
>
> 时权拥军在柴桑,观望成败。(《三国志·蜀志·诸葛亮传》)
>
> 澄之等并生在江表,未遊中土。(《洛阳伽蓝记》卷二)
>
> 濡须口有大船,船覆在水中,水小时便出见。(《搜神记》卷十六)
>
> 尔时此人过在门外,闻作是语,便生瞋恚。(《百喻经·说人喜瞋喻》)
>
> 像立在佛泥洹后三百许年。(《法显传》)

2."著"字此期之前用作动词,此期新生的用法是,位于谓语动词之后表示处置意,在词义上既可以相当于"处在"义的介词"在"字,又可以相当于"往至"义的介词"到"字。二者的区别在于,其前谓语若非表示运动的静态动词时,词义为"在";其前谓语若为表示运动的动态动词时,词义为"到"。参看本编第九章"动词"中"现在时态表示法"部分。

表示往至义的主要有"投"。

3."投"字秦汉时期用作动词,义为"扔、掷",汉代开始产生表示时间的介词用法,义为"到、待到",此期使用逐渐增多。例如:

> 夷投老以长饥,回早夭而又贫。(陶潜《感士不遇赋》)
>
> 陛下出军,当投此时,多将骑士来就马耳。(《三国志·吴志·胡综传》)
>
> 又本受卓节度宿广成,秣马饮食,以夜进兵,投晓攻城。(《三国志·吴志·孙坚传》裴松之注引《英雄记》)

系著马边,自著平上帻,将三骑,投暮诣邺下。(《三国志·魏志·贾逵传》裴松之注引《魏略列传》)

式便服朋友之服,投其葬日,驰往赴之。(《后汉书·范式传》)

世祖遂与光等投暮入堂阳界,使骑各持炬火。(《后汉书·任光传》)

自欣投老,得觌盛化,冀终馀年,凭倚皇极。(沮渠蒙逊《上魏太武帝表》)

又课民无牛者,令畜猪,投贵时卖,以买牛。(《齐民要术·序》)

表示沿循义的主要有"扶、缘"。

4．"扶"字此期之前用作动词,义为"扶持",此期又产生表示处所的介词用法,义为"沿着、顺着"。例如:

玉树扶道生,白虎夹门枢。(曹植《仙人篇》)

既出,得其船,便扶向路,处处誌之。(陶潜《桃花源记》)

扶(扶,一作"夹")道觅阳春,相将共攜手。(沈约《初春》)

编草结菴,不违凉暑;扶淮聚落,靡有生向。(《南齐书·竟陵文宣王子良传》)

政可致衣仗数日粮,军人扶淮步下也。(《南齐书·周盘龙传》)

河畔草未黄,胡雁已矫翼。秋蛩扶户吟,寒妇晨夜织。(鲍照《拟古》)

"扶"字的宾语偶尔又可由抽象名词充任,"扶"兼用为方式介词,义为"依据、按照",但甚为少见,附列于此。例如:

《易》称"备物致用","可观而有所合",故能扶阳以出,顺阴而入。(《后汉书·崔骃传》)

对曰:"子可谓扶绳而辨,循刻而议。"(《宋书·顾觊之传》;绳,准则。)

5．"缘"字此期之前主要用作动词,但也已出现介词用法,义为"沿着、顺着",此期用例开始增多。例如:

东缘酒泉北塞,径出张掖北河。(《三国志·魏志·阎温传》)

选精骑二千馀匹,缘路迎世祖军。(《后汉书·邳彤传》)

遂缘海而进,随山刊道千馀里。(《后汉书·马援传》)

如此,缘边屯戍之师,竟而忘死。(《后汉书·杜诗传》)

而贼缘道屯结,牢之命高祖与数十人觇贼远近。(《宋书·武帝纪上》)

缘淮竖舶船为楼,多设大弩。(《宋书·元凶劭传》)

与洛阳令杨毅合二百骑,缘河上下,随机赴接。(《宋书·索虏传》)

遣显达率司空参军高敬祖自查浦渡淮缘石头北道入承明门,屯东堂。

(《南齐书·陈显达传》)

表示向对义的主要有"向、当、就"。

6."向"字此期之前主要用作动词,义为"面对着",但也已萌发出介词用法,义为"朝着",此期在介绍处所时使用增多。例如:

温向城大呼曰:"大军不过三日至,勉之!"(《三国志·魏志·阎温传》)

哭毕,向灵牀曰:"卿常好我作驴鸣,今我为卿作。"(《世说新语·伤逝》)

孔子斋戒向北辰而拜,告备於天。(《宋书·符瑞志上》)

遂自率羸弱,向东夏运粮。延伯与将士送出城外。(《魏书·源贺传》)

从此西行向北天竺,在道一月。(《法显传》)

法显等进向子合国,在道二十五日。(同上)

馥等到官,各举兵还向京都,欲以诛卓。(《三国志·蜀志·许靖传》)

晨及贼,击破之。徐虏走向落川,复相屯结。(《后汉书·段颎传》)

7."当"字先秦时期已可用作介词,主要介绍时间,义为"正当"。汉代之后又发展出介绍处所的用法,义为"对着",此期使用逐渐增多。例如:

唧唧复唧唧,木兰当户织。(《乐府诗集·木兰诗》)

当窗理云鬓,对镜帖花黄。(同上)

抱儿当户,欲吾开门恤孤也。(《后汉书·庞参传》)

还曰:"有一老夫,毅然仗黄钺,当军门立,军不得出。"(《世说新语·方正》)

时久积雪,而当门前方数尺独消释,腾怪而掘之。(《宋书·五行志二》)

日入六鼓,见一鬼衣黄褶袴,当户欲入。(《魏书·灵征志上》)

作当梁法酒:当梁下置甖,故曰"当梁"。(《齐民要术》卷七)

去胡臬而已,慎勿飃簸。齐人喜当风扬去黄衣,此大谬。(《齐民要

术》卷八）

母病困，将诣智卜，忽有一狐，当门向之嗥叫。（《搜神记》卷三）

由于"当"字介绍时间处所，此期又逐渐新兴了"当日、当夜、当月、当年、当岁、当今、当时、当代"以及"当中、当地"等固定词语，逐渐凝定成词后，一直沿用至现代汉语。依次各举一例：

随甏大小，以向满为度，水及黄衣，当日顿下之。（《齐民要术》卷八）

七日初作时下一分，当夜即沸；又三七日，更炊一分投之。（同上）

其年闰九月。未审当月数闰？为应以闰附正月？（《南齐书·礼志下》）

未有当年而逆制祖宗，未终而豫自尊显。（《宋书·礼志三》）

生后数浇令润泽，此木宜湿故也。当岁即高一丈。（《齐民要术》卷五）

当今世故艰迫，义旗云起，方藉羣贤，共康时难。（《宋书·张永传》）

晋穆帝令翼写题后答，右军当时不别，久后方悟。（《南齐书·王僧虔传》）

常景以文义见宗，著美当代。览其遗稿，可称尚哉。（《魏书·常景传》史臣曰）

勿令相逼，当中十字通阡陌，使容人行。（《齐民要术》卷七）

皆精细之馔，四方奇异之物，非当地所有也。（《神仙传》卷十）

特别应当提及的是，以上十个词语所处语境中的"当"字，按照现代汉语普通话读音时的声调可以分为三类情况：表示事情发生时间的"当日、当夜、当月、当年、当岁"的"当"，读去声；表示正在那一时间、那一处所的"当时、当中"的"当"，读阴平；表示事情发生时间、处所的"当今、当代、当地"的"当"，据语境义当读去声，而实际上改读阴平。"当"字的读音历史上就较为复杂。《说文解字·田部》："当，田相值也。从田，尚声。"此"当"字的读音，虽然徐铉据孙愐《唐韵》为《说文解字》加注反切时，注为平声"都郎切"一音；但"当"字早在陆德明《经典释文》中就有去声"当，丁浪反"一音，李贤注《后汉书·刘虞传》"虞所赍赏典当胡夷"也有"当，音丁浪反"的注音，至《广韵》时更是著录了端母唐韵"都郎切"、端母宕韵"丁浪切"（亦音"蜡"）的平声去声二音；看来"当"的读音当是唐宋时期渐生区分的，而且在一段时期内去声的"当"也可读作平声。不过,这里著录的读为去声的"当"字,显然是据"主持、底部"(见《广韵·宕韵》)的词义而言的。而对于《说文解字》"当,田相值也",段玉裁注云:"值者,持也。田与田相持也。引申之,凡相持相抵皆曰当。报下曰当,罪人也,是其一崅也。流俗妄分平去二音,所谓无事自扰。"则是从"当"字的"相值、相持、相抵"(见《说文解字·田部》)的意义上来论说问题的。段氏的批评确实深中肯綮,联系到上述由平声"当"的词义引申而后构成的"当日、当时、当今、当代、当地"等词语,现今普通话既已不能严格依据语义分读,而且有些方言区包括北方方言区的一些地方只有阴平读音,做区分的地区又有一种老派分读、新派统读为阴平的趋向,故而日后再次对普通话异读词进行审音时,实可考虑二音合并,一概统读为阴平。

8. "就"字此期之前用作动词,义为"接近、趋近",此期又产生介绍处所的介词用法,义为"在、从、向"。① 例如:

> 韩后与范同载,就车中裂二丈与范云:"人宁可使妇无裈邪?"(《世说新语·德行》)

> 但问情若为,月就云中堕。(谢灵运《东阳溪中赠答》)

> 尝受《齐诗》,意不能守章句,乃辞况,欲就边郡田牧。(《后汉书·马援传》)

> 欲引师进就坚城,而众人多畏贼追,惮为后拒。(《后汉书·张宗传》)
> 令太宗以口就槽中食,用之为欢笑。(《宋书·始安王休仁传》)
> 诸吴姻亲,就人间征求,无复纪极。(《宋书·吴喜传》)
> 帝闻之,乃遣就阴山伐木,大造攻具。(《魏书·世祖纪上》)
> 因正使列之,然后遣使就郡练考。(《魏书·南安王桢传》)
> 复就西门豹祠祈雨,不获,令吏取豹舌。(《魏书·奚康生传》)

表示由从义的主要有"自从"。

9. 复合介词"自从"虽然由先秦时期即有的介词"自"与"从"结合而成,但其本身却是汉代开始萌发的,义为"从……时起",此期使用不断增多。例如:

---

① 参看马贝加《介词"就"的产生及其意义》,载《语文研究》1997 年第 4 期。

自从分别来，门庭日荒芜。（陶潜《拟古》）

自从别欢来，奁器了不开。（《乐府诗集·子夜歌》）

自从今日去，当复相思否？（吴均《杂绝句》）

自从始初以至於终，实不藏情，有所不尽。（《三国志·蜀志·法正传》）

自从孙弘造义兵以来，耕种既废，所在无复输入。（《三国志·吴志·陆凯传》）

而自从入岁，常有蒙气，月不舒光，日不宣曜。（《后汉书·郎颛传》）

自从裴、刘刑罚以来，诸将陈力百倍，今日事实好恶可问。（《宋书·庾炳之传》）

光随时俛仰，竟不匡救，於是天下讥之。自从贵达，罕所申荐。（《魏书·崔光传》）

（二）原因介词

主要有表示因为义的"坐、缘、由於"。

1."坐"字秦汉时期主要用作动词，可以表示触犯法律或禁令而获罪。东汉时期又虚化为介词，表示一般动作行为赖以进行的原因，义为"因、因为"，此期介词用法使用渐多。例如：

吾见坐围棋而死，近事非远。（王昶《三戏论》）

诞麾下数百人，坐不降见斩。（《三国志·魏志·诸葛诞传》）

逆虏无状，囚劫郡守，此何可忍！若坐讨贼而死，吾不恨也。（《后汉书·李章传》）

亦有四族坐此被责，以时恩获停。（《宋书·王弘传》）

从征鲜卑，坐事免官。广固平，复为参军。（《宋书·朱龄石传》）

除新安王北中郎行参军，坐公事免。（《南齐书·到撝传》）

嗜鱼脍，常以鸡鸣遡流汲江，子坐取水溺死。（《水经注》卷三十三）

侯遂密云，赧然而出，坐此被责。（《颜氏家训·风操》）

有时候介词宾语可以省略，如以下二例"坐"后分别承前省去"事泄"与

"同逆"：

> 后事泄，坐死者六七人。权寻薨，合葬蒋陵。(《三国志·吴志·吴主
> 权潘夫人传》)
>
> 琬弟瓛，与臧质同逆，质败从诛，琬弟环亦坐诛。(《宋书·邓琬传》)

2."缘"字此期之前已有介词用法，主要介绍原因，义为"因、因为"，此期使用逐渐增多。例如：

> 自非绝弃世务，则曷缘修习玄静哉？(《抱朴子·外篇自叙》)
>
> 缘忠臣之义，不欲相瑜，未及爵命，奄然而终。(《后汉书·侯霸传》)
>
> 夫纾冤申痛，虽往必追，缘情恻爱，感事弥远。(《宋书·始平孝敬王
> 子鸾传》)
>
> 仍出疏见示，乃者数纸，不意悉何所道，缘此因及朝士。(《宋书·蔡
> 兴宗传》)
>
> 应入死之人，缘己得活，非唯得活，又复如意。(《宋书·吴喜传》)
>
> 或值兵举，或遇年灾，缘此契阔，稽延至此。(《魏书·安定王休传》)
>
> 每至威忿，楚朴特苦，引待南士，礼多不足，缘此人怀畏避。(《魏书·
> 刘昶传》)
>
> 昔缘何福，同生皇家；今有何罪，便成胡越？(《魏书·刘骏传》)

3."由"字单独用为表示原因的介词，秦汉时期已经成熟，并甚为常见。而"由"字的结合形式、由跨层结构词汇化而来的介词"由於"，同样可以表示原因或理由；介词"由於"东汉时期已有使用，此期较为常见。例如：

> 今人用之少验者，由於出来历久，传写之多误故也。(《抱朴子·
> 遐览》)
>
> 王自作孽，匪由於他，燕刺之事，宜足以观。王其自图之！(《三国志·
> 魏志·楚王彪传》裴松之注引孔衍《汉魏春秋》)
>
> 臣闻鱼悬由於甘饵，勇夫死於重报。(段灼《又陈时宜》)
>
> 向令天下贵让，士必由於见让而后名成，名成而官乃得用之。(刘寔
> 《崇让论》)
>
> 在於未能忘胜之流，不由於此而能济胜者，未之有也。(《三国志·魏

志·贾逵传》裴松之注引习凿齿曰)

人人忧恐,各不自保,危亡之衅,实由於此。(《三国志·吴志·薛莹传》裴松之注引干宝《晋纪》)

况赵之纵暴,本由於酒,论心即实,事尽荒耄。(《宋书·临川烈武王道规传》)

胸山之克,实由於卿,开疆拓土,实为长策。(《魏书·卢昶传》)

(三) 方式介词

主要有表示依据义的"依、缘、据、随、按、案"。

1. "依"字此期之前用作动词,义为"依靠、依托"。此期又产生表示方式的介词用法,义为"按照、依据"。例如:

依期果发动,时佗不在,如言而死。(《三国志·魏志·华佗传》)

乃逆为答记,勅守舍儿:"若有令出,依次通之。"(《后汉书·杨脩传》)

左右启:"依常应临。"帝曰:"哀至则哭,何常之有?"(《世说新语·言语》)

诞因问饶:"汝那得入台?"饶被问,依实启答。(《宋书·竟陵王诞传》)

如臣愚见,宜普命大臣,各举所知,以付尚书,依分铨用。(《宋书·谢庄传》)

门户不建,罪应至此,狂愚犯法,实是萨身,自应依法受戮。(《宋书·孙棘传》)

若欲多酿,依法别甕中作,不得併在一甕中。(《齐民要术》卷七)

临海太守沈昭略赃私,思远依事劾奏。(《南齐书·王思远传》)

有司其案律令,务求厥中。自馀有不便於民者,依比增损。(《魏书·世祖纪下》)

及臣在后,依此科赏,复言北道征者不得同於关西。(《魏书·广阳王建传》)

2．"缘"字此期之前已用作介词，主要介绍原因。东汉时期又发展出介绍方式的用法，义为"凭借、按照"，此期继续沿用。例如：

若养之失和，伐之不解，百痾缘隙而结，荣卫竭而不悟。(《抱朴子·道意》)

及薨，臣下缘权指，请追正名号，乃赠印绶。(《三国志·吴志·吴主权步夫人传》)

安帝乳母王圣，因保养之勤，缘恩放恣。(《后汉书·杨震传》)

邑前亲毁君，欲败西域，今何不缘诏书留之？(《后汉书·班超传》)

敢缘卫戍请名之典，特乞云雨，微垂洒润。(《宋书·文帝路淑媛传》)

而缘情立制，若嫌明文不存，则疑斯从重。(《宋书·徐广传》)

太祖常曰："此我家任城也。"世祖缘此意，故谥曰威。(《南齐书·长沙威王晃传》)

吾与汝以道德相亲，缘此而言，无惭前烈。(《魏书·彭城王勰传》)

此圣人缘情制礼，以终孝子之情者也。(《魏书·李彪传》)

男玉重节轻身，以义犯法，缘情定罪，理在可原，其特恕之。(《魏书·平原女子孙氏传》)

3．"据"字此期之前主要用作动词，义为"依靠、占据"，东汉时期它的名词宾语由表示具体事物逐渐发展为兼可表示抽象事物，"据"字的词义也趋于虚化，新兴了方式介词用法，义为"依照、根据"，此期用例不断增多。例如：

据实答问，辞不倾移。权遂舍之，嘉亦得免。(《三国志·吴志·是仪传》)

龚调据法律明之，以为男、吉犯罪，皇太子不当坐。(《后汉书·来历传》)

又高堂隆、郭景纯等，据经立辞，终皆显应。(《宋书·五行志一》)

荒远阙中正者，特许据军簿奏除。(《南齐书·高帝纪下》)

渊又据旧义难俭十馀问，俭随事解释。(《南齐书·礼志下》)

太尉、东阳王丕等据权制固请，帝引古礼往复，群臣乃止。(《魏书·高祖纪下》)

史官据成事而书,於今观之,有别明矣。(《魏书·高闾传》)

斯岂不以羣儒舛互,并乖其实,据义求衷,莫适可从哉?(《魏书·李谧传》)

有时介词"据"的宾语又可省略,"据"字直接位于动词之前。例如:

谓天下无切玉之刀,火浣之布,及著《典论》,尝据言此事。(《抱朴子·论仙》)

邹衍以相胜立体,刘向以相生为义。据以为言,不得出此二家者。(《宋书·律历志中》)

前一例中"据"后省略"之"字一类宾语,指代前文"天下无切玉之刀,火浣之布";后一例中"据"后省略"此"字一类宾语,指代前文"邹衍以相胜立体,刘向以相生为义"。

4."随"字此期之前已可用作人事介词,《词诠》云:"随,介词,从也。今言'跟随着'。"此期使用范围扩大,又可用作方式介词,义为"依据、按照"。例如:

太祖随宜设辟,以遗来今,不患不法古也。(《三国志·魏志·崔林传》)

虽干吏卑末,皆课令习读,程试殿最,随能升授。(《后汉书·栾巴传》)

凡杀人皆磔屍车上,随其罪目,宣示属县。(《后汉书·王吉传》)

其署曹掾史,随事为员,诸卿皆然。(《后汉书·百官志二》)

相府多事,狱系殷积,晦随问酬辩,曾无违谬。(《宋书·谢晦传》)

犹复不悛,当驱往东土。乃志难恕,自可随事录治。(《宋书·颜延之传》)

渊又据旧义难俭十馀问,俭随事解释。(《南齐书·礼志下》)

诏中书令高闾集中祕官等修改旧文,随例增减。(《魏书·刑罚志》)

事涉疑似,以药服之,清浊则验;随事轻重,当时即决。(《洛阳伽蓝记》卷五)

随坑深浅,或一丈、丈五,直上出坑,乃扶疏四散。(《齐民要术》卷五)

5."案"通"按",可以合在一起讨论。"按、案"此期之前用作动词,意思是

"依照、依据"。此期仍以动词用法为主,但有些"按、案"字词义虚化后又可用作方式介词,意思也是"依据、按照"。例如:

> 按董仲舒所撰《李少君家录》云,少君有不死之方。(《抱朴子·论仙》)

> 按《孔安国秘记》云,良得黄石公不死之法,不但兵法而已。(《抱朴子·至理》)

> 按《月令》,夏虫羽,秋虫毛,宜如歆说,是以旧史从之。(《宋书·五行志一》)

> 按宗庙之制,祖宗之号,皆身没名成,乃正其礼。(《宋书·五行志二》)

> 览者按此以淮东为境,推寻便自得泰始两豫分域也。(《宋书·州郡志二》)

> 按《诈伪律》:诈称制者死。今依众证,处仲达入死。(《魏书·裴植传》)

> 延遣人觇仪等,遂使欲案亮成规,诸营相次引军还。(《三国志·蜀志·魏延传》)

> 丞相亮南征,先由越嶲,而恢案道向建宁。(《三国志·蜀志·李恢传》)

> 南阳太守稽停义兵,使贼不时讨。请收出案军法从事。(《三国志·吴志·孙坚传》)

> 臣以为敦煌宜置校尉,案旧增四郡屯兵,以西抚诸国。(《后汉书·西域传》)

> 案《周礼》以检《汉志》,名器不同,晋、宋改革,稍与世异。(《南齐书·舆服志》)

> 僧化者,东莞人。识星分,案天占以言灾异,时有所中。(《魏书·张渊传》)

(四) 人事介词

表示向对义的主要有"向、对、从、就"。

1."向"字此期用如介词,除去介绍处所之外,又可以介绍人事。例如:

入门望爱子,妻妾向人悲。(孔融《杂诗》)

萧拔刃向爽曰:"掾促去!太守今急,何暇此计。"(《后汉书·南蛮传》)

既食,吐下委顿,方知非蟹。后向谢仁祖说此事。(《世说新语·纰漏》)

零泪向谁道?鸡鸣徒欢息。(沈约《夜夜曲》)

道龙私独忧惧,向伴侣言之,语颇漏泄。(《宋书·竟陵王诞传》)

为向谁道?若向人道,则应有主甲。(《南齐书·刘祥传》)

佛狸梦其祖父詈怒,手刃向之曰:"汝何故信谗欲害太子!"(《南齐书·魏虏传》)

慧龙鼻大,浩曰:"真贵种矣。"数向诸公称其美。(《魏书·王慧龙传》)

母病困,将诣智卜,忽有一狐,当门向之嗥叫。(《搜神记》卷三)

都督呪之曰:"汝若能向我跪者,当启活也。"(《古小说钩沉·幽明录》)

2."对"字此期之前主要用作动词,义为"面对着",但也已萌发出介词用法,义为"朝着、对着",此期在介绍人事时使用增多。例如:

间者历览诸子之文,对之拔泪。(曹丕《与吴质书》)

粲性躁竞,起坐曰:"不知公对杜袭道何等也?"(《三国志·魏志·杜袭传》)

权闻之,幸仪舍,求视蔬饭,亲尝之,对之欢息。(《三国志·吴志·是仪传》)

设神座於下,每对之哭泣,服未阕而卒。(《三国志·吴志·顾雍传》裴松之注引《吴书》)

顾司空未知名,诣王丞相,丞相小极,对之疲睡。(《世说新语·言语》)

景仁对亲旧欢曰:"引之令入,入便噬人。"(《宋书·殷景仁传》)

脱枉一告,未常不对纸流涕,岂愿相诮於今哉?(《南齐书·张敬儿传》)

又对侍中王谧放肆丑言,欲纵凶毒,陵陷上京。(《魏书·岛夷桓玄传》)

崔光尝对太后前问国珍:"公万年后,为在此安厝?为归长安?"(《魏书·胡国珍传》)

同昭穆者,虽百世犹称兄弟;若对他人称之,皆云族人。(《颜氏家训·

风操》)

3.“从”字秦汉时期主要用作动词与时地介词,用作介词时义为“由从、自从”。此期之前萌发人事介词用法,义为“向、跟”,此期使用增多。例如:

　　亮问吏曰:“黄门从汝求蜜邪?”吏曰:“向求,实不敢与。”(《三国志·吴志·孙亮传》裴松之注引《吴书》)

　　时有女子从康买药,康守价不移。(《后汉书·韩康传》)

　　亭长为从汝求乎? 为汝有事嘱之而受乎? (《后汉书·卓茂传》)

　　昔晋文王杀嵇康,而嵇绍为晋忠臣。从公乞一弟,以养老母。(《世说新语·德行》)

　　刘伶病酒,渴甚,从妇求酒,妇捐酒毁器。(《世说新语·任诞》)

　　庾从周索食,周出蔬食,庾亦彊饭极欢。(《世说新语·尤悔》)

　　思忌令人对曰:“城中兵食犹多,未暇从汝小虏语也。”(《南齐书·魏虏传》)

　　琴从绿珠借,酒就文君取。(庾信《对酒》)

有时介词“从”的宾语又可省略,“从”字直接位于动词之前。例如:

　　向来道边有卖饼家蒜齑大酢,从取三升饮之,病当自去。(《三国志·魏志·华佗传》)

　　羲因从问《诗》,禧说齐、韩、鲁、毛四家义,不复执文,有如讽诵。(《三国志·魏志·王肃传》裴松之注引《魏略》)

前一例中“从”后承前省略“卖饼家”,后一例中“从”后探后省略“禧”字。

4.“就”字此期之前主要用作动词,此期又可用作介词,除去介绍处所之外,又可以介绍人事,义为“向、跟”,使用逐渐增多。例如:

　　年十四,就师学,人有辱其师者,惇杀之。(《三国志·魏志·夏侯惇传》)

　　因言太子不在庙中,专就妃家计议。(《三国志·吴志·孙和传》)

　　服阕,就侍中丁恭受《公羊严氏春秋》。(《后汉书·樊宏传》)

　　就成皋屈伯彦学,三年业毕,博通坟籍。(《后汉书·郭太传》)

　　主以吏部郎褚渊貌美,就帝请以自侍,帝许之。(《宋书·前废帝纪》)

袁氏贫薄,后每就上求钱帛以赡与之。(《宋书·文帝袁皇后传》)

义恭就文帝求一学义沙门,会敷赴假江陵,入辞。(《宋书·张敷传》)

就道济索费谦、张熙,曰:"但送此人来,我等自不复作贼。"(《宋书·刘道济传》)

焘自广陵北返,便悉力攻盱眙,就质求酒,质封溲便与之。(《宋书·臧质传》)

庾亮就温峤求勋簿,而峤不与。(《南齐书·虞玩之传》)

琴从绿珠借,酒就文君取。(庾信《对酒》)

有时介词"就"的宾语又可省略,"就"字直接位于动词之前。例如:

上以弘微能营膳羞,尝就求食。(《宋书·谢弘微传》)

拜讫,汝族祖南安可一就问讯。(《魏书·废太子恂传》)

前一例中"就"后承前省略"弘微",后一例中"就"后承前省略"南安"。

表示偕同、连同义的主要有"共、将、合、并(並、竝)"四个。①

5．"共"字此期之前主要用作副词,义为"共同",又可用作动词,义为"共有"。此期又产生介词用法,义为"同、和"。例如:

祐越坛共小史雍丘黄真欢语移时,与结友而别。(《后汉书·吴祐传》)

乌桓大人於秩居等与连休有宿怨,共郡兵奔击,大破之。(《后汉书·乌桓传》)

既知不能踰己,稍共诸生叙其短长。(《世说新语·文学》)

彼常愿欲共我一过交战,我亦不癡,复不是符坚。(《宋书·索虏传》)

不愿富贵,但令母子相保,共汝扫市作活也。(《魏书·北海王详传》)

今若穷兵极武,非弔民之道,明年当共卿等取之。(《魏书·韩茂传》)

又共陆真讨反氏仇傉檀、强免生,平之。(《魏书·薛辩传》)

文章须自出机杼,成一家风骨,何能共人同生活也?(《魏书·祖莹传》)

---

① "共"与"将"此期又开始进一步向连词虚化,参看本编第十八章"连词"中"新兴的单音节连词"部分。

如其栽榆，与柳斜植，高共人等，然后编之。(《齐民要术》卷四)

荣即共穆结异姓兄弟。穆年大，荣兄事之。(《洛阳伽蓝记》卷一)

昔吾尝共人谈书，言及王莽形状。(《颜氏家训·勉学》)

夜语儿言:"明当共汝至彼聚落，有所取索。"(《百喻经·与儿期早行喻》)

6."将"字此期之前主要用作动词，义为"引领、携带"。此期又产生介词用法，义为"同、和"。例如:

支道林在白马寺中，将冯太常共语，因及《逍遥》。(《世说新语·文学》)

今将他人作一家，深恐此坐席非复官许。(《宋书·戴法兴传》)

朝将云髻别，夜与蛾眉连。(许瑶《咏楠榴枕》)

独与响相酬，还将影自逐。(王僧孺《春怨》)

发与年俱暮，愁将罪共深。(庾肩吾《被执作诗一首》)

游子河梁上，应将苏武别。(庾信《拟咏怀》)

眉将柳而争绿，面共桃而竞红。(庾信《春赋》)

无奈人心复有忆，今暝将渠俱不眠。(庾信《秋夜望单飞雁》)

7."合"字此期之前主要用作动词，义为"闭合"。此期又产生介词用法，义为"连同"，由于内容的原因，《齐民要术》中用例较为集中。例如:

著四五叶，雨时，合泥移栽之。(卷二)

取美粪一升，合坎中土搅和，以内坎中。(同上)

熟时合肉全埋粪地中，至春既生，移栽实地。(卷四)

盐入汁出，然后合盐晒令萎，手捻之令褊。(同上)

接取黄沈，漉去滓，合盐汁泻著瓮中。(卷八)

作白梅法，在《梅杏》篇，用时合核用。(同上)

漉去滓，合盐汁泻著瓮中，仰瓮口曝之。(同上)

治羊，合皮如猪豚法善矣。(同上)

其他载籍中则较为少见。例如:

蔡还，见谢在焉，因合褥举谢掷地，自复坐。(《世说新语·雅量》)

郡中文武，及合诸处侦逻，亦当不减千人。(《宋书·范晔传》)

卿恒怀怨望,乃云炊饭已熟,合甑与人邪?(《南齐书·萧谌传》)

8.“并(並、竝)”字此期之前主要用作动词,义为“并行、并列”,还可以用作副词,义为“一起、一同”,但也已萌发出介词用法,义为“连同”,此期使用逐渐增多。例如:

彰前受命北伐,清定朔土,厥功茂焉。增邑五千,并前万户。(《三国志·魏志·任城威王彰传》)

正元、景元中,累增邑,并前二千七百户。(《三国志·魏志·丰愍王昂传》)

并诸郡兵步骑合十餘万,屯美阳,以卫园陵。(《后汉书·董卓传》)

慰劳百姓,宣扬诏旨并赦文,及吾与卫军府文武书。(《宋书·王镇恶传》)

所携宾僚,並京邑贫士,出为郡县,皆以苟得自资。(《宋书·刘秀之传》)

进爵为侯,增邑五百户,并前千户。(《宋书·薛安都传》)

及其弟西海王、皇后、夫人已下四百人,并逋逃之人二万餘户。(《魏书·孝静帝纪》)

一夫之田,岁责六十斛,蠲其正课并征戍杂役。(《魏书·李彪传》)

获缊纥提子曷多汗及曷多汗兄诰归之、社崘、斛律等,并宗党数百人,分配诸部。(《魏书·蠕蠕传》)

引太守外臣及诸部渠帅入哭,次引萧赜使并杂客入。(《魏书·礼志三》)

表示被动义的主要有“被”。

9.“被”字用作人事介词,主要引出动作的施事者,这是此期新兴的语法现象。参看下编第二十五章“被动式”中“‘被’字式被动句的新形式”部分。

二　“于、於”用法的异同

“于、於”都是介词,段玉裁《说文解字注》、陈奂《诗毛氏传疏》均认为二者是古今字,近人始对其分用或混用有种种不同说法。先秦时期的大致情况是,《尚书》《周易》《诗经》一般用"于",《论语》除引《尚书》外,通例用"於"不用"于",《孟子》大多数用"於",《左传》则"于、於"并用。这种状况的形成很可能与各书成书的时代以及编著者所处地域或所操方言有关。在二者并用的载籍中,"于、於"也有一个粗略的分工:如果所介绍的宾语是地名,一般用"于"不用"於";而在被动句或描写句中,则一般用"於"不用"于"。尽管二者的区别在当时就不是没有例外,随后在使用过程中的区分也并非十分严格,但是这种相对的分工直到魏晋南北朝时期依然大体可以成立。我们从此期载籍中看到的,除表示地名时多用"于"而少用"於"外,凡表示动作影响所及的范围、介系人事补语、进行比较、引出被动句的施事者等诸多用法,一般均多用"於"而少用"于"。这是对先秦两汉时期"于、於"分工用法的继承。

"于、於"分工用法的发展主要表现在与时间词的结合上。此期表示时间概念时,"于、於"分用甚严。"于"字与名词"时"组合成介宾结构"于时",义为"当时、当其时";"於"字则与指示代词"是"结合成承接连词"於是",从时间的角度表示事理之相续,义为"乃、因此"。这里以《世说新语》一书为例,略做阐释。

1."于时"在全书中共出现 40 次,用作定语 3 次,用作状语 37 次,其中唯一例紧接主语之后。例如:

> 並是四族之儁,于时之傑。(《赏誉》)
>
> 钟要于时贤儁之士,俱往寻康。(《简傲》)
>
> 于时江左营建始尔,纲纪未举。(《言语》)
>
> 于时天月明净,都无纤翳,太傅歎以为佳。(同上)
>
> 于时始雪,五处俱贺,五版並入。(《文学》)
>
> 于时用微臣之议,今不睹盛明之世。(《方正》)
>
> 恭尝行散至京口射堂,于时清露晨流,新桐初引。(《赏誉》)
>
> 于时以为蜀得其龙,吴得其虎,魏得其狗。(《品藻》)
>
> 魏武入荆州,烹以飨士卒,于时莫不称快。(《轻诋》)
>
> 祖于时恒自使健儿鼓行劫钞。(《任诞》)

以上十例中,前二例充任定语;后八例充任状语,其中末例紧接主语之后。

2.“於是”在全书中共出现 56 次,紧接主语之后 14 次,直接位于主语之前 16 次,未与主语相接 26 次。例如:

知母憾之不已,因跪前请死。母於是感悟,爱之如己子。(《德行》)

因涕泗百行,帝於是惭悔而出。(《方正》)

远近久承公名,令於是大遽,不敢移公。(《雅量》)

女乃呼婢云:“唤江郎觉!”江於是跃来就之。(《假谲》)

左太冲绝丑,亦复效岳遨遨,於是羣妪齐共乱唾之。(《容止》)

姥曰:“去已久矣,不可复及。”於是骑人息意而反。(《假谲》)

主人既哭,不前而去,以陵辱之。於是彼此嫌隙大构。(《仇隙》)

使者卒至,忧深惧豫祸,不暇被马,於是帖骑而避。(《方正》)

既召,见而惜之,但名字已去,不欲中改,於是遂行。(《贤媛》)

既检校,皆官得其人,於是乃释。(同上)

为诊脉处方,始服一剂汤,便愈。於是悉焚经方。(《术解》)

陶问:“用此何为?”庾云:“故可种。”於是大歎庾非唯风流,兼有治实。(《俭啬》)

以上十二例中,前四例“於是”紧接主语之后,五至七例直接位于主语之前,末五例未与主语相接。

先秦时期,“于时”可以表示承接意义,如《诗·周颂·我将》:“我其夙夜,畏天之威,于时保之。”①“於是”既可以表示承接意义,如《庄子·盗跖》:“古者禽兽多而人少,於是民皆巢居以避之。”又可以表示“当时、当其时”,如《左传·昭公三年》:“於是景公繁於刑,有鬻踊者。”发展到汉魏之际,“于时”多用于表示“当时、当其时”,“於是”则多用于从时间的角度表示承接。魏晋南北朝时期继续分用,《世说新语》中,“于时、於是”二者已不复混用而自成规范。下举同条并用之例,以见区别:

① 郑玄《毛诗传笺》云:“于,於;时,是也。早夜敬天,於是得安文王之道。”《左传·文公十五年》引此诗,杜预注曰:“言畏天威,于是保福禄。”《汉书·孔光传》引此诗,颜师古注曰:“言必敬天之威,於是乃得安。”是“于时、于是、於是”也有通用的一面,均可表示事理之相续。

吴中豪右燕集亭中，褚公虽素有重名，于时造次不相识别，别敕左右多与茗汁，少著粽，汁尽辄益，使终不得食。褚公饮讫，徐举手共语云："褚季野。"於是四坐惊散，无不狼狈。（《轻诋》）

刘庆孙在太傅府，于时人士多为所构。唯庾子嵩纵心事外，无迹可间。后以其性俭家富，说太傅令换千万，冀其有吝，於此可乘。太傅於众坐中问庾，庾时颓然已醉，帻堕几上，以头就穿取，徐答云："下官家故可有两娑千万，随公所取。"於是乃服。（《雅量》）

不过，也有学者认为《世说新语》中的"于时"均表示"当时、在那个时候"；"於是"主要用为连词表示"乃、因此"，但也有个别例证用同"于时"，应当释为"在那时、其时"。仔细考察所举例证，此说或是对上下文关系的理解不够深入到位，以下对具体用例稍做分析。先看"於是"与"于时"同条并用的一例：

诸葛恢大女适太尉庾亮儿，次女适徐州刺史羊忱儿。亮子被苏峻害，改适江虨。恢儿娶邓攸女。于时谢尚书求其小女婚，恢乃云："羊、邓是世婚，江家我顾伊，庾家伊顾我，不能复与谢裒儿婚。"及恢亡，遂婚。於是王右军往谢家看新妇，犹有恢之遗法，威仪端详，容服光整。王叹曰："我在遣女，裁得尔耳！"（《方正》）

要分辨清楚此例中的"於是"表示"当时、当其时"，还是表示"乃、因此"之类承接意义，首先须了解诸葛、谢氏二族联姻与王右军看新妇彼此之间有无相因关系。倘若王右军看新妇仅仅是不经意间的"看热闹"行为，则"於是"表示"当时、当其时"；如果彼此之间确有事理上的相因联系，则"於是"应当表示"乃、因此"之类顺承关系。据余嘉锡《世说新语笺疏》引《全晋文》卷二十六王羲之《杂帖》云："二族旧对，故欲结援诸葛。若自家穷，自当供助昏事。"并加按语曰："疑即指诸葛恢女嫁谢石事。二族为婚，右军尝与闻，故往谢家看新妇，于情事亦合。右军虽有供助之意，而云'我在遣女裁得尔耳'，则诸葛氏固不受其助也。然亦可见恢死后家已中落，其子弟欲结援强宗，遂不能守恢之遗旨矣。"又引俞正燮《癸巳存稿》卷十一曰："看新妇，古礼也。后亦有之。《世说》云：'王右军往谢家看新妇。'《南史·齐河东王传》云：'武帝为纳柳世隆女，帝与群臣看新妇。'《顾协传》：'晋、宋以来，初昏三日，妇见舅姑，众宾皆列观。'"《世说新语汇校汇注汇评》也引清人袁枚说:"今人新婚,亲友有看新娘子之说。晋时已有此礼。"由此看来,王右军并非兴之所至地去看新妇,而与二族联姻一事具有内在联系。再者,假如此条内容在表示"当时、当其时"语义时,前文"于时谢尚书求其小女婿"用"于时",后文"於是王右军往谢家看新妇"却用"於是",也与通常遣词造句的风格情理不相协调,想来作者当不致在同条文字中如此首尾不能兼顾。故而《方正》一例中的"於是"仍然应当表示"乃、因此"之类承接意义。

下面再看未用"于时"而单独使用"於是"的一例:

> 谢万作豫州都督,新拜,当西之都邑,相送累日,谢疲顿。於是高侍中往,径就谢坐,因问:"卿今仗节方州,当疆理西蕃,何以为政?"谢粗道其意。高便为谢道形势,作数百语。谢遂起坐。高去后,谢追曰:"阿鄪故羸有才具。"谢因此得终坐。(《言语》)

此条"於是"也应是表示承接关系,这可以从三个方面进行考察。一是谢万新拜豫州都督,将离建康赴任,势必有亲朋故旧相送,不只《世说新语》本条文字,《晋书·高崧传》也采录类似记载:"是时谢万为豫州都督,疲於亲宾相送,方卧在室。崧径造之,谓曰:'卿今疆理西藩,何以为政?'"二是高崧所言,尽与治理西蕃(《资治通鉴》卷一〇〇《晋纪》二十二胡三省音注:"东晋豫州镇江西,建康在江东,故以豫州为西藩。")一事相关,全无一句题外之言,正可说明高拜访谢的目的。三是高、谢二人虽此访以外其他交集于史无载,但简文辅政时二人同任抚军门下属官,文中又是高呼谢为"卿"、谢称高小字"阿鄪",均为侪辈间不拘礼数者所用亲昵称谓(分别参看本编第十一章"人称代词"中"与人称代词相关的几个问题"、第八章"名词"中"前缀与后缀"的相关部分),据此可以推测二人关系较为亲近,高崧对谢万一则径往送行,二则直言胸臆(崧为人执着多言,参看《晋书》本传与《世说新语·排调》"谢公在东山"条),于情于理纯系事出当然。如此看来,本条中的"高侍中往"正是承着谢万"新拜,当西之都邑"而来,"於是"表示前言与后语之间"乃、因此"之类承接关系甚为明显。

当然,以上所说的"于时"与"於是"大体分工的情况,只是就《世说新语》

这本专书而言,若全面考察魏晋南北朝时期的用例,当然会有一些不相吻合的情况。例如庾信《哀江南赋》:"於时朝野欢娱,池台钟鼓,里为冠盖,门成邹、鲁。"《颜氏家训·慕贤》:"於时城内四万许人,王公朝士,不下一百。"均用"於时"而不用"于时"。《搜神记》卷十九:"后有一蛇夜出,经柱侧,伤于刃,病不能登,于是觉之。"用"于是"而不用"於是"。至于前文所述"于、於"用法的分工,那"违例"也会不少,例如陈寿《三国志》一书的行文。不过,既然客观存在着这种不算严格的差异,略做小结以待进一步探讨,无疑也是研究工作的应有之义。

第十八章　连词

汉语中的连词历史悠久,远在甲骨文中就产生了一些连词形式,①此后又得到较大发展,先秦两汉时期已经形成一个具有众多连词形式的连词体系。由于连词本身既没有实在的词义,又较少形态上的变化,故而此期之前的这种发展主要表现在连词形式的不断增多上。魏晋南北朝时期,连词的运用又有四个比较显著的变化:一是淘汰了一批意义重复的连词,整个体系呈简化趋势;二是出现了一批新兴的连词,以及新生的连词后缀"复";三是此期之前已经较常出现的连词同义复用,此期得到进一步发展;四是某些固定使用的连词词组逐渐凝定为双音节连词。

一　新兴的单音节连词

此期新兴的单音节连词有二十来个,多数此期出现并且普遍运用,少数此期之前萌芽、此期流行,个别则为此期萌生、此期之后才运用开来。以下分为七类进行阐述。

(一) 并列连词

主要有"共、将"。

1."共"字此期由动词虚化为"连同"义的介词,随后又进一步向并列连词

---

① 据管燮初《殷虚甲骨刻辞的语法研究》的统计,甲骨文中已出现十三个连词,连接词与词、词组与词组、分句与分句,不仅可以表示并列关系,还可以表示条件关系。

虚化,义为"和、与",只是使用较为少见。例如:

> 体要与微辞偕通,正言共精义并用。(《文心雕龙·征圣》)
>
> 谈欢则字与笑并,论感则声共泣偕。(《文心雕龙·夸饰》)
>
> 至德与圣人齐蹤,鸿名共大贤比跡。(《魏书·甄琛传》)
>
> 玉历与日月惟休,金鼎共乾坤俱永。(《魏书·尒朱荣传》)
>
> 落花与芝盖同飞,杨柳共春旗一色。(庾信《华林园马射赋》)
>
> 每常心共口敌,性与情竞,夜觉晓非,今悔昨失。(《颜氏家训·序致》)

2."将"字也是此期由动词虚化为"连同"义的介词,随后又进一步向并列连词虚化,义为"和、与",使用也不多见。例如:

> 雁与云俱阵,沙将蓬共惊。(庾信《经陈思王墓》)
>
> 云霞一已绝,宁辨汉将秦?(徐陵《山斋》)
>
> 金星将(将,一作"与")婺女争华,麝月与(与,一作"共")嫦娥竞爽。
>
> (徐陵《玉台新咏序》)
>
> 人将蓬共转,水与啼俱咽。(江总《陇头水》)
>
> 翠柳将斜日,俱照晚妆鲜。(阴铿《侯司空宅咏妓诗》)

"共、将"的连词用法,直到唐宋时期才逐渐流行开来。

"共、将"既可用作连词,又可用作介词,而且都能够联系词与词或词组与词组,结合功能有相似之处。但是,它们的连词用法与介词用法还是有明显区别的。连词"共、将"联系的词或词组是等立的,可以互相调换位置,而且互换位置后的意义并不发生什么变化。而介词"共、将"所联系的词或词组,则有主有次,不可互换位置,如果互换位置则意义会发生变化。例如上举"正言共精义并用",也可说成"精义共正言并用","宁辨汉将秦",若不考虑押韵,也可说成"宁辨秦将汉",意义均无什么差别。而上章"介词"中"人事介词"部分所举用例如"昔吾尝共人谈书"(《颜氏家训·勉学》)、"愁将罪共深"(庾肩吾《被执作诗一首》),若分别说成"人尝共吾谈书"、"罪将愁共深",则体现不出原句"吾"与"愁"包含的主体意味,显然与原意有较大差别,并使上下文文意扞格难通。

（二）进层连词

主要有"并（並、竝）、加、加以、加之"。

1. "并（並、竝）"字本是动词,东汉时期逐渐虚化为进层连词,此期词义更虚,使用也日渐增多。例如:

后所亡豕自还其家,豕主人大惭,送所认豕,并辞谢节,节笑而受之。(《三国志·魏志·武帝纪》裴松之注引《续汉书》)

布屯沛城外,遣人招备,并请灵等与共觴饮。(《后汉书·吕布传》)

由是西域怨叛,与中国遂绝,並复役属匈奴。(《后汉书·西域传》)

以彩绳缨牵,并取死者所乘马衣物,皆烧而送之。(《后汉书·乌桓传》)

郭氏贪欲,令婢路上儋粪。平子谏之,並言不可。(《世说新语·规箴》)

晋穆帝永和十二年九月甲申,白兔见鄱阳,太守王耆之以献,并上颂一篇。(《宋书·符瑞志下》)

至即叩扉告啸父,并令扫拂别斋,即便入郡。(《宋书·孔季恭传》)

怀珍遣冗从仆射张护使郢,致诚於世祖,并陈计策。(《南齐书·刘怀珍传》)

垂遣使朝贡,并令其子贺驎帅步骑以随同等。(《魏书·太祖纪》)

崇大破之,并斩婆罗首,杀千馀人,俘获猷等。(《魏书·李崇传》)

2. "加"字本也是动词,东汉时期逐渐虚化为进层连词,《词诠》云:"加,连词,今言'加以'。"此期使用甚为广泛。例如:

先主甚悼惜,乃诏诸葛亮曰:"峻既佳士,加有功於国,欲行爵。"(《三国志·蜀志·霍峻传》)

今北土既未平安,加马超、韩遂尚在关西,为操后患。(《三国志·吴志·周瑜传》)

初,丁夫人既为嫡,加有子脩,丁视后母子不足。(《三国志·魏志·

武宣卞皇后传》裴松之注引《魏略》)

此公既有宿名,加先达知称,又与先人至交,不宜说之。(《世说新语·德行》)

观其运用吐纳,风流转佳,加已处之怡然,亦有以自得。(《世说新语·栖逸》)

吾自发寒雨,全行日少,加秋潦浩汗,山溪猥至,渡溯无边。(鲍照《登大雷岸与妹书》)

敷性谦恭,加有文学,高宗宠遇之。(《魏书·李顺传》)

吾幼承门业,加性爱重,所见法书亦多。(《颜氏家训·杂艺》)

3.“加”字单独使用之外,“加”字的结合形式、由跨层结构词汇化而来的“加以”,同样表示进一步的原因或条件。“加以”东汉时期已有使用,此期较为常见。例如:

连年战伐,而介胄生虮虱,加以旱蝗,饥馑并臻,国无囷仓,行无裹粮。(《三国志·魏志·辛毗传》)

彼益我损,加以劳困,此乃雄夫智士所以深忧。(《三国志·吴志·华覈传》)

臣当值圣明,受恩过量,加以疾病在身,常恐一朝陨没,辜负荣遇。(《三国志·蜀志·张嶷传》裴松之注引《益部耆旧传》)

时北虏大乱,加以饥蝗,降者前后而至。(《后汉书·南匈奴传》)

顷者,官人俱匮,加以水虫为害,京师诸官费用增多。(《后汉书·朱穆传》)

于时众力既寡,加以步远疲劳,而丹徒守军莫有斗志。(《宋书·武帝纪上》)

昔晋朝失政,非复一日,加以桓玄篡夺,天命已移。(《宋书·刘穆之传》)

夙婴贫困,加以疎懒,衣裳容发,有足骇者。(《南齐书·刘瓛传》)

素无治干,加以贪虐,杀戮自任,威怒无恒。(《魏书·阳平王熙传》)

甚有时誉,加以虚己纳物,人敬爱之。(《魏书·陆子彰传》)

4."加之"秦汉时期用作动词性词组,意思是"加在……之上",例如《论语·先进》:"千乘之国,……加之以师旅。""之"字指代"千乘之国"。此期由于"之"字词义的虚化,"加之"表示进一步的原因或条件,义与"加、加以"相同。例如:

形状既丑,加之酷臭,行人皆憎其貌而恶其气。(《抱朴子·刺骄》)

其间接纳宾客,饮食嬉戏,加之博弈,每尽人之欢,事亦不废。(《三国志·蜀志·费祎传》裴松之注引《祎别传》)

称晧才识明断,……又加之好学,奉遵法度,屡言之於丞相濮阳兴、左将军张布。(《三国志·吴志·孙晧传》)

今年秋稔,有损常实,又京师始迁,众业未定,加之征战,以为未可。(《魏书·李冲传》)

虽年向六十,加之风疾,而自强人事,孜孜无怠。(《魏书·张彝传》)

世景既才长从政,加之夙勤不怠,兼领数曹,深著称绩。(《魏书·宋世景传》)

用其工,节其食,绵冬历夏,加之疾苦,死於沟渎者常十七八焉。(《魏书·袁翻传》)

又战不必胜,加之退负,死丧离旷,十室而九。(《魏书·卢昶传》)

(三) 选择连词

主要只有一个"为"字,汉魏开始用作选择连词,既可单独使用,更常配对使用,用于选择问句,义为"是……,还是……",此期甚为常见。例如:

亢旱以来,积三十年,归咎黩面?为相值不?(《三国志·魏志·毛玠传》)

不知孚为琼之别名?为别有伍孚也?(《三国志·魏志·董卓传》裴松之注)

宏曰:"卿为欲朕和亲?为欲不和?"(《南齐书·始安贞王道生传》)

若然,将以何事致之?为欲修身改俗?为欲仍染前事?(《魏书·咸阳

王禧传》）

　　未审上古已来,置官列位,为欲为膏粱儿地?为欲益治讚时?（《魏书·韩麒麟传》）

　　"为"字之外,"为"字的结合形式"为是、为当、为复"也不时可以见到,它们既可以配对使用,又可以独自使用。例如:

　　世俗心中所得空解,为是真解?为是俗解?（萧统《令旨解二谛义》）

　　未审圣人见真,为当渐见?为当顿见?（同上）

　　闻一年少怀问鼎,不知桓公德衰?为复后生可畏?（《世说新语·排调》）

　　选择连词"为"字以及"为是、为当、为复"的详细用法与分析,参看下编第二十三章"疑问句"中"选择问句的新形式"部分。

（四）转折连词

　　主要有"还、但"。

　　1."还"字本是"返回"义的动词,具有反转的意义。此期又萌发出转折连词用法,表示轻微的转折,义为"反而、却"。例如:

　　卿为公孙所厚而去,意有所不得已也;今还作贼,乃知卿乱人耳。（《三国志·魏志·田豫传》）

　　坚与卓非有骨肉之怨也,而将军受谮润之言,还相嫌疑!（《三国志·吴志·孙坚传》）

　　后以袁氏之嫌,稍更乖刺,更以同盟,还为雠敌。（《三国志·吴志·刘繇传》）

　　而多自谓与司马长卿同风,譬画虎不成还为狗者也。（《三国志·魏志·陈思王植传》裴松之注引《典略》）

　　今袁术造逆,当共诛讨,奈何与贼臣还共伐布?（《三国志·魏志·吕布传》裴松之注引《九州春秋》）

　　尽忠竭节,还被患祸。《小弁》之作,《离骚》之兴,皆由此也。（《三国

志·魏志·公孙渊传》裴松之注引《魏书》)

令臣骨肉兄弟,还为雠敌,交锋接刃,构难滋甚。(《后汉书·袁绍传》)

前所以时有叛者,皆由牧养失宜,还为其害故也。(《后汉书·班超传》)

卿曹皆人隶也。为贼既逆,岂有还害其君者邪?(《后汉书·周嘉传》)

至於轻弱薄劣,犹昆虫之相嚙,适足还害其身。(《后汉书·孔融传》)

2.“但”字先秦两汉时期主要用作范围副词,此期仍以副词为通常用法,但由于经常用于转折复句中,少数用例已经具有连词性质。或表示轻微的转折,义为“只是、不过”;或表示较重的转折,义为“然而、但是”。例如:

初不中风,但失爱於叔父,故见罔耳。(《三国志·魏志·武帝纪》裴松之注引《曹瞒传》)

……窦氏大恨。但安、隗素行高,亦未有以害之。(《后汉书·袁安传》)

……非下走顽蔽所能上测。但受恩深重,辄献瞽言。(《魏书·窦瑗传》)

又有“壶橘”,形色都是甘,但皮厚气臭,味亦不劣。(《齐民要术》卷十引《广州记》)

至太康中犹在,但不日日往来。(《搜神记》卷一)

卿虽厚恩,久见容蔽,但事留变生,终恐难保。(《魏书·刁雍传》)

今兵虽无马,但将帅所乘,足得二百骑。(《魏书·安颉传》)

劲虽以后父,但以顺后早崩,竟不居公辅。(《魏书·于劲传》)

迁延经年,冀有宽宥,但执以狱成,竟致大戮,遂及其家。(《魏书·陈奇传》)

以上九例中,前五例语气较轻,属轻转;后四例语气较重,属重转。轻转与重转是相对的,主观性较强,后四例中有“虽、竟”之类词语与“但”配合,前后内容反差较大,视为重转更为适宜。

偶尔也可以说成“但是”,用例甚为少见。以下一例属于轻转:

设令吾攻喜门,此辈谁不致力?但是喜不敢生心耳。(《宋书·吴喜传》)

（五）因果连词

　　主要有表示原因的"由、因、缘、由於"。它们均由介词进一步虚化而来,由于后面已经出现了句子形式或由谓语形式充任分句,因而初步具备了连词的性质,义为"因、因为"。

　　1."由"字此期之前已可用作原因介词,此期进一步虚化后具有连词性质。例如:

　　　　权欲杀之,威怒甚盛,由基谏争,翻以得免。(《三国志·吴志·刘繇传》)

　　　　权曰:"事之克,由陈就先获也。"(《三国志·吴志·吕蒙传》)

　　　　侍中殷仲文进曰:"当由圣德渊重,厚地所以不能载。"(《世说新语·言语》)

　　　　谓湛曰:"吾名器不升,当由作卿家吏。"(《宋书·颜延之传》)

　　　　当今军粮要急,而卿不以在意,将由与城内婚姻邪?(《宋书·沈攸之传》)

　　　　由浩谮毁,朕忿遂盛。杀卿从兄者,浩也。(《魏书·李顺传》)

　　　　子华谓子思曰:"由汝粗疏,令我如此。"(《魏书·高凉王孤传》)

　　　　且曹操胜袁,盖由德义内举;符坚瓦解,当缘立政未至。(《魏书·卢渊传》)

　　2."因"字此期之前主要用作原因介词,此期进一步虚化后具有连词性质。例如:

　　　　魏武奇爱之,因晏在宫内,欲以为子。(《世说新语·夙惠》)

　　　　安南将军抚有文武智略,玄不能容,三年,因其子杀人,并诛之。(《宋书·氐胡传》)

　　　　太后因悦之杜妃,乃下令禁断。(《魏书·汝南王悦传》)

　　　　因其在外,左右或讽纠其罪。(《魏书·赵脩传》)

　　　　母因饮酒,其父真呵叱之,误以杖击,便即致死。(《魏书·长孙虑传》)

延昌二年冬,因遇笃疾,世宗敕以马舆送令还山。(《魏书·冯亮传》)

因被匈奴所破,西踰葱岭,遂有其国。(《魏书·西域传》)

江南朝士,因晋中兴,南渡江,卒为羁旅。(《颜氏家训·涉务》)

3.“缘”字此期之前已有性质接近连词的用法,此期虚化为连词,使用也逐渐增多。例如:

国君即位踰年而后改元者,缘臣子之心,不忍一年而有二君也。(《宋书·五行志二》)

敢缘天泽云行,时德雨施,……是以献其瞽言,希垂听览。(《宋书·陆徽传》)

凡有变革随时之宜者,政缘恩情有轻重,德义有厚薄。(《南齐书·豫章文献王嶷传》)

思庄所以品第致高,缘其用思深久,人不能对也。(《南齐书·萧惠基传》)

后缘前世诸胡多在洛葬,有终洛之心。(《魏书·胡国珍传》)

臣既小人,备荷驱使,缘百口在南,致拒皇略,罪合万死。(《魏书·房伯玉传》)

曹操胜袁,盖由德义内举;符坚瓦解,当缘立政未至。(《魏书·卢渊传》)

明帝卒崩之由,云皆缘此等贪虐,不相匡弼所致。(《魏书·尒朱荣传》)

4.“由於”的连词用法是在介词用法基础上进一步虚化而来的,同样可以表示原因,此期甚为常见。例如:

此皆巫书妖妄过差之言,由於好事增加润色,至令失实。(《抱朴子·微旨》)

当复由於耕牧商贩以索资,累年积勤,然后可合。(《抱朴子·地真》)

使彼肆酷恣欲,屠割天下,由於为君,故得纵意也。(《抱朴子·诘鲍》)

然由於累细以违其体,故历代不能通也。(杜预《奏上黜陟课略》)

由於妇人无爵,既从夫爵,则已无实爵,以从为称也。(王彪之《驳彭

城国李太妃谥议》)

　　按时人私祠,诚皆迎送,由於无庙,庶感降来格。(《宋书·礼志四》)

　　钱之不用,由於兵乱积久,自至於废,有由而然。(《宋书·孔琳之传》)

　　由於主者守期亲之文,不辨男女之异,远嫌畏负,以生此疑。(《宋书·何承天传》)

"由於"既可用作连词,又可用作介词,而且都能够联系词与词或词组与词组,功能较为相近,因而也有容易混淆之处。不过,"由於"的连词用法与介词用法还是有显著区别的。一是介词"由於"后的宾语通常是名词性的词语,而连词"由於"后的成分通常是句子形式或由谓语形式充任分句。二是介词"由於"构成的介宾结构与谓语动词既可以出现在不同的分句中,又可以出现在同一个分句中;而连词"由於"及其后成分与整个句子的谓语动词只能出现在不同的分句中,"由於"出现于原因分句,与之相对待的则是结果分句。参合考虑这两条规律,"由於"的介词、连词用法还是不难区别开来的。此外,"缘"字的介词、连词用法,也可大致仿此区分。

(六) 条件连词

表示假设的条件主要有"脱、傥、倘、自、但",义为"如果、假如"。

1. "脱"字是此期新生的表示假设的条件连词,使用甚为广泛。例如:

　　若来攻城,宗之未必能固,脱有差跌,大事去矣。(《宋书·临川烈武王道规传》)

　　何蒙楯城下,身受矢石邪?脱有伤挫,为损不少。(《宋书·沈庆之传》)

　　安北若须大马,当更送之,脱须蜀马,亦有佳者。(《宋书·张畅传》)

　　脱非武发,封墓谁因? 呜呼介士,胡不我臣! (《南齐书·魏虏传》)

　　脱事已经年,有司不列者,听其人各自陈诉。(《魏书·出帝纪》)

　　脱降问是实,而停不抚接,不亦稽阻款诚,毁朕大略也? (《魏书·任城王云传》)

　　入当见至尊,吾自导卿。脱至尊有问,但依吾语。(《魏书·高允传》)

其在外簇者,脱遇天寒,则全不作茧。(《齐民要术》卷五)

2."傥"字原本为"偶或"义的副词,用于假设条件复句中,受分句之间语义影响,词义稍变,此期转用为条件连词,使用逐渐增多。例如:

围中将吏不知有救,计粮怖惧,傥有他意,为难不小。(《三国志·魏志·董昭传》)

自今以后,傥复使民,宜明其令,使必如期。(《三国志·魏志·王肃传》)

傥肯如言,蒙天之福,即智士计功割地之秋也。(《后汉书·隗嚣传》)

敢希伊尹之踪,应天人之变。明府傥不疑逆,俾成天德。(《后汉书·郅恽传》)

傥可原察,追脩前好,则何福如之!(《后汉书·赵壹传》)

坞壁邀断,州郡犄角,傥有自送,可使匹马不反。(《宋书·徐爰传》)

傥能降明诏,笺枉道,……则民之从义,犹若回风之卷草也。(《宋书·建平宣简王宏传》)

傥知恩意相生,情理相出,可使家有参、柴,人皆由、损。(《宋书·颜延之传》)

伏愿陛下垂就日之监,齐非煙之化,傥以臣言可採,乞特施行。(《魏书·羊深传》)

但受恩深重,辄献瞽言,傥蒙收察,乞付评议。(《魏书·窦瑗传》)

3."倘"字原本为"偶或"义副词,用于假设条件复句中,也是受分句之间语义影响,此期转用为条件连词。由于在大体相同的语境中使用"傥"字较多,故而"倘"字的使用相对少见。例如:

倘卒遇荒年,不及合作药物,则符水为上矣。(《抱朴子·杂应》)

倘天假其年,人缓其祸,得归死国家,……将复何恨!(《三国志·蜀志·许靖传》)

翻是明府家宝,而以示人,人倘留之,则去明府良佐,故前不行耳。(《三国志·吴志·虞翻传》裴松之注引《江表传》)

故人倘思我,及此平生时。莫待山阳路,空闻吹笛悲。(庚信《寄徐陵》)

4."自"字用作表示假设的条件连词,常与否定副词"非"字连用,义为"如

357

果不是"。这在先秦时期已经萌芽,汉代逐渐增多,此期广泛流行。例如:

　　凡物有相似而难分者,自非离娄,鲜能不惑。(《三国志·魏志·司马芝传》)

　　慈躬往省阅,料简轻重,自非殊死,但鞭杖遣之。(《三国志·魏志·仓慈传》)

　　汉法,免罢守令,自非诏征,不得妄到京师。(《后汉书·苏不韦传》)

　　邕自非寒暑节变,未尝解襟带。(《后汉书·蔡邕传》)

　　敕瓛使数入,而瓛自非诏见,未尝到宫门。(《南齐书·刘瓛传》)

　　淮南近畿,国之形势,自非亲贤,不使居之。(《南齐书·刘善明传》)

　　此子灭景云楼,不事王侯,……自非折节好贤,何以致之。(《南齐书·褚伯玉传》)

　　重巖叠嶂,隐天蔽日,自非停午夜分,不见曦月。(《水经注》卷三十四)

　　玄伯自非朝廷文诰,四方书檄,初不染翰,故世无遗文。(《魏书·崔玄伯传》)

　　微相入,殆无际会,自非向明举而看之,略不觉补。(《齐民要术》卷三)
表示特定的条件主要有"但"字,义为"只要、只有"。[1]

　　5.“但”字原本为“只、只有”义的副词,用于特定条件复句中,受分句之间语义影响,词义稍变,此期转用为新兴的条件连词,常与“则”字或“便”字配合使用,又可以“但使、但令”的形式出现(详下文),用例不时可以见到。例如:

　　赤眉今在河东,但决水灌之,百万之众可使为鱼。(《后汉书·光武帝纪上》)

　　至於都合乐时,但识其尺寸之名,则丝竹歌詠,皆得均合。(《宋书·律历志上》)

　　但自言是飞龙,则坐享富贵;若不从,即日便斩头。(《宋书·刘道济传》)

---

　　①　参看杨伯峻、田树生《文言常用虚词》,湖南人民出版社,1983年10月第1版。下文《颜氏家训·诫兵》例即采自该书。

就道济索费谦、张熙,曰:"但送此人来,我等自不复作贼。"(《宋书·刘道济传》)

世云"广州刺史但经城门一过,便得三千万"也。(《南齐书·王琨传》)

但伤大宗一分,则天子属籍不过十数人而已。(《魏书·京兆王子推传》)

何直退勳而已,但是随臣征者,即便为所嫉。(《魏书·广阳王建传》)

但是生皮,无问年岁久远,不腐烂者,悉皆中煮。(《齐民要术》卷九)

颜、闵之徒,何可世得!但优於我,便足贵之。(《颜氏家训·慕贤》)

今世士大夫,但不读书,即称武夫儿,乃饭囊酒甕也。(《颜氏家训·诫兵》)

表示"无条件"的条件主要有由词组凝定的"不问",义为"不论、不管"。详下文。

(七) 让步连词

主要有"就、便、正、自",表示假设的让步,义为"即使、纵然"。

1."就"字东汉开始产生让步连词用法,此期使用普遍。例如:

就有人问者,犹当辞以不解。(嵇康《家诫》)

就不破贼,尚当自完。奈何乘危,不以为惧?(《三国志·魏志·董昭传》)

就与刘、孙不平,不过令吾不作三公而已,何危害之有?(《三国志·魏志·辛毗传》)

吴兵就得亡还,适可以示中国之弘耳。(《三国志·魏志·诸葛诞传》)

必人自为守,无降心,就能破之,尚不可有也。(《三国志·魏志·荀彧传》)

就孙綝不欲,主上及其亲戚岂肯听乎?(《三国志·魏志·诸葛诞传》裴松之注引《汉晋春秋》)

迁都之事,初无此计也,就有,未露,何所受闻?(《三国志·吴志·孙坚传》裴松之注引《续汉书》)

就操破琼,吾拔其营,彼固无所归矣。(《后汉书·袁绍传》)

就有所疑,当求其便安,岂有触冒死祸,以解细微?(《后汉书·霍谞传》)

就如所言,有丧可殷。隆安之初,果以丧而废矣。(《宋书·礼志三》)

请募壮勇出击之,就不能破,可以折其锐。(《魏书·安颉传》)

2.“便”字是此期新兴的让步连词,不过较为罕见,我们在《魏书》中见到少数用例。例如:

问射声校尉萧坦之曰:“便如此,不当忽忽邪?”(《萧昭业传》)

朝廷疑兄,故令世隆来,今若遂住,便有内备,非计之善者。(《尒朱世隆传》)

八十老父,无人供养,负病黄泉,求乞小弟一命,便死不朽也。(《杨昱传》)

3.“正”字东汉时期即已产生让步连词用法,此期常以“正复、正使”的形式出现(详下文),单独使用甚为罕见。例如:

非但能言人不可得,正索解人亦不可得!(《世说新语·文学》)

4.“自”字秦汉时期即已产生让步连词用法,表示事实的让步,义为“虽然”,用例甚为广泛。此期又进一步萌发出表示假设让步的用法,义为“即使、纵然”,不过用例甚为罕见。例如:

若由此业,自致卿相,亦不愿汝曹为之。(《颜氏家训·教子》)

作人如此,自可不富贵,祸害何因而生?(《金楼子·戒子》)

以上“就、便、正、自”四个表示假设让步的让步连词,就此期的使用看,彼此互有异同。先说“就”与“便”:“就”字,此期无论单独使用或是“就使、就令、就复”等形式,均较常见;而“便”字,用例较为罕见,唐宋时期才逐渐多见起来;“就”与“便”单独用作让步连词,甚至一直沿用至现代汉语书面语言。再说“正”与“自”:此期“正”字单独使用罕见,但“正使、正令、正复”等形式尚可见到;“自”字单独使用罕见,其结合形式也很难见到;“正”与“自”单独用作“即使”义的让步连词,许是由于“正、自”各自用法过多而内部易生混淆,故而发展至后世也难觅踪迹。

二　连词的双音节形式

这类用法此期甚为常见,从构成上看,主要有如下三类。

（一）同义复合使用

连词的同义复用此期之前已经较为普遍,此期更为盛行。从复用成分的产生时代看,既可以是旧有连词的同义复用,也可以是新旧连词的同义复用。[①]又主要集中在假设条件连词与让步连词两类中。由于表示假设让步时须以假设为前提,这类让步连词往往又与假设条件连词并用,我们也称之为同义复用。

1.旧有连词的同义复用

一是表示假设条件的。例如:

若其不克,成雠棄好,不如因而厚之。(《三国志·吴志·张纮传》)

若其克获,还迎不晚,设其有难,众弗可还。(《三国志·魏志·袁绍传》裴松之注引《献帝传》)

亲被征命,而可宴然者乎,如其颠沛,此乃命也。(《宋书·杜慧度传》)

苟其不尔,宁可自安雠耻,而责义於馀方。(《宋书·自序》)

假其剋捷,不知足南抗悬瓠,北捍长社与不?(《宋书·刘勔传》)

若令雨可请降,水可攘止,则岁无隔并,太平可待。(《后汉书·郎颉传》)

人语之曰:"若令月中无物,当极明邪?"(《世说新语·言语》)

假令天长丧乱,九流浑浊,当与臧洪遊於地下,不复多言。(《宋书·武帝纪中》)

---

① 在这一点上,它与副词的同义复用极为类似。参看本编第十六章"副词"中"组合使用的双音节副词"部分。

如令甲勳少,乙功多,赏甲而舍乙,天下必有不劝矣。(《南齐书·崔祖思传》)

设令吾攻喜门,此辈谁不致力? 但是喜不敢生心耳。(《宋书·吴喜传》)

设令国家与之河南,彼必不能守之。(《魏书·崔浩传》)

英乃下马而跪曰:"不欺明公。假使英本主人在,实不来此也。"(《三国志·魏志·张既传》裴松之注引《典略》)

设使亮保国祚,休不早死,则晧不得立。(《三国志·吴志·吴主传》裴松之注)

借使二子和睦以守其成业,则天下之难未息也。(《三国志·魏志·荀攸传》)

借使世宗谅阴,恭己而修成王之业,则高祖之道庶几兴焉。(《魏书·天象志四》)

若使介葛卢来朝,故当不昧此语。(《世说新语·言语》)

二是表示让步的。例如:

虽使诸葛亮在,不能辅之久全,而况姜维邪?(《三国志·蜀志·后主传》裴松之注引《汉晋春秋》)

今外所言,辄云中书,虽使恭慎不敢外交,但有此名,犹惑世俗。(《三国志·魏志·蒋济传》)

虽其有救,山道阻险,非行兵之地也。(《三国志·魏志·陈泰传》)

即使其两目盲,尚当与女,何况但眇?(《三国志·魏志·陈思王植传》裴松之注引《魏略》)

今若基宇不修,仍同丘畎,即使高皇神享,阙於国阳,宗事之典,有声无实。(《魏书·李崇传》)

主上幼年微过易改,伊、霍之事,非季代所行,纵使功成,亦终无全地。(《南齐书·褚渊传》)

纵使如心,於国无用,发兵远入,费损转多。(《魏书·高闾传》)

纵使裕得关中,县远难守,彼不能守,终为我物。(《魏书·崔浩传》)

纵令陛下一身得安,百姓愁劳,何以用治?(《三国志·吴志·陆凯传》)

休宾纵令不畏攻围,岂不怜其妻子也!(《魏书·刘休宾传》)

纵令谋杀之与强盗,俱得为例,而似从轻。其义安在?(《魏书·刑罚志》)

若飞书告喻,可不攻自伏;纵其不降,亦当逃散。(《魏书·郦范传》)

需要仔细辨认的是,"其"与其他假设连词共同使用时,有可能并非连词而是人称代词,例如《魏书·京兆王黎传》:"元叉无心则已,若其有心,圣朝将何以抗?"这应看作同"其"字与假设连词同义复用二者形同而实异的语法现象。

也有同一个词形而新生了不同用法的情况。例如表示假设条件的"假如、如果"义的"假使",虽然此期之前已有少数使用,却是此期才开始多见起来的;但也正是在此期,它在假设条件连词用法的基础上又增添了"即使、纵使"义的让步连词的用法。例如:

贼众盛,不可当也。假使弃数百人何苦,而将军以身赴之!(《三国志·魏志·曹仁传》)

窃恐此人不可卒得,假使得之,惧不可信。(《三国志·吴志·周鲂传》)

假使苏、张更生,郦叟复出,犹抚其背而折其辞。(《三国志·吴志·周瑜传》裴松之注引《江表传》)

日磾之美,诚如圣诏。假使生乎今世,养马不暇,岂办见知?(《宋书·杜骥传》)

朓歎曰:"假使班、马复生,无以过此。"(《南齐书·崔慰祖传》)

此则经记之遗文,不待之明据。假使应待,则相去弥年,亦宜必待。(《南齐书·礼志下》)

高祖曰:"假使朕无愧於虞舜,卿复何如於尧臣?"(《魏书·韩显宗传》)

然君子之门,假使无当世之用者,要自德行纯笃,朕是以用之。(同上)

末例中的"假使",《资治通鉴》卷一四〇《齐纪》六引此事时作"借使",同为"即使、纵使"义。

2.新旧连词的同义复用

一是表示假设条件的。例如:

州军新破,士卒离心,若傥分散,难复合聚。(《三国志·吴志·太史慈传》裴松之注引《吴历》)

傥其不当,亦宜含容,又何罪焉?(《后汉书·孔僖传》)

傥若果归言,共陶暮暮时。(谢灵运《酬从弟惠连》)

脱其妄作,当赐思罔昧之由。(《宋书·王景文传》)

脱使罗令白使君,疑吾徒更欲作贼,则无馀类矣。(《宋书·刘道济传》)

若脱敢送死,兄弟父子,自共当之耳。(《宋书·张茂度传》)

如其克也,得畅名绩,脱若不捷,命也在天。(《魏书·奚康生传》)

如脱否也,非直后举难图,亦或居安生疾。(《魏书·南安王桢传》)

又有表示特定条件的。例如:

但使共知如此,不忧致大变也。(《宋书·何尚之传》)

但使常得无事,痛饮酒,熟读《离骚》,便可称名士。(《世说新语·任诞》)

今但使募制明信,满复有期,民无逾路,则坊可立表而盈矣。(《南齐书·虞玩之传》)

但使所怀是男,次第当长子,子生身死,所不辞也。(《魏书·宣武灵皇后胡氏传》)

但使今之法度,必理、必明、必行、必久,胜残去杀,可不远而致。(《魏书·高闾传》)

但使不失体裁,辞意可观,便称才士。(《颜氏家训·文章》)

镇恶笑曰:"但令我一见公,无忧矣。"(《宋书·王镇恶传》)

但令官民均通,则无患不足。(《宋书·范泰传》)

高祖笑曰:"但令老兄平安,必无过虑。"(《宋书·刘敬宣传》)

谓其子师曰:"但令吾儿及我,亦足胜人,不须苦教之。"(《魏书·穆寿传》)

若无君子也,但令有光国之誉,虽复非理见罪,亦复何嫌?(《魏书·成淹传》)

二是表示让步的。例如:

就使当今砂砾化为南金,……犹不能以保萧墙之内也。(《后汉书·刘陶传》)

就使能来,待其劳倦,秋凉马肥,因敌取食,徐往击之。(《魏书·崔浩传》)

就使能来,若不先灭蠕蠕,便是坐待寇至,腹背受敌,非上策也。(《魏书·蠕蠕传》)

今日还家,明日若在,何面目复相见也?正使祸至,共死何苦?(《三国志·魏志·武宣卞皇后传》)

帝曰:"君论此事,何其审也!正使张、陈当之,何以复加?"(《三国志·魏志·董昭传》)

行之决矣。正使死,何所恨! 况不必死邪! (《世说新语·方正》刘孝标注引《汉晋春秋》)

正令选官设作此举,於吾亦无剑戟之伤。(《宋书·王微传》)

就令知之,亦无一信者。假令颇信之,亦已自多金银。(《抱朴子·黄白》)

就令足下处偏平之地,……以义言之,犹宜背彼向此,舍民趣父也。(《三国志·魏志·董昭传》)

就令必宜废祭,则应三年永阙,乃复同之他故。(《南齐书·礼志上》)

这里还需要说明的是,此期魏晋人伪作《列子·天瑞》中另有"只使坠,亦不能有所中伤"一例。据文意,"只使"用同让步连词"即使、纵然"。但此例用法可疑,不仅同类例证此期未见,而且后世类书《艺文类聚》卷一、《初学记》卷二、《事文类聚·前集》卷二引此句,"只使"均作"正复使"(参看杨伯峻《列子集释》,中华书局,1979 年 10 月第 1 版)。而"正复"恰为此期新生的让步连词,详下文。

假设条件连词与让步连词以外,并列连词也有少数同义复用的情况,如"及以、并及、及与"之类,用例如《百喻经·偷牦牛喻》:"纵可无村及以无树,何有天下无东无时?"同经《五百欢喜丸喻》:"盗彼国王五百疋马并及宝物来止树下。"《杂宝藏经》卷五："修治浮图及与僧坊。"不过,这类同义复用形式绝大多数见于汉译佛经,主要是起调整音节的作用,中土文献中则很少见到。

(二) 词组的凝定

双音节连词的另一个来源是词组的凝定。以下论述的这类连词,有的此期之前已经凝定,此期运用渐趋广泛;有的则是此期开始凝定。

1."所以"在先秦两汉时期具有介词结构性质,由介词"以"字与受其介绍的有指代作用的结构助词"所"字构成。其中的"以"字如果是表"用"的,由之形成的"所以"则表示行为工具或行为方式;"以"字如果是表"因"的,由之形成的"所以"则表示探究原因或解释原因。结果连词的"所以"即由解释原因的介词结构性质的"所以"凝定而来,故而它在使用时一般具有这样几个特征:一是其中的"以"字在词义上是表"因"的,而不是表"用"的;二是"所以"必须丧失其固有的能够使整个句子转变为名词性词组的功能;三是"所以"出现在表示结果的后一分句之中。这类表示结果的连词"所以"此期已经开始使用。例如:

当由圣德渊重,厚地所以不能载。(《世说新语·言语》)

孝伯曰:"此事应相与共知。"思答曰:"缘共知,所以仰劳。"(《魏书·李孝伯传》)

融政以求丞不得,所以求郡,求郡不得,亦可复求丞。(《南齐书·张融传》)

一日虽有数千人归投,其逃散而去,亦复如此,所以卒无所建。(《世说新语·尤悔》)

以上四例,"所以"或者与表原因的"由、缘、以"配合使用,或者径处于后面的结果分句句首,或者二者兼备,它已经初步具备了结果连词的主要特征;而当"所以"之后出现结果分句的主语时,它们就更具有成熟的性质,①与现代

---

① 通常认为,典型的结果连词"所以"应以其后直接出现结果分句的主语为标志,也即构成"所以+主谓"的句式。参看潘荣生《连词"所以"产生于晋代》一文的"编者附记",载《中国语文》1982年第3期。下文汪维辉说,参看《"所以"完全变成连词的时代》,载《古汉语研究》2002年第2期。

汉语的结果连词"所以"没有什么区别了。例如：

> 人能守一，一亦守人，所以白刃无所措其锐，百害无所容其凶。(《抱朴子·地真》)

> 而辞人遗翰，莫见五言，所以李陵、班婕好见疑於后代也。(《文心雕龙·明诗》)

> 但昉既博物，动辄用事，所以诗不得奇。(《诗品》卷中)

> 尚书今以西京说朕，仍使朕不废东辕，当是献可理殊，所以今古相反耳。(《魏书·李顺传》)

> 臣亡父先臣崇之为洛阳令，常得入奏是非，所以朝贵敛手，无敢干政。(《魏书·高谦之传》)

> 夫虎豹穴居，事之较者，所以班超云："不探虎穴，安得虎子？"(《颜氏家训·书证》)

> 世人多蔽，贵耳贱目，重遥轻近。……所以鲁人谓孔子为"东家丘"。(《颜氏家训·慕贤》)

> 新亭既是兵冲，所以欲死报国耳。(《南齐书·高帝纪上》)

> 而智力浅短，诚节未效，所以夙夜忧惶，忘寝与食。(《魏书·司马楚之传》)

> 马是畜耳，食草饮水，春气发动，所以鬪。(《魏书·吐谷浑传》)

末三例"所以"之后，据上下文文意，分别省略主语"将士"、"臣"、"马"。

对于"所以"在各个历史阶段的演变，汪维辉从"所以"完全变成连词的角度研究了它的发展过程，得出结论说："'所以'开始用作结果连词最晚不会晚于汉末魏晋，南北朝则是演变的过渡阶段，至迟到8世纪上半叶演变过程已完成，'所以'彻底变成了一个结果连词，在口语中很少再像先秦那样用。"

2."於是"在先秦时也是介词结构性质，由介词"於"字及其后指示代词宾语"是"字构成，表示"当时、当其时"。由于连用既久，汉代开始逐渐凝定为顺承连词，从时间的角度表示事理之相续。此期"於是"使用极为普遍，我们在上一章"介词"中"'於、于'用法的异同"部分已就《世说新语》一书举例做了说明，下面再列举一些其他载籍中的用例，仍然分为三类。

一是紧接主语之后。例如：

兄弟皆然之，融於是日往守萌，辞让钜鹿，图出河西。（《后汉书·窦融传》）

至是参军曹仲宗检得之，道规悉焚不视，众於是大安。（《宋书·临川烈武王道规传》）

世祖遣报质，质於是执台使，狼狈举兵。（《宋书·臧质传》）

尽将故民南依库仁，帝於是转幸独孤部。（《魏书·太祖纪》）

世宗欲以为后，勰固执以为不可，肇於是屡谮勰於世宗。（《魏书·彭城王勰传》）

二是直接位于主语之前。例如：

收斩之，徇首城郭，以示百姓，於是吏人信向，郡内以安。（《后汉书·伏湛传》）

赵王伦篡位，於是三王兴兵讨伦，士民战死十馀万人。（《宋书·天文志二》）

索头攻略青、司、兖三州，於是禁兵大出。（《宋书·天文志四》）

刘裕父名翘，字显宗，於是延之字显宗，名子为翘，盖示不臣刘氏也。（《魏书·韩延之传》）

未几而败，於是一郡破残，死伤过半。（《搜神记》卷七）

三是未与主语相接。例如：

诸国人闻其土乐，悉亦复来，於是遂成大国。（《法显传》）

潮退之后，见船漏处，即补塞之，於是复前。（同上）

宠甚然之，於是遣汉将兵与上谷诸将并军而南。（《后汉书·吴汉传》）

既杀法兴，诸大臣莫不震慑，於是又诛羣公。（《宋书·前废帝纪》）

太祖乘胜将席卷南夏，於是简择俘众，有才能者留之。（《魏书·王建传》）

3."因此"在秦汉时期也是介词结构性质，由介词"因"字及其后指示代词宾语"此"字构成，表示"因为这个"。由于连用既久，此期开始逐渐凝定为结果连词，从因果关系的角度表示事情的结果。例如：

　　乃诏嚣当从天水伐蜀,因此欲以溃其心腹。(《后汉书·隗嚣传》)

　　邓骘兄弟以谞异其议,因此不平,欲以吏法中伤谞。(《后汉书·虞诩传》)

　　分军助程天祚,天祚还得固柴,因此破贼。(《宋书·柳元景传》)

　　每一捷,郡将辄赏钱五千,因此得市马。(《宋书·宗越传》)

　　上常嫌愍孙以寒素凌之,因此发怒,出为海陵太守。(《宋书·袁粲传》)

　　颙年十六,遭父忧,几於毁灭,因此长抱羸患。(《宋书·戴颙传》)

　　使融掌其事,融好功名,因此上疏。(《南齐书·王融传》)

　　前人谓真奴婢,更或转卖,因此流漂,罔知所在。(《魏书·刑罚志》)

　　北京之日,太后严明,吾每得杖,左右因此有是非言语。(《魏书·杨椿传》)

　　景伯居丧,不食盐菜,因此遂为水病,积年不愈。(《魏书·房景伯传》)

　　4.“万一”来源于“万分之一”,是简缩后的词组形式,本用以表示概率之极小,[①]此期又转而凝用为双音词,表示可能性极小的假设,具有连词性质,多数用于不如意的事,少数用于希望发生的事。用法上可以分为两类。

　　一是“万一”单独使用,表示假设。例如:

　　今深入征之,刘备必说刘表以袭许,万一为变,事不可悔。(《三国志·魏志·武帝纪》)

　　后嗣万一有由诸侯入奉大统,则当明为人后之义。(《三国志·魏志·明帝纪》)

　　万一有不如意,臣当以死奉明诏。(《三国志·魏志·曹爽传》)

　　新合之众,上下未和,万一内变,虽悔无及。(《后汉书·傅燮传》)

　　远近所畏,何求不得,而自行求略。万一不剋,岂不损邪?(《后汉书·吕布传》)

　　万一如此,必有大咎,非唯讯狱。(《宋书·江夏文献王义恭传》)

---

　　①　参看本编第十四章“数词”中“与计数形态有关的几个词语”部分。

改张易调,易於反掌,万一乖情,此将运也。(《魏书·崔僧渊传》)

若臣微意,万一合允,求重敕尚书、门下,考论营制之模。(《魏书·郑道昭传》)

二是与其他假设连词并用,表示假设。例如:

若万一危辱,吾将以死拒之,何论迟速邪!(《三国志·蜀志·霍弋传》裴松之注引《汉晋春秋》)

未尽清省,又颇为殖货,若万一有此,必宜改之。(《宋书·刘粹传》)

犹捶挞志辈,冀脱万一未死之间,望有成就者,不知当有益否?(《南齐书·王僧虔传》)

今合境从逆,贼徒转炽,若万一陷州,君家岂得独全?(《魏书·房士达传》)

若万一战有利钝,则大事去矣,未若还师西入。(《魏书·叱列延庆传》)

若万一叨忝,得一方正长史,朝夕闻过,是所愿也。(《魏书·辛雄传》)

脱万一发觉,我死分也,无事相累卿。(《魏书·刁雍传》)

汝等脱若万一蒙时主知遇,宜深慎言语。(《魏书·杨椿传》)

有时不是与假设连词并用,而是与含有偶或义的词语并用以表示或然,性质上与表示假设相近。例如:

邂逅万一不如意,后可复相见乎!(《三国志·魏志·董卓传》裴松之注引《九州春秋》)

“邂逅”的词义非止一端,除去常用义“不期而遇”外,又有“偶或”义,例如《后汉书·杜根传》:“周旋民间,非绝跡之处,邂逅发露,祸及知亲,故不为也。”《三国志·魏志·管宁传》裴松之注引《先贤行状》:“时国中有盗牛者,牛主得之。盗者曰:‘我邂逅迷惑,从今已后将为改过。’”有时还可以表示“万一”义,性质接近假设连词,例如《三国志·吴志·周瑜传》裴松之注引《江表传》:“卿能办之者诚决,邂逅不如意,便当就孤,孤当与孟德决之。”需要说明的是,上文所举《董卓传》注引《九州春秋》中的“邂逅万一”,系由二者共同表示假设,与《周瑜传》注引《江表传》中的“邂逅”独自表示假设,二者仍略有不同。前者性质上偏向于偶或义副词,主要的假设义另由“万一”来承担;后者“邂近"由于已进入假设复句的语法框架,在性质上与假设义连词也更接近一些。

5."不问"在秦汉时期是偏正词组性质,由副词"不"字及其后动词中心词"问"字构成,表示"不去察问、不去论量"。由于常常用于条件复句中,此期逐渐凝定为"无条件"的条件连词,义为"不论、不管",表示任何条件下结果都不会改变,用例常常可以见到。例如:

当今天下之贤才君子,不问少长,皆愿从其游而为之死。(《三国志·魏志·陈思王植传》裴松之注引《魏略》)

南康国吏二百许人,不问有罪无罪,递互与鞭。(《宋书·刘穆之传》)

炳之门中不问大小,诛求张幼绪。(《宋书·庾炳之传》)

自今已后,犯罪不问轻重,而藏窜者悉远流。(《魏书·源怀传》)

十年之中,三经肆眚,赦前之罪,不问轻重,皆蒙宥免。(《魏书·郭祚传》)

亮乃奏为格制,不问士之贤愚,专以停解日月为断。(《魏书·崔亮传》)

平奏不问真伪,一以景明年前为限,於是诤讼止息。(《魏书·李平传》)

殷勤求访,或复质买,不问价之贵贱,必以得为期。(《魏书·常景传》)

凡耕高下田,不问春秋,必须燥湿得所为佳。(《齐民要术》卷一)

凡漆器,不问真伪,过客之后,皆须以水净洗。(《齐民要术》卷五)

"不问"偶尔也可说成"无问",也是由偏正词组"无问"演变而来,词组用法的"无问"如《三国志·魏志·辛毗传》:"明公无问信与诈也,直当论其势耳。"连词用法的"无问"此期尚不多见,《齐民要术》中有零星使用。例如:

凡甍,无问大小,皆须涂治;甍津,则造百物皆恶。(卷七)

但是生皮,无问年岁久远,不腐烂者,悉皆中煮。(卷九)

而"不问"之外,当条件复句形成后,有时用上"不论"也开始具有"无条件"的条件连词性质,只是用例极为罕见。例如:

今殡宫始彻,山陵未远,而凡诸制度兴造,不论是非,一皆刊削。(《宋书·蔡兴宗传》)

"不论"的条件连词用法随后得到持续发展,并一直沿用至现代汉语中。

值得重视的是,"不问"的连词用法以外,与之形同而实异的偏正词组"不

371

问"在此期仍有较多使用。例如《后汉书·张升传》："则倾身交结,不问穷贱。"《世说新语·雅量》："随客早晚,不问贵贱。"虽然从释义的角度看,连词"不问"与此二例"不问"均可解为"不论、不管",但从各自所处语法地位看,却有很大的不同。连词"不问"用于条件分句中,表示"无条件"的条件,即在任何条件下结果都不会改变;而偏正词组的"不问"只是对于"察问、论量"义的动词"问"字表示一般性的否定。尽管连词"不问"的来源与偏正词组的"不问"有着密切的渊源关系,但发展为连词进入条件分句并具有相应的语法地位后,又与偏正词组有着性质上的根本不同。而从语义上看,有别于偏正词组"不问"的是,连词"不问"之后通常有表示选择关系的并列成分,二者构成"无条件"的条件,其后的分句则一般有"皆、悉、专、一、必"之类词语与之呼应,表示在"无条件"的条件下,结果或结论都不会改变。由此看来,自李斯著名的《谏逐客书》"不问可否,不论曲直,非秦者去,为客者逐",到《三国志·魏志·陈思王植传》裴松之注引《魏略》"至於君不论明闇,父不问贤愚,而能常知其臣子者何",再到南北朝时期结束,"不问、不论"这两个词语长期使用不知凡几,但直到此期为止,"不问"能够真正称得上连词的为数甚少,"不论"则更是寥寥无几,它们未能具有相应的语法地位,未能具有表示"无条件的条件"的语法意义,或许正是个中的主要原因。

6. 由否定副词"非、不"与范围副词"直、徒、唯、独、但"组成的"非直、非徒、非唯、非独、不徒、不独"等进层连词,先秦两汉时期已经习见;而"非但、不但"则是此期新兴的用法,用例也常常可以见到。例如:

非但君当知臣,臣亦当知君。(《三国志·魏志·刘廙传》)

卿非但为英雄所保也,妇人亦怀卿之恩。(《后汉书·赵憙传》)

非但事关计,亦於汝甚切,汝可密白荀太妃令知。(《宋书·巴陵哀王休若传》)

川竭谷虚,丘夷渊塞,非但洙泗湮沦,至乃飨尝乏主。(《南齐书·武帝纪》)

未闻一人开一说为陛下忧国家,非但面从,亦畏威耳。(《南齐书·竟陵文宣王子良传》)

非但失之於前,且补接既多,不可见移。(《南齐书·豫章文献王嶷传》)

自徽执政以来,非但抑臣而已,北征之勳,皆被拥塞。(《魏书·广阳王建传》)

用之旬日,不但涉远不极,乃更令人行疾。(《抱朴子·杂应》)

又譬之於书字,则符误者,不但无益,将能有害也。(《抱朴子·退览》)

今言事者白玠不但谤吾也,乃复为崔琰触望。(《三国志·魏志·和洽传》)

不但不废仕宦,至乃偏得复除。(《魏书·广阳王建传》)

不但自失其利,复使馀人失其道业。(《百喻经·为恶贼所劫失氎喻》)

(三) 附有后缀"复"字

"复"字自东汉开始用作副词后缀,此期又因类化作用而成为连词后缀,主要用在假设连词与让步连词中,既可以附于旧有连词之后,又可以附于新兴连词之后,用例较为常见。例如:

若复不立之京都,当安所立乎?(《宋书·礼志四》)

若复二三日无消息,便是不复来邪?(《宋书·谢晦传》)

今若复作此事,恐四海瓦解。(《南齐书·萧坦之传》)

虽复将军神武,恐必不能当也。(《宋书·武帝纪上》)

虽复改兴宁,亦复无聊生。(《宋书·五行志二》)

卿策沈攸之,虽复张良、陈平,适如此耳。(《南齐书·刘善明传》)

虽复雨师洒扫,风伯清尘,岂过於此?(《魏书·咸阳王禧传》)

今镕铸获利,不见有顿得一二亿之理,纵复得此,必待弥年。(《宋书·颜竣传》)

纵复俗行,不宜追改《六韬》《论语》《左传》也。(《颜氏家训·书证》)

假复求访,此人辈亦何可得?(《魏书·李孝伯传》)

假复有之,途程纡远,山河之状,全乖古证。(《水经注》卷十一)

自今以后,傥复使民,宜明其令,使必如期。(《三国志·魏志·王肃传》)

若天眷罔已,脱复迟回,请出臣表,逮闻外内,朝议舆诵,或有可择。(《宋书·王弘传》)

脱复高曳长襟,虚张功捷,尤而效之,其罪弥甚。(《魏书·韩显宗传》)

以木筒盛之,正复百千人举不能移。(《法显传》)

正复不克捷,缓步西归,亦无所虑。(《三国志·吴志·张昭传》裴松之注引《吴历》)

正复杀君等数百,何损於时!(《世说新语·规箴》刘孝标注引《晋阳秋》)

卿在左右久,偏解我意,正复违诏济事,亦无嫌也。(《宋书·沈庆之传》)

我任城可谓社稷臣也,寻其罪案,正复皋陶断狱,岂能过之!(《魏书·任城王云传》)

法孝直若在,则能制主上,令不东行;就复东行,必不倾危矣。(《三国志·蜀志·法正传》)

吾自不使诸王无仗,况复汝耶?(《南齐书·豫章文献王嶷传》)

陛下弟儿大臣,犹不皆能伏理,况复天下悠悠万品!(同上)

有时也可用于表示假设、让步之外的其他连词中。例如:

皇帝既深悼刘将军之早世,……故复运慈念而劳仁心。(《三国志·蜀志·许靖传》裴松之注引《魏略》)

不知桓公德衰?为复后生可畏?(《世说新语·排调》)

第十九章　助词

先秦两汉时期,汉语中的各类助词形式繁复,作用多样,形成一个极为庞杂的助词体系。据杨树达《高等国文法》的分类与列举,句首助词、句中助词、句末助词三类总数在百个以上。随着汉语语法的逐渐演变,语法结构也日趋紧凑严密,发展到魏晋南北朝,此期之前主要起导引、衬字、匀称结构与和谐语音作用的句首、句中助词,由于语法作用不很强烈而大部分自然趋于消亡;句末助词经过淘汰后也只留存下此期之前较为常用的那一部分。从发展的一面来看,此期又主要有两点变化:一是个别新的句末语气助词有了少量运用,二是少数几个词正处于向助词发展演变的过程之中。

一　新兴的句末语气助词

主要有"那、来"两个;为减少类别,表示约略估计数的助词"许"也附列于此。

1."那"字表示疑问或反问语气,在表示反问时,略带一些夸张意味。"那"字在此期尚处于偶或萌发的阶段,用例极少。例如:

　　疲瘵向之久,甫问君极那?(程晓《嘲热客》)

　　不孝那!天与汝酒饮,不肯饮,中有恶物耶?[1](司马遹《遗王妃书》)

　　公是韩伯休那?乃不二价乎?(《后汉书·韩康传》)

　　忽语承祖云:"我得成许那?何烦将来!"(《宋书·始安王休仁传》)

---

[1]　此例采自曹广顺《近代汉语助词》第五章"语气助词",语文出版社,1995 年 6 月第 1 版。

以上第一例表示疑问,第二例表示叹惋,第三、四两例表示反问时兼含夸张语气。不过,这种"那"字在唐宋时期的发展我们还不是很清楚,直到元曲之中才又盛行起来。

2."来"字表示祈使语气,此期之前已有萌芽,此期使用有所增多。例如:

食粮乏尽若为活? 救我来! 救我来!(《乐府诗集·隔谷歌》)

归去来兮,田园将芜,胡不归!(陶潜《归去来辞》)

又趋陈留王,曰:"我董卓也,从我抱来。"(《三国志·魏志·董卓传》裴松之注引《英雄记》)

有先熟者呼后熟者,言:"共食来。"(《三国志·魏志·常林传》裴松之注引《魏略》)

谓文曰:"授手来。"文纳手,得持其颐,髯须甚长。(《搜神记》卷十八)

汝止有一手,那得遍笛? 我为汝吹来。(《古小说钩沉·幽明录》)

语将车人言:"与我物来。"答言:"无物。"(《百喻经·索无物喻》)

需要注意分辨的是,语气助词"来"字常常用于祈使句句末,但并非所有用于祈使句句末的"来"字都是语气助词。例如《世说新语·汰侈》:"武子一起便破的,却据胡牀,叱左右:'速探牛心来!'"《宋书·前废帝纪》:"太后怒,语侍者:'将刀来,破我腹,那得生如此宁馨儿!'"二例中的"来"字表示趋向的动词实义很强,此期同类用法甚多,不宜视为语气助词,这类句子中祈使语气的表达是通过整个句子来完成的。

3.助词"许"字用于数词或数量词组后,又或数词与量词之间,表示约略估计数,义为"左右、光景"。参看本编第十四章"数词"中"概数"部分。

二 几个处于演变过程中的助词

主要有"看、却(卻)、将、来、在、著、了、得、不"九个。

1."看"字本是动词,表示视觉的动作。此期又逐渐扩大词义范围,兼可以表示视觉之外以其他感官感受的"测试"义的动作。当这类"看"字用于谓语动词之后时，与现代汉语"说说看"、"尝一尝看"的"看"表示"尝试"的语法意义相近，从而初步具备了尝试态助词的性质。① 由于内容的原因，《齐民要术》中的用例相对较为集中。例如：

> 更下水，复抒如初，嗅看，无臭气乃止。（卷四）
>
> 齏看：豆黄色黑极熟，乃下，日曝取干。（卷八）
>
> 得暖则作速，伤寒则作迟。数入候看，热则去火。（卷五）
>
> 一日再入，以手刺豆堆中候看。（卷八）
>
> 片脯三宿则出，条脯须尝看，味彻乃出。（同上）
>
> 尝看，若不大涩，杭子汁至一升。（卷九）
>
> 计满九石，作三五日停。尝看之，气味足者乃罢。（卷七）

此期其他载籍中则出现较少。例如：

> 婆罗门不信是粪，以手探看，遂作一孔。（《洛阳伽蓝记》卷五）
>
> 平审言，乃启墓门，扪看其女，果活。乃结束，随平还家。（《搜神记》卷十五）
>
> 妇怪不语，以手摸看，谓其口肿。（《百喻经·奄米决口喻》）

以上十例中，只有《齐民要术》卷七"尝看之"与《搜神记》卷十五"扪看其女"二例，"看"字后面带有宾语。

"看"字的这类用法后世续有沿用，经过不断发展，最终演变为成熟的尝试态助词。对于这一语法现象，吴福祥进一步梳理魏晋六朝至明清的相关语料，勾画具体的发展脉络，得出结论说："尝试态助词'看'产生于魏晋六朝，发展于唐宋，而成熟于明清。"

2. "却（卻）"字本是动词，常用义为"退却"。此期部分虚化后用作趋向补语并进而用作结果补语，词义分别与现代汉语的"去、退去"或"掉、去掉"相近。又可据"却（卻）"字之后有无谓语动词宾语分为两类。

---

① 参看蔡镜浩《重谈语助词"看"的起源》，载《中国语文》1990 年第 1 期。下文吴福祥说，参看《尝试态助词"看"的历史考察》，载《语言研究》1995 年第 2 期。

（1）谓语动词有宾语。例如：

弇频射却贼，得免。士卒死者数千人，散兵归保范阳。（《后汉书·光武帝纪上》）

征西大将军冯异、征虏将军祭遵击却之。（《后汉书·光武帝纪下》）

夷甫晨起，见钱阂行，呼婢曰："举却阿堵物！"（《世说新语·规箴》）

既开门，畅屏却人仗，出对孝伯，并进饷物。（《宋书·张畅传》）

武帝攘郤胡、越，开地斥境，南置交趾，北置朔方。（《宋书·州郡志一》）

嶷执白虎幡督战，屡摧却之。事宁，迁中书郎。（《南齐书·豫章文献王嶷传》）

兵人欲上车防勒，锋以手击却数人，皆应时倒地。（《南齐书·江夏王锋传》）

於此时，附地剪却春葵，……仍供常食，美於秋菜。（《齐民要术》卷三）

三月叶青便出之，燥曝，挼去莩馀，切却强根。（同上）

食时洗却盐，煮、蒸、炮任意，美於常鱼。（《齐民要术》卷八）

以蒿三遍净洗，抒却水，干燃使热。（《齐民要术》卷九）

以上十一例中，前六例充任趋向补语，后五例充任结果补语。

（2）谓语动词无宾语。例如：

今之郊飨，既行夏时，虽得迁却，谓宜犹必用辛也。（《宋书·礼志三》）

懿率东从兵二千馀人固守拒战，随手摧却。（《南齐书·魏虏传》）

於是货赂因缘，籍注虽正，犹强推却，以充程限。（《南齐书·虞玩之传》）

草生拔却，勿令荒没。三年，间劚去，堪为浑心扶老杖。（《齐民要术》卷五）

勿令人泼水，水长亦可泻却，莫令人用。（《齐民要术》卷七）

以热汤数斗著甕中，涤盪疏洗之，泻却。（同上）

淘不用多遍，初淘沈汁泻却。（《齐民要术》卷八）

复著水痛疏洗,视汁黑如墨,抒却。(《齐民要术》卷九)

以上八例中,前三例充任趋向补语,后五例充任结果补语。

"却(卻)"字到唐初之后,又由此期充任结果补语的用法进一步虚化为表示动作完成的时态助词,①因此刘淇《助字辨略》说:"却,方言语助,犹云'了'也。"

3."将"字本是动词,义为"引领、携带"。此期用于及物动词之后,一方面词义开始趋于虚化,去掉"将"字,意思并无大的变化;另一方面,与其前动词的关系也由连动式开始向着动补式发展。不过,这里的"将"字仍然具有较强实义,其后紧接趋向动词,正说明它作为"持携"义实词时的惯常用法仍起主要作用。此期这类"将"字仅仅是开始由实义动词向着语气助词的方向发展。②例如:

行数里,昕卒头眩堕车,人扶将还,载归家,中宿死。(《三国志·魏志·华佗传》)

事有权宜,临时若不信听,便当劫将去耳。那得不从?(《三国志·魏志·夏侯玄传》裴松之注引《魏书》)

亲自临陈,诈被疮,使人舆将去。(《南齐书·东昏侯纪》)

若生女者,辄持将去,母随号泣,使人不忍闻也。(《颜氏家训·治家》)

相顾愕然,不知所谓。命取将来,乃小豆也。(《颜氏家训·勉学》)

但言捉将去,二人扶两腋东行,不知几里。(《古小说钩沉·幽明录》)

云有人呼将去,至一城府,未进。(《古小说钩沉·冥祥记》)

五人便以赤绳缚将去,行至一山,都无草木。(同上)

此期以后,"将"字的虚化过程仍在继续,大约到唐五代时期,它的语气助词用法才逐渐成熟起来。

4."来"字除去通常的动词用法之外,此期用于句子末尾,一方面可以表达

---

① 参看曹广顺《〈祖堂集〉中的"底(地)""却(了)""著"》,载《中国语文》1986 年第 3 期。另,曹广顺对"却、来、在、将"等助词在此期之后的发展演变进行了深入探讨,参看《近代汉语助词》第二章"动态助词"与第三章"事态助词"。下文"来"字《魏书》《陈书》二例的线索也来自曹著。

② 参看江蓝生《魏晋南北朝小说词语汇释》,以及曹广顺《魏晋南北朝到宋代的"动+将"结构》,曹文载《中国语文》1990 年第 2 期。

祈使语气(详上文),另一方面又开始向着过去时态助词的方向过渡,只是典型的用例十分罕见。例如:

> 峦乃晚至,琛谓峦曰:"卿何处放蛆来,今晚始顾?"虽以戏言,峦变色衔忿。(《魏书·甄琛传》)

顺便说及,句中的"放蛆",义为胡扯、乱说,近代白话作品中多说成"嚼蛆",义与"放蛆"同。现代汉语多处方言中仍有"嚼蛆、嚼白蛆、嚼大头蛆"之类说法,与普通话中的"嚼舌、嚼舌头、嚼舌根"的"信口胡说"义大致相仿,只是"搬弄是非"义没有后者那么明显。不过,倘若把别人背后说的话传来传去,或在别人背后乱加议论,以致引起纠纷,那固然也属"信口胡说",而其后果则差近于"搬弄是非"。清洪亮吉《晓读书斋初录》卷上曰:"今人所谈不经者,谓之嚼蛆,此风六朝已有之。""所谈不经"应指胡扯、乱说,并无搬弄是非义;"六朝已有"或指上举《魏书》中"放蛆"的用例,后来演变为"嚼蛆"之类说法。

稍后唐初成书的载籍中,也有"来"字向着过去时态助词方向过渡的用例:

> 恪身经事萧家来,今日不忍见许事,分受死耳,决不奉命。(《陈书·沈恪传》)

"来"字虽然此期的虚用用法甚多,但表示已然的助词用法还应是来源于实义动词"来"字,从此期的某些用例中,似可窥探出发展变化的线索。例如《世说新语·文学》:"林道人往就语,将夕乃退。有人道上见者,问云:'公何处来?'答云:'今日与谢孝剧谈一出来。'"文中句末的"来"字当然是应对着"公何处来"的"来"字,但支道林答话中既已点明所来处所的"与谢孝",那么句末实义的"来"字就不再是必不可少的了;况且支道林的兴奋点仍停留在与谢玄的剧谈中,"来"字自然也可兼表剧谈刚刚过去。答话若理解为"今天与谢孝子畅谈了一通",似乎也很顺畅自然。再如《古小说钩沉·冥祥记》:"与荷一卷书,荷受之。西至一家,……复有女子处之,问荷:'得书来不?'荷以书卷与之。"此例"来"字虽可因刘萨荷确实来到女子处而认为尚有一定实义,但理解为表示已然的时态助词似乎也很自然。唐代之后,"来"字的这类用例逐渐增多。据曹广顺研究,"到晚唐五代时,使用就已经比较广泛了",而"明代以后助词'来'的使用总的看是呈减少的趋势","在现代汉语普通话中已经消失了"。

5.“在”字此期一方面用作时地介词,可以后接处所宾语;另一方面新生了位于句末的新用法。后者又可据“在”字于所处句子中是否独自充任谓语动词分为两类。

(1)独自充任句中谓语动词。例如:

江陵去扬州,三千三百里。已行一千三,所有二千在。(《乐府诗集·懊侬歌》)

今虽关、陇犹霭,区县澄氛,偃武修文,於是乎在。(《宋书·明帝纪》)

萧将军震威华戎,寔资义烈,康国济民,於是乎在。(《南齐书·高帝纪上》)

有三番饼,夫妇共分,各食一饼,馀一番在。(《百喻经·夫妇食饼共为要喻》)

这类“在”字不同寻常之处仅仅是位置在句子末尾,而其自身仍表示“存在”的实义。

(2)句中另有谓语动词。例如:

考心迹事,如或有在,妄陈肤知,追惧乖谬。(《宋书·建平宣简王宏传》)

岂惟愚臣,秉心有在,询之朝野,人无异议。(《宋书·徐羡之传》)

陛下孝慈天至,友于过隆,伏揆圣心,已自有在。(《宋书·范泰传》)

虽宋之遗制,恩处有在,犹深非服之憝。(《南齐书·豫章文献王嶷传》)

太子曰:“理既有在,不容以人废言。”(《南齐书·文惠太子传》)

天命有在,今京都无百里地,莫论攻围取胜,自可拍手笑杀。(《南齐书·垣荣祖传》)

臣父领军,付留守之重计,防遏有在,必无所虑。(《魏书·于栗磾传》)

今玺运已移,天命有在,宜时即尊号。(《魏书·尒朱荣传》)

这类“在”字此期多数跟随在“有”字之后,以“有在”的形式出现,共同充任谓语。其中的“有”字是一个使用甚为虚灵的动词,可与之搭配的主语或宾语范围很广；"有"字又具有多个词义，有时还可据搭配主语或宾语的不同而稍有变化。这些词义中就包括很早出现的"存在"义，其用例如《诗·小雅·大东》："东有启明，西有长庚。"所以，"有在"中的"在"字虽然仍有较为实在的"存在"义，但它的位置处于句末，又与跟随对象"有"字的词义时或甚为接近，已有"有"字在前面可以直接对应主语或宾语，从而可以避免"在"字单独而直接地与主宾语发生语义联系，于是"有"字后面"在"字的实义就容易变弱，这就为"在"字自身开始虚化提供了一定条件。发展到唐宋时期，"在"字之前的动词不再限于"有"字，例如唐代杜甫《江畔独步寻花七绝句》："诗酒尚堪驱使在，未须料理白头人。"白居易《与梦得同登栖灵塔》："共怜筋力犹堪在，上到栖灵第九层。"宋代陆游《小园》："拂衣司谏犹忙在，此趣渊明却少知。"三例中的"在"字逐渐摆脱实义，仅仅表示行为动作的持续或某种情况的存在，兼表确定语气。与此同时，从唐代接近口语的文字开始，"在"字又经历了先是其后加"里"字，继而"在里"中脱落"在"字，最后"里"又形变为"哩、呢"的复杂曲折过程，逐渐发展为既可用于陈述句又可用于疑问句中的成熟的语气词，并一直沿用至现代汉语。[①]

6. "著"字用于谓语动词之后，此期萌生了时态助词的用法，表示动作的持续，逐渐成熟后还可以表示动作的进行。参看本编第九章"动词"中"现在时态表示法"部分。

7. "了"字用于谓语动词之后，此期开始朝着萌生为时态助词的方向发展，逐渐成熟后可以表示动作的完成。参看本编第九章"动词"中"过去时态表示法"部分。

8. "得"字用于动词与补语之间，此期在词义上已经进一步虚化，初步具备了结构助词的语法特征，逐渐成熟后可以作为其后带有补语的标志。参看下编第二十四章"述补式"中"结果补语"部分。

9. "不"字用于反复问句末尾，用于否定句末尾或与表示反问、测度的语气副词配合使用，其固有的否定意义开始弱化，逐渐发展后可以兼起句末语气助

---

① 参看吕叔湘《释〈景德传灯录〉中在、著二助词》，载《汉语语法论文集》（增订本）。

词的作用。参看下编第二十三章"疑问句"中"反复问句的新形式"部分。

以上九个词从实际运用角度看，虽然均处于演变过程中而尚未成熟，但从虚化进程看，又存在着彼此之间的不平衡。例如"却、著、看"演进略快；"来、了"极为罕见；"在、不、得"实义尚强；"将"字若不考虑它的有无对表达意义影响不大，甚至应当将它与其前动词视为连动关系。

下编　魏晋南北朝句法的发展

在这一编中，我们将讨论魏晋南北朝时期句法的发展演变。

此期句法的发展主要有如下几个方面：词序的变化，"是"字式判断句的普遍使用，选择问句新形式的出现与反复问句形式的演变，结果、趋向、数量诸补语的发展，"被"字式被动句完整形态的演成，以及虚词的发展促进了句法结构的扩充化与表达方式的严密化，等等。此外，构词法的变化，我们也放在句法发展这一编来谈。

与上一编词法的发展相比，本编论述句法发展时的篇幅显然要小一些。这有两个方面的原因。从客观的一面讲，句法的发展不及词法迅速、显著，因此分量也就较为单薄；我们又没有采用静态描写的方式，对此期句法的面貌做全面介绍，而只是挑选那些对于此期之前有所发展变化的句法现象来写，自然会显得内容不那么多。从主观的一面讲，我们认为句法的发展固然有一些是与词法发展较少关连的单纯的句子结构本身的发展变化（例如词序），但是也有为数不少的情况则是词法的发展变化影响到句法的发展变化（例如以"为"字作为选择连词的选择问句新形式）；故而我们适当地把一些受词法变化制约的句法变化，已经放在词法当中加以论述，这样当然更会显得句法与词法在内容上有轻重之分。不过我们觉得，参看中、下两编的论述及其相互之间的关连，此期句法发展的主要方面还是可以反映出来的；从中还可以看出，这种发展变化也是较为显著多样的。

第二十章　构词法

　　单词复音化是汉语构词发展的总体趋势,并逐渐形成汉语构词法的基本特点。自先秦以至现代,汉语复音词的数量在各个时期续有增加。其中最为突出的当然要算五四运动之后的现代汉语时期,复音词的增长速度与运用范围都远远超过以往任何时期。不过,与先秦两汉相比,魏晋南北朝时期的复音词也有较为明显的发展。由于汉语中的复音词主要呈双音节,这在五四运动之前的汉语中表现尤其典型,所以我们这里说到的复音化也主要是指双音化。

一　双音词增多的主要因素

　　就构词法发展的整个历程而言,汉语中单词的双音化与语音的简化有着极为密切的关系。因为语音的简化,势必产生大量的同音词,降低语言区别词义的交际功能,而这一损失只有从单词的双音化中得到补偿。所以说"汉语词的复音化正是语音简化的逻辑结果"。[①] 而补偿的方式则主要有两种:"单纯语词大半变为复合语词;单纯语词上,附加以表白的辞语。"[②]此期汉语语音的这种由繁趋简的变化已经较为显著,同时由于社会发展日新月异,作为对客观现实的变化最为敏感、变动最为显著的要素,汉语的词汇量得到迅猛增长,[③]这

---

　　① 参看王力《汉语语法史》第十一章"构词法的发展",商务印书馆,1989 年 4 月第 1 版。

　　② 参看张世禄《中国语的演化和文言白话的分叉点》,载《张世禄语言学论文集》。对于这两点,文章阐释说:"第一点,最显著的,是把意义相同或相似的单纯语词,连合在一起,就组成所谓'同义复合语词'。……第二点,最显著的,是把头、子、儿等,附加在单纯的名词之后。"

　　③ 参看杨剑桥《论汉语词汇双音节化的原因》,载《枫窗语文萃编》,复旦大学出版社,2015 年11 月第 1 版。

些都与促进此期单词双音化有着密切联系。除此之外,促进汉语单词双音化的因素还有以下两个方面。

(一) 外族语言的影响

随着汉族与外族交流的增多,外族语言也必然会对汉语产生影响。两汉时期,汉语中已经出现不少外来词,例如来自匈奴的"骆驼、猩猩、琵琶、胭脂",来自西域的"苜蓿、琉璃、葡萄、石榴"。[①] 魏晋南北朝时期佛教渐趋盛行,佛教词语也不断由梵文通过以音译与意译为主的多种方式传入我国,构成此期外来词的主要成分。自梵文而来的音译词大多呈双音节,这是因为作为拼音文字的梵文,单音节词较少,而两个音节以上的多音节词,音译为汉语时往往也会被处理为双音节。例如"袈裟"(Kaṣāya)、"末利"(Mallikā)、"泥洹"(Nirvāṇa)、"菩萨"(Bodhisattva)等。[②] 而由梵文转来的意译词,按照汉语创造新词时主要采用的词根融合法,也更多地意译为双音词。例如"地狱"(Naraka)、"天堂"(Devasabha)、"烦恼"(Kleśa)、"因缘"(Hetupratyaya)等。

(二) 形式美与精密化的需要

外族语言的影响之外,汉语中双音词的增多又同语言形式追求表现美与词义表达力求精密化的倾向有着密切联系。双音词比单音词更富有整齐匀称的功用,汉语中的单词从先秦开始就逐渐向着双音化的方向发展。这除去已经出现为数不少的联绵词、叠音词、叠根词、复合词之外,[③] 以下三种情况也可以证明这一发展趋势的存在。一是许多单音词常常与某些衬音助词连用,这

---

① 参看潘允中《鸦片战争以前汉语中的借词》,载《中山大学学报》1957 年第 3 期。

② "泥洹",详下文"泥洹"条。一说来自巴利语 Nibbana 的音译。

③ 根据向熹统计,《诗经》中共有 4000 多个词,其中联绵词 98 个,重言词 353 个,偏正式复合词 484 个,联合式复合词 209 个。参看《〈诗经〉里的复音词》,载北京大学中文系编《语言学论丛》第六辑。

些助词并没有什么实在的词义,主要作用在于与单音词一道构成双音节的形式;二是偏义复词的出现,其中为义的语素即为整个词的意义,不为义的语素只起衬足音节的作用;三是某些虚词的同义复用,这固然有意义上的强调作用,但促使音节整齐化也是重要的方面。所有这些单词构造上的双音化倾向,都使得语言形式具有修辞上的整齐美的效果。此外,由于单音词往往具有多义性,而双音词的词义则较为单一,要使得语言表达日益趋于精密,也需要单词逐渐向双音节演变。魏晋南北朝时期单词的双音化,除去外族语言的影响外,也正是受到语言表达上形式美与精密化这两种要求的促进,沿着秦汉以来的发展道路进一步向前推进的。

二　构词法的特点

又可以从两个方面进行考察。

(一)　双音单纯词

此期双音单纯词的构词法除沿袭此期之前传统的联绵、叠音等方式并产生大量新词外,在音译外来词上又有新发展。新产生的音译词大多为佛教词语,又较多地表现为双音节形式。例如:

自云教化四辈檀越,造一切经,人中金像十躯。(《洛阳伽蓝记》卷二)

"檀越",梵文 dānapati 音译之略,意译则为"施主",是佛教僧侣对施舍财物者的尊称。

诸国俗人及沙门尽行天竺法,但有精麤。(《法显传》)

"沙门",梵文 Śramaṇa 音译之略,一说来自龟兹语 Samane 的音译,又译作"桑门",意译则为"息心、勤息",佛教中指依照戒律出家修道的人。《魏书·释老志》云:"谓之沙门,或曰桑门,亦声相近,总谓之僧,皆胡言也。"

其还赎,以助伊蒲塞桑门之盛馔。(《后汉书·楚王英传》);李贤注:

"桑门即沙门。")

梵行众僧,庄严国土,人民炽盛,安隐快乐。(《宋书·夷蛮传》)

"僧",梵文 Saṃgha 音译"僧伽"的省称,指出家修行的男性佛教徒。

即问羣臣:"此是何等?"答言:"是鬼王阎罗治罪人。"(《法显传》)

"阎罗",梵文 Yamarāja 音译之略,又称为"阎罗王、阎王",佛教中指主管地狱的神。

阎罗王勅付司,即有青衣十人,送昙谟最向西北门。(《洛阳伽蓝记》卷二)

其国昔有罗汉,以神足力将一巧匠,上兜率天。(《法显传》)

"罗汉",梵文 Arhat 音译"阿罗汉"的省称,指小乘佛教修行所达到的理想中的最高果位,也是对断绝一切嗜好情欲、解脱烦恼、受人崇拜敬仰的圣人的一种称呼。

度河便到乌苌国,乌苌国是正北天竺也,尽作中天竺语。(同上)

"乌苌",梵文 Udyāna 的音译,义为"苑囿"。

城东北一由延,到一谷口,有佛锡杖,亦起精舍供养。(同上)

"由延",梵文 Yojana 的音译,又译作"由旬、由巡",是古印度长度名,指帝王一日行军路程的距离。

千里宝幢,百由旬座,化成净土,踊出妙塔乎?(《颜氏家训·归心》)

渡河南下一由巡,到摩竭提国巴连弗邑。(《水经注》卷一)

一息不追,则万劫永别;刹那暂断,则千代长离。(梁简文帝《唱导文》)

"刹那",梵文 Kṣaṇa 的音译,是古印度最小的时间单位名,指妇女纺绩一寻线所用的时间,表示时间极为短暂。梁武帝《断酒肉文》:"经言,以一念顷,有六十刹那。"又省称为"刹"。

一刹靡停,三念齐往;不常不住,非今非曩。(沈约《千佛颂》)

教化已周,入于涅槃,舍利流布,起无量塔。(《宋书·夷蛮传》)

"舍利",梵文 Śarīra 音译之略,意译则为"身骨",佛教徒指死者火化后的残余骨烬。《魏书·释老志》云:"佛既谢世,香木焚尸。灵骨分碎,大小如粒,击之不坏,焚亦不燋,或有光明神验,胡言谓之'舍利'。"

> 则於河中央入火光三昧,烧身而般泥洹。(《法显传》)

"三昧",梵文 Samādhi 音译之略,意译则为"定、正受、等持",指止息杂虑,一心专注而不散乱,是佛教重要的修行方法之一。

> 塔北三四百步,阿育王本於此作泥梨城。(同上)

"泥梨",梵文 Niraya 的音译,意译则为"地狱",指苦的世界。详下文"地狱"。

> 有比丘次第乞食入其门,狱卒见之,便欲治罪。(同上)

"比丘",梵文 Bhikṣu 的音译,为佛教出家五众之一,指已受具足戒的男性,俗称"和尚"。

> 和尚天姿高朗,风韵道迈,丞相王公一见奇之。(《世说新语·言语》刘孝标注引《高坐别传》)

> 婕好果入掖庭,后宫咸师宗之。世宗崩,为比丘尼。(《魏书·高道悦传》)

"比丘尼",梵文 Bhikṣuṇī 的音译,为佛教出家五众之一,指已受具足戒的女性。《魏书·释老志》云:"妇入道者曰比丘尼。"又省称为"尼"。

> 京师语曰:"洛阳男儿急作髻,瑶光寺尼夺作婿。"(《洛阳伽蓝记》卷一)

> 提婆初至,为东亭第讲《阿毗昙》。(《世说新语·文学》)

"提婆",梵文 Deva 的音译,这里指东晋西域高僧僧伽提婆。意译则为"天、天神"。详下文"诸天"。

> 有小沙弥在坐末曰:"世尊默然,则为许可。"(《世说新语·言语》)

"沙弥",梵文 Śrāmaṇera 音译之略,一说来自龟兹语 Samir 的音译,意译则为"息慈、勤策男",为佛教出家五众之一。

> 林公曰:"白旃檀非不馥,焉能逆风?"(《世说新语·文学》)

"旃檀",梵文 Chandana 音译"旃檀那"的省称,即檀香。玄应《一切经音义》:"旃檀那,外国香木也,有赤、白、紫等数种。"

> 高宗末,其王遣使送释迦牟尼佛袈裟一,长二丈馀。(《魏书·西

域传》）

"袈裟"，梵文 Kaṣāya 的音译，佛教僧尼穿的一种颜色暗红或红中带黄的法衣。

> 初视《维摩诘》，疑"般若波罗蜜"太多。（《世说新语·文学》）

"般若"，梵文 Prajñā 的音译，佛教中指如实了解一切事物的智慧；"波罗蜜"也为梵文 Pāramitā 的音译，意为"到彼岸"。"般若波罗蜜"意为开智慧以到达涅槃解脱的彼岸。

> 伽蓝之内，花果蔚茂，芳草蔓合，嘉木被庭。（《洛阳伽蓝记》卷四）

"伽蓝"，梵文 Saṅghārāma 音译"僧伽蓝摩"的省称，意思是僧众居住的庭院，后来又指佛寺。

> 会稽、山阴、恒山保林寺刹上四破，电火烧塔，下佛面窗户不异也。
> （《南齐书·五行志》）

"塔"，梵文 Stūpa 的音译，又译作"窣堵波、塔婆"。佛教特有的建筑物，放置佛骨的地方。《魏书·释老志》："弟子收奉，置之宝瓶，竭香花，致敬慕，建宫宇，谓为'塔'。塔亦胡言，犹宗庙也，故世称塔庙。"

> 寻幸永宁寺，亲建刹於九级之基，僧尼士女赴者数万人。（《魏书·宣
> 武灵皇后胡氏传》）

"刹"，梵文 Kṣetya 音译"刹多罗"的省称，意思是"地方、国家、世界"；后来又可指佛寺、佛塔。

> 耶悉茗花、末利花，皆胡人自西国移植於南海。（嵇含《南方草木状》
> 卷上）

"末利"，梵文 Mallikā 的音译，又译作"茉莉、末丽、末罗"，后来写作"茉莉"，一种常绿灌木，花白色，有香气，可做香料。

> 泥洹已来，圣众所行，威仪法则，相承不绝。（《水经注》卷一）

"泥洹"，后来译作"涅槃"，梵文 Nirvāṇa 的音译，意译则为"寂灭、圆寂"，原意为熄灭一切烦恼或熄灭一切烦恼后的状态，后来又指佛或高僧的逝世。《魏书·释老志》云："涅槃译云灭度，或言常乐我净，明无迁谢及诸苦累也。"

> 涅槃之道，盖是三乘之所归，方等之渊府。（僧肇《涅槃无名论》）

　　复南行二十里，到菩萨本苦行六年处。(《法显传》)

　　"菩萨"，梵文 Bodhisattva 的音译，是佛教徒所信奉的佛祖释迦牟尼未成佛时的称号，也可指佛教中大乘思想的实行者。

　　晚节更喜黄、老，学为浮屠斋戒祭祀。(《后汉书·楚王英传》)

　　"浮屠"，也常译作"佛陀"、"浮图"、"佛图"，简称为"佛"，梵文 Buddha 的音译，意为"觉者"，佛教徒又以此作为对教主释迦牟尼的尊称，后来还可泛指佛教徒。《后汉书·楚王英传》李贤注引袁宏《汉纪》："浮屠，佛也，西域天竺国有佛道焉。佛者，汉言觉也，将以觉悟群生也。"《魏书·释老志》云："浮屠正号曰佛陀，佛陀与浮图声相近，皆西方言，其来转为二音。华言译之则谓净觉，言灭秽成明，道为圣悟。"

　　佛图澄与诸石遊，林公曰："澄以石虎为海鸥鸟。"(《世说新语·言语》)

　　"浮屠、浮图"此期还可以用来称谓佛教、佛寺、佛堂或佛塔。例如：

　　浮屠害政，桑门蠹俗，风惊雾起，驰荡不休。(范缜《神灭论》)

　　庾公尝入佛图，见卧佛，曰："此子疲於津梁。"(《世说新语·言语》)

　　阿育王起浮屠于佛泥洹处，双树及塔，今无复有也。(《水经注》卷一)

　　"浮图、佛"又可特指佛教创始人释迦牟尼。例如：

　　后桓帝好神，数祀浮图、老子，百姓稍有奉者，后遂转盛。(《后汉书·西域传》)

　　西方有神，名曰佛，其形长丈六尺而黄金色。(同上)

　　此外，还有在特定场合直接使用外语词语的用法，由于是以汉字记音形式呈现出来的，也可视为临时性的音译外来词语。例如：

　　因过胡人前，弹指云："兰阇，兰阇。"群胡同笑，四坐并懽。(《世说新语·政事》)

　　刘盼遂《世说新语校笺》云："'兰阇'或为梵语 Rañja，此云乐也。"马瑞志《世说新语译注》也说："'兰阇'当是佛教徒所用梵语(Sanskrit)问候之辞 Rañjanī(略似英语 Good cheer)的俗语(Prakrit)或某种中亚语说法。"张永言在引用刘盼遂、马瑞志二人看法后，又解释说："王导这位大人物当时为了取悦

'胡人',笼络人心,特意说这么一个外语词,显然是一种政治手段。"随后又阐发说:"这一类临时借用的外族语成分,大抵是昙花一现,或者只在个别特定场合露面,它们也未必都算作汉语词汇里的外来词。"①再后来,他在主编《世说新语辞典》时又对"兰阇"释义说:"梵语动词 Rañja(祈使式,主动态,现在时,第二身,单数)的记音(义为请高兴些吧)。一说是梵语 Lanja(请安住)或 Ran-jan(王爷,转为尊美他人的敬称)的记音。"

(二) 双音合成词

此期双音合成词的构词法除沿袭此期之前传统的叠根、词根融合等方式并产生大量新词外,又在以下两个方面有新的发展。

1. 词根附加词缀的派生法

此期萌生发展的词缀主要有:名词前缀"阿",名词后缀"子、头",形容语后缀"馨",序数词前缀"第",构词中的量词后缀,副词、连词后缀"复",副词后缀"自",等等。这些词缀附于单音词的前面或后面,除表示一定的语法意义外,在形式上又可以构成双音节的派生词。用例分别参看中编第八章"名词"、第十章"形容词"、第十四章"数词"、第十五章"量词"、第十六章"副词"、第十八章"连词"中的相关部分。

2. 意译外来词

此期意译外来词也以佛教词语为主,其构成方式采用汉语中固有的词根融合法,其中绝大多数为双音词。例如:

　　　与慧景、道整、慧应、慧嵬等同契,至天竺寻求戒律。(《法显传》)

"戒律",合梵文 Śīla 与 Vinaya 之义意译而成。"戒"义"禁制",有五戒、十戒及二百五十戒等种类;"律"义"调伏",为戒律中条文的解释。

---

① 文中刘说当来自陈寅恪,参看周一良《魏晋南北朝史札记》中"《晋书》札记",中华书局,1985 年 3 月第 1 版。文中所引张文,参看《汉语外来词杂谈》,载《语文学论集》(增订本),复旦大学出版社,2015 年 1 月第 1 版。所引马文也转引自张著。所引辞典释义,参看张永言主编《世说新语辞典》"兰阇"词条,四川人民出版社,1992 年 7 月第 1 版。

其国王奉法,可有四千馀僧,悉小乘学。(《法显传》)

"小乘",梵文 Hīnayāna 的意译。"乘"义"运载",也包含"运载到最后解脱"的意思。最早的佛教号召追求灭身灭智归于空寂涅槃的自我解脱。公元一、二世纪间,佛教中出现了鼓吹"救度一切众生"的新教派,自称为"大乘",而把只求自我解脱的原教派称为"小乘"。

众僧乃数万人,多大乘学,皆有众食。(同上)

"大乘",梵文 Mahāyāna 的意译。参看上文"小乘"。

悬缯幡盖,像立车中,二菩萨侍,作诸天侍从。(同上)

"诸天","天"为梵文 Deva 的意译,音译则为"提婆"。本为婆罗门教的神,佛教也加以吸收。这里的诸天即诸天神的意思。

而慧达、宝云、僧景遂还秦土,慧应在佛钵寺无常。(同上)

"无常",梵文 Anitya 的意译。佛教认为世间一切事物,都处在生起、变异、坏灭的过程中,迁流不停,绝无常住性,称为无常。这里的无常义为"死亡"。

居士、长者亦先供养,乃修家事,日日如是,初无懈倦。(同上)

"居士",梵文 Gṛhapati 的意译,音译则为"迦罗越"。原义为"家主",佛教用以称呼在家佛教徒中受过"三归、五戒"的人。

欣见素以抱朴,果甘露於道场。(《宋书·谢灵运传》)

"道场",梵文 Mantra 的意译,音译则为"曼特罗"或"曼荼罗"。指供奉佛菩萨像、诵经礼拜、举行法会的场所。

惧地狱以敕身,孰与从理以端心?(《宋书·夷蛮传》)

"地狱",梵文 Naraka 的意译,音译则为"那洛迦",指苦的世界。佛教认为人生前做了坏事,死后要堕入地狱,受种种苦难。

有小沙弥在坐末,曰:"世尊默然,则为许可。"(《世说新语·言语》)

"世尊",梵文 Loka-natha 或 Bhagavat 的意译,音译则为"路迦那他"或"婆伽婆",为佛教徒对于释迦牟尼的尊称之一。佛经说释迦牟尼具足众多功德,能利益世间,于世独尊,由此得名。

三乘佛家滞义,支道林分判,使三乘炳然。(《世说新语·文学》)

"三乘",梵文 Yāna 的意译。佛教认为人有三种"根器",因此有三种不同的修持途径,并把这三种修持途径比作所乘的三种车,由此得名。

> 治此计权救饥尔,无为遂负如来也!(《世说新语·假谲》)

"如来",梵文 Tathāgata 的意译,为释迦牟尼的十种称号之一。"如",谓"如实","如来"即从如实之道而来、开示真理的人。

> 而儿遂不济,於是结恨释氏,宿命都除。(《世说新语·尤悔》)

"宿命",梵文 Purvanivasanusmrti 的意译,义为"宿世的生命"。佛教认为人在前世都有生命,或为天或为人,或为饿鬼、畜生,流转不息,升沉不定,今生的命运是由前世所为善恶决定的。

以上我们主要论述了来自梵语的外来词,包括音译与意译两个方面。这里再补充一些此期汉语中来自梵语之外的外来词,这些词也有为数不少的运用,又以音译词为主。[①] 除前举两汉已经出现者外,略举数例以见一斑:

> 昨夜见军帖,可汗大点兵。军书十二卷,卷卷有爷名。(《乐府诗集·木兰诗》)

"可汗",又作"可寒、合罕",突厥语的音译。古代柔然、突厥、回纥、蒙古等政权最高统治者的称号。

> 林邑乞降,输生口、大象、金银、古贝等,乃释之。(《宋书·杜慧度传》)

"古贝",又作"吉贝",梵语的音译,兼指棉花与木棉。《南史·夷貊传上》:"古贝者,树名也,其华成时如鹅毳,抽其绪纺之以作布,布与纻布不殊。"李时珍《本草纲目》卷三十六"木绵":"木绵有二种,似木者名古贝,似草者名古终。或作吉贝者,乃古贝之讹也。"

> 后世祖以其无知,状类於虫,故改其号为蠕蠕。[②](《魏书·蠕蠕传》)

"蠕蠕",柔然语的音译。古族名,源于东胡,始祖木骨闾,附属拓跋部,后建立柔然政权,最终并入突厥。

[①] 本节撰写时参考了《汉语大词典》,以及向熹《简明汉语史(上)》中编第二章第四节"外族文化对中古汉语词汇发展的影响",高等教育出版社,1993 年 5 月第 1 版。

[②] 据中华书局本《魏书·蠕蠕传》校勘记[三]:"又《本传》称此族'自号柔然',《宋书》《南齐书》称'芮芮',《北齐书》《隋书》作'茹茹',与'柔然'都是一名的异译,此译作'蠕蠕'则是拓跋焘有意侮辱。"

寒瓜方卧垄，秋菰亦满陂。紫茄纷烂漫，绿芋郁参差。（沈约《行园》）

"寒瓜"，后来又作"西瓜"，女真语的音译。李时珍《本草纲目》卷三十三"西瓜"："陶弘景注瓜蒂言，永嘉有寒瓜甚大，可藏至春者，即此也。盖五代之先，瓜种已入浙东，但无西瓜之名，未遍中国尔。"

特别值得注意的是，从此期之前开始，汉语中就常可用原本泛指北方与西方各族的"胡"字加上一个单音节的语素，构成复音词以表示外来的事物。这些事物大多来自中原地区的北方或西方，但又不限于这两个地区。此期这类用法逐渐增多，现选择若干较为常见者举例于下。

失鹿，帝大怒，踞胡牀拔刀，悉收督吏，将斩之。（《三国志·魏志·苏则传》）

"胡牀"，一种可以折叠的轻便坐具，因来自北方外族，称为胡床。据《贞观政要》卷六记载："隋炀帝性好猜防，专信邪道，大忌胡人，乃至谓胡床为交床，胡瓜为黄瓜，筑长城以避胡。"

胡笳动兮边马鸣，孤雁归兮声嘤嘤。（《后汉书·陈留董祀妻传》）

"胡笳"，泛指来自北方和西北各族的拨弦乐器，如琵琶、忽雷，统称胡琴。

谓之沙门，或曰桑门，亦声相近，总谓之僧，皆胡言也。（《魏书·释老志》）

"胡言"，胡人的语言，后又泛指外族语、外国语或少数民族的语言。

俗事火神、天神，文字与胡书异。（《魏书·西域传》）

"胡书"，又称为"胡字"，本指胡人的文字，又可泛指外族、外国或少数民族的文字。

七塔南石铭，云如来手书。胡字分明，於今可识焉。（《洛阳伽蓝记》卷五）

酒一斗，胡椒六十枚，干姜一分，鸡舌香一分，荜拨六枚。（《齐民要术》卷七）

"胡椒"，一种多年生常绿灌木。段成式《酉阳杂俎·木篇》云："出摩伽陁国，呼为昧履支。"《本草纲目》云："今南番诸国及交趾、滇南、海南诸地皆有之。"

四月中种之。胡瓜宜竪柴木，令引蔓缘之。(《齐民要术》卷二)

"胡瓜"，即黄瓜，张骞出使西域时引进，称为胡瓜。十六国后赵皇帝石勒忌讳"胡"字，改称黄瓜；一说隋炀帝大忌胡人，改称黄瓜。

葱中亦种胡荽，寻手供食；乃至孟冬为菹，亦无妨。(《齐民要术》卷三)

"胡荽"，一种有特殊香味的草本植物，可用作菜食或佐料，果实可用作香料，也可入药。《齐民要术》卷三引张华《博物志》曰："张骞使西域，得大蒜、胡荽。"十六国后赵皇帝石勒忌讳"胡"字，改称香荽。

东方种桃九根，宜子孙，除凶祸。胡桃、奈桃种，亦同。(《齐民要术》卷四)

"胡桃"，即核桃，一种落叶乔木。《博物志》卷六云："张骞使西域还，乃得胡桃种。"孙奕《履斋示儿编》："胡人常食核桃而名胡桃。"

治牛虱方：以胡麻油涂之，即愈。豬脂亦得。(《齐民要术》卷六)

"胡麻"，即芝麻，相传张骞得其种于西域，故称胡麻。《抱朴子·仙药》："巨胜一名胡麻，饵服之不老，耐风湿，补衰老也。"

著絮巾布袴，常於市中贩胡饼。(《三国志·魏志·阎温传》裴松之注引《魏略勇侠传》)

"胡饼"，即今之烧饼。《释名·释饮食》："胡饼，作之大漫沍也，亦言以胡麻著上也。"十六国后赵皇帝石勒忌讳"胡"字，改称麻饼。

胡羊久剽夺，汉节故支持。帛上看未终，脸下泪如丝。(梁武帝《代苏属国妇诗》)

"胡羊"，指胡地出产的羊，现今又称绵羊为"胡羊"，以大致区别于山羊。

河畔草未黄，胡雁已矫翼。秋蛩扶户吟，寒妇晨夜织。(鲍照《拟古》)

"胡雁"，即雁，雁来自北方胡地，故而称为胡雁。

还京，召见宴会，赏帛千匹，赐騂骝御胡马一匹。(《魏书·奚康生传》)

"胡马"，原本泛指产自西北民族地区的马，又可代指胡人的部队。

数十年间，外郡无风尘之警，边城早开晚闭，胡马不敢南临。(《宋书·

索虏传》）

　　垂罗下椒阁,举袖拂胡尘。唧唧抚心歎,蛾眉误杀人。（施荣泰《咏王昭君》）

"胡尘",原指胡地的尘沙,又可代指胡人兵马扬起的沙尘,比喻胡人的部队。

　　建元之初,胡尘犯塞,永明之始,复结通和。（《南齐书·孔稚珪传》）

除去表示外来事物,有时也可用来指外族的人。例如:

　　六年秋,耿晔遣司马将胡兵数千人,出塞击破之。（《后汉书·鲜卑传》）

"胡兵",原指胡人的士兵,这里指归顺汉朝后的原胡人士兵。

　　卓女红妆期此夜,胡姬沽酒谁论价?（徐陵《乌栖曲》）

"胡姬",原指胡人酒店中的卖酒女,也可用于对非汉族妇女的称呼,又多指酒店中卖酒的非汉族女子。

　　至洛阳,世隆逼之,公主骂曰:"胡狗,敢辱天王女乎? 我宁受剑而死,不为逆胡所污。"（《洛阳伽蓝记》卷二）

句中公主系北魏孝庄帝元子攸之姐,其夫太尉萧综(后改名讚),出为齐州刺史。尒朱兆入洛,公主被虏还京,契胡后裔尒朱世隆欲相陵逼,公主不屈,叱之为"胡狗",后被害。

此外,还可以表示胡人的礼仪,也即胡人的部分动作行为。例如:

　　灵帝好胡服、胡帐、胡牀、胡坐、胡饭。（《后汉书·五行志一》）

"胡坐",指胡人的一种礼仪行为,即盘腿而坐,郭沫若解释说:"古人席地而坐,坐取跪的形式。打盘脚坐叫'胡坐',是外来的坐法。"[①]

　　以晋惠之末,至于洛阳,诸道人悉为作礼,域胡跪,晏然不动容色。（慧皎《高僧传》卷九）

"胡跪",据《汉语大词典》释义:古代僧人跪坐致敬的礼节,右膝着地,竖左膝危坐,倦则两膝姿势互换。又称互跪。但此例"跪"字各本有异文:"《大

---

① 参看《李白与杜甫》中"李白与杜甫在诗歌上的交往",人民文学出版社,1971 年 11 月第 1 版。

正藏》本"作"跪",汤用彤据"宋元明三本"、"金陵刻经处本"改作"踞"。两相比较,若自前文叙述耆域其人"倜傥神奇,任性忽俗"言之,似以"踞"字为义长;若自紧邻上下文"诸道人悉为作礼"、"晏然不动容色"言之,则以"跪"字更为合理。再者,"胡踞"用例至难见到,"胡踞"究竟是何姿势? 与汉人之"踞"又有何不同? 疑不能明,附此备考。① 此从"《大正藏》本"作"跪"。

要之,凡来自北方与西方等地各族的器物、动物、人及其动作行为,均可冠以"胡"字,《后汉书·五行志一》正有较为集中的记载:"灵帝好胡服、胡帐、胡牀、胡坐、胡饭、胡空侯、胡笛、胡舞,京都贵戚皆竞为之。"由此也可看出,汉灵帝生活奢侈怪异之甚,难怪司马彪感叹曰:"此服妖也。"意思是灵帝服用的奇异预示天下将有变故。历史也确实如此,"其后董卓多拥胡兵,填塞街衢,虏掠宫掖,发掘园陵",以至于天下大乱。

用"胡"字加上单音节语素构成的新词,显然不属于外来词的范畴,但这种经济而能产的构词方式却是富有生命力的。与此相仿的是,近代开始,尤其是二十世纪以来,随着我国与西方交往的频繁,许多外来的特别是来自西方的事物,国人在称呼它们时往往冠以"洋"字,并由此产生了一大批新词。例如洋务、洋商、洋货、洋行、洋场、洋楼、洋房、洋钱、洋车、洋布、洋铁、洋灰、洋油、洋火、洋气、洋派;有些甚至十分活跃地沿用到现在,例如洋酒、洋葱、洋节、洋文。此外,"洋"字还可以引申表示新奇、意外、程度深之类语义,例如开洋荤、发洋财、受洋罪、出洋相、磨洋工,由此可见它的构词能力是多么地强。

---

① 参看[梁]释慧皎撰、汤用彤校注《高僧传》卷九"晋洛阳耆域",中华书局,1992 年 10 月第 1 版。另,《南齐书·顾欢传》载:"又夷俗长跽,法与华異,翘左跂右,全是蹲踞。"《汉语大词典》"胡跪"释义与之较相吻合,可供参考。

第二十一章　词序

　　词序是指句子中各个成分之间的排列顺序。由于汉语没有严格意义上的形态变化，词序也就相对显得更为重要，成为汉语表达意义的一种主要语法手段。一般言之，汉语的词序比较固定，先秦到现代并无太大变化；但相对说来，从先秦两汉到魏晋南北朝的演变要略为显著一些。这是因为，汉末之后双音词逐渐增多，句子容量不断增大，借助词序变化来使意义表达更为丰富的方法日渐少用，故而此期之前的一些非变化词序的表达手段开始趋于规律化，句子中各个成分之间的排列顺序也就显得较为稳定。与先秦两汉时期相比，此期句子成分间词序排列的主要发展变化表现在五个方面。下面我们先讨论这几种词序，然后再附论此期与分句间排列顺序相关的插语式问题。

一　疑问代词宾语位置的变化

　　《马氏文通》云："询问代字为止词，则先其动字，为司词，则先其介字。……其不先者仅矣，此不易之例也。"马建忠所述的这条规律，验之以先秦汉语是完全能够成立的。但疑问代词宾语后置这种马建忠认为个别的语法现象，汉代之后却逐渐扩大范围，用例也不断增多。魏晋南北朝时期正处于疑问代词宾语由前置向后置的发展变化阶段，虽然前置的现象依然占有优势，但后置的情况也为数不少。以下就后置现象的情况分类举例说明。

　　1. 新兴的疑问代词充任宾语时以后置为主，又可以分为两类。

　　（1）双音节疑问代词"何等、何物"不前置。例如：

王问言:"汝作何等?"答言:"作佛塔。"王言:"大善。"(《法显传》)

粲性躁竞,起坐曰:"不知公对杜袭道何等也?"(《三国志·魏志·杜袭传》)

令有酒色,因遥问:"伧父欲食饼不?姓何等?"(《世说新语·雅量》)

而问之言:"欲作何等?"木匠答言:"作三重屋。"(《百喻经·三重楼喻》)

既反,语充,充曰:"语卿道何物?"(《世说新语·贤媛》)

近有谷米,我都噉尽,彼军复欲食噉何物,能过十日邪?(《宋书·索虏传》)

杀人取钱,当时狼狈,应有所遗,此贼竟遗何物?(《魏书·司马楚之传》)

因问希曰:"尔作何物也,令我一杯大醉,今日方醒?"(《搜神记》卷十九)

(2)单音节疑问代词"底"字以后置为主。例如:

单身如萤火,持底报郎恩?(《乐府诗集·欢闻歌》)

持底报郎恩,俱期遊梵天?(同上)

月没星不亮,持底明侬绪?(《乐府诗集·读曲歌》)

持底唤欢来,花笑莺歌詠?(《乐府诗集·西乌夜飞》)

徒劳无所获,养蚕持底为?(《乐府诗集·采桑度》)

我去不知朝夕见底,若一旦死去作鬼,亦不取汝。(《宋书·始安王休仁传》)

也有少数前置的现象,主要出现在乐府民歌中,看来是为了适应诗歌押韵的需要。例如:

寒衣尚未了,郎唤侬底为?(《乐府诗集·秋歌》)

2.固有的疑问代词充任宾语时也常可置于动词或介词之后。例如:

权闻之,以问公卿曰:"温当今与谁为比?"(《三国志·吴志·张温传》)

文举,卿舍我死,我当复与谁语者?(《三国志·魏志·王脩传》裴松之注引《魏略》)

　　殷荆州曾问远公:"《易》以何为体?"(《世说新语·文学》)

　　问曰:"人从何生?"答曰:"人从谷而生。"(《百喻经·卷首引文》)

　　便问之言:"用何和涂,得如是好?"(《百喻经·见他人涂舍喻》)

　　时以语谁? 见答云何? 以何日月? 於何处所? (《三国志·魏志·毛玠传》)

　　垂泣曰:"陛下气微,若有不讳,将以天下付谁?"(《三国志·魏志·明帝纪》裴松之注引《汉晋春秋》)

　　王珣疾,临困,问王武冈曰:"世论以我家领军比谁?"(《世说新语·品藻》)

　　又启太祖曰:"羊玄保欲还,不审以谁为会稽?"(《宋书·彭城王义康传》)

　　从门扉间谓羣臣曰:"我有父,亦有兄,公卿欲从谁也?"(《魏书·清河王绍传》)

　　尼曰:"若尔,今欲立谁?"爱曰:"待还宫,擢诸王子贤者而立之。"(《魏书·刘尼传》)

　　康生曰:"至尊陛下儿,随陛下将东西,更复访问谁?"(《魏书·奚康生传》)

二　否定句代词宾语位置的变化

　　《马氏文通》云:"凡外动字状以弗辞,或起词为'莫'、'无'等字,其止词如为代字者,概位乎外动之先。……有弗辞而代字止词不先置,与无弗辞而先置,皆仅见也。"马建忠的这一结论,在先秦汉语中是大致可以成立的,但据周光午对先秦十六部典籍的研究,否定句代词宾语前置的条件,同否定副词、代词的具体形式有密切关系。他举例说明,先秦用"不"字表示否定,又以代词"之"字充任宾语的否定句,"之"字极大多数都置于动词之后,前置于动词的只有两个例子。① 由此看来，否定句代词宾语不前置这种马建忠认为个别的语法现象，在先秦时期已经并不少见。发展到汉代，否定句的代词宾语逐渐后移，不只在"不"与"之"相配合的结构中如此，在其他的否定词与代词的配合中，后移的比例也不断增大。到了魏晋南北朝，前置现象进一步减少，后置成了占主导地位的词序。同样根据周光午的统计，在《世说新语》《古小说钩沉》《六朝民歌》《百喻经》四部典籍中代词充任宾语的否定句共有 127 例：宾语前置的只有 15 例，占 11.8%；宾语后置的 112 例，占 88.2%。这 15 例宾语前置的现象出自《世说新语》与《古小说钩沉》二书，而口语化程度更高一些的《六朝民歌》与《百喻经》中竟然没有一个用例。② 由此可见，魏晋南北朝时期，否定句代词宾语后置的词序在口语中已经基本定型。以下分两个方面举例说明。

1. 新兴的代词充任否定句宾语时不前置。例如：

若不信侬时，但看雪上跡。（《乐府诗集·冬歌》）

欢取身上好，不为侬作虑。（《乐府诗集·读曲歌》）

王僧恩轻林公，蓝田曰："勿学汝兄，汝兄自不如伊。"（《世说新语·品藻》）

桓温常责之云："君太不逮。须食，何不就身求，乃至於此！"（《世说新语·任诞》刘孝标注引《晋阳秋》）

觊曰："江东处分，莫不由身，委罪求活，便是君辈行意耳。"（《宋书·孔觊传》）

既而曰："玄度才情，故未易多有许！"（《世说新语·赏誉》）

2. 固有的代词充任否定句宾语时也大多不前置。以下是《世说新语》与《百喻经》中的用例：

何曰："我不看此，卿等何以得存？"诸人以为佳。（《政事》）

---

① 参看周光午《先秦否定句代词宾语位置问题》，载《中国语文》杂志社编《语法论集》第三集。尽管周文受到统计资料等限制，很难说能够全面反映先秦否定句代词宾语位置的面貌，但据观察，"不"与"之"相配合的否定句结构中，代词"之"字前置的用例确实不多。

② 参看本页注释①所引周文。

刘曰:"卿若知吉凶由人,吾安得不保此!"(《言语》)

答曰:"我若不隐此,汝何以得见古物?"(《贤媛》)

桓曰:"我若不为此,卿辈亦那得坐谈?"(《排调》)

蓝田慨然曰:"既云堪,何为复让?人言汝胜我,定不如我。"(《方正》)

长史曰:"韶音令辞不如我,往辄破的胜我。"(《品藻》)

羊去,卞语曰:"我以第一理期卿,卿莫负我!"(《宠礼》)

张苍梧是张凭之祖,尝语凭父曰:"我不如汝。"(《排调》)

吾所以积年不告汝者,王氏门疆,汝兄弟尚幼,不欲使此声著。(《仇隙》)

既知不能瑜己,稍共诸生叙其短长。(《文学》)

(以上见《世说新语》)

当使汝得上妙衣服,当随我语,终不欺汝。(《贫人烧粗褐衣喻》)

夫答妇言:"有好密事,不得语汝。"(《效其祖先急速食喻》)

其夫拍手笑言:"咄!婢!我定得饼,不复与尔。"(《夫妇食饼共为要喻》)

汝大愚癡,无有智慧,何不待我?(《与儿期早行喻》)

夫用其言,至他界已,未及食之。(《五百欢喜丸喻》)

(以上见《百喻经》)

当然,我们在此朝的载籍中仍然可以见到不少宾语前置的现象,例如《宋书·薛安都传》:"安都单骑直入,斩之而反,时人皆云关羽之斩颜良,不是过也。"《颜氏家训·慕贤》:"军府轻贱,多未之重,耻令子弟以为楷法。"这类现象在书面语色彩较浓的作品中并不罕见,①但在口语化程度较高的作品中却较少见到,想来已是其时文人因长期涵泳于秦汉古文,故而笔下不经意间流露出来的一种仿古结构了。顺便说及,由于新旧两种语言的写作技能交并运用,这种仿古现象偶尔也有不够允当之处,例如《三国志·蜀志·诸葛亮传》:"亮毗

---

① 以《颜氏家训》一书为例,除去"不"与"之"相配合的否定句中宾语"之"字后置外,其他情况的否定句代词宾语仍有不少采用仿古结构置于动词之前。例如《勉学》"时莫之解"、"未之究也",《文章》"时人未之赏也",《书证》"未之敢从",《音辞》"未之前闻也"。

佐危国,负阻不宾,然犹存录其言,耻善有遗,诚是大晋光明至德,泽被无疆,自古以来,未之有伦也。"句中的"未之有伦"中"未"后着一"之"字,看似仿古用法,语音节奏和谐上口,但即便秦汉古文中也罕见此类句式,似应视为陈寿在赞颂大晋明德而兴到之时,习于旧有用法的信笔直书所致。

此外,就疑问代词宾语由前置向后置与否定句代词宾语由前置向后置两类现象的发展进程,特别是在此期的发展进程而言,二者也明显存在着不平衡性。从先秦开始,后者的发展已经比前者要快,两汉时期也是如此。魏晋南北朝时期,否定句代词宾语后置于动词的发展可以说在口语中已经大体完成,而疑问代词宾语后置于动词的发展仍在继续进行之中。如果说此期汉语中"主语+动词+代词宾语"的词序已经基本确立的话,那么主要应当指否定句中代词宾语的位置,而且限于在口语化程度较高的载籍中,而不应兼指疑问代词宾语的位置。后者在口语中完成后置的进程,大概是隋唐时期的事情。

关于疑问句与否定句代词宾语由前置发展为后置的进程,历来就有种种不同看法。王力在《汉语语法史》中列举东汉数则疑问代词宾语后置的用例,并据此认为:"到了南北朝以后,这种疑问代词宾语和否定句中代词宾语后置的发展已经在口语中完成了。"这恐怕不尽符合事实。如前所述,我们不仅从口语化程度较高的南朝民歌等载籍中见到一些代词宾语前置的情况,而且在具有一定口语色彩的《世说新语》一类书籍中见及,这类前置现象甚至仍有较多反映。倒是太田辰夫的说法较为客观,对于否定句代词宾语后置的问题,他列举了数则东汉时期否定句代词宾语置于动词之后的用例,随后指出:"可以推测,上古否定句代名词宾语倒置的语序在后汉时代已从口语中完全消失了。从较多反映口语的资料里搜寻倒置的例子很困难。"对于疑问代词宾语后置的问题,他则说:"从唯一的古今不变的疑问代名词'谁'来看,在隋以前现代汉语式的词序很少。"不过他据所举用例认为"谁"字后置"多是韵文,想来是由于押韵的缘故",也似乎有些片面,上文所举诸多用例完全可以说明,这种后置并非全是"由于押韵的缘故"。①

---

① 王力说,参看《汉语语法史》第十三章"词序的发展"。太田辰夫说,参看《汉语史通考》第一部"中古语法概说"、《中国语历史文法》(修订译本)第二部"12.代名词"。

三　数量词组位置的变化

又可以从以下三个方面进行考察。

（一）数量词组内部词序的变化

先秦时期,数量词组组合的词序并用"量+数"式与"数+量"式。两汉时期则呈过渡状态,即"数+量"的词序日渐增多,而"量+数"的词序日渐减少。发展到魏晋南北朝时期,"量+数"的词序基本上被淘汰,就一般情况而言,数词与量词的组合,总是采用"数+量"式。参看中编第十五章"量词"中"名量词"部分。

（二）数量词组与名词组合时词序的变化

先秦时期,这种组合原则上是数量词组后附于名词。虽然也有前附的现象,但为数较少,使用范围也较为狭窄。两汉时期呈过渡状态,前附的词序逐渐发展,后附的词序日趋衰落,二者并用,尚未形成一定的规律;但从总体面貌上看,固有的后附词序依然占有优势。发展到魏晋南北朝,这种彼消此长的现象仍在继续。但以较为接近口语的文字为例,数量词组前附于名词的词序正在逐渐形成规范,在这类载籍中,后附开始受到一些限制。不过在书面语色彩较浓的载籍中,数量词组后附的现象也还较为常见。参看中编第八章"名词"中"与其他类词的组合关系"部分。

（三）数量词组与动词组合时词序的变化

此期新兴的动量词在与数词组合时,一开始就采用"数+量"的词序。由它组合成的数量词组在计量动作时,则既可以位于动词之前充任状语,又可以位于动词之后充任补语。例如：

> 与辄不竞，尝一过大输物，戏屈，无因得反。(《世说新语·任诞》)
>
> 彼常愿欲共我一过交战，我亦不癳，复不是符坚。(《宋书·索虏传》)
>
> 江左元、明崇俭，且百度草创，山陵奉终，省约备矣。(《宋书·礼志二》)
>
> 蒜宜良软地，三遍熟耕。九月初种。(《齐民要术》卷三)
>
> 仲长统曰："凡为人主，宜写一通，置之坐侧。"(《后汉书·崔寔传》)
>
> 往复数番，少文每欲屈，握麈尾歎曰："吾道东矣。"(《宋书·张敷传》)
>
> 而演之折节好学，读《老子》日百遍，以义理业尚知名。(《宋书·沈演之传》)
>
> 其党辅国将军孙昙瓘骁勇善战，每盪一合，辄大杀伤，官军死者百餘人。(《南齐书·戴僧静传》)
>
> 乃召亶，杖之百下。亶居庐未葬，形气羸弱。(《魏书·汝南王悦传》)
>
> 先作麻纴，缠十许匝；以锯截杜，令去地五六寸。(《齐民要术》卷四)
>
> 治牛疥方：煮乌豆汁，热洗五度，即差耳。(《齐民要术》卷六)
>
> 径跳上，如此者数十次。相守至天明，无如之何，便去。(《古小说钩沉·幽明录》)

以上十二例中，前四例由动量词组成的数量词组充任状语，后八例充任补语。

从此期动量词的实际运用来看，两相比较，由动量词组成的数量词组充任状语有侧重于方式的语法意义，充任补语则有突出谓语动词、侧重于结果的语法意义。而从二者出现频率来看，充任补语要比充任状语更为常见。这种用作补语较多、用作状语较少的特点，持续至后世，并一直影响到现代汉语。

四　表示处所的介宾结构位置的变化

王力《汉语语法史》说："在殷虚卜辞中，处所状语的位置还没有十分固定，它可以放在动词的后面(如'告于父丁')，也可以放在动词的前面(如'于父丁告'），但是放在动词后面的结构是常见的结构。西周以后，这种常见的结构成为唯一的结构，处所状语必须放在动词（及其宾语）的后面。"①汉代之后，情况又发生变化，就一般情况而言，表示处所的介宾结构又渐可移至动词之前。魏晋南北朝时期，这种发展仍在继续，一方面表示谓语动词动作着落的介宾结构仍然沿用先秦以来的顺序，置于动词之后；另一方面，表示谓语动词动作主体位置的介宾结构则改变了先秦时期的顺序，以置于动词之前为主。以下分类举例说明。

1. 由新兴的处所介词组成的介宾结构绝大多数前置。例如：

唧唧复唧唧，木兰当户织。（《乐府诗集·木兰诗》）

母病困，将诣智卜，忽有一狐，当门向之嗥叫。（《搜神记》卷三）

选精骑二千馀匹，缘路迎世祖军。（《后汉书·邳彤传》）

而贼缘道屯结，牢之命高祖与数十人觇贼远近。（《宋书·武帝纪上》）

玉树扶道生，白虎夹门枢。（曹植《仙人篇》）

政可致衣仗数日粮，军人扶淮步下也。（《南齐书·周盘龙传》）

诸吴姻亲，就人间征求，无复纪极。（《宋书·吴喜传》）

帝闻之，乃遣就阴山伐木，大造攻具。（《魏书·世祖纪上》）

不前置者只是少数。例如：

晨及贼，击破之，馀虏走向落川，复相屯结。（《后汉书·段颎传》）

欲引师进就坚城，而众人多畏贼追，惮为后拒。（《后汉书·张宗传》）

"在"字也是新兴的处所介词，由它组成的介宾结构在表示谓语动词动作主体的位置时，也置于动词之前。详下文。

2. 由固有的处所介词组成的介宾结构也大多数前置。这里以《世说新语》一书为例，②来看这类介宾结构在位置上的变化。又可以分为两类。

---

① 王力原注："当然，也还有个别例外，如《书·酒诰》：'无於水监，当於民监。'"从春秋战国时期的语料来看，这类介宾结构前置的现象虽然并不是"个别例外"，但也确实少见，置于动词之后可以说是通常的顺序。

② 以下的统计数字参考了詹秀惠《世说新语语法探究》第三编"构词法和造句法"，但本书的分类与统计与之略有不同。

（1）表示动作所自位置的介宾结构的顺序

《世说新语》中专用于介绍谓语动词动作所自位置的介词主要有"从、由、自"三个。其中由"从"字组成的介宾结构共计29次，全都置于谓语动词之前。例如：

> 从都下还东山，经吴中。已而会雪下，未甚寒。（《言语》）
> 王问："何处来？"云："从师家受书还，不觉日晚。"（《政事》）
> 桓玄下都，羊孚时为兖州别驾，从京来诣门。（《文学》）
> 支道林初从东出，住东安寺中。（同上）
> 卫玠避乱，从洛投敦，相见欣然，谈话弥日。（《赏誉》）
> 谓峻曰："吴治平未久，必将有乱；若为乱阶，请从我家始。"（《规箴》）
> 有人从长安来，元帝问洛下消息，潸然流涕。（《夙惠》）
> 裴从林南下，女从北下，相对作宾主，了无异色。（《任诞》）

以"由"字组成的介宾结构共计4次，均用疑问代词"何"字来询问处所，也全都置于谓语动词之前。例如：

> 阮语女："闻庾郎能骑，我何由得见？"（《雅量》）
> 君无狂司马，我何由得相见？（《简傲》）
> 而垣墙重密，门阁急峻，何由得尔？（《惑溺》）

由"自"字组成的介宾结构共计8次（含《自新》"乃自吴寻二陆"一例），置于谓语动词之前6次。例如：

> 王恭随父在会稽，王大自都来拜墓，恭暂往墓下看之。（《识鉴》）
> 王子敬自会稽经吴，闻顾辟疆有名园。先不识主人，径往其家。（《简傲》）
> 陶公自上流来赴苏峻之难，令诛庾公。（《假谲》）
> 充自外还，乳母抱儿在中庭，儿见充喜踊。（《惑溺》）

仅2次置于谓语动词之后。例如：

> 弹棋始自魏宫内，用妆奁戏，文帝于此戏特妙。（《巧艺》）

此外，介词"於"字也可以介绍谓语动词动作所自的位置。由它组成的介宾结构在全书中共计20次，置于谓语动词之前11次。例如：

畏其难,怀不敢出,於户外遥掷,便回急走。(《文学》)

是时胤十馀岁,胡之每出,尝於篱中见而异焉。(《识鉴》)

桓於庭中望见之,谓同坐曰:"我家中军那得及此也!"(《品藻》)

帝令取鼓与之,於坐振袖而起,扬槌奋击。(《豪爽》)

于时微雪,昶於篱间窥之,歎曰:"此真神仙中人!"(《企羡》)

桓於岸上过,王在船中,客有识之者,云是桓子野。(《任诞》)

暝甚,复於地取内口中,齧破即吐之。(《忿狷》)

每聚会,贾女於青琐中看,见寿,说之。(《惑溺》)

置于谓语动词之后9次。例如:

夜光之珠,不必出於孟津之河;盈握之璧,不必采於崑崙之山。
(《言语》)

(2)表示动作主体所处位置的介宾结构的顺序

《世说新语》中介绍谓语动词动作主体所处位置的介词主要有"于、於、在"三个。其中由"于"字组成的介宾结构共计5次,[1]全都置于谓语动词之后。例如:

倾荆、汉之力,穷舟车之势,师次于襄阳。(《豪爽》)

南阳翟道渊与汝南周子南少相友,共隐于寻阳。(《栖逸》)

七人常集于竹林之下,肆意酣畅,故世谓"竹林七贤"。(《任诞》)

由"於"字组成的介宾结构共计77次,[2]置于谓语动词之前44次。例如:

其二儿俱行,庾公不知,忽於猎场见齐庄。(《言语》)

客主有不通处,张乃遥於末坐判之。(《文学》)

桓令人窃取其白事,东亭即於阁下更作,无复向一字。(同上)

更宰杀为馔具,於公前鞭挞亭吏,欲以谢惭。(《雅量》)

魏明帝於宣武场上断虎爪牙,纵百姓观之。(同上)

---

① 另有两例表示谓语动词动作的着落,它们是《识鉴》"舒果沈含父子于江"与《排调》"至于太原",全都置于谓语动词之后。

② 另有十例表示谓语动词动作的着落,例如《言语》"迁顽民於洛邑"、《赏誉》"内讳不出於外",全都置于谓语动词之后。

述於末坐曰："主非尧、舜,何得事事皆是!"(《赏誉》)

张湛好於斋前种松柏;时袁山松出遊,每好令左右作挽歌。(《任诞》)

连往诣恪,恪不与相见,后於张辅吴坐中相遇。(《排调》)

雞子於地圆转未止,仍下地以屐齿碾之。(《忿狷》)

蓝田於会稽丁艰,停山阴治丧。(《仇隙》)

置于谓语动词之后 33 次。例如:

郗公亡,翼为剡县,解职归,席苫於公灵牀头,心丧终三年。(《德行》)

有北来道人好才理,与林公相遇於瓦官寺。(《文学》)

策马於数万众中,莫有抗者,径致冲还,三军歎服。(《豪爽》)

王、刘共在杭南,酣宴於桓子野家。(《任诞》)

"在"字是新兴的处所介词,魏晋南北朝时期在口语中取代了"於"字。为了便于二者的比较,我们放在这里来谈。《世说新语》中由"在"字组成的介绍谓语动词动作主体所处位置的介宾结构共计 103 次,①全都置于谓语动词之前。例如:

简文在暗室中坐,召宣武。宣武至,问上何在。(《言语》)

桓玄诣殷荆州,殷在妾房昼眠,左右辞不之通。(同上)

夏侯泰初与广陵陈本善,本与玄在本母前宴饮。(《方正》)

孔车骑与中丞共行,在御道逢匡术。(同上)

夷甫都无言,盥洗毕……在车中照镜。(《雅量》)

闻来觅墦,咸自矜持;唯有一郎在东牀上坦腹卧,如不闻。(同上)

王右军道谢万石"在林泽中为自道上"。(《赏誉》)

元皇帝时,廷尉张闿在小市居,私作都门,蚤闭晚开。(《规箴》)

张玄之、顾敷是中外孙,年并七岁,在牀边戏。(《夙惠》)

戴渊少时遊侠,不治行检,尝在江淮间攻掠商旅。(《自新》)

嵇、阮、山、刘在竹林酣饮,王戎后往。(《排调》)

---

① 另有十二例表示谓语动词动作的着落,例如《德行》"吴道助、附子兄弟居在丹阳郡"、《栖逸》"许玄度隐在永兴南幽穴中"、《假谲》"独留女在后",全都置于谓语动词之后。

袁羊尝诣刘恢,恢在内眠未起。(《排调》)

简文在殿上行,右军与孙兴公在后。(同上)

因在卞太后阁共围棋,并噉枣。(《尤悔》)

恺卒迫不得讳,答云:"在后斋中眠。"(《仇隙》)

　　表示处所的介宾结构如果表示谓语动词动作主体的位置则置于动词之前,如果表示谓语动词动作的着落则置于动词之后,这一魏晋南北朝时期大体形成规范的顺序(参看中编第十七章"介词"中"新兴的介词"部分),在此期之后逐渐固定为基本的词序,并且一直沿用至后世。

五　表示工具的介宾结构位置的变化

　　王力《汉语语法史》说:"在上古时代,工具状语放在动词前面或后面都可以。"发展到魏晋南北朝,这种两可的情况发生变化,表示工具的介宾结构置于动词之前已经成为通例,后置仅是少数现象。这里也以《世说新语》中介绍工具宾语的介词"以、用"为例,来看由它们组成的介宾结构在位置上的变化。

　　1."以"字在《世说新语》中介绍工具宾语共计 178 次,其中置于动词之前164 次,占总数 90% 以上,又可根据工具宾语是否出现分为两类。

　　(1)出现工具宾语,112 次。例如:

刘道真尝为徒,扶风王骏以五百匹布赎之。(《德行》)

谢奕作剡令,有一老翁犯法,谢以醇酒罚之。(同上)

有参军见鼠白日行,以手板批杀之,抚军意色不说。(同上)

虽神气不变,而心了其故,以爪掐掌,血流沾褥。(《雅量》)

何次道往丞相许,丞相以麈尾指坐,呼何共坐。(《赏誉》)

既噉,大汗出,以朱衣自拭,色转皎然。(《容止》)

别以大材扶持之,楼即颓坏。论者谓轻重力偏故也。(《巧艺》)

桓乃流涕呜咽,王便欲去,桓以手巾掩泪。(《任诞》)

大风扬尘,王以扇拂尘曰:"元规尘污人!"(《轻诋》)

袁绍年少时,曾遣人夜以剑掷魏武,少下,不著。(《假谲》)

(2)省略工具宾语,52 次。例如:

恒装一囊,每煮食,辄贮录焦饭,归以遗母。(《德行》)

陆机诣王武子,武子前置数斛羊酪,指以示陆。(《言语》)

庾仲初作《扬都赋》成,以呈庾亮。(《文学》)

时人欲题目高坐而未能,桓廷尉以问周侯。(《赏誉》)

景王遣钟会看之,若才流及父,当收,儿以咨母。(《贤媛》)

得周时玉尺,便是天下正尺,荀试以校己所治钟鼓金石丝竹。(《术解》)

此外,由"以"字介绍工具宾语,位置在谓语动词之后 14 次。例如:

顾长康时为客,在坐,……桓即赏以二婢。(《言语》)

胡奴诱之狭室中,临以白刃。(《文学》)

2."用"字在《世说新语》中介绍工具宾语共计 6 次,由它组成的介宾结构全都置于谓语动词之前,而且工具宾语也不省略。例如:

听事前除雪后犹湿,於是悉用木屑覆之,都无所妨。(《政事》)

文帝於此戏特妙,用手巾角拂之,无不中。(《巧艺》)

不复用常杯斟酌,以大瓮盛酒,围坐相向大酌。(《任诞》)

王君夫以粘糒澳釜,石季伦用蜡烛作炊。(《汰侈》)

以上所述表示工具的介宾结构前置于谓语动词的顺序,经过此期与此期之后的发展,逐渐固定为基本词序,并且一直沿用至后世。

六　插语式

插语式来源于上古汉语的"文中自注"式。这种方式在先秦载籍中已见端倪,例如《礼记·大学》"诚意"章:"小人闲居为不善,无所不至,见君子而后厌然,揜其不善而著其善,人之视己,如见其肺肝然,则何益矣?"其间插说"人之视己,若见其肺肝然"二句,正是用以解释"揜其不善而著其善"所以无益的原因。汉代之后的用例如《史记·南越列传》:"乃为佗亲冢在真定,置守邑,岁时奉祀。”“在真定”三字是作者自注“亲冢”所在的处所,若用双破折号标出,则为“乃为佗亲冢——在真定——置守邑,岁时奉祀”。文意一目了然。[①]魏晋南北朝时期,“文中自注”的方式得到很大发展,姑不论谢灵运的《山居赋》各节之后夹有大段自注,也不论此期对于先秦文献的注释已可置于原典的相应章句后以使二者合为一帙,甚至可以不论《洛阳伽蓝记》《齐民要术》中作者的自注引起后人热烈议论,因为它们毕竟与文章学、文献学关系较近而与语法的联系较远,即以这里所谓的“插语式”而言,也显然比此期之前有了较多的增加。例如:

> 邻人京城氏之孀妻有遗男——始龀——跳往助之。(《列子·汤问》)

此例说明愚公移山并未受到人们支持,只有邻人孀妻之子前去帮助他;“始龀”表明邻童年幼,尚在换牙年岁,进一步加强了愚公不被众人理解的语意。

> 南阳刘子骥——高尚士也——闻之,欣然规往,未果,寻病终。(陶潜《桃花源记》)

此例表明作者对于理想社会的向往,为“欣然规往”的刘子骥加注“高尚士也”,正是要明确告诉读者,桃花源中的社会才是高尚人士的理想追求。

> 巍之到定莋,定莋率豪狼岑——槃木王舅,甚为蛮夷所信任——恣巍自侵,不自来诣。(《三国志·蜀志·张巍传》)

此例插说狼岑系槃木王之舅,既有地位,又深受蛮夷信任,故而有所依恃,不去拜见张巍。

> 谦累迁至金城太守,去郡归乡里——汉法,免罢守令,自非诏征,不得妄到京师——而谦后私至洛阳,时嵩为司隶校尉,收谦诘掠。(《后汉书·苏不韦传》)

此例交待按照汉法,去职守令不可私自赴京,故而李嵩逮捕苏谦,据上文

---

① 杨树达考出《史记》《汉书》等载籍中“文中自注”共计十四例,认为当时“于此等处,必有标乙之号,后人展转传写,遂脱之耳”。看看《古书疑义举例续补》,载《古书疑义举例五种》,中华书局,2005 年 4 月第 2 版。下举《宋书·索虏传》例采自杨树达《汉文文言修辞学》第十五章“自释”,中华书局,1980 年 9 月新 1 版。

虽属以报私怨,但行动本身却具有法律依据。

> 时其乡人幽州刺史李阳——京都大侠,犹汉之楼护——郭氏惮之。（《世说新语·规箴》）

此例中王夷甫妇郭氏"聚敛无厌,干豫人事",夷甫无法劝止,只能祭出李阳,"京都大侠,犹汉之楼护",是说李阳的名头具有震慑力,否则郭氏也不会"小为之损"。

> 庾小征西尝出未还,妇母阮——是刘万安妻——与女上安陵城楼上。俄顷,翼归,策良马,盛舆卫。（《世说新语·雅量》）

此例是交代阮妇之夫刘万安,万安名绥,系官宦子弟,本人历任骠骑长史,这在男权社会甚为重要,故而阮妇能有与女上城楼观看女婿的见识。

> 君夫作紫丝布步障——碧绫里——四十里,石崇作锦步障五十里以敌之。（《世说新语·汰侈》）

此例是说王恺、石崇奢豪斗富,王恺制作四十里紫丝布步障,"碧绫里"指用碧绫制成的里层,表明它的绮丽贵重,因而下文才有"石崇作锦步障五十里以敌之"的做法。

> 虐虏见驱,后出赤族,以骑蹙步,未战先死——此亲将军所见——非敢背中国也。（《宋书·柳元景传》）

此例历数形势的险恶,插说这些情况均是将军所亲见,为后文表示并非背弃中国预作铺垫。

> 综云:"不知。"晔曰:"乃是徐童。"——童,徐湛之小名仙童也——在狱为诗。（《宋书·范晔传》）

此例为避免读者误解徐童另有其人,插语强调"童"即是徐湛之小名仙童之省称。

> 母孔氏甚严明,谓亲戚曰:"阿称便是今世曾子。"——阿称,瓛小名也——年四十馀,未有婚对。（《南齐书·刘瓛传》）

此例是对孔氏言辞中"阿称"的解说,勾连起昵称阿称与刘瓛二者同指一人的关系。

> 思鲁等第四舅母——亲吴郡张建女也——有第五妹,三岁丧母。……

因尔便吐血,数日而亡。(《颜氏家训·风操》)

此例插说第四舅母乃吴郡张建的亲女儿,其第五妹三岁就失去母亲,对她与思鲁等的关系做了交待。

> 爽等请曰:"奴与南有雠,每兵来,常虑祸及坟墓,乞共迎丧,还葬国都。"——虏羣下於其主称奴,犹中国称臣也——焘许之。(《宋书·鲁爽传》)

此例插说虏臣下对君主自称为奴,犹中国对君自称为臣,为鲁爽自称"奴"做一交代。

> 可来平城居,我往扬州住,且可博其土地——伧人谓换易为博——彼年已五十,未尝出户,虽自力而来,如三岁婴儿。(《宋书·索虏传》)

此例的注释性质更为显豁,是对北人常用的"博"字的词义进行注解,指出其意思就是"换易"。对于这一例,中华书局 1974 年版二十四史标点本《宋书》"校勘记"据孙彪《宋书考论》说,将"伧人谓换易为博"改为注文,但又同时指出:"此七字,各本并作正文。"这里采用杨树达的意见,仍然视为起"文中自注"作用的插语式。

最后,需要解释的是,上文我们用了《列子·汤问》中的例证,对于《列子》一书的时代性问题,杨伯峻在前代学者研究的基础上指出:"《列子》是部伪书,这已经为一般学者所肯定;它是一部魏晋时代的伪书,也已经为大多数学者所肯定。"张永言又从词汇史的角度对《列子》进行全面考察,指出其中一些语言现象为晚汉魏晋时期新生。故而这里将《汤问》中的用例视为魏晋南北朝时期的语料。[①]

此外,《齐民要术》一书,因属于大农业生产经验的总结,内中有许多具体操作方法的推广介绍,为使读者清楚明白,便于仿效,插语式运用自然更多。这里略举数例如下:

> 指柴雇人——十束雇一人——无业之人,争来就作。(卷五)

---

① 杨伯峻说,参看《从汉语史的角度来鉴定中国古籍写作年代的一个实例——〈列子〉著述年代考》,载《列子集释》附录三"辨伪文字辑略",中华书局,1979 年 10 月第 1 版。张永言说,参看《从词汇史看〈列子〉的撰写时代》,载《语文学论集》(增订本)。

研熟以为酵——大率一斗乳,下一匙飡——搅令均调,亦得成。(卷六)

桑叶五分,苍耳一分,艾一分,茱萸一分——若无茱萸,野蓼亦得用——合煮取汁。(卷七)

卧置灰中,用生胡叶覆上——以经宿,勿令露湿——特覆麹薄遍而已。(同上)

豬羊肉各一斤,水一斗,煮令熟。成治芋子一升——别蒸之——葱白一升,著肉中合煮,使熟。(卷八)

可下雞子白——去黄——五颗。亦以真朱砂一两,麝香一两,别治,细筛。(卷九)

不过,插语式采用"文中自注"的方式来说明相关问题,也有难以避免的先天不足,这一方式必然要受到字面上表述空间限制,并进而影响到内容的扩展。姑且不论古人因此在写作、阅读文章时文气不畅、语焉不详之类弊病较多,即便在现代书面语言呈现方式丰富多样、行文规则严密有效的情况下,其割断文章脉络、影响阅读思维的负面作用也是不可讳言的。于是注文与原文在形式上相互剥离而各成系统的注释方式应运而生,原文尽可简明扼要,符合语言表达的经济性要求,而注释脱离了表述空间的桎梏,自然能够在内容、形式两个方面得到迅速发展,符合语言表达的明确性要求。此期出现了著名注释如裴松之《三国志注》、刘孝标《世说新语注》、郦道元《水经注》以及杜预《春秋左氏经传集解》,应当说与此不无密切关系。由此看来,表达的明确性与表达的经济性二者同时发展、互相促进,特别是在此期语法体系中的和谐共处,正可表现出无论为了满足何种需求,无论采用何种呈现方式,均要服从行文时语意内容表达的需要,这才是最为核心的动因,同时这些适应不同需求的表述方式综合起来,也就形成了此期的手段丰富多彩、内容繁简有致的汉语表达系统。

第二十二章　判断句

判断句发展的重要内容是判断词的发展,而"是"字作为古今汉语唯一主要的判断词,更与判断句的发展有着极为密切的关系。"是"字的判断词用法起源于先秦时期,经过西汉的逐渐发展,东汉时期已经较为常见。[①] 到了魏晋南北朝,判断词"是"字在口语中开始全面成熟,"是"字式判断句得到普遍运用,并且逐渐取代了此期之前典型的主谓相续式判断句。

随着判断词"是"字的全面成熟与广泛使用,"是"字式判断句也发生了重要变化。从句式构造上看,出现一系列的省略用法,各个结构成分自身也趋于复杂化;从表达意义上看,又产生确认事实、解释原因、助成语气、表示存在以及用于比喻等引申用法。此外,否定判断句也相继产生"非是、未是、不是"等否定判断的新形式。此期判断句的发展变化主要表现在以下五个方面。

一　"是"字式判断句的典型用法

所谓典型用法,是指主语、判断词、宾语三者具足的判断句,其主宾语又应由名词、代词或名词性词组充任。可以根据句末是否加"也"字帮助判断分为两类。

1. 句末不加"也"字,其句式为:主语+是+宾语。例如:

小夫人於楼上语贼言:"汝是我子,何故作反逆事?"(《法显传》)

---

① 参看洪诚《论南北朝以前汉语中的系词》,载《语言研究》1957 年第 2 期。另,郭锡良对汉语系词"是"字产生发展的学术讨论做过系统评述并提出自己看法,参看《关于系词"是"产生时代和来源论争的几点认识》,载《汉语史论集》(增补本)。

敏随姊奔荆州，姊夫黄琬是刘璋祖母之姪。(《三国志·蜀志·来敏传》)

长史，我是中州人，久处北国，自隔华风。(《宋书·张畅传》)

指韫形像问曰："此何人而在舆上?"韫曰："此正是我。"(《宋书·长沙景王道怜传》)

马是畜生，食草饮水，春气发动，所以致斗。(《宋书·鲜卑吐谷浑传》)

身是萧平南，诸君善见观。君等名皆已焚除，勿有惧也。(《南齐书·高帝纪上》)

子懋谓曰："朝廷令身单身而反，身是天王，岂可过尔轻率?"(《南齐书·晋安王子懋传》)

刘怀珍白太祖曰："夏口是兵冲要地，宜得其人。"(《南齐书·柳世隆传》)

敬儿曰："太傅是谁? 我不识也。"(《南齐书·张敬儿传》)

贼曰："若言乡里，亲亲是谁?"(《魏书·房法寿传》)

朔州是白道之冲，贼之咽喉，若此处不全，则并肆危矣。(《魏书·费穆传》)

腾为谋主，义是江阳王继之子，太后妹壻。(《洛阳伽蓝记》卷一)

北边坐人是北斗，南边坐人是南斗。南斗注生，北斗注死。(《搜神记》卷三)

而此贫人失口答言："我是鸳鸯。"(《百喻经·贫人作鸳鸯鸣喻》)

夫答之言："我妇久死，汝是阿谁? 妄言我妇。"(《百喻经·妇诈称死喻》)

2.句末加"也"字，其句式为：主语+是+宾语+也。例如：

瞋目横矛曰："身是张益德也，可来共决死!"(《三国志·蜀志·张飞传》)

此台是中朝旗亭也，上有二层楼，悬鼓击之以罢市。(《洛阳伽蓝记》卷二)

遣解魏语人问宋云曰："卿是日出人也?"①(《洛阳伽蓝记》卷五)

---

① 此例采自萧红《〈洛阳伽蓝记〉句法研究》。

泰山之东,有澧泉,其形如井,本体是石也。(《搜神记》卷十三)

死经二十三年,犹能与生人交往。此是我真女婿也。(《搜神记》卷十六)

曰:"汝复谁耶?"曰:"我是老蝎也。"(《搜神记》卷十八)

人不可犯也,越人谓此鸟是越祝之祖也。(《搜神记》卷十二)

王问:"君是何人?"答曰:"仆是蒋侯也,公儿不佳,欲为请命,故来耳。勿复忧。"(《古小说钩沉·幽明录》)

问曰:"太玄是何等也?"答曰:"南为丹野,北为太玄,必西北走也。"(同上)

勒指示曰:"此是寺基也。"众试掘之,果得塔下石础。(《古小说钩沉·冥祥记》)

语气助词"也"字的作用是帮助判断,故而在"是"字式判断句的发展过程中,句末需不需要加"也"字就成了"是"字的判断词性质是否完全成熟的标志之一。在"是"字式判断句发展初期,这种"也"字往往是必不可少的。例如《韩诗外传》卷八:"此是螳螂也。"褚少孙补《史记·龟策列传》:"龟者是天下之宝也。"魏晋南北朝时期,这类"也"字已经显著少用。不过,在书面语色彩较浓的载籍中,仍然不时可以见到;即使在《世说新语》之类较为接近口语的作品中也还偶有残余,例如《雅量》:"是公辅器也。"但是在口语化程度较高的作品中,例如《百喻经》之类,"是"字式判断句句末的"也"字则极为罕见,这正说明"是"字在口语中已经担负起独立表示判断的职能,同时也标志它的发展走向完全成熟。

二　"是"字式判断句的省略用法

"是"字式判断句广泛使用之后,又产生了省略的表达方式,主语、宾语既可以分别省略,又可以同时省略。也可以根据句末是否加"也"字帮助判断分为两类。

（一）句末不加"也"字

句式有如下三种。

1. 主语+是+(宾语)。例如：

又捕之，而市人皆变形与慈同，莫知谁是。(《后汉书·左慈传》)

王大将军下，庾公问："闻卿有四友，何者是?"(《世说新语·品藻》)

因饮酒醉还，舞棹向船曰："何处觅庾吴郡，此中便是!"(《世说新语·任诞》)

使者曰："本受命者，指绿珠也，未识孰是?"(《世说新语·仇隙》刘孝标注引干宝《晋纪》)

问曰："青州刺史沈文秀何在?"文秀厉声曰："身是!"(《魏书·沈文秀传》)

太后曰："卿云'兴灭国，继绝世'，灭国绝世，竟复谁是?"(《魏书·张普惠传》)

又问先曰："朕闻长子中有李先者，卿其是乎?"先曰："小臣是也。"(《魏书·李先传》)

欲捕之，而市人皆放同形，莫知谁是。(《搜神记》卷一)

2. (主语)+是+宾语。例如：

行减一由延到一邑，是拘那含牟尼佛所生处。(《法显传》)

行一由延到那罗聚落，是舍利弗本生村。(同上)

且此人不死，要应显达为魏，竟是谁乎? (《三国志·蜀志·诸葛亮传》裴松之注)

向有紫髯将军，长上短下，便马善射，是谁? (《三国志·吴志·吴主传》裴松之注引《献帝春秋》)

女厉声曰："是何小人! 我伯父门，不听我前!"(《世说新语·贤媛》)

王在船中，客有识之者云："是桓子野。"(《世说新语·任诞》)

今在近路，正是诸人归身之日。(《宋书·武帝纪中》)

呼太祖小字曰："正应是汝耳。"(《南齐书·宣孝陈皇后传》)

高祖乃唤彭城、北海二王令入坐,言:"昔是汝嫂,今乃他人,但入勿避。"(《魏书·孝文幽皇后传》)

王识之曰:"是我女袍,那得在市? 此必发冢。"(《搜神记》卷十六)

问者曰:"必是鬼物,可杀之。"(《古小说钩沉·幽明录》)

即自念言:"实是良医。与我女药,能令卒长。"(《百喻经·医与王女药令卒长大喻》)

3. (主语)+是+(宾语)。例如:

还报其大家,即女姨也。遣视之,果是。(《世说新语·方正》刘孝标注引《孔氏志怪》)

褚眒眒良久,指嘉曰:"此君小异,得无是乎?"(《世说新语·识鉴》)

率十数人将导顺水上,果得一枯杨,曰:"是矣。"(《搜神记》卷十六)

(二) 句末加"也"字

句式有如下三种。

1. 主语+是+(宾语)+也。例如:

忠正密谋,抚宁内外,文若是也。(《三国志·魏志·荀攸传》)

逆见,自相谓曰:"似逢我公,车边病是也。"(《三国志·魏志·华佗传》)

寇问太祖所在,答云:"我是也。"(《三国志·魏志·曹真传》裴松之注引《魏略》)

问曰:"曹操何在?"太祖曰:"乘黄马走者是也。"(《三国志·魏志·武帝纪》裴松之注引《献帝春秋》)

一夕中作池,比晓便成,今太子西池是也。(《世说新语·豪爽》)

左右问:"司马君在邪?"徽曰:"我是也。"(《世说新语·言语》刘孝标注引《司马徽别传》)

高帝曰:"我是也。吾为尔成之。"一御而生文帝。(《宋书·符瑞志上》)

东部,临海是也;南部,建安是也。(《宋书·州郡志二》)

又问先曰:"朕闻长子中有李先者,卿其是乎?"先曰:"小臣是也。" (《魏书·李先传》)

转号钟山为蒋山,今建康东北蒋山是也。(《搜神记》卷五)

2.(主语)+是+宾语+也。例如:

龚改容谢曰:"是吾过也。"乃复厚遇待之。(《后汉书·王龚传》)

而王不动,名价於是大重,咸云:"是公辅器也。"(《世说新语· 雅量》)

复更听,王又曰:"自是钵釪后王、何人也。"(《世说新语·赏誉》)

畅曰:"姓张。"孝伯曰:"是张长史也。"(《魏书·李孝伯传》)

过郭淮庙,问祚曰:"是卿祖宗所承也?"(《魏书·郭祚传》)

元宝与子渊同戍三年,不知是洛水之神也。(《洛阳伽蓝记》卷三)

玄乃张口,蜂皆飞入,玄嚼食之,是故饭也。(《搜神记》卷一)

此鸟白日见其形,是鸟也;夜听其鸣,亦鸟也。(《搜神记》卷十二)

3.(主语)+是+(宾语)+也。例如:

母谓武子曰:"如此衣形者,是汝所拟者非邪?"武子曰:"是也。"(《世 说新语·贤媛》)

孝伯又曰:"太尉、安北是人臣与非?"畅曰:"是也。"(《宋书·张畅传》)

《春秋》鲁庄公七年夏四月,恒星不见,夜明,是也。(《魏书·释老志》)

水岁雖多死及为怪,亦是也。(《南齐书·五行志》)

此藤近在前山际高树垂下,便是也。(《南齐书·乐颐传》)

有一车马,似知琼,驱驰前至,果是也。(《搜神记》卷一)

应当特别说明的是,有人根据魏晋南北朝时期判断词"是"字已经广泛使 用的特点,认为此期不用判断词的主谓相续式判断句应当视为省略了"是"字 的判断句,据此则应专设"主语+宾语"的判断词省略的类别。我们认为这样处 理为时尚早。因为此期"是"字式判断句的广泛使用主要存在于口语之中,而 且作为晚近成熟的语法现象必然有一个与固有语法现象共时并用的过程。此 期书面语言中沿袭旧有形式的判断句依然占有相当大的比重,若以较为接近口语的作品中不用判断词的判断句而论,与其说是判断词"是"字省略,不如说是作者在笔下依然采用了旧有的形式,故而我们没有专列判断词"是"字省略的一类情况。

三 "是"字式判断句结构成分的复杂化

判断词"是"字逐渐成熟与广泛使用,促进了判断句在结构上进一步扩展。秦汉时期的"是"字式判断句,其宾语在意义上主要表示与主语的等同、对主语的归类以及主语的特征,句中的主语与宾语多为名词、代词或名词性词组。汉末之后在全面沿袭这一典型用法的同时,还产生了用判断句的形式来确认某种事实、解释某种原因、助成某种语气、表示事物存在以及用于隐喻修辞等引申用法,这无疑也大大促进了判断句的结构成分趋于复杂化。

(一) 主语的复杂化

主要表现在以下三个方面。

1.方位词组充任主语。例如:

> 潮水至,沈令起彷徨,问:"牛屋下是何物人?"(《世说新语·雅量》)
> 尽非我国人,城东北是丁零与胡,南是三秦氏、羌。(《宋书·臧质传》)

需要说明的是,方位词组也是名词性词组,本不应当另置于结构成分扩展的范畴中,但一则方位词组此期刚刚开始普遍运用,二则判断句由它充任主语时主要表示宾语的存在,这类通常称为存在句的句子,不同于此期之前主宾语之间的等同、归类等关系(详下文),故而专设一类附列于此。①

---

① 关于此期方位词组开始普遍运用的情况,参看中编第八章"名词"中"与其他类词的组合关系"部分。对于判断句中方位词组充任主语时表示宾语的存在,王建军在研究汉语存在句的历时演变时,专列一章讨论判断型存在句的起源与变化,参看《汉语存在句的历时研究》第八章第一节"'是'字存在句的历史发展",天津古籍出版社,2003 年 1 月第 1 版。

2. 动词或动词性词组充任主语。例如：

夫存亡终始，诚是大体。其異同参差，或然或否。（《抱朴子·论仙》）

日中不至，则是无信；对子骂父，则是无礼。（《世说新语·方正》）

文度曰："何为不堪！但克让自是美事，恐不可阙。"（同上）

死是人之所同，政复一往之苦，不足为深困。（《宋书·谢庄传》）

贼无所资，粮储已罄。断其运道，最是要略。（《宋书·刘勔传》）

表里受敌，此坐自为擒。守郭筑堰，是吾不谏之策也。（《南齐书·垣崇祖传》）

取胸置戍，並是卿计，始终成败，悉归於卿。（《魏书·卢昶传》）

极而有禾，人臣之上禄也；取中穗，是中台之象也。（《搜神记》卷十）

3. 主谓词组充任主语。例如：

外国作水精椀，实是合五种灰以作之。（《抱朴子·论仙》）

少主昏狂悖戾，並是诸君所见闻。顾命重臣，悉皆诛戮。（《宋书·邓琬传》）

见帝，曰："卿至湘官寺未？我起此寺，是大功德。"（《南齐书·虞愿传》）

此小儿今日不灭，乃是国家之大祸，脱待我无后，恐有永嘉之乱。（《魏书·废太子恂传》）

文曰"宋寿"。寿者，命也，我获其命，亦是归我之征。（《魏书·高祐传》）

常相持奖，立继统勳，汝尚異议，岂是臣节！（《魏书·贺讷传》）

谢曰："我无嗣，是我一身之罚。"（《搜神记》卷二）

武库，兵府；鱼有鳞甲，亦是兵之类也。（《搜神记》卷七）

（二）"是"字前的修饰成分

判断词"是"字之前出现副词、形容词等修饰成分，汉代已有少数用例，此期则甚为常见；此外，还出现了助动词修饰判断词"是"字的新兴语法现象。这些状语修饰成分的出现，更有力地证明了"是"字的判断词性质，因为指示代词

"是"字是不受这些类别的词修饰的。以下分类举例。

1．"是"字受副词修饰。例如：

佛既成道，与诸弟子遊行，语云："此本是吾割肉貿鸽处。"（《法显传》）

南荆之地，山陵形便，江川流通，诚是国之西势也。（《三国志·吴志·甘宁传》）

闻函道中有屐声甚厉，定是庾公。（《世说新语·容止》）

桓都不语，直云："垂长衣，谈清言，竟是谁功？"（《世说新语·排调》刘孝标注引《语林》）

喜军中人皆是喜身爪牙，岂关於国？（《宋书·吴喜传》）

门户不建，罪应至此，狂愚犯法，实是萨身，自应依法受戮。（《宋书·孙棘传》）

夫汉立寝於陵，自是晉制所异。（《宋书·臧焘传》）

指韬形像问曰："此何人而在舉上？"韬曰："此正是我。"（《宋书·长沙景王道怜传》）

贼比拟来，本非大举，政是承信一说，易遣诳之。（《南齐书·垣崇祖传》）

若任其生产，随其啄食，便是刍狗万物，不相有矣。（《魏书·甄琛传》）

论亲则恭、颢俱是帝孙，语贵则二人並为蕃国。（《魏书·礼志四》）

而比棄信绝好，为利而动，岂是大国善隣之义？（《魏书·成淹传》）

南峯北岭，多结禅栖之士；东巖西谷，又是剎灵之图。（《水经注》卷九）

又有"壶橘"，形色都是甘，但皮厚气臭，味亦不劣。（《齐民要术》卷十引《广州记》；缪启愉校释："甘"，通"柑"。）

白如珂雪，味又绝伦，过饭下酒，极是珍美也。（《齐民要术》卷八）

此庙中无神，但是龟、鼍之辈，徒费酒食祀之。（《搜神记》卷十九）

2．"是"字受形容词修饰。例如：

至如他馀锱介之妖，近是门庭小神所为。（《三国志·吴志·华覈传》）

而姿色清惠，近是上流妇人。（《世说新语·轻诋》刘孝标注引孙统《为柔集叙》）

凡小山皆无正神为主,多是木石之精。(《抱朴子·金丹》)

凡有赀者,多是士人复除。其贫极者,悉皆露户役民。(《南齐书·顾宪之传》)

里正乃流外四品,职轻任碎,多是下才。(《魏书·甄琛传》)

所卖口味,多是水族,时人谓为鱼鳖市也。(《洛阳伽蓝记》卷二)

背施五綵屏风,七宝坐牀,容数人,真是异物。(《洛阳伽蓝记》卷三)

咸皆歎言:"真是智者,所言不错。"(《百喻经·婆罗门杀子喻》)

3. "是"字受助动词修饰。例如:

儿以白母,母曰:"此当是种甘橘也。"(《三国志·吴志·孙休传》裴松之注引《襄阳记》)

车骑曰:"无所致怪,当是南郡戏耳!"(《世说新语·忿狷》)

缵曰:"北方金玉大贱,当是山川所出?"(《魏书·李安世传》)

郡中典农闻之,曰:"此神正当是狸物耳。"(《搜神记》卷十七)

人有问太傅:"子敬可是先辈谁比?"(《世说新语·品藻》)

沛郡宜是大明五年以前省,其时又立也。(《宋书·州郡志一》)

又有《白纻舞》,按舞词有巾袍之言;纻本吴地所出,宜是吴舞也。(《宋书·乐志一》)

又孙权观魏武军,作鼓吹而还,此又应是今之鼓吹。(同上)

然每至佳句,辄云:"应是我辈语。"(《世说新语·文学》)

呼太祖小字曰:"正应是汝耳。"(《南齐书·宣孝陈皇后传》)

（三）宾语的复杂化

主要表现在以下三个方面。

1. 动词或动词性词组充任宾语。例如:

日中不至,则是无信;对子骂父,则是无礼。(《世说新语·方正》)

王云:"此必是惜障泥。"使人解去,便径渡。(《世说新语·术解》)

以嘲吴人云:"吴中高士,便是求死不得。"(《世说新语·栖逸》刘孝

429

标注引《续晋阳秋》)

西道便是无贼,卿可率马步下淮阴就李领军。(《南齐书·周盘龙传》)

敕崇祖曰:"卿视吾是守江东而已邪?⋯⋯"(《南齐书·垣崇祖传》)

又夷俗长恶,法与华异,翘左跂右,全是蹲踞。(《南齐书·顾欢传》)

羣问曰:"公是何年生?"答曰:"已衰迈也,忘其年月。"(《拾遗记》卷八)

定知汝衣必是偷得,非汝旧物。(《百喻经·山羌偷官库衣喻》)

2.形容词或形容词性词组充任宾语。例如:

诋必便是至愚,而皆不及世人耶?(《抱朴子·金丹》)

其山峯秀端严,是五山中最高。(《法显传》)

言江此言非是丑拙,似有忿於王也。(《世说新语·轻诋》刘孝标注)

襄阳款问,似当是虚。亦知初迁之民,无宜劳役。(《魏书·任城王云传》)

若臣罪有状,分从宪纲;如桃符是谬,坐宜有归。(《魏书·田益宗传》)

白如珂雪,味又绝伦,过饭下酒,极是珍美也。(《齐民要术》卷八)

有弟子言:"我亦能造万物。"实是愚癡,自谓有智。(《百喻经·梵天弟子造物因喻》)

诸佛说言:"三界无安,皆是大苦。凡夫倒惑,横生乐想。"(《百喻经·欲食半饼喻》)

3.主谓词组充任宾语。例如:

而不得度世,是天下果无不死之法也。(《抱朴子·释滞》)

桓自歎才思转退,殷云:"此乃是君转解。"(《世说新语·文学》)

卿辈自是纲目不失,皆是小道小善耳。(《世说新语·政事》刘孝标注引《殷羡言行》)

谓左右:"此卤簿甚盛,必是殿下出行。"(《宋书·王华传》)

但得保餘年,无复物务,少得养痾,此便是志愿永毕。(《宋书·谢庄传》)

得吉者是其命吉,遇不吉者是其命凶。(《宋书·王景文传》)

楚之曰:"必是觇贼截之以为验耳,贼将至矣。"(《魏书·司马楚之传》)

寅发午至,每及中浚。此是护塔神渥婆偃使之然。(《洛阳伽蓝记》卷五)

四　判断词"是"字的引申用法

"是"字广泛用作判断词之后,使用日趋灵活,逐渐产生许多引申用法。[①]就此期出现的用例而言,这类由活用的"是"字构成的句子在结构上依然属于判断句范畴,"是"字的基本词性也未改变,但词义却有所扩展,不再限于对主宾语之间做出简单的是非判断。又可以分为五类。

1.表示确认事实。例如:

宁死之日,纵至尊不问,汝是为臣下非法。(《三国志·吴志·甘宁传》)

食笋进饭,谓在坐人曰:"此是劳薪炊也。"(《世说新语·术解》)

问曰:"比与仲堪屏人何所道?"绪云:"故是常往来,无它所论。"(《世说新语·谗险》)

嘉宾曰:"此是陈寿作诸葛评。人以汝家比武侯,复何所言!"(《世说新语·排调》)

玉镜台,是公为刘越石长史,北征刘聪所得。(《世说新语·假谲》)

草树既死,皮叶皆枯,是其梁肉尽矣。(《宋书·周朗传》)

华阳不知是邪,谓左右:"此卤簿甚盛,必是殿下出行。"(《宋书·王华传》)

掷地以示上曰:"汝家本贫贱,此是我母为汝父作此纳衣。"(《宋书·徐湛之传》)

---

① 这里是就"是"字式判断句在意义上的扩展而言,与前一节结构成分复杂化的叙述角度有所不同。

此袍是市西门丁与许，君可自著，勿卖也。(《古小说钩沉·幽明录》)

定知汝衣必是偷得，非汝旧物。(《百喻经·山羌偷官库衣喻》)

2. 表示解释原因。例如：

咸以长生若可得者，古人之富贵者，已当得之，而无得之者，是无此道也。(《抱朴子·金丹》)

伯仁曰："吾无所忧，直是清虚日来，滓秽日去耳！"(《世说新语·言语》)

卫玠总角时问乐令梦，乐云："是想。"(《世说新语·文学》)

问谢车骑："惠子其书五车，何以无一言入玄？"谢曰："故当是其妙处不传。"(同上)

既来便脈，云："君侯所患，正是精进太过所致耳。"(《世说新语·术解》)

今始来问，当是有感发之者，未测源由耳。(《宋书·元凶劭传》)

翻还就贼，盖是恋本之情深，非报怨之宜，何可轻试？(《宋书·刘勔传》)

夫闰者，盖是年之馀日，而月之异朔。(《南齐书·礼志下》)

轻弃骨肉，侮蔑兄嫂，此是卿家行不足，乃无关他人。(《南齐书·刘祥传》)

非是宾至无礼，直是主人忽忽，无待宾调度耳。(《魏书·李孝伯传》)

末例中的"直是"为解释原因，"非是"为排除原因。

3. 助成副词或连词的语气。例如：

凡是中丞收捕，威仪悉皆缚取。(《宋书·孔琳之传》)

凡是益国利民之事，必以奏闻。(《魏书·高崇传》)

官比不听通家信，消息断绝。若是姊为启闻，所不知？(《宋书·竟陵王诞传》)

若是晋安帝时立，便应在《永初郡国》，疑何谬也？(《宋书·州郡志三》)

若是阳不闭阴，则出涉危难而害万物也。(《南齐书·五行志》)

432

此上洛盖是何志以后侨立耳,今治白。(《宋书·州郡志三》)

保氏教国子以"六书":……盖是史颉之遗法也。(《魏书·江式传》)

未审有法有体,可得称生,既是无法,而云何得有生义?(萧统《令旨解二谛义》)

新亭既是兵冲,所以欲死报国耳。(《南齐书·高帝纪上》)

朝廷盛礼,莫过三元。此一器既是旧物,不足为侈。(《南齐书·萧颖胄传》)

超谓铨曰:"既是宗近,何缘复侨居赵郡?"(《魏书·杜铨传》)

宣子曰:"苟是天下人望,亦可无言而辟,复何假一?"(《世说新语·文学》)

汝何以都不复进,为是尘务经心? 天分有限?(《世说新语·贤媛》)

天下方是我家有,汝等不忧不富贵。(《宋书·竟陵王诞传》)

贼比拟来,本非大举,政是承信一说,易遣诳之。(《南齐书·垣崇祖传》)

上述第三类用法是由第一类"是"字表示确认事实的引申用法进一步发展而来,而在词义词性上却又要比确认事实的用法显得更为虚灵一些。其作用有两点:一是与单音节的副词或连词并用,和谐句中的语音节拍;二是可以使句子的语气得以完足。

4. 表示事物存在。例如:

於是二人顾视镜中,乃是鹿也。(《抱朴子·登涉》)

凡小山皆无正神为主,多是木石之精。(《抱朴子·金丹》)

室中是阿谁? 歎息声正悲。(贾充《与妻李夫人连句》)

顾搏虱如故,徐应曰:"此中最是难测地。"(《世说新语·雅量》)

尽非我国人,城东北是丁零与胡,南是三秦氏、羌。(《宋书·臧质传》)

服之不衷,身之灾也。头上定是何物?(《南齐书·东南夷传》)

去此西南行,减半由旬,贝多树下,是过去当来诸佛成道处。(《水经注》卷一)

南峯北岭,多结禅栖之士;东巘西谷,又是刹灵之图。(《水经注》卷九)

渠左是魏晋故庙地,今悉民居,无复遗墉也。(《水经注》卷十六)

水侧皆是高山,山水之间,悉是木耳夷居。(《水经注》卷三十六)

楼侧悉是桐梓,森耸可爱,居民号为桐亭楼。(《水经注》卷四十)

内御道北一里,亦在延年里,即是晋中朝时金市处。(《洛阳伽蓝记》卷一)

孝义里东即是洛阳小市,北有车骑将军张景仁宅。(《洛阳伽蓝记》卷二)

自晋、宋以来,号洛阳为荒土,此中谓长江以北,尽是夷狄。(同上)

房簷之外,皆是山池,竹松兰芷,垂列堦墀。(《洛阳伽蓝记》卷三)

因饮酒醉还,舞棹向船曰:"何处觅庾吴郡,此中便是!"(《世说新语·任诞》)

海上有逐臭之夫,里内有学颦之妇,以卿言之,即是也。(《洛阳伽蓝记》卷三)

上举末二例依次为"便是"后承前省略宾语"庾吴郡","即是"后承前省略宾语"逐臭之夫、学颦之妇"。

以上所举由"是"字充任谓语动词的存在句当然属于判断词"是"字的引申用法,而对于典型的存在句进行语法分析,目前通常有三种看法:(A 段)主语——(B 段)谓语动词——(C 段)宾语;(A 段)状语——(B 段)谓语动词——(C 段)宾语;(A 段)状语——(B 段)谓语动词——(C 段)主语。本书的讨论持第一种观点。但从结构上看,这类句子的主语一般又是以此期开始普遍运用的方位词组为主的处所词语,故而前文已相应地从主语复杂化的角度略有涉及。这里论述的"是"字式存在句,在判断词"是"字尚未成熟并广泛使用之前的秦汉时期,A 段通常由地名、方位词等表示处所的词语充任,处于 B 段位置上的则往往是具有判断作用的"惟、为"与具有联系作用的"乃、则、即"。例如《书·禹贡》:"荆及衡阳惟荆州。江、汉朝宗于海。"《史记·孝武本纪》:"又作甘泉宫,中为台室,画天、地、泰一诸神。"《史记·大宛列传》:"其北则康居,西则大月氏,西南则大夏,东北则乌孙。"而此期的"是"字式存在句较之此前有两个方面的发展,一是 A 段主要由方位词组充任,二是 B 段由判断词

"是"字充任。这种用法成熟之后,一直延续至现代汉语。

5."是"字兼用为喻词,表示隐喻的修辞方式,只是用例尚不很多。例如:

> 翻曰:"翻是明府家宝,而以示人,人倘留之,则去明府良佐,故前不行耳。"(《三国志·吴志·虞翻传》裴松之注引《江表传》)

此例虞翻将自己比作孙策家中宝物,出以示人,倘若为人留下,孙策将失去良佐。

> 官本是臭腐,所以将得而梦棺尸;财本是粪土,所以将得而梦秽汙。(《世说新语·文学》)

此例将"官、财"分别比作"臭腐、粪土",将要得到时就会梦见棺尸、秽污。

> 谢太傅云:"不得尔,此是屋下架屋耳。事事拟学,而不免俭狭。"(同上)

此例将庾仲初摹写而成的《扬都赋》,比作因袭而无创新的"屋下架屋"。

> 桓公见谢安石作简文谥议,看竟,掷与坐上诸客曰:"此是安石碎金。"(同上)

此例将谢安所作简文谥议比作碎金,喻指这仅仅是他展现文学才华的零散杰作。

> 复更听,王又曰:"自是钵釪后王、何人也。"(《世说新语·赏誉》)

此例王濛因支道林善谈名理,将他比作僧徒中的王弼、何晏一类人物。

> 且袁粲、刘秉,贼之根本,根本既灭,枝叶岂久?此是已笼之鸟耳。(《南齐书·刘善明传》)

此例称袁粲、刘秉是反贼的"根本","根本"被灭后,沈攸之仅是难以持久的"枝叶",有如关进笼中的鸟,无法控制自己命运。

> 母孔氏甚严明,谓亲戚曰:"阿称便是今世曾子。"——阿称,瓛小名也。(《南齐书·刘瓛传》)

此例将刘瓛比作曾子,曾子提倡以孝为本,是古来著名的孝子,而刘瓛极为孝顺祖母,手持膏药,长年侍疾,以致手指溃烂。

> 高祖曰:"任城便是我之子房。"加抚军大将军、太子少保,又兼尚书左仆射。(《魏书·任城王云传》)

此例将任城王拓跋澄比作协助汉高祖夺取天下的重要谋臣、汉相张良张子房。

> 淮源旧有祠堂，蛮俗恒用人祭之。珍乃晓告曰："天地明灵，即是民之父母，岂有父母甘子肉味！"（《魏书·韦珍传》）

此例将天地神灵比作百姓父母，父母岂能乐食子女之肉，故而应当废除人祭的陋习。

> 虽令与后小乖，按令今百里，即是古诸侯。（《洛阳伽蓝记》卷二）

此例将当时管辖百里之地的一县之令，比作古代掌管一国的诸侯。

> 学《汉书》者，悦应、苏而略《苍》《雅》。不知书音是其枝叶，小学乃其宗系。（《颜氏家训·勉学》）

此例将学习《汉书》的书音比作枝叶，是与"小学"这一"根本"相对的次要内容。

> 今日天下大同，须为百代典式，岂得尚作关中旧意？明公定是陶朱公大儿耳！（《颜氏家训·风操》）

此例用《史记·越王句践世家》陶朱公范蠡之长子惜财败事的典故，隐喻句中"明公"的悭吝之情酷似陶大公子。

上述十二例用法已由语法范畴逾界至修辞范畴，《三国志》裴松之注引《江表传》，以及《世说新语》《南齐书》《魏书》《洛阳伽蓝记》《颜氏家训》中的用例即系判断词"是"字兼用为隐喻喻词较早的一批例证。当然，若从语法层面进行分析，此时"是"字已不再只是对主宾语关系做出固有的判断，而是引申出在某些性状特征方面"像是、似是"之类的语法意义。其实，这种隐喻的修辞方式古已有之，陈望道在《修辞学发凡》中举出《论语·颜渊》："君子之德，风；小人之德，草。"《韩非子·五蠹》："此五者，邦之蠹也。"用"风、草"喻指君子之德、小人之德，用"五蠹"喻指学者、言谈者、带剑者、患御者、商工之民等五类人，均是隐喻的较早用例。这类表示隐喻的句子与判断句有着至为密切的联系。起先是用主谓相续的判断句，如前引《论语》《韩非子》中的例证，以及此期沿用的《三国志·吴志·周瑜传》："曹公豺虎也。"同书《鲁肃传》："加刘备天下枭雄。"后来又用判断词"为"字兼用为喻词，例如《史记·项羽本纪》："如今人方为刀俎，我为鱼肉。""刀俎、鱼肉"分别喻指掌握生杀大权与只能任人宰割。此期沿用的如《世说新语·赏誉》："是文康称恭为荒年谷，庾长仁为丰年玉。""荒年谷、丰年玉"分别喻指救死济民的匡世之才与太平盛世的治国之才。而上举此期各类著作中用"是"字的例证则是"为"字表示隐喻的延续与发展，所不同者仅是兼用为喻词者以判断词"是"字取代判断词"为"字而已。及至后世，喻词"是"字的出现不断增多，特别是在文学作品中更为常见，例如唐代蜀太后徐氏《玄都观》："莫道穹天无路到，此山便是碧云梯。"宋代王观《卜算子·送鲍浩然之浙东》："水是眼波横，山是眉峰聚。"前诗中用"碧云梯"喻指山，取譬天成，驱人神往；后词中以"眼波横流"喻指水，以"眉峰攒聚"喻指山，想象奇绝，除旧布新。随着使用的不断增多，这种以"是"字为喻词、起先称为隐喻、后来改称暗喻的修辞方式，得以最终成熟并广泛流传至后世。

五　否定判断句的新形式

此期之前表示否定判断，通常采用以否定副词"非"字直接否定名词谓语的方式，例如《庄子·秋水》："子非鱼，安知鱼之乐？"《史记·老子韩非列传》："今者所养非所用，所用非所养。"此期否定判断句大量沿袭这一用法，但由于"是"字式肯定判断句的广泛使用，又产生了"非是、未是、不是"等表示否定判断的新形式。

1.（主语）+非是+宾语，主语+非是+宾语，这两类句式较为常见。例如：

又哀儿女，抚视不离，非是轻狡不顾室家者也。（《三国志·魏志·高柔传》）

时有紫光满室，以告寿之，寿之曰："恨非是男。"（《南齐书·高昭刘皇后传》）

实非兴祖自经死。家人及门义共见，非是一人。（《南齐书·王奂传》）

夜半心悟，乃计曰："魅迷人，非是我妇也。"（《古小说钩沉·列异传》）

认之为兄，实非是兄，若其债时，则称非兄。（《百喻经·认人为兄喻》）

偷取佛法著己法中,妄称己有,非是佛法。(《百喻经·估客偷金喻》)

烈厉色而答曰:"向者亦不道王非是天子儿、叔。"(《魏书·于烈传》)

自关中再败,皆是帅师违律,非是内有事故,致外有败伤。(《宋书·郑鲜之传》)

窃闻前政刺史,非是无意,或值兵举,或遇年灾,缘此契阔,稽延至此。(《魏书·安定王休传》)

非是宾至无礼,直是主人忽忽,无待宾调度耳。(《魏书·李孝伯传》)

也有主语、宾语同时省略的情况,其句式为:(主语)+非是+(宾语),只是这类句式甚为罕见。例如:

举事当合天下心,诸君作此,非是也。(《三国志·魏志·董卓传》裴松之注引《献帝起居注》)

融下车入门,乃曰:"非是。"至户外,望澄,又曰:"非是。"既造席,视澄曰:"都自非是。"(《南齐书·张融传》)

值得注意的是,用"非是"表示否定判断,并不是在此期之前否定判断句中"非"字之后简单地用上一个判断词"是"字,而应当视为此期"是"字式判断句广泛运用之后,在肯定判断词"是"字之前加上了否定副词"非"字,"非"字直接否定判断词"是"字,二者结合成的"非是"再否定判断宾语。用否定副词来否定判断词"是"字这一形式的出现是一步重要的发展,因为只要用另一否定副词"不"字取代"非"字,就形成了一直沿用至现代汉语的以"不是"来表示否定判断的基本形式。

2.(主语)+未是+宾语,(主语)+不是+宾语,这两类句式极为少见。例如:

未是夫穷理尽性、陶冶变化之实论也。(《三国志·魏志·常林传》裴松之注引《魏略》)

今直中书为诏,彼必疑谓非真,未是所以速清方难也。(《宋书·蔡兴宗传》)

高祖曰:"卿为著作,仅名奉职,未是良史也。"(《魏书·韩显宗传》)

而以庶叔之嫌,替其嫡重之位,未是成人之善也。(《魏书·礼志四》)

聊持自娱乐,未是斸豪奢。(张正见《轻薄篇》)

彼常愿欲共我一过交战，我亦不癯，复不是符坚。(《宋书·索虏传》)

"未是"与"不是"略有不同。"未是"含有时间意义，表示目前尚不是，所处条件变化之后则可能是，如前四例(第五例为引申用法)；"不是"则表示一般性的否定，如第六例。

《宋书》"不是"例之外，王羲之《题卫夫人〈笔阵图〉后》另有一例："若平直相似，状如算子，上下方整，前后齐平，此不是书，但得其点画尔。"但这篇《题后》以及所题《笔阵图》究竟出自何人之手，历来说法不一。近人余绍宋推测说："右军《题后》一篇，其文亦甚凡近，……就此书后词气观之，当亦六朝时人所依托；……窃意右军在当时，或有作《笔阵图》事，……然必非此篇及书后之文，此两篇或即因知右军有此作，而依托为之者。"这里录以备考。此外，汪维辉仔细检索东汉汉译佛经，发现若干"不是"的用例，如安世高译《禅行法想经》："若以弹指间念此诸想之事，皆为精进行，为奉佛教，不是愚癡食人施也，何况能多行？"支娄迦谶译《阿閦佛国经》："其法不是弊魔及魔天之所灭，亦不是天中天弟子所灭。"又把"不是"的使用看作"'是'在东汉译经时期已经发展成熟"的"较硬的一条标准"，最后依据全文所述事实做出推断："汉语系词'是'的普遍化使用不会晚于汉末。"[①]现将汪说摘录于此。

至于此期用"非是、未是、不是"的否定判断句句末是否加用"也"，就所见用例看，"未是"句使用较多，"非是"句较少，"不是"句未见。不过，由于样本过小，不宜据以分析，无法看出一定之规。

此期否定判断句的新形式为何大多采用"非是"而罕见"未是、不是"，这或许因为"是"字作为判断词虽然已经发展成熟，但它同时也还保留着用作指示代词的性能，而指示代词"是"字不能受到"未、不"的否定，却能受到"非"字的否定；而"非"字用于否定判断句，否定名词、代词或名词性词组之类谓语，是它自先秦至后世最常见的用法之一。而用"不是"来表示否定判断，大约从唐代开始在中土文献中才逐渐多见起来。

---

① 这里所引王羲之文，参看唐张彦远辑《法书要录》，人民美术出版社，1984 年 12 月第 1 版。余绍宋说，参看《书画书录解题》，浙江人民出版社，1982 年 11 月第 1 版。汪维辉说，参看《系词"是"发展成熟的时代》，载《中国语文》1998 年第 2 期。

第二十三章　疑问句

疑问句包括提问句与反问句两类。从先秦时期开始,汉语中的疑问句就同疑问词语有了密切联系。一般说来,疑问句或者要用疑问代词,或者要用疑问语气助词,或者二者并用。此外,在选择问句、反复问句、度量问句中有时还要用上选择连词、否定副词或疑问数词。这些特点有许多甚至一直延续至现代汉语。魏晋南北朝时期,疑问句有两点值得注意的发展变化。一是出现了一些不用疑问词语的疑问句,这在较为接近口语的载籍中表现尤为明显,因为口语常常可以借助语境、语调甚至手势之类来表示疑问;二是出现了一些新兴的疑问代词、选择连词,以及询问度量的词语。以下从四个方面进行论述。

一　由"那"字构成的疑问句

此期新兴的疑问代词"那"字以表示反问为主,有时也可以表示提问,已见于中编第十三章"疑问代词"中。这里再根据它是否与句末语气助词配合使用分为两类,略举数例于下。

1. 未与句末语气助词配合使用。例如:

太宗曰:"一日万机,那得速!"(《世说新语·政事》)

公曰:"外人论殊不尔。"王曰:"外人那得知!"(《世说新语·品藻》)

此门生入室,惊出谓姬曰:"室内那得此异物?"(《宋书·符瑞志上》)

升平不满斗,隆和那得久? 桓公入石头,陛下徒跣走。(《宋书·五行

志二》）

　　其妾崔氏、许氏谏攸之曰："官年已老,那不为百口计!"（《南齐书·高帝纪上》）

　　敬则曰："臣若知书,不过作尚书都令史耳,那得今日?"（《南齐书·王敬则传》）

　　欺巧那可容! 宋世混乱,以为是不?（《南齐书·豫章文献王嶷传》）

　　汝劳疾,亦复那得不动,何意为作烦长启事!（同上）

2. 与句末语气助词配合使用。例如:

　　妻子难之,言："西门豹古之神人,那可葬於其边乎?"（《三国志·魏志·田豫传》裴松之注引《魏略》）

　　太祖曰："我家贵那得如子廉耶!"（《三国志·魏志·曹洪传》裴松之注引《魏略》）

　　今虽作贼,那可入其乡邪?（《三国志·魏志·王昶传》裴松之注引《蝦别传》）

　　谓同坐曰："我家中军那得及此也!"（《世说新语·品藻》）

　　隆曰："千里投公,始得蛮府参军,那得不作蛮语也!"（《世说新语·排调》）

　　二郎至彼未几,那能便得此米邪?（《宋书·孔觊传》）

　　顾谓王肃曰："在下那得复有此才,而令朕不知也?"（《魏书·高聪传》）

　　遭霖雨,粮乏,相谓曰："尔当正饥,那得美食邪?"（《古小说钩沉·幽明录》）

　　"那"字自汉末产生之始,以及在此期的语料中,下述三种使用比例始终表现得轻重分明。一是主要用于反问,较少用于提问;二是常与助动词"得、可、能"等连用,无助动词连用者只是少数;三是主要单独使用,较少配合句末语气助词使用。"那"字主要单独使用,表明它一开始就具备独立表示疑问语气的功能;而有时又与语气助词配合使用,这除去表示语气的加强之外,大约又是传统书面语言的表达方式对于新兴口语的一种影响。

二　选择问句的新形式

先秦两汉时期表示选择问通常采用两种方式，一是在并列的两个选择项之后用上一般是相同的句末语气助词，例如《墨子·兼爱》："此天下之害与？天下之利与？"二是再以选择连词"将、且、抑"等置于后续选择项之前，与全句句末语气助词相呼应，例如《论语·学而》："求之与？抑与之与？"魏晋南北朝时期的发展，一是由上述第一种方式脱落句末语气助词，演化为单纯并列两个选择项来表示选择问。再就是上述第二种方式又表现出三个特点：其一是选择连词采用新兴的"为"字或"为"字的结合形"为是、为当、为复"；其二是"为"字通常用于各个选择项之前，如果只出现在一个选择项之前，则以用于后续选择项为常；其三是使用句末语气助词者只是少数。

1.单纯并列两个选择项的选择问句。例如：

袁公曰："孤往者尝为邺令，正行此事。不知卿家君法孤？孤法卿父？"（《世说新语·政事》）

王曰："未知文生於情？情生於文？览之悽然，增伉俪之重。"（《世说新语·文学》）

坐席竟，下饮，便问人云："此为茶？为茗？"（《世说新语·纰漏》）

问左右曰："今年男婚多？女嫁多？"（《宋书·殷景仁传》）

又谘："未审有起动而凡夫横见？无起动而凡夫横见？"（萧统《令旨解二谛义》）

谘曰："令旨解言真不离俗，未审真是有相？俗是有相？有无不殊，何得同体？"（同上）

吾不知子孟、孔明遗训如此？王、谢、陶、庾行此举止？（《南齐书·张敬儿传》）

彪问略答，彪悲咽问："兄今在天上，福多？苦多？"（《古小说钩沉·幽明录》）

稍后唐初成书的载籍中也有用例：

助教顾良戏之曰："汝姓何，是荷叶之荷？为河水之河？"妥应声答曰："先生姓顾，是眷顾之顾？为新故之故？"(《北史·何妥传》)

上举第三例以及《北史》例中并列的两个选择项均为判断句，已有判断词"为"字与选择连词"为"字同形，所以"为"字不重复出现。我们之所以未将此二例中的"为"字视作选择连词，而认为它们是判断词，一则其时判断句用判断词(或用"为"字或用"是"字)已经成为常态，二则其时"是"字尚未独立用为选择连词，[1]因此二例还是以看作单纯并列两个选择项表示选择问为宜。这种情况甚至到现代汉语也是如此，如可以说："他是学生，还是工人？"但不可以说："他是是学生，还是是工人？"尽管"是、还是"的选择连词用法早已成熟，但"他是学生，还是工人"中的两个"是"字仍应分析为判断词。

2. 用连词"为"字的选择问句

这类选择问句的情况比较复杂。从选择项前端看，既可逐项均用"为"字，又可只用于一个选择项；从选择项末尾看，既可用上语气助词，又可不用语气助词。此外，还有"为"字与旧有选择连词并用的现象。

(1)选择项前端均用"为"字

其中，选择项末尾均可用上语气助词。例如：

为谓穷灵极数，妙尽冥符邪？为将心体自然，灵怕独感邪？(刘程之《致书释僧肇》)

杨运长、阮佃夫为有罪邪？为无罪邪？(《宋书·建平宣简王宏传》)

王问之言："汝为病耶？为著风耶？何以眼瞤？"(《百喻经·人效王眼瞤喻》)

选择项末尾也均可不用语气助词。例如：

谘曰："圣人为见世谛？为不见世谛？"(萧统《令旨解二谛义》)

谘曰："为於真谛中见有？为俗谛中见有？"(同上)

宏曰："卿为欲朕和亲？为欲不和？"(《南齐书·始安贞王道生传》)

---

① 选择问句中用"是"字单独表示选择，大约成熟于北宋末年，南宋朱熹的《朱子语类》中已经较为多见。参看梅祖麟《现代汉语选择问句法的来源》，载《历史语言研究所集刊》第四十九本第一分本。

若然,将以何事致之?为欲修身改俗?为欲仍染前事?(《魏书·咸阳王禧传》)

帝曰:"……今为应乘弊致讨?为应休兵息民?"(《魏书·高闾传》)

未审上古已来,置官列位,为欲为膏粱儿地?为欲益治讃时?(《魏书·韩显宗传》)

崔光尝对太后前问国珍:"公万年后,为在此安厝?为归长安?"(《魏书·胡国珍传》)

选择项前端均用"为"字的选择问句中,"为"字最常出现在两个选择项各自前端配对使用(详上文),少数甚至可以用于三个选择项各自前端成组使用。例如:

卿罹此谴,为朕与卿?为宰事与卿?为卿自取?(《魏书·李彪传》)

也有三个选择项中,"为"字只用于后两个选择项各自前端的情况。例如:

今未审从旧来之旨?为从景明之断?为从正始为限?(《魏书·郭祚传》)

(2)"为"字用于一个选择项前端

其中,后续选择项末尾可用上语气助词。例如:

而致死事乃与孚异也,不知孚为琼之别名,为别有伍孚也?(《三国志·魏志·董卓传》裴松之注)

已知有夏州义士指来相应?为欲广申经略,宁复帝基乎?(《魏书·杨播传》)

后续选择项末尾也可不用语气助词。例如:

亢旱以来,积三十年,归咎曒面?为相值不?(《三国志·魏志·毛玠传》)

岂薪樵之道未弘?为网罗之目尚简?(王融《永明十一年策秀才文》)

又谘:"未审一得不相,并忘万有?为不悉忘?"(萧统《令旨解二谛义》)

宏曰:"故当有故。卿欲使我含瑕依违?为欲指斥其事?"(《南齐书·始安贞王道生传》)

卿等欲令魏朝齐美於殷周?为令汉晋独擅於上代?(《魏书·咸阳王禧传》)

天穆召子昇问曰:"即欲向京师?为随我北渡?"(《魏书·温子昇传》)

府君问主者:"礼寿命应尽?为顿夺其命?"(《古小说钩沉·幽明录》)

汝问三恶道?为问诸天? 若问三恶道,人实为最胜;若问於诸天,人必为不如。(《百喻经·二子分财喻》)

只出现在一个选择项中的"为"字最常用于后续选择项前端,用于首个选择项前端不仅较为少见,①而且常常采用"为是、为当"等"为"字的结合形。例如:

汝何以都不复进,为是尘务经心? 天分有限?(《世说新语·贤媛》)

昨夜光明,殊倍於常,为是帝释梵天四天王乎? 二十八部鬼神大将也?(《撰集百缘经》卷六)

凡夫之惑,为当但於真有迷? 於俗亦迷?(萧统《令旨解二谛义》)

对于上举《世说新语·贤媛》一例,徐震堮认为其中的"为是"犹言"岂是",并非表示选择问,②这或许是一种误解。理由有两点:一是"尘务经心"与"天分有限"是互相对待的两项,连读为一句,文意不协;二是《晋书·王凝之妻谢氏传》正作:"为尘务经心? 为天分有限邪?"是一个典型的选择问句。不过,此期语料中也确实可以见到不少"为是"用于非选择问句的用例,如《宋书·范晔传》:"丈人若谓朝廷相待厚者,何故不与丈人婚,为是门户不得邪?"句中以"何故"提问,以"为是"作答,并没有列出可供选择的某几项原因,其中的"为是"只是表示测度问,希望能够得到听者的认可。

"为是、为当"以及"为复"之类"为"字的结合形,是在选择连词"为"字已经较多使用的基础上产生的。其中"为复"的"复"自是后缀,当无疑义;"为是"的"是"由于来源于判断词,除助成语气之外,有时又含有相当程度的断定作用;"为是"中"是"字的这两种作用在选择问句中都是存在的。当"为是"后的选择项是名词或名词性词组时,"是"字侧重于断定,例如萧统《令旨解二谛

---

① 刘开骅从东汉汉译佛经中检索到这类用例,例如竺大力共康孟详译《修行本起经》卷上:"佛为於树下六年得道耶? 十二年得乎?"参看《中古汉语疑问句研究》第四章,黑龙江人民出版社,2008 年 11 月第 1 版。

② 徐震堮说,参看《世说新语校笺》附录《世说新语词语简释》。

义》：“世俗心中所得空解，为是真解？为是俗解？”此期稍后唐初成书的《隋书·何妥传》：“汝既姓何，是荷叶之荷？为是河水之河？”而当其后选择项是主谓词组时，“是”字侧重于助成连词“为”字的语气，例如《世说新语·贤媛》：“为是尘务经心？天分有限？”《撰集百缘经》卷六：“为是帝释梵天四天王乎？二十八部鬼神大将也？”

　　“为当”的“当”也有一定的实义，蒋礼鸿认为“是一个论量宜适、可否或是非的词，……论量的意味仍可看出，和‘为是’的‘是’作用也约略相当”。[①] 不过，由于“当”字还可用作表示将然的时间副词，有时“为当”中的“当”字也会含有一定的将拟意味；“为是”缘于其中“是”字的来源，有时又会含有比“为当”的“当”更觉明显的判定意味。故而“为是、为当”在表达上与“为复”以及“为”字还是有差别的。“为复、为”表选择之外，无词义可言；“为是、为当”表选择之外，尚有一定实义。“为是”与“为当”之间在表义上略有微殊已如前述，在用法上的不同则表现为其后选择项的构成各有大致的范围。“为当”之后的选择项多为动词或动词性词组，“为是”之后的选择项却以名词或名词性词组较为常见；而当其后选择项为主谓词组时，则“为是”、“为当”均可使用。这或许与“是”、“当”在未进入选择连词双音节形式之前的基本用法有关吧。[②]总之，“为是、为当、为复”兴起于魏晋南北朝时期，固然与其时汉语语词双音化的趋势有着密切的联系，但实际上也是汉语中表述趋于严密的一种需要。发展到唐宋时期，这三个词语得到进一步的流行。

　　魏晋南北朝时期的语料中，“为是、为当、为复”既可以分别配对使用，也可以与“为”字配合使用，位置在每一个选择项的前端。例如：

　　　　世俗心中所得空解，为是真解？为是俗解？（萧统《令旨解二谛义》）

　　　　敢问答之为言，为是相对？为是相背？（《南齐书·礼志上》）

　　　　俗人解俗，为当解参差而言解俗？为当见俗虚假而言解俗？（萧统《令旨解二谛义》）

----

① 参看蒋礼鸿《敦煌变文字义通释》（增补定本）第六篇“释虚字”。
② 参看拙文《萧统〈令旨解二谛义〉中的选择问句》。

未审圣人见真,为当渐见?为当顿见?(萧统《令旨解二谛义》)

任城在省,为举天下纲维?为当署事而已?(《魏书·任城王云传》)

卿等为当存亲以毁令?为欲灭亲以明法?(《魏书·南安王桢传》)

以上六例中,末二例"为当"与"为"字配合使用,"为当"的位置可前可后。

"为是、为当、为复"还可以分别独自使用,位置以用于后续选择项前端较为常见。例如:

未审真谛亦有起动?为当起动自动,不关真谛?(萧统《令旨解二谛义》)

未审浮虚之与不生,只是一体?为当有异?(同上)

王敬仁闻一年少怀问鼎,不知桓公德衰?为复后生可畏?(《世说新语·排调》)

由此可见,同"为"字一样,"为是、为当、为复"若只用于一个选择项前端,通常也置于后续选择项前端,这一大致的规范一直沿用至现代汉语。

(3)"为"字与旧有选择连词交错并用

以上两类情况之外,尚有一种"为"字与旧有选择连词交错并用的句式,值得注意的有两点:一是此类句式中的旧有选择连词大多用于末个选择项前端;二是每一选择项末尾,特别是末个选择项末尾,通常要用上句末语气助词。这或许也是传统书面语言对于新兴口语表达方式的一种影响吧。例如:

如是为欲使孙策帐下儿读之邪?将使张子布见乎?(《三国志·吴志·张昭传》裴松之注引《典略》)

亭长为从汝求乎?为汝有事嘱之而受乎?将平居自以恩意遗之乎?(《后汉书·卓茂传》)

又曰:"魏帝为欲久都平城?将复迁乎?"臣答:"非所知也。"(《魏书·张济传》)

未知即是《通俗文》?为当有异?近代或更有服虔乎?(《颜氏家训·书证》)

当然,上述两点并不是绝对的,与之不相符合的"违例"有时也可以见到;不过,我们也要特别注意辨别一些似是而非的"违例"。例如:

　　若然,将以何事致之?为欲修身改俗?为欲仍染前事?(《魏书·咸阳王禧传》)

　　此例"将"字用于首个句子前端,各个句子末尾也未用上语气助词;但"将"字并非选择连词而是时间副词,故而也就不属于新旧选择连词并用的范畴了。

　　"为"字用作选择连词的最早用例见于《古文苑》卷五传为张衡所作的《髑髅赋》:"为是上智,为是下愚? 为是女子,为是丈夫?"再就是前引《后汉书·卓茂传》所述卓茂语。但《髑髅赋》是否出自张衡之手尚无定论;《后汉书》则为范晔所作,即便是记言性质也很难视为东汉语料的确证。不过《三国志·吴志·张昭传》裴松之注引《典略》的作者鱼豢却是三国魏人,据此认为"为"字至迟出现于三国时期应当是可靠的。此外,何亚南经过仔细检索,从东汉汉译佛经中获得若干用例,如安世高译《人本欲生经》:"名字亦色身无有,为有更不? 为从有更不?"支娄迦谶译《道行般若经》卷八:"如我所说,为随佛法教耶? 为有增减乎?"他得出结论说:"把'为'进入一般选择问句的时代定在公元二世纪中期甚至更早一点,应该没有什么问题。"[1]现将何说摘录于此。

　　"为"字自产生之始,以及在此期的语料中,使用上有三种轻重不同的比例特别值得注意。一是"为"字配对使用多,单个使用少;二是在单个使用时,用于后续选择项多,用于首个选择项少;三是不与语气助词配合使用多,与语气助词配合使用少。这些特征对于后世汉语选择问句的发展,甚至现代汉语选择问句的最终形成都产生了重要影响。

　　"为"字的选择连词用法,似是由它的判断词用法发展而来。[2]"为"字春秋时期已经用为判断词,并且广泛使用到后世。[3] 当它进入选择问句并置于选择项前端时,则可表示询问该叙述或判断是否确实,用之既久就自然能够体现选择项之间的连接关系,并且自身也逐渐发展成为选择连词。这一点我们还

---

　　① 参看何亚南《〈三国志〉和裴注句法专题研究》第六章"《三国志》和裴注中的选择问句",南京师范大学出版社,2001 年 12 月第 1 版。
　　② 参看拙文《〈世说新语〉句法特点初探》,载江苏省语言学会编《语言研究集刊》第一辑;李崇兴《选择问记号"还是"的来历》,载《语言研究》1990 年第 2 期。
　　③ 参看洪诚《论南北朝以前汉语中的系词》。

可以从前举单纯并列两个选择项以表示选择问的用法中求得证明。如果选择项本身为判断句,已有判断词出现,那么它也兼含选择意味,选择连词一概不重出。此外,后世成熟并且一直沿用到现代汉语的选择连词"是"字,例如《朱子语类辑略》:"寻看他禅,是在左胁下? 是在右胁下?"也正是因为判断词"为"字在口语中的消失而代之以广泛使用的判断词"是"字。顺便说及,"是"字的选择连词用法虽然成熟于北宋,但魏晋南北朝时期也已有了萌生的迹象。例如萧统《令旨解二谛义》:"俗谛是有是无?"与"未审能知之智,是谓真谛? 是谓俗谛?"试比较北宋《碧岩录》中"是"字用作选择连词的用例:"且道:是肯他? 是不肯他? 是杀? 是活?"[1]《令旨解二谛义》二例中"是"字的后续成分为动词或动词性词组,应当说这种充任选择问句选择项的有别于典型用法的判断句是很容易使判断词"是"字转用为选择连词"是"字的。

最后还应指出,此期选择问句中"为"字与句末语气助词配合使用,以及"为"字与旧有选择连词的交错并用,这只是选择问句发展过程中新旧形式之间的一种过渡。而它们的使用比例较小,作用有限,正说明"为"字用法自身的发展较为迅速,较为充分,影响也较大。

三 反复问句的新形式

反复问句是兼从正反两面提问的一种疑问句。它实际上也是一种选择问句,不过这种句式中并列的两个选择项恰为肯定与否定的互相对立,所以通常又另称为反复问句。魏晋南北朝时期,由否定副词代表否定一面的反复问句在继承此期之前用法的基础上又有一些新发展。

(一) 由叙事句构成的反复问句

表示否定方面的否定副词主要有"不、否、未"三个。

---

[1] 此例从第 443 页注释①所引梅文转录。

1. 用"不、否"表示否定方面

这种句式在秦汉时期已有先例,此期使用增多。"不"字是"否"字的通假字,可以把它们合并在一起讨论。略举数例于下:

> 有父党造门,问林:"伯先在否? 汝何不拜!"(《三国志·魏志·常林传》)

> 但观以上国再毁之臣,望府一逐之吏,当复是天下才否?(《宋书·周朗传》)

> 若谓有此理者,可得申吾意上闻否? 试为思之。(《南齐书·王僧虔传》)

> 许便问主人:"有《庄子》不?"正得《渔父》一篇。(《世说新语·文学》)

> 未郊得先殷与不? 明堂亦应与郊同年而祭不?(《南齐书·礼志上》)

> 今将毕修遗志,卿等谓可行不? 当各尽对,无以面从。(《魏书·咸阳王禧传》)

此期的发展变化除去否定副词后一般不再加用句末语气助词之外,主要还表现在以下三个方面。

一是"不"字用于否定句末尾。例如:

> 引超入曰:"天命脩短,故非所计。政当无复近日事不?"(《世说新语·言语》)

> 王尚书惠尝看王右军夫人,问:"眼耳未觉恶不?"(《世说新语·贤媛》)

> 桓南郡每见人不快,辄嗔云:"君得哀家梨,当复不蒸食不?"(《世说新语·轻诋》)

> 会州人自都还,说:"掖门已闭,殊不知台中安不?"(《宋书·建平宣简王宏传》)

> 南郡王兄弟便应以此四月晦小祥,至於祥月,不为有疑不?(《南齐书·礼志下》)

二是"不"字与表示反问、测度的语气副词配合使用。例如:

> 既还,王长史语刘曰:"伊讵可以形色加人不?"(《世说新语·方正》)

> 太祖问曰:"胡通达,长者也,宁有子孙不?"(《三国志·魏志·胡质传》)

永子昱从容问少君曰:"太夫人宁复识挽鹿车时不?"(《后汉书·勃海鲍宣妻传》)

豫章王嶷盛馔享宾,谓悰曰:"今日肴羞,宁有所遗不?"(《南齐书·虞悰传》)

慰祖卖宅四十五万,买者云:"宁有减不?"(《南齐书·崔慰祖传》)

娥仰天呼曰:"皇天宁有神不? 我为何罪,而当如此!"(《古小说钩沉·幽明录》)

柔乃见子文,问所坐。言次,曰:"汝颇曾举人钱不?"(《三国志·魏志·高柔传》)

因下共语至暝。既去,谓左右曰:"颇曾见如此人不?"(《世说新语·赏誉》)

至是遣人诘责庄曰:"卿昔作《殷贵妃诔》,颇知有东宫不?"(《宋书·谢庄传》)

谓扬州刺史王景文曰:"此是奇味,卿颇足不?"(《南齐书·虞愿传》)

三是"不"字或"与不"用于一般选择问句末个选择项的末尾,不过用例甚为少见。例如:

亢旱以来,积三十年,归咎黦面? 为相值不?(《三国志·魏志·毛玠传》)

未详毁灵立庙? 为当它祔与不?(《宋书·礼志四》)

倘若从另一角度来看,以上二例也可说是反复问句前端用上了选择连词,虽然这只是甚为少见的现象,但与视之为选择问句末尾加上"不、与不"的道理却是完全相通的,因为反复问句本质上也是一种选择问句,二例中的选择连词"为、为当"正表示或从正面或从反面进行选择。

2.用"未"字表示否定方面

这种句式在《史记》《汉书》中已有先例,此期使用增多。略举数例如下:

因谓曰:"子敬,孤持鞍下马相迎,足以显卿未?"(《三国志·吴志·鲁肃传》)

今日上不至天,下不至地,言出子口而入吾耳,可以言未?(《后汉书·

刘表传》)

　　及魏武作司空,总朝政,从容问宗曰:"可以交未?"(《世说新语·方正》)

　　武帝每见济,辄以湛调之,曰:"卿家痴叔死未?"(《世说新语·赏誉》)

　　良久,转头问左右小吏曰:"去未?"答云:"已去。"(《世说新语·忿狷》)

　　忽有青衣童儿骑牛行,见仲德,问曰:"食未?"仲德告饥。(《宋书·王懿传》)

　　见帝,曰:"卿至湘宫寺未? 我起此寺,是大功德。"(《南齐书·虞愿传》)

　　永泰元年,城陷,缚思忌,问之曰:"今欲降未?"(《南齐书·魏虏传》)

　　至于反复问句末尾在表示否定方面时,是用副词"不、否"还是用副词"未"字,尽管通常的语法著作均认为"'未',犹言'否',表示询问",二者作用相同;而细究其实,它们在具体使用时还是略有不同的。这种不同虽然不像表示否定判断的"不是、未是"体现在时间意义上的区别那么鲜明(参看本编第二十二章"判断句"中"否定判断句的新形式"部分),但就所处语境而言,二者的差异还是可以分辨的。"未"字通常用于发问者对事情发展的结果已有预测估量,只是不知相应的条件是否具备,因而询问现时可否实现。而"不、否"则一般用于看不出发问者对事情发展结果的预测估量,只是客观地询问有关叙述是否属实或某种看法是否正确。例如上举《世说新语·文学》:"有《庄子》不?"发问者并不知道主人是否有《庄子》一书,而是询问"有《庄子》"是否属实;若说成"有《庄子》未?"则表示发问者认定主人终究当持有《庄子》,只是询问现时是否已经持有。再如上举《宋书·王懿传》:"见仲德,问曰:'食未?'"由于"食"是可以预先推知的行为,这里只是询问这一行为是否已经完成;若说成"见仲德,问曰:'食不?'"则又会生发出询问仲德是否需要进食的含意。由此可见,"未"与"不、否"在语义表达上还是有细微不同的。

　　另外,此期载籍中还经常出现"……与不"、"……以不"这两种反复问句的固定格式,也是此期之前用法的沿袭,例如《荀子·正论》:"犹有善於是者与不？"此期所不同者，一是用例较为常见，较为集中；二是又可用通假字"以"字代替"与"字。也举数例如下：

> 假其剋捷，不知足南抗悬瓠，北捍长社与不？（《宋书·刘勔传》）
>
> 使礼官议正并详。若得迁日，应更告庙与不？（《宋书·礼志三》）
>
> 殷复在何时？未郊得先殷与不？（《南齐书·礼志上》）
>
> 斩草日建旒与不？若建旒，应几旒？（《南齐书·礼志下》）
>
> 司徒府史又以渊既解职，而未恭后授，府犹应上服以不？（《南齐书·褚渊传》）
>
> 卿往复积岁，洞鉴废兴，若朕此年行师，当克以不？（《魏书·李顺传》）
>
> 对曰："僧祐若无母弟，来归以不？"（《魏书·刘休宾传》）
>
> 祯告诸蛮曰："尔乡里作贼如此，合死以不？"（《魏书·秦明王翰传》）
>
> 或为御史所弹，案验未周，遇赦复任者，未审记殿得除以不？（《魏书·郭祚传》）

有时还可写作"……已不"，"已"字也借用为"与"，只是用例甚为少见。例如：

> 庄帝曰："后怀孕未十月，今始九月，可尔已不？"（《洛阳伽蓝记》卷四）

（二）由判断句构成的反复问句

表示否定方面的否定副词主要有"非、不、否"，这是判断词"是"字广泛使用以后新兴的现象。

1. 用"非"字表示否定方面。例如：

> 孝伯又曰："太尉、安北是人臣与非？"畅曰："是也。"（《宋书·张畅传》）
>
> 当度桥，氾兵数百人遮桥曰："是天子非？"（《后汉书·董卓传》李贤注引《献帝起居注》）
>
> 遥光府佐司马端为掌书记，曹虎谓之曰："君是贼非？"（《南齐书·始安贞王道生传》）

既而,母谓武子曰:"如此衣形者,是汝所拟者非邪?"(《世说新语·贤媛》)

而此言东门,不知为是一门非邪?(《史记·田敬仲完世家》裴骃集解)

以上五例中,第一例用"与"字连接正反两面,末二例"非"字之后又出现句末语气助词。

2.用"不、否"表示否定方面。例如:

道固顾之而言曰:"张融是宋彭城长史张畅子不?"(《南齐书·张融传》)

孝伯曰:"卿家太尉、安北,是人臣不?"(《魏书·李孝伯传》)

上答曰:"欺巧那可容! 宋世混乱,以为是不?"(《南齐书·豫章文献王嶷传》)

当复是天下才否? 此皆足下所亲知。(《宋书·周朗传》)

第三例应视为判断词"是"字后用上"不"字表示否定方面。

魏晋南北朝时期"不、否、未、非"等否定副词用于句子末尾,其功能从总体上看仍然是表示反复问句中的否定方面,具有否定意义。不过,少数用例中这类否定副词正在逐渐丧失实义,向句末语气助词的方向变化。这表现为前述用于否定句末尾,与表示反问、测度的语气副词配合使用,以及用于一般选择问句末个选择项的末尾三种情况。此时,句末否定副词已经逐渐丧失表示否定的实义,其作用与文言的"乎"字、白话的"么、吗"极相类似。白话的"么、吗"来源于唐代句末的"无"字,如李白诗:"秦川得及此间无?"杜甫诗:"肯访浣花老翁无?"这在汉语语法史的研究中已经得到比较一致的承认。① 而唐代的"无"字是否又来源于此期的"不、否、未、非"呢? 对于这个问题,黎锦熙认为"'么、吗'本是和'无、不、否、非、未、没、末、莫'等否定词同是双唇阻的发声,不过收韵有平唇圆唇种种不同罢了",②所以在表示语气上的作用是相同

---

① 孙锡信对唐代由"无"演变出"么",以及此后"无"与"么"在使用上的差异做了详细考察。参看《近代汉语语气词——汉语语气词的历史考察》第二章"唐五代时期的新兴语气词",语文出版社,1999 年 3 月第 1 版。

② 参看黎锦熙《新著国语文法》第十七章"语气——助词细目",商务印书馆,1992 年 9 月新1 版。

的。高名凯也说："汉语的询问命题有的时候是用肯定否定两个词的连用来表示的,而在古代,这否定词往往放在句尾。……这些否定词都是以唇音声母的字来表示的,'么、吗'都是唇音声母的字,其为'否、未、不'之类的后身是很可能的。"①同时,他又用早期白话文与方言中的实例进行了证明。除此之外,从语法功能上看,"无"字也好,"么、吗"也好,它们一般只用于是非问句,不用于以疑问词语表示疑问点的特指问句,这一特征与此期"不、否、未、非"的用法是一脉相承的。而"么、吗"可以与"难道"等语气副词配合以表示反问,这与前述的"讵……不"、"宁……不"之类用法也大致相当。这些也正可以佐证黎、高二位的论述推断是合乎汉语发展实际的。此后,太田辰夫也在《汉语史通考》中提及中古时期用"不、未"做句末助词,以及用"为"、"为……为……"或"为当、为是"做连词的选择问句,同时又着重描述了"以……为"、"用……为"、"……为"、"用为……"、"何所"、"所＝何"、"许＝何"等中古出现的特殊疑问形式,可以参看。②

此外,在反复问句中肯定性谓语与否定性谓语同时出现,也即以类似"V不V"的句式来表示反复问的新句法现象,也很值得注意。这类句式起源很早,成简于战国末期或秦始皇时期的《睡虎地秦墓竹简》中已经多次出现,例如《法律答问》:"当为盗不当?"与"臧者论不论?"不过在传世文献中极为罕见,究其原因,据朱德熙研究:"这个现象恐怕只能这样解释:云梦秦简反映的是当时的一种西北方言。由于传世文献大都是用标准语写成的,方言,特别是方言句法,很少有机会得到反映。"发展下来,汉末汉译佛经中又开始出现类似用法,例如安世高译《大安般守意经》卷上:"问:'坐与行为同不同?'报:'有时同,有时不同。'"弗若多罗共鸠摩罗什译《十诵律》卷三:"某求我女若姊妹,是人为好不好?"这里的二例类似"V不V"式反复问句用法,虽说比照当时一般选择问句的使用,似乎也可理解为"为同? 不同?"与"为好? 不好?"但这类用法毕竟是肯定性谓语与否定性谓语同时出现,加之鸠摩罗什译《大庄严论经》卷

---

① 参看高名凯《汉语语法论》第四编第二章"询问命题"。
② 参看〔日〕太田辰夫《汉语史通考》第一部"中古汉语的特殊疑问形式"。

一：“可归不可归？可供不可供？於中善恶相，宜应分别说。”支娄迦谶译《道行般若经》卷八：“当说何等法耶？得不得乎？”已经摆脱了“为”字式选择问句的影响，故而对汉语中“V 不 V”式反复问句用法的成熟与广泛使用具有重要的启示意义。不过，这一句式此期多见于汉译佛经，这里权将上引译经中的例句录以备考。①

　　而在此期的中土文献中，上述“V 不 V”式反复问句用法难觅踪影，我们仅仅在梁代宗懔记载荆楚岁时节令、风物故事的笔记体文集《荆楚岁时记》第七条中，检录得其时“为蚕逐鼠”习俗中的一例祝告语：②

　　　　世人正月半作粥祷之，加肉覆其上，登屋食之。呪曰：“登高糜，挟鼠脑，欲来不来？待我三蚕老。”则是为蚕逐鼠矣。（《正月十五日》）

　　“登高糜”等四句话的意思是：登上高处的粥糜，夹住老鼠的脑袋，看你还想不想来？等着我们的三蚕老收拾你吧。“三蚕老”，指地方上管理养蚕的胥吏。

　　《荆楚岁时记》之外，此期另有梁无名氏《地驱乐歌》一例：“月明光光星欲堕，欲来不来早语我。”

　　上述二例中的“欲来不来”，因处于彼此不同的语法地位而性质有异。前者询问老鼠还想不想来，要求在“欲来”或“不来”之中进行选择，“待我三蚕老”只是承着老鼠选择“欲来”而言，与老鼠选择“不来”无关，故而属于反复问句范畴。后者并非要求对方在“欲来”或“不来”之中进行选择，“早语我”是承着“欲来”与“不来”两个方面而言，歌者抱怨心中的失约恋人，认为无论哪种情况均应当“早语我”，故而不应列入反复问句范畴；而且此类“V 不 V”句式并非用于选择询问的功能，此期之前已经常有使用，如褚少孙补《史记·龟策列传》中“卜闻盗来不来”、“雨不雨”、“霁不霁”，与此例“欲来不来”一样，均是

---

　　①　参看朱德熙《“V-neg-VO”与“VO-neg-V”两种反复问句在汉语方言里的分布》，载《中国语文》1991 年第 5 期；朱庆之《佛典与中古汉语词汇研究》第一章“作为汉语词汇史料的汉文佛典的语言特点”，台湾文津出版社，1992 年 7 月第 1 版；以及本书第 445 页注释①所引刘著、第 448 页注释①所引何著。这里的译经用例也分别采自上引朱著、刘著、何著三书。

　　②　参看谭麟《荆楚岁时记译注》，湖北人民出版社，1999 年 9 月第 1 版。

对于并列的正反两个方面的陈说。

此期之后,这种"V 不 V"式反复问句的用法在中土文献中开始多见起来,唐诗中就出现了不少用例。例如王维《送别》:"春草明年绿,王孙归不归?"许浑《酬李当》:"山阴一夜满溪雪,借问扁舟来不来?"施肩吾《大堤新咏》:"行路少年知不知? 襄阳全欠旧来时。"贯休《怀张为、周朴》:"不知是不是? 若是即大奇。"尽管直到唐五代时期,与句末加否定词的反复问句相比,"V 不 V"式反复问句在使用上尚处于劣势,[①]但汉语史上的这一重要句式嗣后逐渐得到广泛运用,并最终成为现代汉语普通话中表示反复问的最主要的方式。

四 度量问句

度量问句询问事物的度与量,也即询问"多少、多远、多久"等。魏晋南北朝时期在沿袭此期之前用法的基础上,又产生了一些询问度量的新词语,主要有询问数量的"多少、几许、几多",询问时间的"何当、早晚",询问距离的"远近",等等。可分别参看中编第十四章"数词"、第十三章"疑问代词"中的有关部分。

---

① 朱德熙说:"一直到唐代,'VP-neg-VP'句式才重新在唐诗、变文和禅宗语录里出现。不过当时最占优势的反复问句式是'VP-neg'。拿五代时期编集的禅宗语录《祖堂集》为例,全书中'VP-neg'句式('VP 不'和'还 VP 也无')出现 500 余次,而'VP-neg-VP'句式总共才出现了 11 次。"参看本书第 456 页注释①所引朱文。

第二十四章　述补式

　　述补式包括以动词为中心语的动补式以及以形容词为中心语的形补式。汉语中述补式的起源较早,而魏晋南北朝时期表达各类意义的述补式结构,又可以说大多在汉末之前已经出现,故而此期述补式运用的整体面貌是继承此期之前的用法,不过在继承之中,结果补语、趋向补式、数量补语又有一些新的发展变化。以下从三个方面进行论述。

一　结果补语

　　结果补语表示中心语动词或形容词的结果。[①] 但以形容词为中心语的形补式结果补语起源较晚,尚不是魏晋南北朝时期的语法现象,因此这里所说的结果补语主要是指以动词为中心语的动补式结果补语。先秦时期,有两种句式可以适当地起到结果补语的作用。[②] 一是使动用法,如《左传·成公十年》:"坏大门及寝门而入。""坏"是使动动词,语义上相当于动补式的"弄坏"。二是用"而"字连接两个动词,如《左传·襄公二十三年》:"自后击而杀之。""击、杀"是两个动词,"杀"是"击"的结果。但是,使动用法固然表达精练,却不能反映得到结果的方式手段,难以表达复杂而完整的意思。"坏门"既可理解为

---

　　① 对于结果补语的起源,由于据以判定的标准不同,长期以来学者们持有不同看法,主要分为先秦说、汉代说、六朝说与唐代说四种,参看《中古近代汉语语法研究述要》。我们倾向于先秦萌芽,汉代运用增多。

　　② 这里所说的"适当",就使动用法而言,除去下文所述原因外,还兼指并非所有的使动用法都可以代替结果补语这层意思。参看杨建国《补语式发展试探》,载《中国语文》杂志社编《语法论集》第三集。

"用器物击坏门",也可理解为"用身体撞坏门"。至于用"而"字连接两个动词的连动用法,尽管可以在逻辑上表示后者为前者的结果,但在语法上却是二者并重,无法看作结构上补充与被补充的关系。汉代开始,使动用法渐次少见,①用"而"字连接两个动词的方式也不及先秦常用,于是在先秦时期萌芽的基础上逐渐形成表示结果的述补式。发展到汉末,随着汉语语词的双音化以及汉语表达的精密化,结果补语的使用日渐频繁,样式也更趋丰富。魏晋南北朝时期表示结果的述补式结构,可据补语的构成分为三类。

(一) 补语为不及物动词

述语可以是不及物动词或者及物动词,分别构成以下二式。

1. 不及物动词+不及物动词

这一格式在此期之前已经较为常见,此期运用更为普遍。例如:

是岁右丞相万或被谴忧死,徙其子弟於庐陵。(《三国志·吴志·孙皓传》)

至阳城、番须中,逢大雪,坑谷皆满,士多冻死。(《后汉书·刘盆子传》)

张愧谢曰:"小人有如此,始不即知,蚤已毁坏。"(《世说新语·规箴》)

台虽高峻,常随风摇动,而终无倾倒之理。(《世说新语·巧艺》)

官比不听通家信,消息断绝。若是姊为启闻,所不知?(《宋书·竟陵王诞传》)

张永棄众於白下,沈怀明於石头奔散。(《宋书·桂阳王休范传》)

已为义勇所破,官军昨至,今都应散灭。(《南齐书·豫章文献王嶷传》)

雄止之曰:"儿长成自当修改,何至使如此?"(《魏书·临渭氏苻生传》)

---

① 关于使动用法渐次少用的问题,据李平统计,16000 余字的《论语》中共出现 33 例 63 次,60000 余字的《世说新语》中仅出现 20 例 27 次,近 20000 字的《百喻经》中仅出现 4 例 4 次,参看《〈世说新语〉和〈百喻经〉中的动补结构》,载北京大学中文系编《语言学论丛》第十四辑。又据刘丽川统计,80000 余字的《搜神记》中使动用法仅出现 17 例 30 次,参看刘丽川《试论〈搜神记〉中的结果补语》,载《语文研究》1984 年第 4 期。由此可见,此期使动用法的出现频率已经大大下降。

其人即惊觉,明日,腹痛而卒。(《搜神记》卷二十)

试以刀斫,即有血出,板仍没,数人溺死。(《古小说钩沉·幽明录》)

2. 及物动词+不及物动词

这也是此期之前已有的一种格式,此期的运用围绕着宾语的隐与现变得复杂起来。如果充任述语的及物动词同时带有宾语,则宾语通常位于述补式之后。例如:

至是西域使至而献火浣布焉,於是刊灭此论,而天下笑之。(《三国志·魏志·齐王芳纪》裴松之注引《搜神记》)

鲜卑寇边,使匈奴中郎将张奂率南单于击破之。(《后汉书·孝桓帝纪》)

遂能驱走董卓,埽除陵庙,忠勤王室,其功莫大。(《后汉书·公孙瓒传》)

除去疾秽,既而缝合,傅以神膏,四五日创愈。(《后汉书·华佗传》)

招卢氏少年进入宜阳荀公谷,以扇动义心。(《宋书·柳元景传》)

又射杀高梁王。如此三旬,死者过半。(《宋书·臧质传》)

高祖将谋兴复,收集才力之士,尝再造简之。(《宋书·刘康祖传》)

善明密契收集门宗部曲,得三千人,夜斩关奔北海。(《南齐书·刘善明传》)

蔡邕创立此志,马彪勒成汉典,晋挚虞治礼。(《南齐书·舆服志》)

留臣权相绥奖,须得扑灭珣等,便即首路。(《魏书·夏侯道迁传》)

至诚发中,感动左右,帝遂听之。(《后汉书·阴兴传》)

并面陈往代诸王贤愚之分,以感动悦,悦甚敬惮之。(《魏书·阳固传》)

大率二尺留一根,锄常令净。既放勃,拔去雄。(《齐民要术》卷二)

瓜生数叶,掐去豆。多锄则饶子,不锄则无实。(同上)

山阳橐茅乡社有大槐树,吏伐断之,其夜树复立故处。(《搜神记》卷六)

值得注意的是《宋书·臧质传》中的补语"杀"字,自汉代开始已经产生不及物动词用法,相当于"死",例如《汉乐府》中的"愁杀"、《论衡》中的"饿杀"等,①此期得到较为广泛的使用。

少数也可将宾语置于述语与补语之间,这种"隔宾补动"的述补分用式的存在,表明二者之间的结合关系还不是十分紧密。例如:

於是天帝释即化作白鼠,齧其腰带断。(《法显传》)

夫人伺王不在时,遣人伐其树倒。(同上)

商人欲趣小舶,小舶上人恐人来多,即斫絙断。商人大怖,命在须臾。(同上)

寡妇哭城颓,此情非虚假。(《乐府诗集·懊侬歌》)

风吹窗帘动,言是所欢来。(《乐府诗集·华山畿》)

更筑三重,仍旧为四。贼撞三城已毁,德祖唯保一城。(《宋书·索虏传》)

鬼语云:"勿为骂我!当打汝口破。"(《古小说钩沉·幽明录》)

见我头上无有发毛,谓为是石,以梨打我头破乃尔。(《百喻经·以梨打破头喻》)

譬如野干,在於树下,风吹枝折,堕其脊上。(《百喻经·野干为折树枝所打喻》)

即便以觜啄雌鸽杀。未经几日,天降大雨。(《百喻经·二鸽喻》)

充任述语的及物动词又可以不出现宾语,这时充任补语的不及物动词更侧重于表示述语动词动作的结果处于某种状态。例如:

汝南兵民恋慕,大小相率,奔随道路,不可禁止。(《三国志·魏志·满宠传》)

姦宄之人,数得侵盗之利,虽加重法,不可禁止。(《宋书·索虏传》)

命驾西出数里,得一柏树,截断如公长。(《世说新语·术解》)

瞋甚,复於地取内口中,齧破即吐之。(《世说新语·忿狷》)

后阳眠,所幸一人,窃以被覆之,因便斫杀。(《世说新语·假谲》)

祚子若,袭爵。多酒过,为叔父景所挝杀。(《魏书·于若传》)

① 参看祝敏彻《先秦两汉时期的动词补语》,载北京大学中文系编《语言学论丛》第二辑。

当出户时,忽掩其衣裾户间,掣绝而去。(《搜神记》卷二)

捉其所当按摩之脚,以石打折。(《百喻经·师患脚付二弟子喻》)

以上两种格式中充任补语的不及物动词有时由表示"完结"义的"毕、竟、讫、已、罢、了"等担任,这时它们表示述语动词动作的过去时态;其中述语倘若带有宾语,宾语位于述语与补语之间。参看中编第九章"动词"中"时态表示法"部分。

(二) 补语为形容词

述语可以是不及物动词或及物动词,分别构成以下二式。

1. 不及物动词+形容词

这种格式此期之前较少见到,此期兴起后,运用明显增多。例如:

卿行长大,特受重任,⋯⋯何可恣意有盛怒邪?(《三国志·吴志·孙皓传》)

琇之曰:"十岁便能为盗,长大何所不为?"(《南齐书·孔琇之传》)

贤以大宛贡税减少,自将诸国兵数万人攻大宛。(《后汉书·西域传》)

时言事者多以钱货减少,国用不足,欲悉市民铜,更造五铢钱。(《宋书·范泰传》)

日君象而月臣象,君亢急则臣下促迫,故行疾也。(《后汉书·郑兴传》)

坐定,庾乃引咎责躬,深相逊谢,陶不觉释然。(《世说新语·假谲》)

坐定,休仁呼主衣以白帽代之,令备羽仪。(《宋书·明帝纪》)

坦之曰:"此政当是内人哭声响彻耳。"(《魏书·岛夷萧道成传》)

以手摩其四体,便觉缩小,因化为鼠而走。(《古小说钩沉·幽明录》)

此难每至天欲晓,辄在棺里鸣三声,甚悲彻。(《古小说钩沉·齐谐记》)

2. 及物动词+形容词

这也是此期之前已有的一种格式,此期由于宾语的有与无以及宾语位置

的前与后而变得形式多样。如果充任述语的及物动词同时带有宾语,则宾语最常位于述补式之后。例如:

专心研精,……庶裁定圣典,刊正碑文。(《后汉书·卢植传》)

陛下光宅中区,惟新朝典,刊正九流,为不朽之法。(《魏书·刘昶传》)

陈仲举言为士则,行为世范,登车揽辔,有澄清天下之志。(《世说新语·德行》)

仲文曰:"虽不能休明一世,足以映彻九泉。"(《世说新语·赏誉》)

陵云台楼观精巧,先称平众木轻重,然后造构。(《世说新语·巧艺》)

日度岁差,前法所略,臣据经史辨正此数。(《宋书·律历志下》)

值交州刺史檀和之至豫章,讨平之。(《宋书·胡藩传》)

削平天下,同文共规,华山为城,紫渊为池,雄图既溢,武力未毕。(江淹《恨赋》)

益州刺史毛璩,万里齐契,扫定荆楚。(《宋书·武帝纪上》)

晋师北讨,埽定颍、洛,遂席卷丰、镐,生禽泓焉。(《古小说钩沉·幽明录》)

少数宾语也可以位于述语与补语之间,这种述补分用式的存在,同样表明与之相对待的复合式的结合还不是十分紧密。例如:

叔度汪汪如万顷之陂,澄之不清,扰之不浊。(《世说新语·德行》)

天苍苍,野茫茫,风吹草低见牛羊。(《乐府诗集·敕勒歌》)

充任述语的及物动词如果不出现宾语,那么充任补语的形容词更侧重于表明述语动词动作的结果所具有的性质。例如:

伏想执事不知其然,猥受顾赐,教使刊定。(《三国志·魏志·陈思王植传》裴松之注引《典略》)

故太宰臣渊奉宣敕旨,使速洗正。刊定未毕,臣私门凶祸。(《南齐书·王珪之传》)

觉有异色,乃自申明云:"向问饮为热为冷耳。"(《世说新语·纰漏》)

主者顷多并数众事,合而为三,甚违立制之旨,普更申明。(《宋书·武帝纪下》)

太后大怒，杖帝数十，帝默然而受，不自申明。(《魏书·高祖纪下》)

故太宰臣渊奉宣敕旨，使速洗正。(《南齐书·王珪之传》)

放尾在前，即堕火坑，烧烂而死。(《百喻经·蛇头尾共争在前喻》)

诈言洗净，人为著水，即便泻弃。(《百喻经·出家凡夫贪利养喻》)

（三）补语为及物动词

当补语由及物动词充任时，充任述语的一般也是及物动词，[①]构成"及物动词+及物动词"的格式。这在此期之前已经较为常见，此期运用范围有所扩大。例如：

羽望见良麾盖，策马刺良於万众之中，斩其首还。(《三国志·蜀志·关羽传》)

见摩尼珠，即生贪心，欲夺取之。(《法显传》)

回目敬儿，敬儿夺取休范防身刀，斩休范首。(《南齐书·张敬儿传》)

桓后遇见徐宁而知之，遂致於庾公。(《世说新语·赏誉》)

五年，敞因行至上谷，遇见世隆，语其由状，对泣而别。(《魏书·索敞传》)

五六日后，别择取红软者，上高厨而曝之。(《齐民要术》卷四)

取冷水净洗疮上，刮取车轴头脂作饼子，著疮上。(《齐民要术》卷六)

明日，牀前掘除之，遂见一棺材，从便为设祭。(《古小说钩沉·幽明录》)

此外，"却(卻)"字部分虚化后用于述补式中，用作趋向补语并进而用作结果补语，处在向着表示动作完成的时态助词的发展过程中。参看中编第十九章"助词"中"几个处于演变中的助词"部分。

以上三类表示结果的述补式结构之外，此期动词"得"字开始虚化、带

---

① 有人认为"不及物动词+及物动词"也可以构成述补式，例如"梦见"。我们认为，这类结构还是视为以不及物动词充任状语修饰及物动词的偏正式词组较为妥当。

"得"字的结果补语开始萌芽,也是一个重要的发展。不过这类结构还只是偶发的现象,因而性质也就显得不够稳定。

"得"字本是动词,意为"获得",例如《孙子·军争》:"不用乡导者,不能得地利。"远在先秦时期"得"字又产生了助动词的用法,表示客观情况允许,意为"能够、可以",例如《孟子·梁惠王上》:"彼夺其民时,使不得耕耨以养其父母。"这两类用法一直延续到后世。汉代开始情况又有了一些发展,动词"得"字可以部分虚化后移至谓语动词之后充任补语,表示动作的结果,其后有时还可以带有谓语动词的宾语;助动词"得"字也可以移至动词之后仍然表示客观条件的允许。例如:

> 汉王道逢得孝惠、鲁元,乃载行。(《史记·项羽本纪》)
>
> 高帝方拥戚姬,昌还走,高帝逐得,骑周昌项。(《史记·张丞相列传》)
>
> 家吏不晓,今壹受诏如此,且使妾摇手不得。(《汉书·孝成许皇后传》)

这两类用法也一直延续到后世,我们在魏晋南北朝时期所见到的,也多是与此相类的用法。例如:

> 世或有谓神仙可以学得,不死可以力致者。(嵇康《养生论》)
>
> 礼与母相失,同郡马台求得礼母,礼推家财尽以与台。(《三国志·魏志·孙礼传》)
>
> 间蒙将军恩,逐得所失马,诸将来相贺。(《三国志·魏志·张邈传》裴松之注引《九州春秋》)
>
> 豪等纵雄而刺辅,贯心洞背即死,东郡太守捕得豪等。(《后汉书·刘茂传》)
>
> 公报姑云:"已觅得婚处,门地粗可,壻身名宦,尽不减峤。"(《世说新语·假谲》)
>
> 祥尝在别牀眠,母自往闇斫之,值祥私起,空斫得被。(《世说新语·德行》)
>
> 湛头发委地,下为二髢,卖得数斛米。(《世说新语·贤媛》)
>
> 遗已聚敛得数斗焦饭,未展归家,遂带以从军。(《世说新语·德行》)
>
> 阅其有馀,以补不足,积聚得千馀斛。(《齐民要术》卷五)

　　众僧闻像叫声,遂来捉得贼。(《洛阳伽蓝记》卷一)

　　失口答言:"我是鸳鸯。"守者捉得,将诣王所。(《百喻经·贫人作鸳鸯鸣喻》)

　　分裂郡国,断截地络。田为王田,卖买不得。(《后汉书·隗嚣传》)

以上前十一例由"获得"义动词"得"字虚化后移置谓语动词之后充任补语;其中《世说新语》《齐民要术》"斫得被、卖得数斛米、聚敛得数斗焦饭、积聚得千馀斛"的动词"斫、卖、聚敛、积聚",虽与此期"得"字前习用的"求取"义动词如"捉、求、逐、捕、觅、偷"等不同,但"得"字后充任宾语的名词与名词性词组"被、数斛米、数斗焦饭、千馀斛"可表明"得"字仍然具有"获得"的词义。末例则由"可能"义的助动词"得"字移置谓语动词之后充任补语。显然,这两类用法的"得"字仍然具有较为实在的词汇意义,它们尚未发展成为标志其后成分为补语的结构助词。

不过,这类汉代延续下来的用法在此期并没有完全停滞不前,而是显示出进一步发展变化的端倪。例如:

　　自投於水,家人救得出,因伴死获免。(《后汉书·宋弘传》)

　　急捉衣裾,将与杖。平子饶力,争得脱,踰窗而走。(《世说新语·规箴》)

　　乃戏马曰:"尔能为我迎得父还,吾将嫁汝。"(《搜神记》卷十四)

　　寄便放犬,犬就啮咋,寄从后斫得数创。(《搜神记》卷十九)

　　地熟而实多,糠薄米息,锄得十遍,便得"八米"也。(《齐民要术》卷一)

　　然令地坚硬,乏泽难耕,锄得五遍以上,不烦耩。(同上)

这六例中"得"字之后出现的成分不再是表示其前谓语动词支配对象的宾语,却已是表示谓语动词动作结果的补语。前二例分别由不及物动词"出"、"脱"充任补语,第三例由主谓词组"父还"充任补语,第四、五两例由偏正词组"数创"、"十遍"充任补语,末例则由以计量动作的数量词为中心的词组"五遍以上"充任补语。

"得"字前后的成分是动词与补语的关系,这是一种新兴的结构方式;如果去掉"得"字,并不影响基本意义的表达。这种"得"字可有可无的状况,说明它在词义上已经进一步虚化,初步具备了结构助词的语法特征。不过,由于这还只是偶发的现象,因而性质也还显得不够稳定。到了唐代,此类用例不断增多,形式繁复多样,性质也趋于稳定,于是"得"逐渐发展成为一个成熟的结构助词。

二　趋向补语

趋向补语表示中心语动词动作的趋向。从汉语发展的历史看,趋向补语可以存在于动补式与形补式两种结构之中。但以形容词为中心语的形补式趋向补语起源甚晚,尚不是魏晋南北朝时期的语法现象,故而这里所说的趋向补语主要是指以动词为中心语的动补式趋向补语。先秦时期,表示动作的趋向通常采用动词连动用法来表达。或者将趋向动词直接置于一般动词之前,如《左传·庄公八年》:"奉公子纠来奔。""来奔"意即"奔来"。或者将趋向动词置于一般动词之下,二者之间再插入一个连词"而"字,如《庄子·大宗师》:"子贡趋而进。""趋而进"意即"趋进"。汉代开始,在先秦萌芽的基础上逐渐形成表示趋向的述补式,[①]并且得到较快发展。到了魏晋南北朝,这类句式中的常用者有了进一步的广泛使用,而一些较为少见者也开始流行起来。

为了叙述的方便,这里将此期表示趋向的述补式据述语的不同分为三类。

(一)　述语为趋向动词

构成的格式为:趋向动词+趋向动词。例如:

飞飞摩苍天,来下谢少年。(曹植《野田黄雀行》)

---

① 这是参用周迟明、杨建国的意见。杨文见第458页注释②所引;周文《汉语的连动性复式动词》,载《语言研究》1957年第2期。另,对于趋向补语的起源,学术界长期以来也有不同的看法,主要有先秦说、汉代说、南北朝说与唐代说几种,参看《中古近代汉语语法研究述要》。

观弥勒菩萨长短、色貌,还下,刻木作像。(《法显传》)

而以食前服药,则力未行,而被谷驱之下去不得止,无益也。(《抱朴子·仙药》)

径往虎头上立,因溺虎面,⋯⋯溺毕下去。[1] (《博物志》卷三)

岂若默然俱出去,可以存易亡,无事俱就刑辟。(《三国志·吴志·太史慈传》)

诞等率众数千人开门来出。城中震惧,不知所为。(《三国志·魏志·诸葛诞传》)

而布又宣言相惊,云"城中贼出来"。(《三国志·吴志·孙坚传》裴松之注引《英雄记》)

今大军已次椒丘,仆便还去,明日日中迎檄不到者,与君辞矣。(《三国志·吴志·虞翻传》裴松之注引《江表传》)

风从西北上来,暴疾浪津,迅急,扬沙折木。(《南齐书·五行志》)

昭业呼何氏曰:"阿奴暂起去。"(《魏书·岛夷萧道成传》)

乃下入庐山,就释慧远考寻文义。(《宋书·宗炳传》)

驴尽破之,还来家中,啼哭懊恼。(《百喻经·雇倩瓦师喻》)

(二) 述语为不及物动词

构成的格式为:不及物动词+趋向动词。例如:

复行十五步,五百青雀飞来,绕菩萨三匝而去。(《法显传》)

师子将至,此兽便跳起,上师子头上,师子即伏不敢起。(《博物志》卷三)

董卓秉政,复征爽,爽欲遁去,更持之急。(《三国志·魏志·荀彧传》裴松之注引张璠《汉纪》)

---

[1]　此句《博物志》原文作"因搦虎面⋯⋯搦鼻下去",范宁据旧题东方朔撰《十洲记》做了校证,此依范校。参看《博物志校证》,中华书局,1980年1月第1版。

而所驾之驴忽然卒僵,蛆虫流出,主遽白之。(《后汉书·蓟子训传》)

韩康伯与同载,遂诱俱入郡,范便於车后趋下。(《世说新语·栖逸》)

十一年五月,西明门地陷,水涌出,毁门扉阃。(《宋书·符瑞志上》)

何人不肯下马,连叫大唤,有两威仪走来,击臣收捕。(《宋书·孔琳之传》)

须臾见两楯流来,接之得过。(《南齐书·顾欢传》)

张口正赤,号呼裂地,径跳上,如此者数十次。(《古小说钩沉·幽明录》)

大家行还,问其奴言:"财宝所在?"(《百喻经·奴守门喻》)

(三) 述语为及物动词

这个类型根据充任述语的及物动词是否带有宾语以及宾语位置的不同,又有三种格式。

1.及物动词+趋向动词+宾语。宾语置于述语与补语之后。例如:

法显亦以……馀物棄掷海中,但恐商人掷去经像。(《法显传》)

皎尝遣兵候获魏边将吏美女以进皎,皎更其衣服送还之。(《三国志·吴志·孙皎传》)

乃开车后户,顾所将两骑,令下马扶上之。(《三国志·魏志·阎温传》裴松之注引《魏略勇侠传》)

见地有片金,管挥锄与瓦石不異,华捉而掷去之。(《世说新语·德行》)

桓宣武与袁彦道樗蒱。袁彦道齿不合,遂厉色掷去五木。(《世说新语·忿狷》)

既成,示庾道恩,庾见,慨然送还之。(《世说新语·方正》)

五月五日时,天气已大热。狗便呀欲死,牛复吐出舌。(《魏书·崔巨伦传》)

指义隆像曰:"此渠亦不恶,但暮年中不免儿斫去头。"(《魏书·刘子业传》)

2. 及物动词+宾语+趋向动词。宾语置于述语与补语之间,这种述补分用式的存在,同样表明二者之间的结合关系还不是十分紧密。例如:

明日,诸大鬼神各持大石来,辟方四五步。(《法显传》)

行数十里,淮乃命左右追夫人还。(《世说新语·方正》)

著公服,乘轺车,经黄公酒垆下过。(《世说新语·伤逝》)

东吴有长柄壶卢,卿得种来不?(《世说新语·简傲》)

郗嘉宾丧,妇兄弟欲迎妹还,终不肯归。(《世说新语·贤媛》)

排著井中,喷喷有声,推一大石下,破其头。(《搜神记》卷三)

见一人著赤帻,引良去,造一城门,门下有一牀。(《古小说钩沉·幽明录》)

尔若能得优钵罗华来用与我,为尔作妻。(《百喻经·贫人作鸳鸯鸣喻》)

3. 及物动词+趋向动词。这是充任述语的及物动词不出现宾语的情况。例如:

行道妇女有好者,辄盗之以去,……取去为室家。(《博物志》卷三)

庾公乘马有的卢,或语令卖去。(《世说新语·德行》)

籍时在袁孝尼家,宿醉扶起,书札为之,无所点定。(《世说新语·文学》)

浩感其至性,遂令舁来,为诊脉处方。(《世说新语·术解》)

令烹之,既食,吐下委顿,方知非蟹。(《世说新语·纰漏》)

石便径入,自牵出,同车而去。(《世说新语·仇隙》)

亮年四五岁,超令人解亮衣,使左右持去,初无吝色。(《宋书·傅亮传》)

随太祖出新亭垒出战,先斩一级持还,由是识太祖。(《南齐书·曹虎传》)

姓陈名良,游魂而已,未有统摄,是以将来。(《古小说钩沉·幽明录》)

而勃之言:"好甜美者,汝当买来。"(《百喻经·尝庵婆罗果喻》)

以上各类用法大体为此期之前用法的沿袭。相对说来,宾语位于述语与补语之间,以及及物动词述语与"来、去"两个趋向动词的结合,此期之前较为少见,是此期新兴的语法现象。

此外,复合趋向补语的起源,通常的语法史论著均举出如下三例:①

汉王四年,楚围汉王,荥阳急,汉王遁出去,而使周苛守荥阳城。(《史记·张丞相列传》)

征和二年春,涿郡铁官铸铁,铁销,皆飞上去,此火为变使之然也。(《汉书·五行志上》)

有如人状在其室中,击之为狗,走出去,后有数人被甲持兵弩至。(《汉书·五行志中》)

但是我们在整个魏晋南北朝时期的语料中却没有见到类似的用例。太田辰夫曾对这个论题做过考察,他说:"复合的趋向动词中一部分唐代也有,但它们的发达是从宋开始。"而复合趋向动词再充任趋向动词的补语,即这里所谓的"三合式"趋向补语,他所举的用例是白居易《谕友》诗:"干叶不待黄,索索飞下来。"他认为"'出来'、'出去'都是唐末五代开始使用的,再早的例子似乎不能说是后助动词(原书把放在动词后面的'来、去、了、着'等称为'助动词',……译文则改称为'后助动词'——《翻译后记》)",他随后举出的"不能说是后助动词"的唯一例证就是上文所举《史记·张丞相列传》中的"汉王遁出去"。② 不过,白居易诗例并非最早的复合趋向补语,此前尚有王梵志《家中渐渐贫》:"事当好衣裳,得便走出去。"杜甫《即事》:"黄莺过水翻回去,燕子衔泥湿不妨。"③据通常说法,王梵志卒后约百载而年近花甲的杜甫离世,此后两年白居易方始出生。看来,这种复合趋向补语的确切起源与发展还有待于进一步的发现、梳理与研究。

---

① 下文三个例句均转录自第461页注释①所引祝文,末例断句与今二十四史标点本《汉书》异。祝文将复合趋向补语称为"三合式"趋向补语。

② 参看《中国语历史文法》(修订译本)中编第二部"16.动词"。

③ 王梵志、杜甫诗二例采自向熹《简明汉语史(下)》第二章第七节"中古汉语句法的发展"。

三　数量补语

先秦时期即已产生数量补语,如《左传·宣公十五年》:"去我三十里,唯命是听。"但直至两汉时期,所用量词大抵为名量词。汉末魏晋时动量词兴起后,又出现了动量补语,此期甚为常见。参看中编第十五章"量词"中"动量词"部分。

第二十五章　被动式

　　这里所说的被动式是指具有结构特征的被动式。之所以这样提出问题，是为了排除汉语中另一类表示被动意义的方式，即以主动句的形式来表示被动句的内容。例如《庄子·胠箧》："彼窃钩者诛，窃国者为诸侯。""窃钩者诛"的意思就是"窃钩者被诛杀"。这虽然也属于广义被动句的范畴，不过由于它自先秦时期到魏晋南北朝并没有什么变化，甚至一直沿用至现代汉语，故而这里不做讨论。具有结构特征的被动式主要有"於"字式、"见"字式、"为"字式、"被"字式。魏晋南北朝时期，前二式主要沿袭此期之前用法，自身并没有什么显著变化；"为"字式在先秦萌生、两汉习用的"为……所……"式基础上兴起一些此期之前少见的变式；"被"字式在经历两汉的逐渐发展之后，此期已经成熟，结构也变得复杂多样。以下从三个方面进行论述。

一　"为……所……"式被动句的发展

　　"为……所……"式来源于先秦的"为"字式，其中"所"字的作用主要是表示被动。不过"为……所……"式在形成过程中应当说受到过以"为"字做判断词、"所"字结构做宾语的判断句的影响。《马氏文通》曾经提出《汉书·霍光传》"卫太子为江充所败"犹云"卫太子为江充所败之人"，系一判断句式。这种说法虽由于未注意到被动句与主动句二者质的差别而屡遭诟病，但"为……所……"式被动句与"为……所……"式判断句之间的渊源关系却因此受到普遍重视，并为许多学者所承认。我们认为，从历时的角度看，"为……所……"式被动句确曾因受到"为……所……"式判断句的类化作用而得到发展,但当它发展成为被动句后,从共时的角度看,却又在句式的内部构成上有别于"为……所……"式判断句。①

"为……所……"式被动句先秦开始萌芽,汉代迅速发展,此期成为使用最为广泛的一种被动句式。不过,它与补语式结合以及由它变化而来的"为……所见……"式、"为……之所……"式,汉末之前虽有少数用例,但比较集中、比较常见,却是此期始有的现象。

1."为……所……"式被动句。例如:

诸文论六七万言,皆为世所玩詠。(《三国志·魏志·王粲传》裴松之注引《魏氏春秋》)

步骑不过三千,自嫌兵少,恐不为远近所服。(《后汉书·董卓传》)

许允为晋景王所诛,门生走入告其妇。(《世说新语·贤媛》)

及义宣败於梁山,畅为军人所掠,衣服都尽。(《宋书·张畅传》)

吾文章之体,多为世人所惊。(《南齐书·张融传》)

乌孤因酒走马,马倒伤脅,笑曰:"几为吕光父子所喜。"(《魏书·秃发乌孤传》)

根据唐钰明对于此期《三国志》等十一部载籍的统计,共运用被动句式3434 例,其中"为……所……"式出现 1821 例,②由此可见它的使用频率之高,故而略列数例于上。

2."为……所……"式与补语式结合

主要与表示结果的补语式结合,有时也可与表示处所、数量的补语式结合。例如:

亮与徐庶并从,为曹公所追破,获庶母。(《三国志·蜀志·诸葛亮传》)

臣门宗二百餘口,为孟德所诛略尽。(《三国志·蜀志·马超传》)

未及与其众合,而为鲜卑所射死。(《三国志·魏志·梁习传》裴松之

---

① 参看拙文《〈百喻经〉中的被动句式》,载《南京大学学报(哲社版)》1985 年第 2 期。
② 参看唐钰明《汉魏六朝被动式略论》一文附表三,载《中国语文》1987 年第 3 期。

注引《魏略》)

臣夜人定后,为何人所贼伤,中臣要害。(《后汉书·来歙传》)

赵憙笃义多恩,往遭赤眉出长安,皆为憙所济活。(《后汉书·赵憙传》)

及桥破,应接不果,皆为颢所屠灭。(《魏书·杨播传》)

劭从之,其猴出门,即为犬所咋死,母病遂差。(《搜神记》卷三)

及先主为曹公所追於当阳长阪,棄妻子南走。(《三国志·蜀志·赵云传》)

又天水兵为牢姐种所败於白石,死者千餘人。(《后汉书·西羌传》)

颎军为羌所围数重,因留军中,三日不得去。(《后汉书·樊志张传》)

以上十例中,前七例被动动词之后带有结果补语,八、九两例带有处所补语,末例带有数量补语。

"为……所……"式中被动动词除去可以带有补语之外,还可以带有宾语,这在《史记》《汉书》中已有用例,[1]此期偶尔也可见到,使用并不广泛,附列于此。例如:

时刺史为人所上受纳臧赂,禅当传考。(《后汉书·陈禅传》)

隆为大蛇所围绕周身,犬还,便咋蛇,蛇死。(《古小说钩沉·幽明录》)

与"为……所……"式被动句被动动词带有宾语相比较,此期"被"字式被动动词带有宾语的现象,显然要发展得充分许多,详下文。

3. "为……所见……"式被动句

首先注意到这类句式的是吕叔湘,他在论述"见"字指代作用的发生时列举了《三国志》《晋书》中的几个用例。[2] 此后若干年,吴金华、唐钰明又就它的起源与发展做了详尽论述,比较一致的看法是,"为……所见……"式的性质与"为……所……"式、"为……见……"式相同,"所"与"见"具有相同的语法功

---

① 例如《史记·大宛列传》:"为汉使月氏,而为匈奴所闭道。"《汉书·黄霸传》:"食於道旁,乃为乌所盗肉。""为"字式、"见"字式中被动动词之后也可带有宾语,参看唐钰明《古汉语被动式动词带宾语的考察》,载《人类学论文选集》第2集。

② 参看《见字之指代作用》,载《汉语语法论文集》(增订本)。

能,属于同义复用;王海棻也发表过类似看法。①

"为……所见……"式最早见于东汉初年班彪《复护羌校尉疏》:"习俗既异,言语不通,数为小吏黠人所见侵夺。"但比较多见则是在魏晋南北朝时期。现将上述几位作者文章中所举用例选列于下:

> 诸葛恪、滕胤、吕据盖以无罪,为峻、绿兄弟所见残害。(《三国志·吴志·孙绿传》)

> 金城郡昔为韩遂所见屠剥,死丧流亡,或窜戎狄,或陷寇乱。(《三国志·魏志·苏则传》裴松之注引《魏名臣奏》)

> 亲贤退潜,不宣於良史,而为鄙弟所见追述。(《三国志·魏志·管辂传》裴松之注引《辂别传》)

> 得为先王所见奖饰,遂因国恩,抚绥东土。(《三国志·吴志·吴主传》裴松之注引《魏略》)

> 汝等以家事往,欲试乱道,反为世尊所见摄取、迷惑、诳诈。(竺法护译《生经》卷三)

> 今身亦后身,现世为人所见憎嫉。(竺佛念译《出曜经》卷六)

"为……所见……"式有时又可省略介词"为"字,整个句式仍然表示被动意义。例如:

> 臣之辛苦,非独蜀之人士及二州牧伯所见明知,皇天后土,实所共鉴。

(李密《陈情表》)

偶尔也可在"所见"之前着一"之"字,构成"为……之所见……"式。

---

① 吴金华《所见=所》《试论"R 为 A 所见 V 式"》、唐钰明《汉魏六朝被动式略论》、王海棻《六朝以后汉语叠架现象举例》,分载于《中国语文》1981 年第 5 期、1983 年第 3 期、1987 年第 3 期、1991 年第 5 期。另,吴金华还总结了"R 为 A 见 V"式(最早用例如《庄子·至乐》"烈士为天下见善矣")在东汉以后的七种变式类型,大多见于汉译佛经材料。参看《"R 为 A 见 V"式述例》,载《南京师大学报》1988 年第 4 期。另,《百喻经·摩尼水窦喻》:"为於无常之所杀害,堕三恶道。"达摩笈多译《起世因本经》卷四:"被於天使之所诃,而心放逸无觉察。"竺佛念译《出曜经》卷四:"我所被系,甚迂王者。"其中,"为於、被於、所被"均属于叠架使用,不见于中土文献。又承曹小云、陈祥明见告,"为於"在东汉三国汉译佛经中首先作为一般复合介词使用,而后才出现在被动句中;而在此类被动句中,中古北方系译经的用例又要多于南方系译经。

例如：

> 自以本非巖穴知名之士,恐为海内人之所见凡愚。(曹操《让县自明本志令》)

如前引述,"为……所见……"式中"所"与"见"属于同义复用,它的出现显然与加强语义有关。但是在魏晋南北朝这一语词双音化得到较快发展的时期,是选用"为……所见……"式,还是选用习见的"为……所……"式,却往往同语音的节奏有密切联系。前者一般与双音节动词搭配,后者则一般与单音节动词搭配,各自均符合偶音节节拍的要求。据吴金华的统计,后秦凉州沙门竺佛念所译的《出曜经》中"为……所见……"式及其省略式共计 67 例,其中 65 例"所见"之后使用双音节动词,占全部用例的 97%;而"为……所……"式共计 310 例,其中 262 例使用单音节动词,占全部用例的 84.5%。而佛经之外,《三国志》是"为……所见……"式出现频率最高的中土文献,正文及裴松之注共出现 9 例,"所见"之后全都使用双音节动词。由此可见,"为……所见……"式在使用中的一个重要功能是,主要与双音节动词搭配以求得语音上的整齐和谐。

"为……所见……"式一直沿用到唐代初期,后来才渐次少见。[①] 其使用的鼎盛时期正当魏晋南北朝,具有较为典型的此期的时代特色。

4."为……之所……"式被动句

就迄今见到的语料看,"为……之所……"式最早见于战国末期成书的《管子·枢言》:"有制人者,有为人之所制者。"此后两汉时期偶有袭用,至汉末魏晋南北朝才迅速多见起来。例如:

> 在尘垢之间,为庸人之所陵陷,可胜怨乎!(《三国志·魏志·武帝纪》裴松之注引《魏书》)

> 谬为灵祇之所相祐也,岂敢自比于前喆?(《三国志·魏志·高贵乡

---

① 参看张永言《"为……所见"和"香""臭"对举出现时代的商榷》、吴金华《〈试论"R 为 A 所见 V 式"〉补正》,均载《中国语文》1984 年第 1 期。

公髦纪》裴松之注引《帝集》)

肃宗所幸潘嫔,以轨为假父,颇为中官之所敬惮。(《魏书·成轨传》)

颇为凡人之所陶染,肆欲轻言,不俗边幅。(《颜氏家训·序致》)

或有狼籍几案,分散部帙,多为童幼婢妾之所点汙,风雨虫鼠之所毁伤。(《颜氏家训·治家》)

世间之人,亦复如是,为生老病死之所侵恼。(《百喻经·治秃喻》)

即为毒蛇之所蜇螫,丧身殒命。(《百喻经·得金鼠狼喻》)

或为鬼所冒犯,或为大山神之所轻凌,或为精魅所侵犯。(《抱朴子·地真》)

公居轴处中,入则享于上席,出则为众目之所属。(《三国志·魏志·张邈传》裴松之注引《献帝春秋》)

夫人必产贤明之子也,为帝王之所崇。(《拾遗记》卷七)

经久不还,将无为毒虫之所害耶?(圣坚译《佛说睒子经》)

与"为……所见……"式一样,在选用"为……之所……"式或"为……所……"式时也常常与"所"字之后被动动词的语音节拍有密切联系。笔者曾就汉译佛经《百喻经》中的被动句式做过考察,①发现该书中凡用"为……之所……"式时其后动词均为双音节,而用"为……所……"式时其后动词均为单音节,无一例外。这当然与《百喻经》译文音节多呈偶数,大抵四字一句,具有整齐划一的结构风格有关。事实上,我们也看到了其他的散文与汉译佛经中有一些"为……之所……"式与单音节动词搭配的用法,如上举末三例;或者双音节动词分别搭配"为……之所……"式与"为……所……"式的情况,如上举《抱朴子》例。但从总体情况看,使用"为……之所……"式与双音节动词配合以协调语音,也应是它表达上的一个重要功能。

对于这类句式的来源,有学者认为是"为……所……"式与"为……之……"式的结合,二式中的"所"与"之"作用相同,属于同义复用。将"之"字看作

---

① 参看第632页注释①所引拙文。

"所"字的观点来源于裴学海《古书虚字集释》,该书卷九援引"遇周武王,遂为周氏之禽"(《管子·七主七臣》)等二例,认为"之"犹"所"也。不过裴著意在训诂,从诠释句意的角度或可将"为周氏之禽"看作"为周氏所禽",同书同卷中甚或将"吾属今为之虏矣"看作"为所虏矣"(均见《史记·项羽本纪》),但倘若从语法形式发展的角度来认定"之"字即是"所"字,尚有一些困难。这是因为,"为……之……"式出现在前,例如《国语·吴语》:"以见王之亲为越之擒也。"而"为……所……"式发生在后,例如《韩非子·外储说左下》:"夫直议者不为人所容。"我们很难认为"所"字尚未根据自己特定的发展条件出现之前而先有了一个与之语法功能完全相同的"之"字,而且"所"字又没有直接继承"之"字的渊源关系。那么这种较少见到的"为……之……"式中的"之"字是从何而来的呢?我们推测它可能受到偏正化主谓词组中"之"字的类化作用而来,因为被动句中的施事者与被动动词之间在逻辑事理上也是一种主谓关系。由于偏正化主谓词组具有突出谓语的作用,[1]而这一谓语又表示的是全句主语的被动动作,所以整个句子具有被动句的性质。但诚如唐钰明所说,由于"为……之……"式表达被动语义远不如"为……所……"式明确,所以在语法结构的"生存竞争"中处于被排斥、被淘汰的状态,而"为……所……"式则迅速取得了正宗的地位。[2]

　　"为……之所……"式中的"之"字似乎与"为……之……"式中的"之"字没有什么必然联系。其起源阶段或许受到"为……之所……"式叙事句或"为……之所……"式判断句的影响,前者如《墨子·天志上》:"然则率天下之百姓以从事於义,则我乃为天之所欲也。"后者如《吕氏春秋·古乐》:"故乐之所由来者尚矣,非独为一世之所造也。"但当这一句式形成表示被动的固定格式以后,尤其是到了魏晋南北朝时期,借用"之"字以协调语音节奏的功用就逐渐表现得明显起来,据此,这类"之"字似可视为衬音助词。

---

① 参看张世禄《古汉语里的偏正化主谓结构》,载《张世禄语言学论文集》。
② 参看第 476 页注释①所引唐文。

二　"被"字式被动句的新形式

"被"字式被动句的萌芽大约是在战国末期,①《韩非子》《战国策》中出现了个别用例。到了汉代,"被"字式的使用开始增多,但这一时期"被"字式中的"被"字尚不能引出动作的施事者,"被"字应当视为表示被动的助动词。魏晋南北朝时期,"被"字式得到迅速而又充分的发展,在承袭汉代用法的基础上又产生了许多前此未有的新形式。

(一)　被+动词

这是此期之前"被"字式的主要句式,此期甚为常见。略举数例如下:

诸君被问,悉当以罪推燕。如有一言及於府君,燕手劒相刃。(《后汉书·周嘉传》)

诞因问饶:"汝那得入台?"饶被问,依实启答。(《宋书·竟陵王诞传》)

陆平原河桥败,为卢志所谮,被诛。(《世说新语·尤悔》)

如彼愚人,代他捉熊,反自被害。(《百喻经·老母捉熊喻》)

在郡横为辈小辈过失,大被贬降,我实愤怨。(《宋书·巴陵哀王休若传》)

非但抑臣而已,北征之勣,皆被拥塞。(《魏书·广阳王建传》)

---

① 这是采用王力的观点,参看《汉语语法史》第二十一章"被动式的产生及其发展"。但也有学者认为,只有"被"字和动词之间插入一个施事者以后,才正式产生出"被"字式被动句,故而"被"字句应当起源于魏晋以后,参看《中古近代汉语语法研究述要》第四章"中古汉语语法的专题研究"。此外,由于早期汉译佛经中较多使用"为"字式被动式及其变式,因而"被"字式被动句及其变式出现得较晚,据现有材料看,虽然三国康僧会译《六度集经》已有例证,如该经卷五:"王乃放箭,正破龙胸。龙被射死,猴众称善。"卷八:"百节之痛,被笞不蹋也。"但直到西晋竺法护译《生经》时,"被"字式被动句才开始较多地出现施事者。如该经卷一:"所有财业,不久殚尽。其财物被婬女人悉夺取之。"卷四:"被火焚烧,焚炙其背。"同卷:"吾被火焚,故舍入水。"又竺法护译《修行道地经》卷三:"被杖伤身,破坏躯体。"又佛陀耶舍共竺佛念译《四分律》卷三十五:"尔时有比丘,被贼截其男根并卵。"此后的汉译佛经中继续有所沿用。

世宗末，渐被知识，得充内侍。(《魏书·贾粲传》)

逢路贼，盗饮之即醉，皆被擒获。(《洛阳伽蓝记》卷四)

仍然根据前文所引唐钰明文章的统计，《三国志》等十一部载籍中被动句式共3434例，其中"被+动词"474例，成为仅次于"为……所……"式与"见"字式的主要被动句式。按唐文统计数字折算，此期"被+动词"出现的机遇约为两汉时期的3.7倍，由此可见它的发展势头。

(二)　被+施事者+动词

这是此期新兴的句式，"被"字属于引进施事者的介词。例如：

今月十三日，臣被尚书召。(蔡邕《被收时表》)

吾被皇太后征，未知所为！(《三国志·魏志·高贵乡公髦纪》)

黄祖始被策破，魂气未反。(《三国志·吴志·孙策传》裴松之注)

果被诏书诘责，坐以虚慢征。(《后汉书·盖勋传》)

诸葛恢大女适太尉庾亮儿，……亮子被苏峻害，改适江虨。(《世说新语·方正》)

外有大军，似从下上，垂已至城，江津船悉被火烧矣。(《宋书·王镇恶传》)

年三十许，病笃，大见牛来，举体如被刀刺，叫呼而终。(《颜氏家训·归心》)

昨忽被县召，夜避雨，遂误入此中。急出我。(《搜神记》卷十二)

而晏每以疏漏被上呵责，连称疾久之。(《南齐书·王晏传》)

臣以疏滞，远离京辇，被其构阻，无所不为。(《魏书·广阳王建传》)

诸将妇有美色者，莫不被其淫乱。(《魏书·尒朱仲远传》)

若官未通显，每被公私使令，亦为猥役。(《颜氏家训·杂艺》)

屈原以忠见斥，隐於沅湘，……被王逼逐，乃赴清泠之水。(《拾遗记》卷十)

（三）"被"字式与补语式结合

这种形式是唐代开始多见起来的,此期尚处于萌芽阶段,用例不很常见,又可据是否出现施事者,分别构成以下二式。

1. 被+动词+补充成分

这是不出现施事者的句式。例如:

虎牢被围二百日,无日不战,德祖劲兵战死殆尽。(《宋书·索虏传》)

闻长老言,寿曾为诸葛亮门下书佐,被挞百下。(《魏书·毛脩之传》)

臣松之以本传虽略载太子此书,美辞多被删落。(《三国志·魏志·吴质传》裴松之注)

凡诸大主帅顾琛、王昙生之徒,皆被全活。(《宋书·吴喜传》)

由此紫极殿南北驰道之属,皆被毁坏。(《宋书·蔡兴宗传》)

既被鞭已,以马屎傅之,欲令速差。(《百喻经·治鞭疮喻》)

景和末,太宗被拘於殿内,住在祕书省,为帝所疑。(《宋书·阮佃夫传》)

某,三河人,父见为弋阳令,昨被召来,今却得还。(《搜神记》卷十五)

桓南郡被召作太子洗马,船泊荻渚。(《世说新语·任诞》)

连名诣贺诉,贺曰:"身被征作礼官,不关此事。"(《世说新语·规箴》)

子恢之被召为秘书郎,敬弘为求奉朝请。(《宋书·王敬弘传》)

及琼被选为蠡吾令,卿犹言相中不见。(《魏书·寇讚传》)

以上十二例中,前二例被动动词之后带有数量补语,三至六例带有结果补语,第七例带有处所补语,第八例带有趋向补语,末四例带有比较复杂的补充成分。

2. 被+施事者+动词+补充成分

这是出现施事者的句式,用例罕见。例如:

而以食前服药,则力未行,而被谷驱之下去不得止,无益也。(《抱朴子·仙药》)

祢衡被魏武谪为鼓吏,正月半试鼓。(《世说新语·言语》)

被石酒气冲入鼻中,亦各醉卧三月。(《搜神记》卷十九)

第一例极为特殊,既属于"被+施事者+动词+补充成分"的句式,其中的动词"驱"又带有宾语"之"字,"之"字复指承前省略的主语"药"字。

(四)"被"字式被动动词带有宾语

这也是此期萌发的新兴形式,用例不多,大约也是唐代开始多见起来。就所带宾语与全句主语的关系看,主要表示隶属关系,即宾语或者是主语所领有,或者是主语的一个部分;而宾语复指主语的复指关系,以及宾语与主语是直接受事与间接受事的并列关系则甚为少见。例如:

隆以身卫全都尉,遂死於难;青亦被矢贯咽,音声流喝。(《后汉书·张酺传》)

汉因令壮士突之,述兵大乱,被刺洞骨,堕马。(《后汉书·公孙述传》)

治马被刺脚方:用糟麦和小儿哺涂,即愈。(《齐民要术》卷六)

行路人见而悦近之,皆被截发。(《洛阳伽蓝记》卷四)

隆后至江边,被一大蛇围绕周身。(《太平广记》卷四三七引《幽明录·华隆》)

如彼愚人,被他打头,不知避去。(《百喻经·以梨打破头喻》)

每合好药好膏,……若被诸物犯之,用便无验。(《抱朴子·金丹》)

而以食前服药,则力未行,而被谷驱之下去不得止,无益也。(《抱朴子·仙药》)

时焉被天火烧城,车具荡尽,延及民家。(《三国志·蜀志·刘焉传》)

或被发奸私,面相酬证,事途回穴,翻惧僭尤。(《颜氏家训·省事》)

以上十例中,前六例是隶属关系,七、八两例是复指关系,末二例是并列关系。

(五) 被+施事者+所+动词

"被"字式中被动动词之前加上"所"字,最早见于东汉王充《论衡·祸虚》:"如逆道,则被所逆之道何非?"这一例是"被"字式充任定语,原表示被动动词受事的成分转为中心词;同样的例句此后很少见到。而独立使用的"被"字式中用上"所"字,而且句中又有施事者出现,却是此期萌发的新兴句式,只是用例较少,到了唐宋时期才流行开来。此期的用例如:

> 建武末,为诸暨令,被王敬则所杀。(《南齐书·卞彬传》)
>
> 因被匈奴所破,西踰葱岭,遂有其国。(《魏书·西域传》)
>
> 尤妙丹青,常被元帝所使,每怀羞恨。(《颜氏家训·杂艺》)
>
> 所债甚少,所失极多,果被众人之所怪笑。(《百喻经·债半钱喻》)

以上四例中,末例在"所"字前着一衬音助词"之"字,当受"为……之所……"式被动句的类化作用而来,详下文。

三　"为"字式对于"被"字式发展的影响

这里所说的发展是指阶段性的发展,具体是指截至魏晋南北朝时期的发展。至于二式发展的全过程以及"被"字式最终在口语中取代"为"字式的原因,可参看唐钰明的论述。[①]

这种影响较为集中地表现为"被"字式由于受到"为"字式的类化作用,而相应地产生了各种纷繁的结构形式。由于"为"字式产生在前,其发展居于主动地位,故而与之相比,相应的"被"字式总要显得迟晚许多。

1.施事者的出现。例如:

> 丧事不敢不勉,不为酒困。(《论语·子罕》)
>
> 耻一国之士,……无乃不可乎? 若不可,必为诸侯笑。(《国语·晋语三》)
>
> 今月十三日,臣被尚书召。(蔡邕《被收时表》)
>
> 吾被皇太后征,未知所为!(《三国志·魏志·高贵乡公髦纪》)

---

① 除前引唐文外,又见《唐至清的"被"字句》,载《中国语文》1988 年第 6 期。

果被诏书诘责,坐以虚慢征。(《后汉书·盖勋传》)

2. 被动动词之前用上"所"字。例如:

负石自投於河,为鱼鳖所食。(《庄子·盗跖》)

楚遂削弱,为秦所轻,於是白起又将兵来伐。(《战国策·秦策四》)

建武末,为诸暨令,被王敬则所杀。(《南齐书·卞彬传》)

因被匈奴所破,西踰葱岭,遂有其国。(《魏书·西域传》)

3. 与补语式结合。例如:

以南伐楚,西攻秦,为齐兵困於殽塞之上。(《战国策·赵策二》)

其人谨敕,无所亏损,为其小妻所毒薨,国除。(《汉书·佞幸传序》)

景和末,太宗被拘於殿内,住在祕书省,为帝所疑。(《宋书·阮佃夫传》)

臣松之以本传虽略载太子此书,美辞多被删落。(《三国志·魏志·吴质传》裴松之注)

4. 被动动词带有宾语。例如:

化为蛇,当道,今为赤帝子斩之。(《史记·高祖本纪》)

为汉所杀虏数万人,欲召诛之。(《史记·匈奴列传》)

每合好药好膏,……若被诸物犯之,用便无验。(《抱朴子·金丹》)

时焉被天火烧城,车具荡尽,延及民家。(《三国志·蜀志·刘焉传》)

5. 被动动词之前出现"之所"。例如:

有制人者,有为人之所制者。(《管子·枢言》)

夏则为大暑之所暴炙,冬则为风寒之所匽薄。(《汉书·王吉传》)

贤主说忠言也,……故被不肖主之所诛也。①(《吕氏春秋·至忠》高诱注)

所债甚少,所失极多,果被众人之所怪笑。(《百喻经·债半钱喻》)

语法的类化,是指某种语法结构对于另一种语法结构的影响与渗透。魏晋

---

① 此例采自董志翘《中世汉语"被"字句的发展和衍变》,载《河南师范大学学报(哲社版)》1989 年第 1 期。另,朱冠明认为此例与蔡邕《被收时表》"臣被尚书召"一例并非"被"字式被动句,参看《汉语语法史研究中的几个例句辨析》,载《中国语文》2013 年第 6 期。

南北朝时期，"被"字式具有较浓的口语色彩，而在书面语言中"为……所……"式仍然占有绝对优势。尽管从发展的角度看，新形式终究要取代旧形式，[①]但是处于发展过程中的某个具体阶段，新形式也常会受到旧形式的影响与渗透，于此可见汉语语法发展的复杂性。不过，受"为"字式影响而来的"被"字式的某些类化形式，例如"被……所……"式、"被……之所……"式，前者始终没有成为主流，后者更是昙花一现，这又说明语法形式的演变最终仍然要遵循自己的发展规律前进。

---

① 事实上到了唐宋之后，"为……所……"式被动句在口语中已经逐步让位于"被"字式被动句。

第二十六章 虚词的发展与结构扩充化、 表达严密化的关系

人们逻辑思维由简单向复杂的发展，随之带来思想的日趋复杂化，因而也必然要求作为思维工具与思想载体的语言形式容量不断扩大、表达逐渐清晰来与之相适应。这个任务当然不是单纯依靠语法发展所能全部解决的，它同时也与词汇的发展有着密切的关系。例如词义系统发展中的渐趋细密对于表达方法的日益清晰就有很重要的促进作用，而各类词语的不断新生同样也可以扩大语言形式在表达意义时的容量。不过这些内容已经逸出语法发展的范畴，这里暂且不谈。如果从汉语语法发展的角度来看，要做到语言形式的扩大容量与表达清晰，这除去大量增加以不同方式构成的复音词的数量之外，更要依赖于句法结构的扩充化与表达方式的严密化。

就语言形式逐步适合表达思想而言，结构的扩充化与表达的严密化虽然是两个不同的方面，但是它们之间也有密不可分的联系。一则是适应表达严密化的需要必然要求句法结构能够不断扩充，事实上随着表达的趋于严密，句法结构也自然变得复杂起来；再则是结构的扩充也为表达的严密化提供了重要条件，仔细观察扩充了的句法结构也时时可以看出表达的内容显得更为严密。我们在这里权且把二者分开来讨论，主要只是为了叙述上的方便。

相对于先秦两汉来说，魏晋南北朝时期句法结构的扩充化主要表现在附加成分的扩展与主谓词组更多地充任句中成分或分句这两个方面。① 首先，以附加成分扩展而论，此期名词（包括方位名词）、动词、形容词、数词、量词、副

---

① 这里所说的主谓词组，是指由主谓语直接相续而构成的语法单位，不包括其间插入结构助词"之"字的偏正化主谓词组。详下文。

词、介词、连词等许多类词分别与其他类词相组合时组合能力的增强，无疑是使句法结构扩充化成为可能的重要因素。正由于这种种组合能力的增强，故而由它们组成的定语、状语、补语常常以较之以往更为复杂的面貌出现，这种现象同时反映在各类句子的构造中。例如判断句在此期之前，充任主谓语的大多为单个的词，而且如果有判断词"是"字，"是"字之前也很少另有修饰成分；而此期不只名词性词组以外的其他类词或词组也可以充任主宾语，而且主语、宾语、判断词"是"字还可以各自带有附加成分。再如被动句在此期之前，被动动词较少带有其他成分，而且"被"字式被动句也不出现施事者；而此期被动动词带有其他成分的用法有所增多，同时"被"字式被动句还常常出现施事者同"被"字组成介宾结构，共同充任被动动词的状语。此外，带有结果、趋向等补语的述补式的普遍运用，也使得句子的附加成分得以进一步扩展。

其次，以主谓词组更多地充任句中成分或分句而论，它一方面可以增大单句的容量，另一方面又可以为复句的扩充准备条件。与此期之前相比，这类充任句中成分或分句的主谓词组运用明显有所增多，由于这种增多常与间于主谓之间的虚词"之"字的脱落密切相关，因此我们专列一节放在后文论述。

此期表达方式的严密化也可以从两个方面进行观察。首先是新兴了一些表义细密的词法现象与句法现象，当它们进入句子以后，全句文意自然显得清晰明确。例如名词词缀的产生与发展，序数词前缀的成熟运用，都使得它们的词性更为确定，从而与其他类词的结合关系也更为明确。再如名量词的全面成熟，动量词的初步成熟，以及某些新生的连介词的出现，它们所具有的较之此期之前相应语法形式更为明确的表义功能，也大大增强了它们所参与的句法结构在表达上的清晰性。又如新的动词时态表示法的产生，"被"字式被动句的增多，[1]表示结果的述补式的普遍运用，也都在与旧有形式的比较中更加突出了表义上的明确性。

其次是淘汰或减少了一些表义不够明确、不够细密的词法现象与句法现

---

　　① 　与传统的"为……所……"式被动句相比，"被"字式被动句在表义上更为明确，这也是它能够在口语中取代"为……所……"式的重要原因之一。参看唐钰明《唐至清的"被"字句》。

象,从而避免了一些含混不清甚至容易引起误解之处。淘汰的语法现象,例如刘世儒《魏晋南北朝量词研究》中指出的"综合称量法"与"词汇称量法",以及马汉麟《古汉语三种被淘汰的句型》中提出的三种句型等,①此期确实很少再见使用,处于被淘汰的地位。不过,——弄清这些被淘汰了的具体各别语法现象的来龙去脉,这本身也是一件至为细密的工作,加之不易引起学者们的研究兴趣与广泛重视,恐怕一时很难完成,故而这里只能暂不详论。减少的语法现象则涉及面稍广一些,例如使动用法、意动用法的减少,就可以避免让一个词既要在词性上作为动词来支配宾语,又要在词义上表示宾语的动作、性质、状态以及成为某种事物,或是当作某种事物这类不够清晰的表达方式,而取代它们的表示结果的述补式、兼语式等在表达上就要明确得多。再如宾语前置词序的减少,也可以避免因转换思维方式造成的不适应性而引起的费解甚至误解,因为这种句式相对于谓语在前宾语在后的通常词序来说是一种逆向词序,它们夹在一般句式之中,常常会带来混淆不清的后果。至于省略式特别是主语省略的减少,②可以增强表达明确性的作用就更是不言而喻的了。

以上扩充化与严密化两方面的具体内容,我们大多在中编与本编此前做了阐述。下面再就此期虚词运用的某些发展,选择四个较为突出的方面,简要说明它与上述"两化"的关系。最后,再附论一种此期新兴的、与表达运用紧密相关的特殊紧缩复句。

一　"之"字使用的减少促进了结构扩充化

先秦两汉时期,结构助词"之"字参于主谓之间,形成偏正化的主谓词组,具有侧重谓语的作用,在形式上也与独立运用的句子有所区别。在此期间,句

---

① 参看马汉麟《古汉语三种被淘汰的句型》,载《南开大学学报》1978 年第 6 期。
② 据何乐士观察,与《史记》相比,《世说新语》的主语更为完备,"若谓语叙述的对象更换,一般都伴随着出现新的主语"。参看《从〈史记〉和〈世说新语〉的比较看〈世说新语〉的语法特点》,载《魏晋南北朝汉语研究》,山东教育出版社,1988 年 11 月第 1 版。何文所说的这种现象,在此期其他接近口语的载籍中也有大致相仿的表现。

子形式用为句中成分或自成分句,大率要在主谓之间参以"之"字。魏晋南北朝时期,这种用法已相对减少,直接以句子形式充任句中成分或自成分句则日渐增多。以同是较为接近各自时代口语的《论语》与《世说新语》相比,①前者有结构助词"之"字268次,用于主谓之间75次,占28%;后者"之"字445次,用于主谓之间60次,占13.5%。二者占比之间的差距正反映了这一语法现象从春秋末期到魏晋南北朝时期的发展变化。

先秦两汉时期常用偏正化主谓词组充任句中成分,例如《孟子·离娄上》:"民之归仁也,犹水之就下,兽之走圹也。"《史记·范睢蔡泽列传》:"秦之有韩也,譬如木之有蠹也,人之有心腹之病也。"此期则更多地改用句子形式。例如:

> 民去崔杼,如明府之去陈恒。(《世说新语·言语》)
> 子敬赏井丹高洁,子猷云:"未若长卿慢世。"(《世说新语·品藻》)
> 温太真云:"见袁生迁怒,知颜子为贵。"(《世说新语·忿狷》)
> 啸父本为桓玄所授,闻玄败,震惧,开门请罪。(《宋书·孔季恭传》)
> 卿等並宋时公卿,亦当不言我应得天子。(《南齐书·褚渊传》)

此期之前常用偏正化主谓词组充任分句,例如《论语·阳货》:"夫君子之居丧,食旨不甘。"《史记·春申君列传》:"秦之留太子也,欲以求利也。"此期也更多地改用句子形式。例如:

> 佛为诸天说法,四天王守四门,父王不得入处。(《法显传》)
> 高祖创义,道济从入京城,参高祖建武军事,转征西。(《宋书·檀道济传》)

句子形式直接用为句中成分或自成分句,形式上独立,用法上灵活,色彩上接近口语,语调上更为流畅。特别是句子形式自成分句,为句法结构的进一步扩充化创造了条件。因为偏正化主谓词组用作偏正复句的偏句时一般表示时间、条件、原因等关系,通常位于其后的正句的出现往往要受到这种语义上

---

① 　此处与下文《论语》《孟子》中的数据参用杨伯峻的统计,分别参看《论语译注》中所附《论语词典》(中华书局,1980年12月第2版)与《孟子译注》中所附《孟子词典》(中华书局,1960年1月第1版)。《世说新语》的数据采用詹秀惠的计算,参看《世说新语语法探究》。

的限制。而取消了参于主谓之间的"之"字,句子形式的分句不再限于表示上述关系,这犹如松开了分句扩展在形式上的一种约束,疏通了控制文意自由延伸的某种阻碍,只要表达语义时有某种需求以及接受信息的人能够承受,后续分句就可以有较多的增加,①从而形成内容丰富、结构复杂的复句。例如《宋书·申恬传》:"北虏入寇,恬摧击之,为虏所破,被征还都。"其中分句"北虏入寇",如果采用偏正化主谓词组说成"北虏之入寇也",那么它表示时间修饰的语义只能关涉到"恬摧击之,为虏所破";末一分句"被征还都"则不在其时间修饰的范围之内。《宋书》用例采用时间相承、事理相续的顺承复句,不仅文意可以贯穿到底,甚至在需要说明朝廷如何处置时还可另续其他分句。再如同书《沈庆之传》:"世祖践阼,以庆之为领军将军,加散骑常侍,寻出为使持节、督南兖豫徐兖四州诸军事、镇军将军、南兖州刺史,常侍如故,镇盱眙。"倘若第一分句说成"世祖之践阼也",则行文至"加散骑常侍"后当用句号表示完结,形成一个复句。"寻出为使持节"至句末应当另成一个复句。因为"寻"字之前是"世祖践阼"时的授职,"寻"字之下则是其后的徙职。而《宋书》本传起句为"世祖践阼",其后均为顺承关系,分句明显增多。后续分句的增多,自然使得句法结构得以扩充,句子的容量也相应扩大。

二　"也"字使用范围的缩小促进了结构扩充化

魏晋南北朝时期,语气助词的运用显著减少,这在口语色彩较浓的载籍中表现得尤为明显。例如先秦两汉时期使用频率最高的"也"字,此时已大大缩小了使用范围。仍以同是较为接近口语的《论语》《孟子》与《世说新语》相比,《论语》全书约 16000 言,"也"字竟出现 494 次,《孟子》全书约 35000 言,"也"字更多至 1214 次;而《世说新语》全书 60000 余言,用于句末的"也"字仅 113

---

① 据何乐士统计,《世说新语》一书中分句是三个或三个以上的复句占所有复句的 61.3%,而对《史记》的随机抽样调查,同样的情况只占 48.6%。参看第 489 页注释②所引何文。这种情况的出现当然有多种原因,不过句子形式取代偏正化主谓词组充任分句,无疑也是一个重要因素。

次,用于句中者仅 4 次,其中以记言为主的《言语》门 5000 余言,句末"也"字更少至仅 6 次。二者悬殊之巨,确实不可同日而语。这种"也"字使用减少的情况在此期的其他典籍中虽然未见得如此典型,但"也"字本身缩小了使用范围则是可以肯定的。探究这种现象产生的原因,除去此期句子的长度通常大于此期之前,以及较为接近口语的文字中常可借助语境表达语气之外,应当说与判断句普遍采用判断词"是"字独自为断也有密切关系。

此期之前的判断句多以主谓相续的形式出现,句末要用上"也"字帮助判断,例如《孟子·告子上》:"五谷者,种之美者也。"《史记·管晏列传》:"管仲夷吾者,颖上人也。"而此期则多采用"是"字式判断句,句末一般不用"也"字。例如:

> 姊夫黄琬是刘璋祖母之姪。(《三国志·蜀志·来敏传》)
>
> 而此贫人失口答言:"我是鸳鸯。"(《百喻经·贫人作鸳鸯鸣喻》)

判断句的引申用法在此期之前通常也用"也"字煞句,例如《论语·宪问》:"桓公九合诸侯,不以兵车,管仲之力也。"而此期也以不用"也"字为常。例如:

> 问谢车骑:"惠子其书五车,何以无一言入玄?"谢曰:"故当是其妙处不传。"(《世说新语·文学》)
>
> 华阳不知是邰,谓左右:"此卤簿甚盛,必是殿下出行。"(《宋书·王华传》)

"也"字作为语气助词,表示判断与确认,通常主要用于句末。前人从作用着眼,称之为决辞、决断之辞,从位置着眼则称之为语已辞、辞之终。一个句子末尾用上"也"字,常常表示这个句子文意完足,已经自成一句。但是,若从另一角度观察分析,一个句子末尾,特别是用作复句之中分句的一个判断或是一个确认的末尾不用"也"字,尽管我们并不能够据此就认为这个判断或确认在文意上尚未完整,但是由于未用句末的"也"字来收束全句,那么也可以认为它实际上为后续分句的出现虚拟了位置。分句句末不用"也"字,也如解开了形式上的某种束缚,文意即可按照需要发展,句法结构也即自然得以扩充。

这种未用"也"字收束分句而使后续分句得以增多的情况,在判断句中表现最为典型。例如：

　　绍是石崇姊夫,苏则孙,愉子也。(《世说新语·品藻》)

　　许允妇是阮卫尉女,德如妹,奇丑。(《世说新语·贤媛》)

　　王玄谟甚是所悉,亦是常才耳。(《宋书·张畅传》)

　　我是天子儿,天子叔,元辅之命,与诏何异?(《魏书·于烈传》)

　　义是江阳王继之子,太后妹婿。(《洛阳伽蓝记》卷一)

　　不过,更为常见的却是在一个判断句后接有其他类型的分句,不同性质的分句交并运用,也会使整个复句显得错综复杂,丰富多彩。例如:

　　今日国王、臣民皆当奉迎佛,我是女人,何由得先见佛?(《法显传》)

　　小夫人於楼上语贼言:"汝是我子,何故作反逆事?"(同上)

　　张玄之、顾敷,是顾和中外孙,皆少而聪惠。(《世说新语·言语》)

　　骠骑王武子是卫玠之舅,儁爽有风姿,见玠辄歎曰:"珠玉在侧,觉我形秽!"(《世说新语·容止》)

　　上遣主书诘责,骥答曰:"开函是臣第四子季文,伏待刑坐。"(《宋书·杜骥传》)

　　马是畜生,食草饮水,春气发动,所以致䠞。(《宋书·鲜卑吐谷浑传》)

　　广语老鬼:"杀公者必是汝,可速还精神,我当放汝;汝若不还者,终不置也。"(《古小说钩沉·幽明录》)

　　汝是愚人,云何须财名他为兄,及其债时复言非兄?(《百喻经·认人为兄喻》)

　　在写作以上两项内容时,我们颇费思量。因为在注意到"之"与"也"对于分句扩展的影响时,也发现了一些"违例",这使我们很难落笔。但是,明明感觉到了这种影响,却不去尽力对它做出合乎语言实际的解释,则将是一种更大的缺憾。因此本着探索的精神写下了以上两节。我们对于"违例"的初步看法是,这属于汉语虚词灵活性的一种表现,何况"之"与"也"又是虚词使用中极为复杂、极为虚灵的两个呢。再说,"违例"的存在也并不足以否定它们对于扩展分句的基本作用。不过,我们还是对于这种作用做了一些限制。对于"之"字,我们把它限定在顺承复句的扩展之中,因为顺承复句表示动作或事件的连续发生,涉及的范围常常较广较远,有些分句自然会逸出表示时间等关系的偏正化主谓词组充任分句时,在文意上所能控制的范围。对于"也"字,我们则把它限定在与判断句有关的复句之中,因为作为分句的判断句句末用上"也"字,其作用仍然不重在停顿,而重在完成判断。只是这种限制是宽是窄,抑或是正是误,看来还有待于进一步的研究。

三 介词分工的细密增强了表达严密化

如果要符合本章标题的提示,这里应当谈的是虚词分工的细密增强了表达的严密化,因为不只是介词,连词甚至副词的细密分工对于表达严密化都有着重要的促进作用。不过,由于这种促进作用在此期介词的发展上表现得比较典型、比较集中,这里就以介词为例进行说明。

介词是一个古老的词类,远在甲骨文中就已经出现,此后得到较快发展,秦汉时期已经有了相当数量的介词形式。这些介词自产生不久,即已有了运用上的分工,有些甚至是较为细密的分工。但是某些介词形式一身而多任的现象也是不同程度存在着的,这当然极不利于表达的严密化。因为兼职一多,不易做到职守分明,难免有可此可彼的混淆现象。这里选择先秦两汉时期兼职最多的介词"於"字,以杨树达《高等国文法》中列举的秦汉用法作为对照,来观察魏晋南北朝时期在表达相同意义时,除沿袭固有方式之外,通常又可以采用哪些新兴方式,从中也可以感受到介词分工的细密是怎样促进表达严密化的。以下按照杨树达的分类,每组用法中的前一例是《高等国文法》所列的秦汉用例,后面则是魏晋南北朝时期的用例。

《高等国文法》将"於"字的用法分析为十六项,这里选择较为常见的十四项进行比较。

1. 介动作之对象。例如:

王如施仁政於民,……可使制梃以挞秦、楚之坚甲利兵矣。(《孟子·梁惠王上》)

干宝向刘真长叙其《搜神记》。刘曰:"卿可谓鬼之董狐。"(《世说新语·排调》)

庾亮就温峤求勳簿,而峤不与。(《南齐书·虞玩之传》)

又对侍中王谧放肆丑言,欲纵凶毒,陵陷上京。(《魏书·岛夷桓玄传》)

2.介动作之所从。例如:

今燕虐其民,王往而征之,民以为将拯己於水火之中也。(《孟子·梁惠王下》)

弹棋始自魏宫内,用妆奁戏,文帝於此戏特妙。(《世说新语·巧艺》)

形似冬瓜,从死人怀中透出,堕地。(《搜神记》卷十五)

3.介动作所在之地。例如:

蔺先生收功於章台,四皓采荣於南山。(《汉书·扬雄传》)

夏侯泰初与广陵陈本善,本与玄在本母前宴饮。(《世说新语·方正》)

子文对曰:"仆住在中甘里。"(《洛阳伽蓝记》卷三)

4.介动作之归趋。例如:

使狐偃将上军,让於狐毛而佐之。(《左传·僖公二十七年》)

阿阇世王即自严驾,将士众追到河上。(《法显传》)

谢镇西书与殷扬州,为真长求会稽。(《世说新语·轻诋》)

每兵来,常虑祸及坟墓,乞共迎丧,还葬国都。(《宋书·鲁爽传》)

5.介所为。例如:

齐使管仲平戎於周。(《史记·齐太公世家》)

成帝以下,有司行事,别为南顿君立皇考庙。(《后汉书·张纯传》)

郗超每闻欲高尚隐退者,辄为办百万资。(《世说新语·栖逸》)

6.介所据。例如:

於诸侯之约,大王当王关中。(《史记·淮阴侯列传》)

按宗庙之制,祖宗之号,皆身没名成,乃正其礼。(《宋书·五行志二》)

吾与汝以道德相亲,缘此而言,无惭前烈。(《魏书·彭城王勰传》)

诏中书令高闾集中祕官等修改旧文,随例增减。(《魏书·刑罚志》)

依法别甄中作，不得併在一甄中。(《齐民要术》卷七)

7. 表"在……中"之义。例如：

儒者所谓中国者，於天下乃八十一分居其一分耳。(《史记·孟子荀卿列传》)

城东北角曲中，耆旧於菴婆罗园中起精舍。(《法显传》)

船覆在水中，水小时，便出见。(《搜神记》卷十六)

8. 介动作之时间。例如：

於威、宣之际，孟子、荀卿之列，咸遵夫子之业而润色之。(《史记·儒林列传》)

羊叔子以晋泰始中建策伐吴。(《南齐书·王僧虔传》)

每於元宾听政之时，乘舆出至元宾所。(《魏书·毕众敬传》)

9. 表"至"、"到"之义。例如：

我一二亲昵甥舅，不皇启处，於今十年。(《左传·昭公三十二年》)

佛在世时，诸王供养法式相传至今。(《法显传》)

约脱武冠，解劔，於省眠，至下鼓不起。(《南齐书·蔡约传》)

10. 表被动文中之原动者。例如：

兵破於陈涉，地夺於刘氏。(《汉书·贾山传》)

吾被皇太后征，未知所为！(《三国志·魏志·高贵乡公髦纪》)

而晏每以疏漏被上呵责，连称疾久之。(《南齐书·王晏传》)

11. 表形容词之对象。例如：

舜明於庶物，察於人伦，由仁义行，非行仁义也。(《孟子·离娄下》)

乐令善於清言，而不长於手笔。(《世说新语·文学》)

又长於人事，留意酒食之间。(《魏书·王遇传》)

12. 表形容词之比较。例如：

此所谓枝大於本，胫大於股，不折必披。(《史记·魏其武安侯列传》)

谈者以为此死，贤於让扬之荆。(《世说新语·尤悔》)

然大率欲早，早田倍多於晚。(《齐民要术》卷一)

13. 用同"以"。例如：

居则习民於射法，出则教民於应敌。(《汉书·晁错传》)

所经村邑，恣行暴害。江南人畏之，以其名怖小儿。(《南齐书·桓康传》)

世祖在便殿，用金柄刀子治瓜。(《南齐书·袁彖传》)

14. 表两方之关系。例如：

"伯夷、伊尹於孔子，若是班乎?"曰:"否。自有生民以来，未有孔子也。"(《孟子·公孙丑上》)

朕之与君，大义已定，岂乐劳师远临江、汉?(《三国志·吴志·吴主传》)

夫天之与帝，帝之与人，犹头之与足，相须而行也。(《后汉书·刘陶传》)

以上同"於"字有关的十四种情况，根据各自时期用法的异同，大致可以分为五类。

一是此期之前用例中的"於"字，魏晋南北朝时期采用晚近流行的介词，例如第 1 项中的"向、就、对"，第 3 项中的"在"，第 6 项中的"缘、依"，第 10 项中的"被"之类。此期新兴的介词用法比"於"字单纯，表义也自然显得细密。

二是沿用"於"字或改用其他介词，但同时又采用另外的辅助表达手段，例如第 7 项中的"於……中"、"在……中"，第 8 项中的"以……中"、"於……之时"，第 14 项中的"之与"，因而总体表义功能也比单用"於"字更为明晰。

三是改用此期之前已常运用的与"於"字同义的其他介词，例如第 2 项中的"从、自"，第 4 项中的"与、到、及"，第 5 项中的"为"，第 9 项中的"至"，这虽然不是此期始有的现象，但同样可以反映介词分工的细密促进了表达方式的明确化。

四是改借字为本字，如第 13 项中改"於"为"以"。通假字本与字形、词义联系密切，但虚词的通假也同语法相关。虚词通假现象的减少，无疑也增强了语法结构明确表义的功能。

五是完全沿袭"於"字此期之前的用法，并且此期尚无其他表达方式可以取代。例如第 11 项中的"善於、长於",甚至一直沿用到现代汉语之中。① 第 12 项中的"於"字,虽然宋元之后在口语中逐渐让位于"比"字,但作为书面语言也一直沿用至现代汉语,当今数学中的"三大于二"、"七小于九",舍弃了它,还真没有办法来称说呢。

　　在这一节的末尾,我们还想说明的是,以上所述并非专挑此期之前"於"字因兼职过多而容易引起混淆的用法,来与此期表达较为清晰的用法进行比较,因为这种比较是没有什么太大意义的。我们特别注意的事实是,由于介词分工的细密,减少了"於"字兼职使用的现象,从而也自然促进了表达方式的明确化。

四　复句关联词语的运用增强了表达严密化

　　复句是表达复杂思维的有效手段。春秋之前,汉语中的复句一般采用意合法构成,各个分句之间的关系较为含混、笼统,有时难免出现彼此两可的解释。例如《书·汤誓》:"夏德若兹,今朕必往。"根据上下文文意,这个复句是因果关系;但由于未用关联词语,往往又易误解为假设关系。自春秋末期开始,复句运用关联词语逐渐增多,句中各个层次的关系日益清晰,表达的内容也更趋严密。例如《论语·子罕》:"虽违众,吾从下。"由于用了关联词语"虽"字,全句为让步关系甚为明确。再如《孟子·梁惠王上》:"古之人与民偕乐,故能乐也。"由于用了关联词语"故"字,全句显然是因果关系。发展到魏晋南北朝,不仅使用日多的关联词语有复音化的趋势,而且更常配合使用,甚至在多重复句的各个分句之中都可以加用关联词语,这就使得复句中的结构关系更加明确,表达方式也更为严密。关联词语可以采用连词,也可以采用起关联作用的副词。这里根据关联词语数量的不同分为三类举例如下。

---

　　① 尽管现代汉语中可以对这类结构重新进行不同于古代的语法分析,但来源于此是没有疑问的。

1. **两个关联词语配合使用。例如：**

今囚有数十,既巧诈难符,且已倦楚毒,其情易见。(《三国志·魏志·司马芝传》)

若周、孔不知,则不可为圣;若知而不学,则是无仙道也。(《抱朴子·释滞》)

诚以刘备不足御曹公乎,则虽保楚之地,不足以自存也;诚以刘备足御曹公乎,则备不为将军下也。(《三国志·魏志·刘表传》)

设使亮保国祚,休不早死,则晧不得立。(《三国志·吴志·吴主传评》裴松之注)

借使二子和睦以守其成业,则天下之难未息也。(《三国志·魏志·荀攸传》)

闻蛮语不解,茫然曰:"若使介葛卢来朝,故当不昧此语。"(《世说新语·言语》)

非但我言卿不可,李阳亦谓卿不可。(《世说新语·规箴》)

非直休宾父子荷荣,城内贤豪,亦随人补授。(《魏书·刘休宾传》)

非唯音韵舛错,亦使其儿孙避讳纷纭矣。(《颜氏家训·音辞》)

陛下虽齐德有虞,然丑虏之性,未有所感。(《三国志·魏志·刘晔传》)

此皆药术之至浅,尚能如此,况於用其妙者耶?(《抱朴子·至理》)

刘曰:"伯禽之贵,尚不免挞,而况於卿?"(《世说新语·排调》)

卿在左右久,偏解我意,正复违诏济事,亦无嫌也。(《宋书·沈庆之传》)

但使常得无事,痛饮酒,熟读《离骚》,便可称名士。(《世说新语·任诞》)

但使不失体裁,辞意可观,便称才士。(《颜氏家训·文章》)

但当皆晓指趣,能守一职,便无愧耳。(《颜氏家训·涉务》)

2. **三个关联词语配合使用。例如：**

若不能得药,但行气而尽其理者,亦得数百岁。(《抱朴子·至理》)

虽服名药,而复不知此要,亦不得长生也。(《抱朴子·释滞》)

达既惧罪,又忿恚封,遂表辞先主,率所领降魏。(《三国志·蜀志·刘封传》)

此公既有宿名,加先达知称,又与先人至交,不宜说之。(《世说新语·德行》)

使安期有此性,犹当无一豪可论,况蓝田邪?(《世说新语·忿狷》)

若使阡陌条畅,则一览而尽,故纡徐委曲,若不可测。(《世说新语·言语》)

臣恐陛下虽有敕渡之诏,犹必沉吟,未便从命也。(《三国志·魏志·董昭传》)

一日虽有数千人归投,其逃散而去,亦复如此,所以卒无所建。(《世说新语·尤悔》)

今外所言,辄云中书,虽使恭慎不敢外交,但有此名,犹惑世俗。(《三国志·魏志·蒋济传》)

丁掾,好士也,即使其两目盲,尚当与女,何况但眇?(《三国志·魏志·陈思王植传》裴松之注引《魏略》)

3.四个关联词语配合使用。例如:

帝以明君充行,既召见,而惜之,但名字已去,不欲中改,於是遂行。(《世说新语·贤媛》)

帝虽才雄心忍,亦深有情恋,乃悽然愍之,即敕免罪。(《世说新语·规箴》)

若一摇动,则溃然奔散,虽欲至所在,其可得乎!(《宋书·张畅传》)

关联词语使用的增多,进一步明确了分句之间的相互关系,因而表达方式也自然趋于严密,文意也就随之显得更为清晰。

五　特殊的紧缩复句

最后,再结合此期新兴的特殊紧缩复句与插语式附带讨论一些相关问题。

由于这两个议题均与本章主旨语言应用关系密切,因此需要联系起来讨论。尽管插语式在本编第二十一章"词序"中已经专节论及,但是这里的论述有必要时还是会涉及与之相关的内容。

本章上文我们挑选了若干具有发展前景的语法现象集中起来进行讨论,从中可以看出,此期虚词的使用对于促进诸多语法现象发展变化的作用无疑是显著的。但是,正如我们多次提及的,从此期语法的整体面貌来看,传统用法仍然占有优势,即以复句的构成而论,不用关联词语的意合法也极为常见,而且持续沿用到后世,甚至一直到现代汉语之中。不过这种总体上的延续,具体到各别的语法形式中,并不是一成不变的,有时也会出现一些大同中的小异,呈现出有别于以往的新面貌。这里再以此期沿用意合法的复句中紧缩复句的新兴变化做些简要阐述。

紧缩复句是以精练紧凑的类似单句的形式来表达复句的内容,它的运用在上古汉语中已经较为普遍。例如《史记·滑稽列传》:"此鸟不飞则已,一飞冲天;不鸣则已,一鸣惊人。""一飞冲天"、"一鸣惊人"均是紧缩了的条件复句,意为"只要一飞,便能冲天"、"只要一鸣,便能惊人"。此类用法一直延续下来,我们已在上编第七章"句子的类型(下)"中介绍了它在魏晋南北朝时期的使用概况。但在总体袭用的同时,此期又出现了一种新兴的特殊紧缩复句,它由两个单句紧缩而成,前一单句的宾语兼用为后一单句的主语。以形式论,它同兼语式甚为接近,二者在语音上均无停顿。但兼语式中第一个谓语大多具有某些比较固定的词义,述语部分动词的动作一直施及兼语与兼语的陈说部分,并且本身无法分拆为两个具有完整意义的单句。而这里所说的特殊紧缩复句,充任第一分句谓语的动词不受语义上的限制,第一分句谓语与第二分句谓语之间也没有意义上的必然联系,仅仅是共用一个名词,该名词既为第一分句的宾语,又为第二分句的主语,若分拆开来,就是两个具有完整意义的单句。不过它们仅仅出现在口语性较强的文字中,似乎尚处于萌芽阶段,用例甚为罕见。

这类特殊紧缩复句的第一分句通常是动词谓语句,又可依据第二分句谓语性质的不同分为两类。以下是《世说新语》中的用例。

1.动词谓语句与动词谓语句的紧缩。例如：

> 昔先公辟君不就，今孤召君，何以来？（《言语》）

> 客问元方：“尊君在不？”答曰：“待君久不至，已去。”（《方正》）

前一例“先公辟君”、“君不就”均为动词谓语句，二者构成紧缩复句。后一例“待君”、“君久不至”均为动词谓语句，二者构成紧缩复句。

2.动词谓语句与形容词谓语句的紧缩。例如：

> 庾法畅造庾太尉，握麈尾至佳。（《言语》）

> 王浑妻钟氏生女令淑，武子为妹求简美对而未得。（《贤媛》）

前一例“（庾法畅）握麈尾”为动词谓语句，“麈尾至佳”为形容词谓语句，二者构成紧缩复句。后一例“王浑妻钟氏生女”为动词谓语句，“女令淑”为形容词谓语句，二者构成紧缩复句。

这种用法一直沿用到后世，而且又得以继续发展，清代《红楼梦》中就有不少以此为基础演化而来的具有类似特点的紧缩复句。① 例如：“叫香菱来倒茶妹妹吃”（三十五回）、“还要买一个丫头来你使”（四十八回）、“把那孩子拉过来我瞧瞧肉皮儿”（六十九回）、“拿出手来我瞧瞧”（六十九回）。其中，第一例的第一分句是兼语谓语句，第三例的第一分句用“把”字将宾语“那孩子”提到动词前面，第二至四例的第一分句都带有趋向补语，全部四例中的第二分句均为主谓谓语句。从各自分句的谓语性质来看，与魏晋南北朝时期相比均在大体继承的基础上又出现了一些变化。这些变化具体说来，第一例是兼语陈说部分的谓语与连动谓语的前一动词共用同一个“来”字，有别于上文所述的此期特殊紧缩复句中共用同一个名词，这是一个较大的不同；第二例带有单纯的趋向补语，宾语“一个丫头”位于述语“买”与趋向补语“来”当中，这种用法此期的趋向补语中尚不多见；第三例述语带有复合的趋向补语，又用介词“把”字将动词支配对象提到动词前面；第四例也带有复合的趋向补语，宾语“手”嵌入补语“出、来”二字之间。值得注意的是，第二、四两例中的宾语“丫头”、“手”仍然分别

---

① 王力《中国现代语法》第二章“造句法（下）”（商务印书馆，2011 年 9 月第 1 版）把这类结构称为“目的式的紧缩”。

用为第二分句的主语；第三例中的"那孩子"则用为第二分句意念上的主语。

此期这类特殊紧缩复句由于简洁的原因一直影响到现代汉语，例如曾经引起学术界关注并讨论过的"买张桌子三条腿"这一特殊句式，无疑就是上述《世说新语》中紧缩复句的现代版，类似的用法还有"他买了一本书缺三页"、"那是谁家的母羊又下了羔子啦"等，因此史存直根据这些句子成分套用的特点又将它专称为"连环句"，并进一步阐述说："这些句子，正是两个句子紧缩而成的。如果用逗号点开，就是复句，因为前一环的宾语或补语（作者将判断句'是'字后的判断宾语称为补语——引者注）又是后一环的主语，所以我称之为连环句。"①

此期以意合法的复句构成新兴的特殊紧缩复句，及至后世既有继承又有发展，这类从一个句式反映出的语法现象的发展之中有沿用、沿用之中又有发展的特点，或许正是语言演变复杂性的一种表现，同时多种语法现象汇聚起来，其演变复杂性的历代累集也造就了内涵积淀厚重、体系渐臻完善的汉语语法发展史。

由此我们又想到另一个问题，即语言表达的明确性要求与经济性要求的关系。与此期之前相比，魏晋南北朝时期的复句更多地加用关联词语，明显体现了语言表达最基本的明确性要求；而上述新兴的特殊紧缩复句的运用又体现了语言表达的经济性要求。这两种要求是相辅相成的，当明确性要求得到满足后，语言表达自然会追求简洁经济；而当经济性要求得到满足后，语言表达又自然会进一步追求清晰明确。但倘若二者难以兼顾时，在语言发展机制的潜在作用下，弥补的办法也会应运而生，此期新兴的"插语式"或许就是能在一定时期内起到这类补救作用的一种办法。详本编第二十一章"词序"中"插语式"部分。

以上从此期新兴的特殊紧缩复句以及此前论及的插语式生发出来的议题当然只是举例性质，其实可以研究讨论的诸如此类的语言应用问题还有许多，只是笔者一时无法再行找出与此期新兴语法现象密切关联，并可借以持续探讨这类问题的切入口，故而只能就此告一段落。

---

① 参看《史存直学术文集》"语法三论"，上海人民出版社，2013年6月第1版。

索　引

凡　例

1. 索引以《魏晋南北朝历史语法》(修订本)之中、下两编为主要范围,详尽收录其间反映此期词法与句法发展变化的相关内容,同时酌收书中绪言与上编的部分论述。

2. 索引编排以内容为纲,分为总论类、构词类、称代类、虚词类、造句类、文化类,各类设下位细目,以细目统辖词条,词条按汉字音序排列;使用时据此搜寻相应条目。

3. 索引用途在于查检,部分词条不易确定细目或类别,索引于副类立目并标"见"字指示所属主类,偶或跨目跨类兼收少量词条;词条拟设、归类若与著作不符,以著作为准。

内　容

凡六类 60 目 1042 条,含标"见"字指示主类者 13 目与跨目跨类兼收者 41 条。

二　构词类（12目277条）

初版后记

笔者 1978 年秋进入南京大学师从洪诚先生攻读汉语史硕士学位研究生，遵照先生指示，侧重于汉语语法发展的探索与研究。经过一段时期的积蓄与准备，如今汇成此书。本书写作的目的是，力图较为详尽地反映魏晋南北朝时期汉语语法的新生与发展，为系统的汉语语法通史的诞生增添一砖半瓦。书稿完成之后，笔者首先想到了早已仙逝的洪诚先生，学生再也无法当面聆听教诲了。

本书写作过程中，得到了鲍明炜先生的热忱关心；徐复先生积极鼓励，并惠赐序文；南京大学出版社的时惠荣、左健先生对本书的出版给予了大力支持；南京大学中文系汉语史专业硕士研究生刘开骅、王修力协助核对了中编的大量引例。笔者在此一并表示诚挚的谢意。

限于水平，本书缺点错误在所难免，恳切希望学者专家、广大读者批评指正。

柳士镇

1992 年 2 月 3 日，时值辛未除夕

再版后记

本书自 1992 年初版以来，忽忽已逾二十六载。蒙使用者不弃，至今依然多有援引；其间，又谬获"改革开放以来三十年南京大学文科有重要影响的学术著作"（截至 2008 年 12 月；凡 50 部，汉语言文字学 2 部）荣誉，忝列特大型综合性辞典《大辞海》之《语言学卷》（修订版）（上海辞书出版社，2013 年 12 月第 1 版）"著作 文件"类条目。这些都进一步增强了笔者修订本书的责任感与自信心。值此书稿完成行将再版之际，简述修订过程，以求教于读者。

既为修订，首先应是修正错误。本书初版虽说是在笔者有关魏晋南北朝汉语语法研究多篇论文基础上写成的，同时也着实花费许多工夫，尽力研习文献，注意占有语料，专心思考问题，探究此期新兴语法现象在汉语语法发展史上的地位与价值；但一则受到读书不深不广、学力识见不足的限制，二则其时匆匆刊布，未经长期蓄积、反复磨勘，因而"初版后记"中所说"本书缺点错误在所难免"绝非客套虚言。这次修订当然要尽力解决此类问题：一是初版对某些语法现象的性质认定有误，这当然在修改之列；二是有的举证原则未能贯彻始终，本书认为时代可疑或后人辑录文字中的用例，不可作为支撑语法发展时间节点的主要例证，而初版却有未能严格遵循之处，这无疑也应当纠正；三是当年尚为纸笔誊录、铅字排版，间或出现个别误植误检而校改未尽处，这次也一并订正。

其次则是增订部分内容，弥补初版的缺失。本书撰写宗旨是研究魏晋南北朝的断代语法发展，自然涉及断代语言研究以及具体的词法现象、句法现象等诸多方面问题。初版由于深入探讨不够，疏漏之处较多，这次修订也尽力做些补充。例如中古汉译佛经语料的利用问题，当初虽有一些疑惑，但也仅是觉得罕见以译文研究母语的先例，认为应与同时代的中土文献做不同对待，再版则参考学术界对汉译佛经语言特殊性质的研究成果,采用以汉译佛经例证作为辅助语料,而以中土文献例证支撑语法发展时间节点的区别性处理方法,这样似乎更符汉民族全民通用语的语法发展脉络。此外,对于初版中研讨的词法现象、句法现象也都有所增补,希望能够尽量减少一些疏失。而在具体研究过程中,又新增了一些对语法现象发展过程中文化因素的探讨。因为汉语语法演变的研究固然首先应以语言发展理论作为引领与指导,但对于其中汉民族文化影响这一因素的发掘也是十分重要的。汉语中语言及其表现形式的演变,包括文字、语音、词汇甚至语法的演变,常常与文化意蕴有着这样那样的密不可分的联系,中华民族又是一个历史悠久、有着丰富厚重文化积淀的伟大民族,故而这种探索无疑具有积极的意义。只是本书的这种尝试,涉及范围是否恰当,阐释内容是否准确,尚有待于读者的评判。

再则是吸取学术界研究成果的问题。二十多年来,在汉语历史语法包括中古语法研究的园地上,老中青三代学者辛勤耕耘,可谓人才济济,硕果累累。但是如何加以吸收,却是一件甚为困难而又不易收到速效的事情,唯有的办法就是尽量弥补充实自己。于是尽力拜读平日留意不够的相关论著,但这类成果历久面广量大,往往只能观其大略,取其要旨。这就可能带来两种不足:一是必有挂一漏万之嫌,二是难免取椟遗珠之憾。前者因眼界不够开阔,必然会错过不少有价值的论著;后者则因眼力不够敏锐,难以反映所引论著蕴含的精髓。由此带来的不足都是需要广大读者与诸位学者予以谅解的。

最后还须说明三点:一是本书这次再版只是修订旧作,并非另撰新著,因而循例保留原有框架,只是对于内容做了增订。增订时一些细碎的语言演变现象,无法安排专章专节,却又不能弃之不顾,只能插入或附列于相近内容处,给阅读带来不便,敬请读者原谅。二是本书以简体字排印,为反映古籍用字面貌,在利用魏晋南北朝语料时,所引书证保留通假字、古今字与异体字。异体字以《第一批异体字整理表》为范围(包括严格异体字与非严格异体字),表外异体字酌情取舍;古籍不同版本使用异体字有别时,则斟酌去留,力求采录趋于权威、合理。此项工作是在定稿之后进行的,难免有回改未尽之处,看来只能留下遗憾了。三是修订时的采例,主要借助《汉籍全文检索系统》(第4版)指示线索,寻取时的方便快捷自非当年手工披检可比。经此而来的用例,倘与前修时贤所引相同,恕不另注;但本书初版已注或失注,以及此次修订时从中受到启发的用例,依旧出注以说明由来,并表达谢意。

本书修订过程中,得到商务印书馆乔永编审、南京大学文学院陈文杰博士、山东泰山学院陈祥明博士以及我的家人的支持与帮助,谨致衷心谢忱。责任编辑徐童同志工作的敬业与专业,保证了本书的编校质量,在此一并表示感谢。

这次修订虽历经两年之久,但错误疏漏依然难免,欢迎专家、读者进一步批评赐教。

柳士镇

2018 年 9 月 10 日